深圳统计年鉴

SHENZHEN STATISTICAL YEARBOOK

2016

总第 26 期

深 圳 市 统 计 局
Shenzhen Statistics Bureau
国家统计局深圳调查队
NBS Survey Office in Shenzhen
编

中国统计出版社
China Statistics Press

《深圳统计年鉴—2016》编委会名单

EDITORIAL BOARD AND STAFF

编 辑 说 明

1.为方便国外读者查阅，本年鉴在目录、统计图表及指标解释等内容上按中英文对照编辑。

2.本年鉴全面系统地介绍了深圳市国民经济和社会发展情况，主要指标着重反映了2015年深圳市经济和社会各方面所取得的成就，也反映了深圳建市以来历年统计数据。统计资料内容分为19个部分，即：（1）综合；（2）国民经济核算；（3）人口和劳动力；（4）工业和能源；（5）建筑业；（6）运输和邮电；（7）农业；（8）固定资产投资；（9）房地产开发；（10）商业和物价；（11）财政收支；（12）金融保险业；（13）对外经济贸易和旅游；（14）劳动工资；（15）科学技术；（16）文化和教育；（17）卫生、社会保障和社会福利业；（18）城市建设和环境保护；（19）人民生活。为了便于读者正确使用资料，还附上了主要统计指标解释。

3.根据最新掌握到的统计资料以及国家新的统计制度之规定，本期年鉴对过去发表的一些重要统计资料重新予以核实，对部分历史数据进行了调整。因此，读者在使用历史资料时，凡与本年鉴有出入的，均以本年鉴为准。

4.本年鉴中的部分数据由于单位取舍不同产生的计算误差均未作机械调整。

5.为便于读者使用，本年鉴特编制了主要指标的定基指数、环比指数和年平均增长速度。本年鉴中所列指数和年平均增长速度均按可比口径计算。

6.本年鉴使用的符号说明：“...”表示该项统计指标数据不足本表最小单位数；“空白”表示数据不详或无该项数据；“#”表示其中项；“*”表示另有注解。

7.限于我们的水平，本年鉴仍存在不足乃至错漏，希望读者不吝批评指正，帮助我们改进编辑工作，以期更好地为广大读者服务。

EDITOR'S NOTE

Ⅰ. The contents, pictures and lists of this book are translated into Chinese and English in order for the foreigners.

Ⅱ.Shenzhen Statistical Yearbook 2016 contains comprehensive statistics of Shenzhen's social and economic development in 2015 and selected data of some important years and of the period after the establishment of the city. This book is composed of 19 parts. They include: 1. General Survey; 2.National Economic Accounting; 3.Population and Labor Force; 4.Industry and Energy; 5.Construction; 6.Transport, Postal and Telecommunication services; 7.Agriculture; 8.Investment in Fixed Assets; 9.Real Estate; 10.Commerce and Price; 11.Fiscal Revenue and Expenditure; 12.Finance and Insurance; 13.Foreign Trade and Tourism; 14.Labor Force and Wage; 15. Science and Technology; 16.Culture and Education; 17.Public Health, Social Security and Social Welfare; 18.Urban Constructions and Environmental Protection; 19.People's Livelihood. Interpretation of major statistical indicators attached is a useful tool for readers of this book.

Ⅲ.We adjust some important historical data based on the nearest data and state new statistical system. So in any case the data of this book shall be deemed as the authoritative ones.

Ⅳ.Statistical discrepancies in this book due to rounding are not adjusted.

Ⅴ.This book specially edit the fixed–base index, chain base index and average annual growth rate in order for the convinces by reader's usage. The indices and the average annual growth rates in this book are calculated from comparable price.

Ⅵ.Notations used in the yearbook: "..." indicates that the figure is not large enough to be measured with the smallest unit in the table,and "blank space" indicates data are unknown, or are not available, "#" indicates major item in a category, and "★" means there a particular note for indicate.

Ⅶ.There are a lot of shortages and faults in the yearbook because of our limited level. For a better editing, we welcome all candid comments and criticism from our readers.

目　　录
CONTENTS

二、国民经济核算

NATIONAL ECONOMIC ACCOUNTING

三 、人口和劳动力

POPULATION AND LABOR FORCE

四、工业和能源

INDUSTRY AND ENERGY

五、建筑业

CONSTRUCTION

六、运输和邮电

TRANSPORT,POSTAL AND TELECOMMUNICATION SERVICES

九、房地产开发

REAL ESTATE DEVELOPMENT

十、商业和物价

COMMERCE AND PRICE

十二、金融保险业

FINANCE AND INSURANCE

十三、对外经济贸易和旅游

FOREIGN TRADE AND TOURISM

十四、劳动工资

LABOR FORCE AND WAGE

十五、科学技术

SCIENCE AND TECHNOLOGY

十八、城市建设和环境保护
URBAN CONSTRUCTIONS AND ENVIRONMENTAL PROTECTION

十九、人民生活
PEOPLE'S LIVELIHOOD

01 第一部分

综合

GENERAL SURVEY

CHAPTER

1-1　行政区划（2015年）
ADMINISTRATIVE DIVISION（2015）

单位：个　　　　(unit)

地　区 Region		街道办事处 Urban Subdistrict Office	居民委员会 Neighbourhood Committees
全　市	**Total**	**59**	**798**
福田区	Futian	10	115
罗湖区	Luohu	10	115
盐田区	Yantian	4	23
南山区	Nanshan	8	105
新宝安区	New Baoan	6	138
新龙岗区	New Longgang	8	119
光明新区	Guangming	2	28
坪山新区	Pingshan	2	30
龙华新区	Longhua	6	100
大鹏新区	Dapeng	3	25

1-2　分区土地面积、人口及人口密度（2015年）
TOTAL LAND AREA， POPULATION AND DENSITY OF POPULATION IN DISTRICTS（2015）

地　区 Region		土地面积 (平方公里) Land Area (sq.km)	年末常住人口 (万人) Year-end Permanent Population (10 000pesons)	户籍人口 Registered Population	非户籍人口 Non-registered Population	人口密度 (人/平方公里) Density Of Population (person/sq.km)
全　市	**Total**	**1 997.30**	**1 137.87**	**354.99**	**782.88**	**5 697**
福田区	Futian	78.66	144.06	89.01	55.06	18 315
罗湖区	Luohu	78.75	97.56	57.31	40.26	12 389
盐田区	Yantian	74.91	22.12	6.20	15.92	2 952
南山区	Nanshan	187.47	129.12	75.59	53.52	6 887
新宝安区	New Baoan	396.64	286.33	43.68	242.66	7 219
新龙岗区	New Longgang	388.59	205.24	47.72	157.52	5 282
光明新区	Guangming	155.44	53.12	6.18	46.94	3 417
坪山新区	Pingshan	165.94	35.61	5.15	30.46	2 146
龙华新区	Longhua	175.58	151.15	20.29	130.86	8 609
大鹏新区	Dapeng	295.32	13.56	3.87	9.69	459

注：　1、按照国家目前的人口统计制度以及市政府《深圳市人口统计监测办法》，自2006年起，深圳户籍人口指拥有深圳红印户口，在深圳居住半年以上的人口。
Note: Since 2006, according to the country's current demographic system and Shenzhen demographic monitoring methods promulgated by Shenzhen Municipal government, the data of registered population refers to people who have registered and lived in Shenzhen over half a year.
2、经请示广东省统计局，原"暂住人口"更改为"非户籍人口"。深圳非户籍人口指常住人口中，没有深圳红印户口的人口。
With the permission of Statistics Bureau of Guangdong Province, the figure of transient population has changed to the figure of non-registered population. Non-registered population now refers to the people non-registered among resident population.

1-3 各时期国民经济和社会发展统计指标总量及年均增长速度

ANNUAL AVERAGE GROWTH RATE OF MAIN NATIONAL ECONOMIC AND SOCIAL DEVELOPMENT INDICATORS OF EACH PERIOD

年份 Year		年末常住人口(万人) Year-end Permanent Population (10 000persons)	户籍人口 Registered Population	非户籍人口 Non-registered Population	年末劳动者合计(万人) Year-end Total Employed (10 000persons)	在岗职工 Staff and Workers	私营个体劳动者 Urban Self-Employment	镇村劳动者 Laborers of Town and Village
1979		31.41	31.26	0.15	13.95	4.02	0.41	9.52
1980		33.29	32.09	1.20	14.89	4.86	0.38	9.65
"六五"时期	**"Sixth Five-year" Period**							
1981		36.69	33.39	3.30	15.36	5.31	0.13	9.92
1982		44.95	35.45	9.50	18.49	8.28	0.11	10.17
1983		59.52	40.52	19.00	22.37	12.57	0.22	9.58
1984		74.13	43.52	30.61	27.26	18.33	0.50	8.43
1985		88.15	47.86	40.29	32.61	22.66	0.64	9.31
年均增长速度(%)	**Annual Average Growth Rate(%)**	**21.5**	**8.3**	**101.9**	**17.0**	**36.1**	**11.0**	**-0.7**
"七五"时期	**"Seventh Five-year" Period**							
1986		93.56	51.45	42.11	36.04	25.88	0.93	9.23
1987		105.44	55.60	49.84	44.30	32.29	1.10	10.91
1988		120.14	60.14	60.00	54.53	41.74	1.69	11.10
1989		141.60	64.82	76.78	93.65	48.24	2.19	43.22
1990		167.78	68.65	99.13	109.22	55.41	3.36	50.45
年均增长速度(%)	**Annual Average Growth Rate(%)**	**13.7**	**7.5**	**19.7**	**27.3**	**19.6**	**39.3**	**40.2**
"八五"时期	**"Eighth Five-year" Period**							
1991		226.76	73.22	153.54	149.32	64.89	4.87	79.56
1992		268.02	80.22	187.80	175.97	71.10	12.33	92.54
1993		335.97	87.69	248.28	220.81	78.11	38.84	103.86
1994		412.71	93.97	318.74	273.00	82.29	54.63	135.73
1995		449.15	99.16	349.99	298.51	88.75	72.17	137.12
年均增长速度(%)	**Annual Average Growth Rate(%)**	**21.8**	**7.6**	**28.7**	**22.3**	**9.9**	**84.7**	**22.1**
"九五"时期	**"Ninth Five-year" Period**							
1996		482.89	103.38	379.51	322.12	89.13	87.14	145.42
1997		527.75	109.46	418.29	353.53	91.18	103.59	158.55
1998		580.33	114.60	465.73	390.33	91.93	114.79	183.32
1999		632.56	119.85	512.71	426.89	92.52	120.86	213.22
2000		701.24	124.92	576.32	474.97	93.36	139.88	240.91
年均增长速度(%)	**Annual Average Growth Rate(%)**	**9.3**	**4.7**	**10.5**	**9.7**	**1.3**	**14.2**	**11.9**
"十五"时期	**"Tenth Five-year" Period**							
2001		724.57	132.04	592.53	491.30	94.88	152.68	242.94
2002		746.62	139.45	607.17	509.74	101.76	166.88	240.22
2003		778.27	150.93	627.34	535.89	108.20	187.72	239.00
2004		800.80	165.13	635.67	562.17	135.88	204.16	220.97
2005		827.75	181.93	645.82	576.26	165.38	210.87	198.71
年均增长速度(%)	**Annual Average Growth Rate(%)**	**3.4**	**7.8**	**2.3**	**3.9**	**10.4**	**8.6**	**-3.8**
"十一五"时期	**"Eleventh Five-year" Period**							
2006		871.10	196.83	674.27	609.76	184.25	250.77	172.78
2007		912.37	212.38	699.99	647.11	193.04	279.83	172.20
2008		954.28	228.07	726.21	682.35	198.35	301.97	179.98
2009		995.01	241.45	753.56	723.61	220.16	326.52	175.12
2010		1 037.20	251.03	786.17	758.14	251.09	376.60	128.53
年均增长速度(%)	**Annual Average Growth Rate(%)**	**4.6**	**6.7**	**4.0**	**5.6**	**8.7**	**12.3**	**-8.3**
"十二五"时期	**"Twelfth Five-year" Period**							
2011		1 046.74	267.90	778.85	764.54	261.43	408.35	92.48
2012		1 054.74	287.62	767.13	771.20	277.90	430.71	60.47
2013		1 062.89	310.47	752.42	899.24	445.84	441.83	–
2014		1 077.89	332.21	745.68	899.66	448.93	438.43	–
2015		1 137.87	354.99	782.88	906.14	447.41	446.22	–
年均增长速度(%)	**Annual Average Growth Rate(%)**	**1.9**	**7.2**	**-0.1**	**3.6**	**12.2**	**3.5**	**-**
以1979年为基期年平均增长速度(%)	**Annual Average Growth Rate from 1979(%)**	**10.5**	**7.0**	**26.8**	**12.3**	**14.0**	**21.4**	**-**

年 份 Year		本市生产总值(万元) Gross Domestic Product (10 000yuan)	第一产业 Primary Industry	第二产业 Secondary Industry	第三产业 Tertiary Industry	人均GDP(元/人) Gross Domestic Product Per Capita (yuan)	固定资产投资额(万元) Investment in Fixed Assets (10 000yuan)	房地产开发投资 Investment in Real Estate Development
1979		19 638	7 273	4 017	8 348	606	5 938	
1980		27 012	7 803	7 036	12 173	835	13 801	
"六五"时期	**"Sixth Five-year" Period**							
1981		49 576	13 343	16 019	20 214	1 417	29 684	
1982		82 573	18 960	31 439	32 174	2 023	73 750	
1983		131 212	22 614	55 848	52 750	2 512	108 320	
1984		234 161	25 932	106 606	101 623	3 504	194 572	
1985		390 222	26 111	163 586	200 525	4 809	333 235	
年均增长速度(%)	**Average Annual Growth Rate(%)**	**50.3**	**13.8**	**86.9**	**49.2**	**25.1**	**89.0**	
"七五"时期	**"Seventh Five-year" Period**							
1986		416 451	32 907	163 185	220 359	4 584	248 551	
1987		559 015	46 519	220 463	292 033	5 349	285 193	
1988		869 807	57 005	359 230	453 572	6 477	436 191	
1989		1 156 565	68 615	505 361	582 589	6 710	499 919	
1990		1 716 665	70 220	769 319	877 126	8 724	623 380	112 000
年均增长速度(%)	**Average Annual Growth Rate(%)**	**22.4**	**8.7**	**33.1**	**16.2**	**2.6**	**13.3**	
"八五"时期	**"Eighth Five-year" Period**							
1991		2 366 630	808 36	1 126 084	1 159 710	11 997	912 324	255 600
1992		3 173 194	105 914	1 522 432	1 544 848	12 827	1 782 322	714 900
1993		4 531 445	108 615	2 420 214	2 002 616	15 005	2 477 875	1 027 700
1994		6 346 711	134 152	3 357 972	2 854 587	16 954	2 819 413	1 304 600
1995		8 424 833	124 122	4 221 435	4 079 276	19 550	2 758 243	1 030 368
年均增长速度(%)	**Average Annual Growth Rate(%)**	**30.9**	**-0.4**	**33.4**	**29.6**	**9.5**	**34.6**	**55.9**
"九五"时期	**"Ninth Five-year" Period**							
1996		10 484 421	148 796	5 065 924	5 269 701	22 498	3 275 270	1 248 251
1997		12 974 208	147 660	6 174 083	6 652 465	25 675	3 930 657	1 366 545
1998		15 347 272	151 764	7 434 976	7 760 532	27 701	4 803 901	1 674 854
1999		18 040 176	150 445	9 005 486	8 884 245	29 747	5 695 878	2 152 541
2000		21 874 515	155 656	10 860 852	10 858 007	32 800	6 196 993	2 609 694
年均增长速度(%)	**Average Annual Growth Rate(%)**	**15.9**	**2.9**	**16.5**	**15.4**	**6.2**	**17.6**	**20.4**
"十五"时期	**"Tenth Five-year" Period**							
2001		24 824 874	160 413	12 297 665	12 366 796	34 822	6 863 749	3 156 364
2002		29 695 184	166 587	14 647 171	14 881 426	40 369	7 881 459	3 884 445
2003		35 857 235	142 048	18 174 235	17 540 952	47 029	9 491 016	4 126 636
2004		42 821 428	123 264	22 112 353	20 585 811	54 236	10 925 571	4 342 432
2005		49 509 078	97 385	26 425 225	22 986 438	60 801	11 811 542	4 236 865
年均增长速度(%)	**Average Annual Growth Rate(%)**	**16.3**	**-8.6**	**19.0**	**13.6**	**11.8**	**13.8**	**10.2**
"十一五"时期	**"Eleventh Five-year" Period**							
2006		58 135 624	69 675	30 600 890	27 465 059	68 441	12 736 693	4 620 940
2007		68 015 706	69 412	34 165 740	33 780 554	76 273	13 450 037	4 610 422
2008		77 867 920	82 896	38 604 708	39 180 316	83 431	14 676 043	4 404 897
2009		82 902 842	66 894	38 264 628	44 571 320	85 060	17 091 514	4 374 590
2010		97 733 062	64 670	45 205 050	52 463 342	96 184	19 447 008	4 584 693
年均增长速度(%)	**Annual Average Growth Rate(%)**	**13.3**	**-14.7**	**13.1**	**13.7**	**8.4**	**10.5**	**1.6**
"十二五"时期	**"Twelfth Five-year" Period**							
2011		115 158 598	65 541	53 391 059	61 701 998	110 520	20 609 180	5 147 362
2012		129 714 672	63 018	57 251 831	72 399 823	123 451	21 944 319	7 368 421
2013		145 726 689	57 955	62 867 608	82 801 126	137 632	23 914 648	8 769 001
2014		160 018 207	55 778	68 120 218	91 842 211	149 495	27 174 226	10 694 855
2015		175 028 634	66 486	72 079 359	102 882 789	157 985	32 983 076	13 310 333
年均增长速度(%)	**Average Annual Growth Rate(%)**	**9.6**	**-8.7**	**8.7**	**10.4**	**7.8**	**11.1**	**23.8**
以1979年为基期年平均增长速度(%)	**Annual Average Growth Rate from 1979(%)**	**23.0**	**-1.3**	**29.2**	**22.4**	**11.2**	**27.1**	**21.1**

注：1.本表按当年价格计算。2013年起，开始使用新的国民经济行业分类（GB/T 4754-2011）。
Note:Data of this table are calculated at curret prices. The new Industrial Classification of the National Economy (GB/T 4754-2011) is introduced starting from 2013 annual statistics.
2.根据全国第三次经济普查结果，对2009-2013年全市生产总值进行了修订（以下相关表同）。
The data of GDP from 2009 to 2013 have adjusted by THE 3rd CHINA ECONOMIC CENSUS(The same applied to the following tables).

1-3 续表 2 continued

年 份 Year		一般公共预算收入(万元) Local Financial Revenue (10 000yuan)	一般公共预算支出(万元) Local Financial Expenditure (10 000yuan)	农业总产值(万元) Gross Output Value of Agriculture (10 000yuan)	工业总产值(万元) Gross Output Value of Industry (10 000yuan)	轻工业 Light Industry	重工业 Heavy Industry	社会消费品零售总额(万元) Retail Sales of Consumer Goods (10 000yuan)
1979		1 721	2 971	13 106	7 128	6 307	821	11 259
1980		3 043	4 003	16 938	10 632	9 265	1 367	19 615
"六五"时期	**"Sixth Five-year" Period**							
1981		8 787	8 411	24 181	26 692	25 172	1 520	34 229
1982		9 163	8 815	26 929	38 833	34 453	4 380	54 185
1983		15 605	15 025	29 083	75 993	61 513	14 480	123 794
1984		29 435	27 954	40 416	172 132	137 698	34 434	201 107
1985		62 894	58 651	45 821	246 662	194 108	52 554	265 642
年均增长速度(%)	**Annual Average Growth Rate(%)**	**83.3**	**71.1**	**9.1**	**91.3**	**89.0**	**104.5**	**68.4**
"七五"时期	**"Seventh Five-year" Period**							
1986		74 160	68 073	49 552	340 227	266 318	73 909	273 712
1987		87 521	69 688	73 772	558 311	433 738	124 573	324 364
1988		146 521	110 992	99 404	1 012 739	779 258	233 481	502 430
1989		228 668	173 007	108 015	1 477 470	1 080 785	396 685	545 741
1990		217 037	198 073	119 205	2 202 180	1 657 859	544 321	667 580
年均增长速度(%)	**Annual Average Growth Rate(%)**	**28.1**	**27.6**	**14.9**	**46.9**	**43.2**	**60.3**	**20.2**
"八五"时期	**"Eighth Five-year" Period**							
1991		273 291	243 012	143 063	3 153 966	2 233 705	920 261	828 341
1992		429 599	420 035	185 297	4 347 007	2 971 348	1 375 659	1 148 908
1993		672 507	593 327	192 880	6 896 969	4 655 394	2 241 575	2 641 333
1994		743 992	746 181	224 776	11 014 065	6 351 224	4 662 841	3 639 756
1995		880 174	934 041	232 653	12 922 075	7 008 231	5 913 844	4 269 434
年均增长速度(%)	**Annual Average Growth Rate(%)**	**32.3**	**36.4**	**-0.4**	**36.9**	**28.3**	**52.5**	**31.2**
"九五"时期	**"Ninth Five-year" Period**							
1996		1 317 490	1 380 376	273 246	15 305 964	8 580 027	6 725 937	4 888 502
1997		1 420 557	1 394 181	270 889	18 175 704	10 151 182	8 024 522	5 372 464
1998		1 643 884	1 767 714	298 174	21 573 817	11 141 650	10 432 167	5 732 419
1999		1 842 085	2 108 978	299 662	24 435 849	12 381 928	12 053 921	6 385 915
2000		2 219 184	2 250 441	311 359	30 715 227	13 731 333	16 983 894	7 350 188
年均增长速度(%)	**Annual Average Growth Rate(%)**	**20.3**	**19.2**	**6.0**	**20.8**	**17.1**	**24.3**	**11.5**
"十五"时期	**"Tenth Five-year" Period**							
2001		2 624 944	2 537 019	327 111	37 476 713	13 861 331	23 615 382	8 320 412
2002		2 659 287	3 077 761	340 757	46 823 584	15 832 485	30 991 099	9 419 443
2003		2 908 370	3 489 526	337 406	67 976 472	21 459 058	46 517 414	10 951 323
2004		3 214 680	3 775 720	299 939	85 888 321	24 175 842	61 712 479	12 506 411
2005		4 123 785	5 991 560	217 369	101 745 351	27 406 557	74 338 794	14 416 103
年均增长速度(%)	**Annual Average Growth Rate(%)**	**13.2**	**21.6**		**24.7**	**18.3**	**27.1**	**14.6**
"十一五"时期	**"Eleventh Five-year" Period**							
2006		5 008 827	5 714 231	180 017	122 784 801	29 658 032	93 126 769	16 804 604
2007		6 580 555	7 279 677	171 380	143 628 918	35 687 625	107 941 293	19 308 050
2008		8 003 603	8 898 555	187 859	162 837 576	44 451 550	118 386 026	22 765 855
2009		8 808 168	10 008 394	154 760	158 286 329	39 239 987	119 046 342	25 679 436
2010		11 068 166	12 660 668	150 467	188 796 600	46 801 421	141 995 179	30 007 629
年均增长速度(%)	**Annual Average Growth Rate(%)**	**21.8**	**16.1**		**14.8**	**12.8**	**15.5**	**15.6**
"十二五"时期	**"Twelfth Five-year" Period**							
2011		13 395 728	15 905 599	152 533	212 730 916	53 500 744	159 230 172	35 208 736
2012		14 820 800	15 690 071	148 572	223 089 847	58 544 922	164 544 925	40 087 794
2013		17 312 618	16 908 280	139 479	240 440 285	64 571 965	175 868 320	45 004 559
2014		20 824 409	21 661 370	129 156	258 099 411	67 789 093	190 310 318	49 189 983
2015		27 268 543	35 216 708	159 515	266 080 844	60 837 504	205 243 340	50 178 375
年均增长速度(%)	**Annual Average Growth Rate(%)**	**19.8**	**22.7**	**-**	**7.8**	**6.0**	**8.3**	**11.3**
以1979年为基期年平均增长速度(%)	**Annual Average Growth Rate from 1979(%)**	**30.8**	**29.8**	**-**	**32.9**	**28.9**	**39.4**	**24.6**

注：　国家统计局从2005年取消农业总产值1990年不变价，故不可比。
Note: From 2005, the National Bureau of Statistics has cancelled the index, Gross Output Value of Agriculture (at 1990 Constant Prices), so it is incomparable with other years.

年 份 Year		全社会货运量(万吨) Freight Traffic Volume (10 000tons)	全社会客运量(万人) Passenger Traffic (10 000person)	港口货物吞吐量(万吨) Cargo Handled at Seaport (10 000tons)	邮电业务总量(万元) Revenue from Postal and Telecommunic-ations Services (10 000yuan)	进出口总额(万美元) Total Imports and Exports (USD10 000)	出口总额 Exports	进口总额 Imports
1979				10	138	1 676	930	746
1980				30	190	1 751	1 124	627
"六五" 时期	**"Sixth Five-year" Period**							
1981				70	340	2 807	1 745	1 062
1982				91	520	2 534	1 597	937
1983				141	567	78 642	6 230	72 412
1984				210	923	107 247	26 539	80 708
1985				327	1 761	130 632	56 340	74 292
年均增长速度(%)	**Annual Average Growth Rate(%)**			**36.1**	**56.1**	**136.9**	**118.8**	**159.9**
"七五" 时期	**"Seventh Five-year" Period**							
1986		1 521	3 973	302	2 633	184 696	72 552	112 144
1987		1 627	4 268	485	4 880	255 784	141 354	114 430
1988		1 704	5 858	734	14 826	344 277	184 949	159 328
1989		1 383	6 349	956	21 293	375 259	217 428	157 831
1990		1 349	8 833	1 292	55 356	1 570 136	815 165	754 971
年均增长速度(%)	**Annual Average Growth Rate(%)**			**31.6**	**78.9**	**33.2**	**39.7**	**27.2**
"八五" 时期	**"Eighth Five-year" Period**							
1991		1 486	6 400	1 563	84 927	1 947 635	986 240	961 395
1992		1 801	8 135	1 956	114 492	2 357 562	1 200 019	1 157 543
1993		2 050	10 218	2 541	174 045	2 820 392	1 421 776	1 398 616
1994		2 604	8 531	3 002	259 432	3 498 281	1 830 921	1 667 360
1995		3 542	8 261	3 080	368 945	3 876 960	2 052 736	1 824 224
年均增长速度(%)	**Annual Average Growth Rate(%)**	**21.3**	**-1.3**	**19.0**	**46.1**	**19.8**	**20.3**	**19.3**
"九五" 时期	**"Ninth Five-year" Period**							
1996		3 647	8 281	3 021	462 261	3 905 342	2 120 781	1 784 561
1997		3 853	8 515	3 357	610 111	4 500 921	2 561 844	1 939 077
1998		4 048	8 484	3 444	764 658	4 527 417	2 639 611	1 887 806
1999		4 274	8 754	4 663	982 686	5 042 750	2 820 811	2 221 939
2000		4 697	9 346	5 697	1 336 000	6 393 982	3 456 333	2 937 649
年均增长速度(%)	**Annual Average Growth Rate(%)**	**5.8**	**2.5**	**13.1**	**29.4**	**10.5**	**11.0**	**10.0**
"十五" 时期	**"Tenth Five-year" Period**							
2001		5 147	9 869	6 643	1 419 000	6 861 055	3 747 955	3 113 100
2002		5 778	10 644	8 767	1 644 200	8 723 148	4 655 704	4 067 444
2003		6 761	10 453	11 220	1 980 300	11 739 941	6 296 201	5 443 733
2004		7 954	12 277	13 537	2 660 100	14 728 302	7 784 632	6 943 670
2005		9 807	12 901	15 351	3 208 000	18 281 689	10 151 829	8 129 860
年均增长速度(%)	**Annual Average Growth Rate(%)**	**15.9**	**6.7**	**21.9**	**26.3**	**23.4**	**24.0**	**22.6**
"十一五" 时期	**"Eleventh Five-year" Period**							
2006		11 320	13 957	17 598	3 795 000	23 738 573	13 609 556	10 129 017
2007		13 678	15 030	19 994	5 135 400	28 753 345	16 849 299	11 904 046
2008		19 568	154 263	21 125	6 117 500	29 995 499	17 971 995	12 023 504
2009		22 367	146 281	19 365	6 765 200	27 016 306	16 197 825	10 818 481
2010		26 175	156 048	22 098	2 937 000	34 674 930	20 418 355	14 256 575
年均增长速度(%)	**Annual Average Growth Rate(%)**	**15.2**	**4.6**	**7.6**	**20.5**	**13.5**	**14.8**	**10.8**
"十二五" 时期	**"Twelfth Five-year" Period**							
2011		28 901	168 444	22 325	3 562 600	41 409 312	24 551 760	16 857 552
2012		30 335	185 011	22 807	5 635 800	46 683 020	27 136 163	19 546 857
2013		27 514	12 111	23 398	6 229 900	53 747 437	30 570 191	23 177 246
2014		29 384	15 113	22 324	7 619 900	48 774 049	28 436 157	20 337 892
2015		32 475	16 651	21 706	10 409 600	44 245 863	26 403 895	17 841 968
年均增长速度(%)	**Annual Average Growth Rate(%)**	-	-	**-0.4**	-	**5.0**	**5.3**	**4.5**
以1979年为基期年平均增长速度(%)	**Annual Average Growth Rate from 1979(%)**	-	-	**23.8**	-	**28.8**	**29.3**	**28.3**

注：1. 根据广东省交通运输厅新方案要求，自2014年起，客货运量、周转量已按2013年全国交通运输业经济统计专项调查口径填报，上年同期数亦按可比口径相应调整。

Note: According to the Guangdong Provincial Department of Transportation requirements for the new program, from 2014, the data of freight(passenger) traffic and turnover volume have been given by 2013 National Transportation Survey caliber special economic statistics, the data of 2013 have been adjusted by the same caliber.

2. 邮电业务总量1989年以前按1980年不变价格计算，1990-2000年按1990年不变价格计算；2001-2009年按2000年不变价格计算；2011年以来按2010年不变价计算，2010年数据相应调整。

Revenue from Postal and Telecommunications Services in 1989, calculated at 1980 constant prices; from 1990 to 2000 at 1990 constant prices; 2001-2009 at 2000 constant prices; 2011 calculated at 2010 constant prices, 2010 data has adjusted.

1-3 续表 4 continued

年 份 Year		国内金融机构人民币存款(万元) RMB deposits of domestic financial institutions (10 000yuan)	国内金融机构人民币贷款(万元) RMB loans of domestic financial institutions (10 000yuan)	医院数(个) Hospital (unit)	医院病床(张) Hospital Beds (unit)	卫生技术人员(人) Medical Technical Personnel (person)	#执业医师(人) Licensed Doctors (person)
1979		10 125	7 523	25	597	988	364
1980		20 284	13 422	24	643	1 088	438
"六五" 时期	**"Sixth Five-year" Period**						
1981		48 713	23 944	24	790	1 270	518
1982		63 707	63 013	26	717	1 609	708
1983		112 554	119 471	30	1 023	2 343	1 073
1984		349 763	451 034	29	1 634	3 064	1 484
1985		302 567	537 014	31	1 885	3 857	1 862
年均增长速度(%)	**Annual Average Growth Rate(%)**	**71.7**	**109.1**	**5.3**	**24.0**	**28.8**	**33.6**
"七五" 时期	**"Seventh Five-year" Period**						
1986		551 112	730 855	32	2 028	4 657	2 217
1987		808 545	1 065 176	34	2 225	5 117	2 408
1988		1 317 381	1 536 202	35	2 496	5 715	2 754
1989		1 376 310	1 789 834	35	2 838	6 451	3 103
1990		1 946 923	2 386 157	38	3 108	6 996	3 426
年均增长速度(%)	**Annual Average Growth Rate(%)**	**45.1**	**34.8**	**4.2**	**10.5**	**12.6**	**13.0**
"八五" 时期	**"Eighth Five-year" Period**						
1991		3 009 164	2 797 500	41	3 498	7 618	3 737
1992		5 504 616	3 707 067	45	4 466	8 571	4 247
1993		6 573 461	5 015 868	45	5 168	9 888	4 798
1994		9 333 699	6 421 390	48	6 040	11 034	5 347
1995		12 029 322	7 863 364	63	6 640	12 449	6 050
年均增长速度(%)	**Annual Average Growth Rate(%)**	**43.9**	**26.9**	**10.6**	**16.4**	**12.2**	**12.0**
"九五" 时期	**"Ninth Five-year" Period**						
1996		15 334 600	9 652 000	65	7 105	14 652	7 266
1997		18 227 000	12 025 800	72	7 813	14 932	7 400
1998		22 383 700	15 503 700	72	8 353	14 975	7 191
1999		25 589 900	18 481 600	71	8 720	15 143	7 062
2000		31 690 000	22 921 800	72	9 616	15 720	7 418
年均增长速度(%)	**Annual Average Growth Rate(%)**	**21.4**	**23.9**	**2.7**	**7.7**	**4.8**	**4.2**
"十五" 时期	**"Tenth Five-year" Period**						
2001		40 925 700	28 607 500	75	10 542	17 135	8 097
2002		49 527 300	35 142 800	77	11 808	18 615	7 853
2003		60 794 800	45 250 500	85	12 607	21 234	8 909
2004		71 007 500	52 427 700	87	14 186	22 895	9 846
2005		84 781 600	61 680 400	97	15 577	25 681	10 961
年均增长速度(%)	**Annual Average Growth Rate(%)**	**21.8**	**21.9**	**6.1**	**10.1**	**10.3**	**8.1**
"十一五" 时期	**"Eleventh Five-year" Period**						
2006		95 404 200	67 553 200	99	16 193	43 266	16 238
2007		114 957 900	79 654 500	101	16 766	46 877	17 450
2008		130 112 400	90 584 600	100	18 435	50 608	18 807
2009		169 381 900	116 463 400	101	19 872	53 778	19 963
2010		202 107 500	137 081 600	107	21 166	54 081	20 122
年均增长速度(%)	**Annual Average Growth Rate(%)**	**19.0**	**17.3**	**2.0**	**6.3**	**16.1**	**12.9**
"十二五" 时期	**"Twelfth Five-year" Period**						
2011		227 823 900	157 149 600	110	22 322	58 059	21 517
2012		259 102 400	173 054 700	115	26 124	61 961	22 831
2013		298 309 900	198 035 800	117	27 079	65 782	24 221
2014		445 892 900	228 053 900	122	28 853	69 936	25 728
2015		518 061 800	271 299 900	123	31 425	74 884	27 834
年均增长速度(%)	**Annual Average Growth Rate(%)**	-	-	**2.8**	**8.2**	**6.7**	**6.7**
以1979年为基期年平均增长速度(%)	**Annual Average Growth Rate from 1979(%)**	-	-	**4.5**	**11.6**	**12.8**	**12.8**

注：2015年起，人民银行调整了金融机构存贷款统计口径，2014年数据相应调整。

Note:From 2015,the statistial range of RMB deposits(loans) of domestic financial institutions have been adjusted,the data of 2014 have been adjusted by the same caliber.

年 份 Year	在校学生数(人) (person) Students Enrollment			职工工资总额(万元) Total Wage of Staff and Workers (10 000yuan)	在岗职工年平均工资(元) Average Yearly Wages (yuan)	城镇居民人均可支配收入(元/人) Per Capita Disposable Income of Urban Residents (yuan/person)
	普通高等学校 Institutions of Higher Education	普通中学 Regular Secondary Schools	小学 Primary Schools			
1979		13 686	47 022	2 952	769	
1980		12 296	49 168	4 366	979	
“六五”时期 "Sixth Five-year" Period						
1981		13 088	51 560	5 930	1 132	
1982		17 080	54 538	10 000	1 366	
1983	216	20 982	56 319	16 142	1 545	
1984	1 236	27 636	62 021	35 306	2 179	
1985	3 206	35 334	70 277	51 912	2 418	1 915
年均增长速度(%) Annual Average Growth Rate(%)		**23.5**	**7.4**	**64.1**	**19.8**	
“七五”时期 "Seventh Five-year" Period						
1986	3 478	40 208	77 884	59 773	2 452	1 817
1987	4 330	44 910	84 601	80 013	2 677	2 091
1988	4 710	43 267	96 474	134 218	3 388	2 569
1989	4 419	45 056	104 041	179 042	3 858	3 657
1990	3 964	46 473	111 711	227 392	4 304	4 127
年均增长速度(%) Annual Average Growth Rate(%)	**4.3**	**5.6**	**9.7**	**34.4**	**12.2**	**16.6**
“八五”时期 "Eighth Five-year" Period						
1991	3 779	50 625	118 460	307 950	5 016	4 564
1992	3 653	55 857	127 978	403 790	5 931	5 783
1993	3 680	60 337	139 272	619 647	8 145	7 737
1994	4 227	66 073	147 186	852 332	10 572	10 503
1995	5 291	71 540	157 210	1 076 083	12 276	12 771
年均增长速度(%) Annual Average Growth Rate(%)	**5.9**	**9.0**	**7.1**	**36.5**	**23.3**	**25.3**
“九五”时期 "Ninth Five-year" Period						
1996	6 493	76 949	170 983	1 284 558	14 507	16 296
1997	7 601	82 155	190 192	1 479 515	16 531	18 579
1998	8 497	86 009	215 652	1 674 771	18 381	19 214
1999	10 568	91 260	256 060	1 890 338	20 714	19 520
2000	14 123	106 996	313 852	2 113 366	23 039	20 906
年均增长速度(%) Annual Average Growth Rate(%)	**21.7**	**8.4**	**14.8**	**14.6**	**13.2**	**10.4**
“十五”时期 "Tenth Five-year" Period						
2001	18 556	126 190	363 657	2 441 713	25 941	22 760
2002	26 778	150 654	415 097	2 832 799	28 218	24 941
2003	32 106	179 628	469 684	3 259 896	30 611	25 936
2004	41 251	211 224	526 419	4 192 834	31 928	27 596
2005	45 314	240 508	566 278	5 167 453	32 476	21 494
年均增长速度(%) Annual Average Growth Rate(%)	**26.3**	**17.6**	**12.5**	**18.1**	**7.4**	**7.5**
“十一五”时期 "Eleventh Five-year" Period						
2006	5 1220	256 630	564 891	6 296 568	35 107	22 567
2007	58 910	279 180	575 160	7 335 805	38 798	24 301
2008	65 632	298 939	585 852	8 674 142	43 454	26 729
2009	66 952	316 024	589 481	10 029 764	46 723	29 245
2010	67 324	334 752	618 459	12 338 778	50 456	32 381
年均增长速度(%) Annual Average Growth Rate(%)	**8.2**	**6.8**	**1.8**	**19.0**	**9.2**	**8.5**
“十二五”时期 "Twelfth Five-year" Period						
2011	70 004	346 942	651 307	14 384 948	55 143	36 505
2012	75 570	359 643	683 058	16 421 777	59 010	40 742
2013	82 401	371 735	730 232	28 135 080	62 619	44 653
2014	87 674	378 690	793 178	32 879 754	72 651	40 948
2015	90 112	385 221	864 841	36 627 244	81 034	44 633
年均增长速度(%) Annual Average Growth Rate(%)	**6.0**	**2.8**	**6.9**	**24.3**	**9.9**	-
以1979年为基期年平均增长速度(%) Annual Average Growth Rate from 1979(%)	**20.7**	**9.7**	**8.4**	**29.7**	**13.8**	-

1-4 主要年份国民经济主要指标比例关系

PERCENTAGE OF MAIN NATIONAL ECONOMIC INDICATORS IN MAIN YEARS

年 份 Year	以从业人员为100 Employment=100			以本市生产总值为100 Gross Domestic Product=100			以工农业总产值为100 Gross Output Value of Industry and Agriculture=100		
	第一产业 Primary Industry	第二产业 Secondary Industry	第三产业 Tertiary Industry	第一产业 Primary Industry	第二产业 Secondary Industry	第三产业 Tertiary Industry	农 业 Agriculture	轻工业 Light Industry	重工业 Heavy Industry
1979				37.0	20.5	42.5	64.8	31.2	4.0
1980				28.9	26.0	45.1	61.4	33.6	5.0
1985				6.7	41.9	51.4	15.7	66.4	17.9
1990	6.1	69.8	24.1	4.1	44.8	51.1	5.1	71.4	23.5
1995	1.5	66.0	32.5	1.5	50.1	48.4	1.8	53.3	44.9
2000	0.8	57.0	42.2	0.7	49.7	49.6	1.1	44.2	54.7
2001	0.7	55.7	43.6	0.7	49.5	49.8	0.9	36.7	62.5
2002	0.8	55.8	43.5	0.6	49.3	50.1	0.7	33.6	65.7
2003	0.8	57.0	42.2	0.4	50.7	48.9	0.5	31.4	68.1
2004	0.5	57.6	41.9	0.3	51.6	48.1	0.3	28.1	71.6
2005	0.5	57.7	41.8	0.2	53.4	46.4	0.2	26.9	72.9
2006	0.3	57.4	42.3	0.1	52.6	47.3	0.1	24.1	75.8
2007	0.1	54.1	45.8	0.1	50.2	49.7	0.1	24.8	75.1
2008	0.1	54.1	45.8	0.1	49.6	50.3	0.1	27.3	72.6
2009	0.1	53.9	46.0	0.1	46.1	53.8	0.1	24.8	75.1
2010	…	51.5	48.5	0.1	46.2	53.7	0.1	24.8	75.1
2011	…	50.1	49.9	0.1	46.3	53.6	0.1	25.1	74.8
2012	…	52.0	48.0	0.1	44.1	55.8	0.1	26.2	73.7
2013	…	48.6	51.4	…	43.2	56.8	0.1	26.8	73.1
2014	…	48.0	52.0	…	42.6	57.4	0.1	26.3	73.6
2015	…	46.6	53.4	…	41.2	58.8	0.1	22.8	77.1

1-4 续表 1 continued

年 份 Year	以工业总产值为100 Gross Output Value of Industry=100		以固定资产投资总额为100 Investment in Fixed Assets=100	
	轻工业 Light Industry	重工业 Heavy Industry	非房地产开发项目 Non-Real Estate Development	房地产开发项目 Real Estate Development
1979	88.5	11.5	100.0	
1980	87.1	12.9	100.0	
1985	78.7	21.3	100.0	
1990	75.3	24.7	82.0	18.0
1995	54.2	45.8	62.6	37.4
2000	44.7	55.3	57.9	42.1
2001	37.0	63.0	54.0	46.0
2002	33.8	66.2	50.7	49.3
2003	31.6	68.4	56.5	43.5
2004	28.1	71.9	60.3	39.7
2005	26.9	73.1	64.1	35.9
2006	24.2	75.8	63.7	36.3
2007	24.8	75.2	65.7	34.3
2008	27.3	72.7	70.0	30.0
2009	24.8	75.2	74.4	25.6
2010	24.8	75.2	76.4	23.6
2011	25.1	74.9	75.0	25.0
2012	26.2	73.8	66.4	33.6
2013	26.9	73.1	63.0	37.0
2014	26.3	73.7	60.6	39.4
2015	22.9	77.1	59.6	40.4

年 份 Year	以货运量为100 Freight Traffic=100				固定资产投资总额相当于国内生产总值（%） Investment in Fixed Assets as Percentage of GDP（%）
	铁路 Railways	公路 Highways	水运 Waterways	民航 Civil Aviation	
1979					30.2
1980					51.1
1985					85.4
1990	10.9	78.2	10.9		33.7
1995	6.2	76.8	16.9	0.1	32.7
1996	5.8	77.1	17.0	0.1	31.2
1997	7.0	76.8	16.1	0.1	30.3
1998	6.4	79.3	14.2	0.1	31.3
1999	6.0	81.5	12.3	0.1	31.6
2000	6.0	81.4	12.5	0.1	28.3
2001	5.7	82.9	11.3	0.1	27.6
2002	4.7	83.4	11.7	0.1	23.2
2003	4.7	80.4	14.8	0.1	26.5
2004	4.5	80.3	15.1	0.1	25.5
2005	4.0	75.4	20.4	0.2	24.0
2006	2.7	69.9	27.1	0.2	21.9
2007	2.4	67.4	30.0	0.2	19.8
2008	2.7	71.2	25.8	0.3	18.8
2009	2.1	78.8	18.8	0.3	20.8
2010	1.5	75.8	22.4	0.3	20.3
2011	1.4	75.0	23.3	0.3	17.9
2012	1.3	77.9	20.5	0.2	16.9
2013	1.3	74.9	23.5	0.2	16.6
2014	0.4	71.4	27.9	0.3	17.0
2015	0.2	76.3	23.3	0.2	18.8

1-5 主要年份国民经济和社会发展主要指标平均每人水平

PER CAPITA MAIN NATIONAL ECONOMIC AND SOCIAL DEVELOPMENT INDICATORS IN MAIN YEARS

单位：元 (yuan)

年 份 Year	本 市 生产总值Gross Domestic Product	农业总产值 Gross Output Value of Agriculture	工业总产值 Gross Output Value of Industry	一般公共预算收入 Local Financial Revenue	社会消费品零售总额 Retail Sales of Consumer Goods	职工年平均货币工资 Average Money Wage of Staff and Workers	城市居民可支配收入 Per Capita Disposable Income of Urban Residents
1979	606	405	220	53	348	769	
1980	835	524	329	94	606	979	
1985	4 809	565	3 040	775	3 274	2 418	1 915
1990	8 724	606	11 192	1 403	3 393	4 304	4 127
1995	19 550	540	29 986	2 042	9 907	12 276	12 771
2000	32 800	467	46 057	3 328	11 021	23 039	20 906
2001	34 822	459	52 569	3 682	11 671	25 941	22 760
2002	40 369	463	63 654	3 615	12 805	28 218	24 941
2003	47 029	443	89 156	3 815	14 363	30 611	25 936
2004	54 236	380	108 783	4 072	15 840	31 928	27 596
2005	60 801	267	124 952	5 064	17 704	32 476	21 494
2006	68 441	211	144 550	5 897	19 784	35 107	22 567
2007	76 273	192	161 067	7 379	21 652	38 798	24 301
2008	83 431	201	174 470	8 575	24 392	43 454	26 729
2009	85 060	159	162 404	9 037	26 347	46 723	29 245
2010	96 184	148	185 804	10 893	29 532	50 456	32 381
2011	110 520	146	204 162	12 856	33 791	55 143	36 505
2012	123 451	141	212 317	14 105	38 152	59 010	40 742
2013	137 632	132	227 083	16 351	42 504	62 619	44 653
2014	149 495	121	241 127	19 455	45 955	72 651	40 948
2015	157 985	144	240 171	24 613	45 292	81 034	44 633

1-5 续表 continued

年 份 Year	生活用电量 (千瓦时) Electricity for Residential Consumption (kwh)	每百人拥有电话(部) Number of Telephone Sets Per 100 Persons (set)	每万人拥有 Per 10 000 persons		★人均公园绿地面积 (平方米) Urban Public Green Areas (sq.m)
			医生 (人) Number of Doctors (person)	医院病床(张) Number of Beds in Hospital (bed)	
1979			12	19	
1980			13	19	
1985			21	21	
1990	302	7	20	19	
1995	292	18	13	15	12.7
2000	500	57	11	14	14.2
2001	495	84	11	15	14.7
2002	439	118	11	16	14.9
2003	537	158	12	16	15.1
2004	548	174	13	18	16.0
2005	660	212	14	19	16.1
2006	687	215	20	19	16.1
2007	805	244	21	18	16.1
2008	752	246	21	19	16.2
2009	812	234	21	20	16.3
2010	814	243	20	20	16.4
2011	858	274	22	21	16.5
2012	993	296	23	25	16.6
2013	982	286	24	25	16.7
2014	1 124	362	25	27	16.8
2015	1 127	296	25	28	16.9

注： 2002年以前为特区数，2002年及以后为全市数。

Note: The data before the year 2002 are calculated from special region, the data from 2002 are calculated from the whole city.

1-6 主要年份国民经济和社会发展主要指标平均每天水平

AVERAGE DAILY LEVEL OF MAIN NATIONAL ECONOMIC AND SOCIAL DEVELOPMENT INDICATORS IN MAIN YEARS

年 份 Year	本 市 生产总值 (万元) Gross Domestic Product (10 000yuan)	工业总产值(万元) Gross Output Value of Industry (10 000yuan)	农业总产值(万元) Gross Output Value of Agriculture (10 000yuan)	固定资产投资总额(万元) Investment in Fixed Assets (10 000yuan)	一般公共预算收入(万元) Local Financial Revenue (10 000yuan)	货运量 (万吨) Freight Traffic (10 000 tons)	客运量 (万人) Passengers Traffic (10 000 person-times)
1979	54	20	36	16	5		
1980	74	29	46	38	8		
1985	1 069	676	126	913	172		
1990	4 703	6 033	327	1 587	595	3.70	24.20
1995	23 082	35 403	637	7 557	2 411	9.70	22.63
2000	59 930	84 151	853	16 978	6 080	12.87	25.61
2001	68 013	102 676	896	18 805	7 192	14.10	27.04
2002	81 357	128 284	934	21 593	7 286	16.10	29.16
2003	98 239	186 237	924	26 003	7 968	18.52	28.64
2004	117 319	235 310	822	29 933	8 807	21.79	33.63
2005	135 641	278 754	596	32 358	11 298	26.87	35.35
2006	159 276	336 397	493	34 895	13 723	31.01	38.24
2007	186 344	393 504	466	36 849	18 029	37.47	41.18
2008	213 337	446 130	515	40 208	21 928	53.61	422.64
2009	227 131	433 661	424	46 826	24 132	61.28	400.77
2010	267 762	517 251	412	53 279	30 324	71.71	427.53
2011	315 503	582 824	418	56 464	36 701	79.18	461.49
2012	355 383	611 205	407	60 121	40 605	83.11	506.88
2013	399 251	658 741	382	65 520	47 432	75.38	33.18
2014	438 406	707 122	354	74 450	57 053	80.50	41.41
2015	479 531	728 989	437	90 365	74 708	88.97	45.62

注：1.特快专递从2011年开始调整口径。
From 2011, the statistical coverage of Express Mail have been adjusted.
2.根据广东省交通运输厅新方案要求，自2014年起，客货运量、周转量已按2013年全国交通运输业经济统计专项调查口径填报，上年同期数亦按可比口径相应调整。
According to the Guangdong Provincial Department of Transportation requirements for the new program, from 2014, the data of freight(passenger) traffic and turnover volume have been given by 2013 National Transportation Survey caliber special economic statistics, the data of 2013 have been adjusted by the same caliber.

1-6 续表 continued

年 份 Year	自来水供水量 (万吨) Tap Water Supply (10 000tons)	用电量 (万千瓦时) Electricity Consumption (10 000kwh)	公共汽车客运人数 (万人次) Bus Passengers (10 000 person-times)	社会消费品零售总额(万元) Retail Sales of Consumer Goods (10 000yuan)	出生人数 (人) Births (person)	死亡人数 (人) Deaths (person)	结婚 (对) Marriages (couple)	离婚 (对) Divorces (couple)
1979				31	22	5		
1980				54	19	5	6	
1985			14.20	728	15	4	18	
1990		985	60.13	1 829	29	5	28	1
1995	157	2 503	96.96	11 697	35	5	36	3
2000	252	5 215	117.26	20 138	49	9	39	6
2001	267	5 816	128.96	22 795	49	6	39	6
2002	296	7 120	141.60	25 807	62	5	40	6
2003	336	8 861	139.00	30 004	44	6	53	9
2004	370	10 693	143.80	34 264	54	6	79	13
2005	382	12 060	278.40	39 496	66	7	64	15
2006	398	13 348	337.22	46 040	72	6	112	17
2007	423	15 557	497.61	52 899	94	7	98	19
2008	430	15 993	535.44	62 372	101	7	113	19
2009	411	16 046	585.21	70 355	97	8	134	21
2010	429	18 179	642.82	82 213	102	17	105	22
2011	442	19 069	647.61	96 462	114	8	149	27
2012	439	19 784	625.49	109 830	168	12	146	32
2013	436	19 994	603.23	123 300	163	9	147	43
2014	450	21 608	618.46	134 767	185	22	166	43
2015	465	22 344	566.83	137 475	196	13	165	62

1-7 企业登记发展情况

THE DEVELOPMENT OF ENTERPRISES REGISTRATION

单位：户

(unit)

年份 Year	企业总数 Total Number of Enterprises	按企业登记类型分 Grouped By Status of Enterprises Registration			按产业分 Grouped By Industry			按注册资本分 Grouped By Registered Capital					
		内资企业 Domestic-funded Enterprises	外资企业 Foreign-funded Enterprises	私营企业 Private Enterprises	第一产业 Primary Industry	第二产业 Secondary Industry	第三产业 Tertiary Industry	100—499万元 (10 000 yuan)	500—999万元 (10 000 yuan)	1000—2999万元 (10 000 yuan)	3000—4999万元 (10 000 yuan)	5000—9999万元 (10 000 yuan)	1亿元以上 (Over 100 million yuan)
1979	501	497	4		1	219	281						
1980	839	821	18		1	400	438						
1981	1 125	1 086	39		2	383	740						
1982	1 798	1 710	88		3	713	1 082						
1983	2 177	1 940	237		6	710	1 461						
1984	4 314	3 761	553		10	1 258	3 046						
1985	6 853	5 972	881		14	1 950	4 889						
1986	7 958	6 902	1 056		21	2 601	5 336						
1987	15 448	14 328	1 120		163	5 718	9 567						
1988	16 341	14 387	1 954		175	4 022	12 144						
1989	18 596	16 026	2 570		212	4 993	13 391	579	365	566	200	203	212
1990	19 827	15 403	3 895	529	210	5 807	13 810	651	425	646	229	231	232
1991	22 948	16 629	5 295	1 024	227	6 947	15 774	767	497	756	257	259	260
1992	28 676	18 469	7 639	2 568	235	9 166	19 275	1 022	643	994	337	324	318
1993	41 768	25 742	11 802	4 224	295	13 070	28 403	1 820	1 021	1 538	492	448	420
1994	55 867	31 916	14 767	9 184	269	17 249	38 349	2 568	1 326	1 988	601	533	487
1995	70 785	37 860	16 765	16 160	426	21 255	49 104	3 431	1 596	2 416	717	627	557
1996	82 952	44 410	18 011	20 531	456	22 783	59 713	4 418	1 861	2 862	800	714	616
1997	92 244	47 659	17 093	27 492	452	24 216	67 576	5 916	2 179	3 464	924	833	701
1998	92 699	45 027	16 161	31 511	422	23 966	68 311	7 198	2 466	3 904	1 046	918	763
1999	101 942	47 100	17 997	36 845	428	26 453	75 061	8 867	2 818	4 353	1 144	1 013	829
2000	107 457	46 220	18 151	43 086	397	27 769	79 291	10 982	3 239	4 897	1 259	1 107	911
2001	120 391	46 328	19 175	54 888	382	31 114	88 895	14 399	3 780	5 711	1 407	1 262	1 025
2002	123 923	37 519	19 461	66 943	341	32 103	91 479	18 483	4 406	6 518	1 544	1 381	1 134
2003	151 036	39 316	21 883	89 837	359	39 659	111 018	24 219	5 200	7 532	1 715	1 547	1 254
2004	181 314	34 278	22 728	124 308	349	47 695	133 270	31 996	6 317	8 730	1 878	1 696	1 388
2005	209 443	32 998	24 252	152 193	333	55 579	153 531	39 404	7 618	9 824	2 030	1 837	1 483
2006	244 291	25 480	27 055	191 756	347	65 220	178 724	47 121	8 925	10 901	2 169	1 979	1 602
2007	283 734	24 423	32 248	227 063	348	75 381	208 005	53 798	11 055	11 961	2 326	2 111	1 719
2008	281 238	18 473	32 898	229 867	309	74 044	206 885	59 538	12 658	12 781	2 437	2 197	1 802
2009	307 242	16 793	33 386	257 063	302	80 052	226 888	67 746	13 773	13 874	2 585	2 314	1 910
2010	360 912	16 087	35 207	309 618	312	88 870	271 730	78 118	15 220	15 379	2 776	2 483	2 060
2011	417 531	14 278	36 096	367 157	313	92 747	324 471	90 779	18 071	19 513	2 953	3 100	2 690
2012	481 030	12 584	36 969	431 477	344	93 601	387 085	108 436	22 280	24 010	3 461	3 944	3 153
2013	630 060	10 004	38 241	581 815	475	105 257	524 328	154 473	32 900	34 219	4 435	5 841	5 280
2014	843 977	8 250	39 758	795 969	1 340	119 645	722 992	246 435	54 903	53 509	6 967	9 628	9 141
2015	1 133 953	7 873	43 017	1 083 063	1 989	139 431	992 533	361 563	92 836	83 267	10 359	16 040	14 747

注：　本表数据来源为市场和质量监督管理委员会信息中心。

Note: Data in this table are provided by Market and Quality Supervision Commission of Shenzhen Municipality.

1-8 “企业一套表”年报分区分行业调查单位（2015年）

NUMBER OF SURVEY UNIT OF “ENTERPRISE SET OF TABLE” BY SECTOR BY DISTRICT（2015）

单位：个 (unit)

地 区	Region	调查单位 Survey unit	工业 Industry	建筑业 Constru-ction	批发零售业 Wholesale and Retail Sales	住宿餐饮业 Hotel and Catering Services	房地产开发经营业 Real Estate	服务业 Services
全 市	**Total**	**16 725**	**6 539**	**776**	**3 616**	**780**	**499**	**4 515**
福田区	Futian	3 391	99	361	1 148	211	151	1 421
罗湖区	Luohu	1 782	120	72	689	203	65	633
盐田区	Yantian	377	83	5	47	25	28	189
南山区	Nanshan	2 903	638	148	777	106	72	1 162
新宝安区	New Baoan	3 222	2 257	56	341	84	47	437
新龙岗区	New Longgang	2 186	1 295	70	311	59	94	357
光明新区	Guangming	832	706	10	43	7	6	60
坪山新区	Pingshan	477	373	12	31	15	7	39
龙华新区	Longhua	1 434	913	35	219	56	22	189
大鹏新区	Dapeng	121	55	7	10	14	7	28

1-9 规模以上服务业（其他）企业分行业主要财务指标(2015年)

FINANCE INDICATORS OF SERVICE ENTERPRISES (OTHER) ABOVE THE DESIGNATED SIZE BY SECTOR(2015)

指标名称	Item	企业单位数(个) Number of Enterprises (unit)
总计	**Total**	**4 478**
交通运输、仓储和邮政业	Transport,Storage and Post	886
信息传输、软件和信息技术服务业	Information Transmission,Software and Information Technology	718
房地产业	Real Estate	486
租赁和商务服务业	Leasing and Business Services	1 263
科学研究和技术服务业	Scientific Research and Technical Services	645
水利、环境和公共设施管理业	Management of Water Conservancy,Enviroment and Public Facilities	66
居民服务、修理和其他服务业	Service to Households,Repair and Other Services	154
教育	Education	108
卫生和社会工作	Health and Social Service	58
文化、体育和娱乐业	Culture,Sports and Entertainment	94

注：房地产业不含房地产开发经营。
Note:Real estate development and management is not included in the real estate.

资产总计(亿元) Total Assets (100 million yuan)	营业收入(亿元) Business Revenue (100 million yuan)	应付职工薪酬(亿元) Benefit Payable of the Employee (100 million yuan)	从业人员平均人数(人) Average Employed Persons (person)
28 031	**6 584**	**1 274**	**1 328 396**
6 763	1 812	310	309 280
4 426	1 918	292	186 812
1 196	425	171	252 562
13 607	1 363	240	314 099
1 237	719	167	120 508
270	86	14	20 374
65	60	26	64 348
63	41	16	21 290
38	40	12	15 158
367	120	26	23 965

1-10 规模以上服务业（其他）企业分区主要财务指标(2015年)

FINANCE INDICATORS OF SERVICE ENTERPRISES (OTHER) ABOVE THE DESIGNATED SIZE BY DISTRICT(2015)

地 区	Region	企业单位数(个) Number of Enterprises (unit)	资产总计(亿元) Total Assets (100 million yuan)	营业收入(亿元) Business Revenue (100 million yuan)	应付职工薪酬(亿元) Benefit Payable of the Employee (100 million yuan)	从业人员平均人数(人) Average Employed Persons (person)
全 市	**Total**	**4 478**	**28 031**	**6 584**	**1 274**	**1 328 396**
福田区	Futian	1 417	11 824	2 492	478	548 602
罗湖区	Luohu	628	3 308	725	157	166 120
盐田区	Yantian	185	1 550	177	30	33 400
南山区	Nanshan	1 153	7 186	2 005	346	263 610
新宝安区	New Baoan	427	2 189	638	137	166 468
新龙岗区	New Longgang	355	1 066	218	60	86 775
光明新区	Guangming	60	116	23	5	11 699
坪山新区	Pingshan	39	53	8	2	3 972
龙华新区	Longhua	186	471	120	21	35 141
大鹏新区	Dapeng	28	266	176	38	12 609

主要统计指标解释

行政区划 指国家对行政区域的划分。根据有关法规规定，我国的行政区域划分如下：(1)全国分为省、自治区、直辖市；(2)省、自治区分为自治州、县、自治县、市；(3)自治州分为县、自治县、市；(4)县、自治县分为乡、民族乡、镇；(5)直辖市和较大的市分为区、县；(6)国家在必要时设立的特别行政区。

平均增长速度 平均增长速度表明社会经济现象在一个较长的时期内逐期平均增长变化的程度，它不能根据各个环比增长速度直接求得，但与平均发展速度之间存在着一定的数量关系：平均增长速度＝平均发展速度－1。

平均发展速度是一种根据环比发展速度计算的序时平均数,由于各时期对比的基础不同，所以计算平均发展速度不能采用一般的序时平均数的计算方法，计算方法分为水平法和累计法。水平法，又称几何平均法，即将环比发展速度按连乘法用几何平均数公式计算。累计法，也称方程法，根据一段时期内各年发展水平总和与基期水平的关系，列出方程式计算平均发展速度。水平法着重考虑最后一年所达到的发展水平；累计法着重考虑整个时期累计发展水平的总量。

企业(单位)登记注册类型 是以在工商行政管理机关登记注册的各类企业为划分对象，以工商行政管理部门对企业登记注册的类型为依据，将企业登记注册类型分为内资企业、港澳台商投资企业和外商投资企业三大类。内资企业包括国有企业、集体企业、股份合作企业、联营企业、有限责任公司、股份有限公司、私营公司和其他企业；港澳台商投资企业和外商投资企业分别包括合资经营企业、合作经营企业、独资经营企业和股份有限公司。对不在工商行政管理部门进行登记注册的行政机关、事业单位和社会团体，主要按其经费来源和管理方式进行划分。

国有企业 指企业全部资产归国家所有，并按《中华人民共和国企业法人登记管理条例》规定登记注册的非公司制的经济组织。不包括有限责任公司中的国有独资公司。

集体企业 指企业资产归集体所有，并按《中华人民共和国企业法人登记管理条例》规定登记注册的经济组织。

股份合作企业 指以合作制为基础，由企业职工共同出资入股，吸收一定比例的社会资产投资组建，实行自主经营，自负盈亏，共同劳动，民主管理，按劳分配与按股分红相结合的一种集体经济组织。

联营企业 指两个及两个以上相同或不同所有制性质的企业法人或事业单位法人，按自愿、平等、互利的原则，共同投资组成的经济组织。联营企业包括国有联营企业、集体联营企业、国有与集体联营企业和其他联营企业。

有限责任公司 指根据《中华人民共和国公司登记管理条例》规定登记注册，由两个以上、五十个以下的股东共同出资，每个股东以其所认缴的出资额对公司承担有限责任，公司以其全部资产对其债务承担责任的经济组织。有限责任公司包括国有独资公司以及其他有限责任公司。

股份有限公司 指根据《中华人民共和国公司登记管理条例》规定登记注册，其全部注册资本由等额股份构成并通过发行股票筹集资本，股东以其认购的股份对公司承担有限责任，公司以其全部资产对其债务承担责任的经济组织。

私营企业 指由自然人投资设立或由自然人控股，以雇佣劳动为基础的营利性经济组织。包括按照《公司法》、《合伙企业法》、《私营企业暂行条例》规定登记注册的私营有限责任公司、私营股份有限公司、私营合伙企业和私营独资企业。

其他企业 指上述企业之外的其他内资经济组织。

外资企业 指依照《中华人民共和国外资企业法》及有关法律的规定，在中国内地由外国投资者全额投资设立的企业。

Explanatory Notes on Main Statistical Indicators

Divisions of Administrative Areas refers to the division of administrative areas by the State. The relative laws stipulate that 1) the whole country is divided into provinces, autonomous regions and municipalities directly under the Central Government; 2) provinces and autonomous regions are further divided into autonomous prefectures, counties, autonomous counties and cities; 3) autonomous prefectures are further divided into counties, autonomous counties and cities; 4) counties and autonomous counties are further divided into townships, ethnic townships and towns; 5) municipalities directly under the Central Government and large cities are divided into districts and counties, 6) the State shall, when necessary, establish special administrative regions.

Average Annual Growth Rate shows the average growth rate of social and economic development during a longer period. It can not be directly calculated by chain based growth rate. The relation is:

Average Annual Growth Rate = Average Speed of Development - 1

Average speed of development is the time series average of speed which calculated by chain based. Because the reference bases during the different periods are not same, average speed of development can not be calculated by the general method. Level approach and accumulative approach for calculating average speed of development rate are applied. The "level approach", or the method of calculating the geometric average, is derived by the formula of geometric average of the chain-based speeds of development, or comparing the level of the last year of the interval with that of the beginning year; the other is called the "accumulative approach" or the "algebraic average", "equation" method, which is derived by the summation of the actual figure of each year in the interval divided by the figure in the base year. The level approach focuses on the level of the last year, while the accumulative approach emphasizes the aggregate development in the duration.

Registration Status of Enterprises Enterprises are classified into 3 categories, namely domestic-funded enterprises, enterprises with investment from Hong Kong, Macau and Taiwan, and enterprises with foreign investment, according to the registration status of an enterprise in industrial and commercial administration agencies. Domestic-funded enterprises include State-owned enterprises, collective-owned enterprises, cooperative enterprises, joint ownership enterprises, limited liability corporations, share-holding corporations Ltd., private enterprises and other enterprises. Included in the enterprises with investment from Hong Kong, Macau and Taiwan and enterprises with foreign investment are joint-venture enterprises, cooperative enterprises, sole investment enterprises and share-holding corporations Ltd. For government agencies, institutions and social organizations which are not registered in industrial and commercial administration agencies, they are classified mainly by their sources of funding and manner of management.

State-owned Enterprises refer to non-corporation economic units where the entire assets are owned by the State and which have been registered in accordance with the Regulation of the People's Republic of China on the Management of Registration of Corporate Enterprises. Not included from this category are solely State-funded corporations in the limited liability corporations.

Collective-owned Enterprises refer to economic units where the assets are owned collectively and which have been registered in accordance with the Regulation of the People's Republic of China on the Management of Registration of Corporate Enterprises.

Cooperative Enterprises refer to a form of collective economic units (enterprises) where capitals come mainly from employees as their shares, with certain proportion of capital from the outside, where production is organized on the basis of independent operation, independent accounting for profits and losses, joint work, democratic management, and a distribution system that integrates remuneration according to work with dividend according to capital share.

Joint Ownership Enterprises refer to economic units established by two or more corporate enterprises or corporate institutions of the same or different ownership, through joint investment on the basis of voluntary participation, equality, and mutual benefits. They include State joint ownership enterprises; collective joint ownership enterprises; joint State–collective enterprises; and other joint ownership enterprises.

Limited Liability Corporations refer to economic units established with investment from 2–50 investors and registered in accordance with the Regulation of the People' s Republic of China on the Management of Registration of Corporations, each investor bearing limited liability to the corporation depending on its share of investment, and the corporation bearing liability to its debt to the maximum of its total assets. Limited liability corporations include solely State–funded limited liability corporations and other limited liability corporations.

Share-holding Corporations Ltd. refer to economic units registered in accordance with the Regulation of the People' s Republic of China on the Management of Registration of Corporations, with total registered capital divided into equal shares and raised through issuing stocks. Each investor bears limited liability to the corporation depending on the holding of shares, and the corporation bears liability to its debt to the maximum of its total assets.

Private Enterprises refer to profit–making economic units invested and established by natural persons, or controlled by natural persons using employed labour. Included in this category are private limited liability corporations, private share–holding corporations Ltd., private partnership enterprises and private–funded enterprises registered in accordance with the Company Law, the Law on Partnership Business and Interim Regulations on Private Enterprises .

Other Domestic-funded Enterprises refer to domestic–funded economic units other than those mentioned above.

Enterprises with Sole (exclusive) Foreign Investment refer to enterprises established in the mainland of China with exclusive investment from foreign investors in accordance with the Law of the People' s Republic of China on Wholly Foreign–owned Enterprises and other relevant laws.

Share–holding Corporations Ltd. with Foreign Investment refer to share–holding corporations Ltd. established with the approval from the former Ministry of Foreign Trade and Economic Relations in line with relevant State regulations, where the share of investment from foreign investors exceeds 25% of the total registered capital of the corporation. In case the share of foreign investment is less than 25% of the total registered capital, the enterprise is to be classified as domestic–funded share–holding corporation Ltd.

02 第二部分

国民经济核算

NATIONAL ECONOMIC ACCOUNTING

CHAPTER

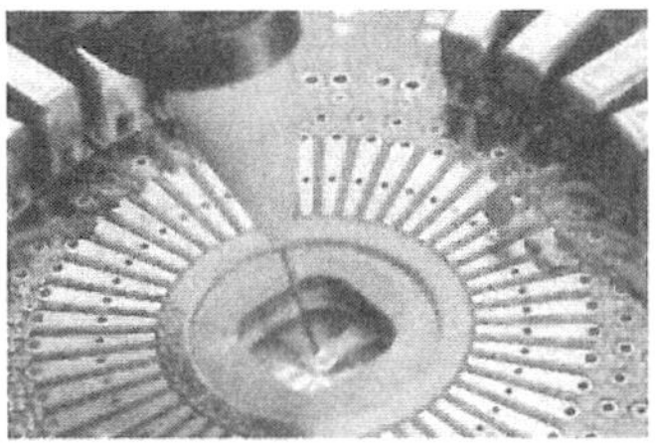

2-1 本市生产总值

GROSS DOMESTIC PRODUCT

单位：万元 (10 000 yuan)

年 份 Year	本市生产总值 Gross Domestic Product	第一产业 Primary Industry	第二产业 Secondary Industry	第三产业 Tertiary Industry	#工业 Industry	#建筑业 Construction
1979	19 638	7 273	4 017	8 348	2 313	1 704
1980	27 012	7 803	7 036	12 173	3 726	3 310
1981	49 576	13 343	16 019	20 214	8 311	7 708
1982	82 573	18 960	31 439	32 174	9 540	21 899
1983	131 212	22 614	55 848	52 750	22 466	33 382
1984	234 161	25 932	106 606	101 623	51 802	54 804
1985	390 222	26 111	163 586	200 525	102 137	61 449
1986	416 451	32 907	163 185	220 359	106 606	56 579
1987	559 015	46 519	220 463	292 033	164 445	56 018
1988	869 807	57 005	359 230	453 572	274 787	84 443
1989	1 156 565	68 615	505 361	582 589	400 579	104 782
1990	1 716 665	70 220	769 319	877 126	644 947	124 372
1991	2 366 630	80 836	1 126 084	1 159 710	928 846	197 238
1992	3 173 194	105 914	1 522 432	1 544 848	1 176 087	346 345
1993	4 531 445	108 615	2 420 214	2 002 616	1 810 085	610 129
1994	6 346 711	134 152	3 357 972	2 854 587	2 671 299	686 673
1995	8 424 833	124 122	4 221 435	4 079 276	3 370 548	850 887
1996	10 484 421	148 796	5 065 924	5 269 701	4 186 130	879 794
1997	12 974 208	147 660	6 174 083	6 652 465	5 193 120	980 963
1998	15 347 272	151 764	7 434 976	7 760 532	6 315 047	1 119 929
1999	18 040 176	150 445	9 005 486	8 884 245	7 801 018	1 204 468
2000	21 874 515	155 656	10 860 852	10 858 007	9 627 492	1 233 360
2001	24 824 874	160 413	12 297 665	12 366 796	11 053 418	1 244 247
2002	29 695 184	166 587	14 647 171	14 881 426	13 367 060	1 280 111
2003	35 857 235	142 048	18 174 235	17 540 952	16 724 227	1 450 008
2004	42 821 428	123 264	22 112 353	20 585 811	20 597 743	1 514 610
2005	49 509 078	97 385	26 425 255	22 986 438	24 925 775	1 499 480
2006	58 135 624	69 675	30 600 890	27 465 059	28 971 777	1 629 113
2007	68 015 706	69 412	34 165 740	33 780 554	32 418 834	1 746 906
2008	77 867 920	82 896	38 604 708	39 180 316	36 630 065	1 974 643
2009	82 902 842	66 894	38 264 628	44 571 320	35 924 336	2 340 292
2010	97 733 062	64 670	45 205 050	52 463 342	42 303 613	2 901 437
2011	115 158 598	65 541	53 391 059	61 701 998	49 908 802	3 482 257
2012	129 714 672	63 018	57 251 831	72 399 823	53 433 981	3 817 850
2013	145 726 689	57 955	62 867 608	82 801 126	58 523 065	4 512 043
2014	160 018 207	55 778	68 120 218	91 842 211	63 623 886	4 661 169
2015	175 028 634	66 486	72 079 359	102 882 789	67 429 844	4 797 208

注：1.本表按当年价格计算。2013年起，开始使用新的《国民经济行业分类》（GB/T 4754-2011）。

Note:Data of this table are calculated at curret prices. The new Industrial Classification of the National Economy (GB/T 4754-2011) is introduced starting from 2013 annual statistics.

年 份 Year	#交通运输、仓储和邮政业 Transportation,Storage and Post Services	#批发和零售业 Wholesale and Retail Sales	#住宿和餐饮业 Hotels and Catering Services	#金融业 Financial Intermediation	#房地产 Real Estate	人均GDP(元) Gross Domestic Product Per Capita(yuan)
1979	1 175	3 111	1 050	1 586	467	606
1980	1 798	4 301	1 452	2 325	688	835
1981	2 908	7 104	2 398	3 883	1 152	1 417
1982	4 890	10 758	3 631	6 274	1 850	2 023
1983	7 715	16 868	5 694	11 183	3 181	2 512
1984	14 866	29 948	10 108	22 865	6 301	3 504
1985	25 519	55 943	18 882	46 522	14 759	4 809
1986	35 475	59 200	21 278	50 620	15 420	4 584
1987	54 144	71 776	30 897	62 962	17 347	5 349
1988	71 317	114 899	41 883	119 543	35 016	6 477
1989	90 993	117 160	42 744	150 856	53 831	6 710
1990	112 692	152 877	51 823	240 157	91 396	8 724
1991	147 651	239 760	59 056	266 849	155 372	11 997
1992	166 595	333 580	84 904	332 492	236 652	12 827
1993	190 248	449 485	144 272	405 899	328 708	15 005
1994	245 271	583 961	288 170	596 275	472 171	16 954
1995	400 524	779 177	405 147	887 865	673 506	19 550
1996	497 713	1 128 234	432 463	1 118 350	842 883	22 498
1997	481 983	1 339 511	478 192	1 562 531	955 661	25 675
1998	536 162	1 532 951	538 158	1 809 703	1 062 525	27 701
1999	610 210	1 822 078	573 446	1 965 044	1 193 283	29 747
2000	756 738	2 271 487	613 559	2 215 391	1 585 464	32 800
2001	819 819	2 618 467	633 105	2 393 224	1 818 950	34 822
2002	1 009 667	3 174 034	728 976	2 487 213	2 348 995	40 369
2003	1 249 987	3 901 304	713 120	2 620 765	3 184 157	47 029
2004	1 848 718	4 601 916	841 186	2 730 843	4 110 367	54 236
2005	2 156 867	5 202 044	971 905	3 056 820	4 449 012	60 801
2006	2 507 328	5 738 239	1 166 653	4 626 637	5 202 636	68 441
2007	2 909 418	6 608 000	1 262 695	7 657 042	6 130 153	76 273
2008	2 984 966	7 729 584	1 655 958	9 693 615	4 900 481	83 431
2009	3 027 986	8 643 036	1 708 693	10 991 122	6 772 994	85 060
2010	3 495 305	10 687 180	2 033 964	13 170 664	7 495 301	96 184
2011	3 858 535	13 230 138	2 344 084	15 649 317	8 579 914	110 520
2012	4 109 201	16 297 209	2 547 355	17 163 650	10 888 097	123 451
2013	4 632 911	18 484 128	2 735 863	19 510 048	12 032 709	137 632
2014	5 004 047	19 621 414	3 179 989	21 949 263	13 238 647	149 495
2015	5 407 984	20 227 552	3 383 971	25 015 717	15 644 076	157 985

2-2 本市生产总值三次产业构成

COMPOSITION OF GROSS DOMESTIC PRODUCT BY THREE INDUSTRIES

单位：%　　　　(%)

年 份 Year	本市生产总值 Gross Domestic Product	第一产业 Primary Industry	第二产业 Secondary Industry	第三产业 Tertiary Industry	#工业 Industry	#建筑业 Construction
1979	100	37.0	20.5	42.5	11.8	8.7
1980	100	28.9	26.0	45.1	13.8	12.2
1981	100	26.9	32.3	40.8	16.8	15.5
1982	100	22.9	38.1	39.0	11.6	26.5
1983	100	17.2	42.6	40.2	17.1	25.5
1984	100	11.1	45.5	43.4	22.1	23.4
1985	100	6.7	41.9	51.4	26.2	15.7
1986	100	7.9	39.2	52.9	25.6	13.6
1987	100	8.3	39.4	52.3	29.4	10.0
1988	100	6.6	41.3	52.1	31.6	9.7
1989	100	5.9	43.7	50.4	34.6	9.1
1990	100	4.1	44.8	51.1	37.6	7.2
1991	100	3.4	47.6	49.0	39.3	8.3
1992	100	3.3	48.0	48.7	37.1	10.9
1993	100	2.4	53.4	44.2	39.9	13.5
1994	100	2.1	52.9	45.0	42.1	10.8
1995	100	1.5	50.1	48.4	40.0	10.1
1996	100	1.4	48.3	50.3	39.9	8.4
1997	100	1.1	47.6	51.3	40.0	7.6
1998	100	1.0	48.4	50.6	41.1	7.3
1999	100	0.8	49.9	49.3	43.2	6.7
2000	100	0.7	49.7	49.6	44.0	5.7
2001	100	0.7	49.5	49.8	44.5	5.0
2002	100	0.6	49.3	50.1	45.0	4.3
2003	100	0.4	50.7	48.9	46.6	4.1
2004	100	0.3	51.6	48.1	48.1	3.5
2005	100	0.2	53.4	46.4	50.4	3.0
2006	100	0.1	52.6	47.3	49.8	2.8
2007	100	0.1	50.2	49.7	47.6	2.6
2008	100	0.1	49.6	50.3	47.1	2.5
2009	100	0.1	46.1	53.8	43.3	2.8
2010	100	0.1	46.2	53.7	43.3	2.9
2011	100	0.1	46.3	53.6	43.3	3.0
2012	100	0.1	44.1	55.8	41.2	2.9
2013	100	…	43.2	56.8	40.2	3.1
2014	100	…	42.6	57.4	39.8	2.9
2015	100	…	41.2	58.8	38.5	2.7

2-3 本市生产总值指数

INDICES OF GROSS DOMESTIC PRODUCT

（以1979年为100）　　　　（1979=100）

年 份 Year	本市生产总值 Gross Domestic Product	第一产业 Primary Industry	第二产业 Secondary Industry	第三产业 Tertiary Industry	#工业 Industry	#建筑业 Construction	人均GDP Gross Domestic Product Per Capita
1980	162.7	103.0	175.8	209.5	163.3	197.0	163.0
1981	250.2	132.0	445.6	307.9	406.5	512.1	231.8
1982	396.4	182.2	730.5	504.9	415.5	1 266.1	314.7
1983	627.5	192.8	1 181.7	873.5	869.2	1 713.0	389.3
1984	1 003.3	198.8	2 347.6	1 392.7	2 003.6	2 932.6	486.6
1985	1 249.4	196.8	4 011.2	1 550.9	4 383.4	3 378.4	499.1
1986	1 283.1	231.8	4 269.3	1 537.1	4 825.1	3 324.3	457.7
1987	1 609.0	242.0	5 767.9	1 882.1	7 226.5	3 287.7	499.0
1988	2 186.6	225.1	8 306.0	2 547.1	10 603.7	4 398.9	527.7
1989	2 595.5	280.0	11 472.9	2 678.4	15 030.4	5 423.9	488.0
1990	3 439.1	298.5	16 760.4	3 286.1	22 789.5	6 508.7	566.4
1991	4 677.1	312.8	23 700.4	4 358.6	31 743.9	10 023.4	688.2
1992	6 229.9	313.7	30 607.2	6 090.4	38 297.6	17 530.9	731.0
1993	8 155.5	316.0	42 975.4	7 448.8	52 846.0	26 192.0	783.9
1994	10 677.8	298.4	58 131.1	9 463.8	74 928.7	29 569.3	827.9
1995	13 220.5	292.0	70 843.7	12 015.5	92 642.5	33 777.8	890.5
1996	15 492.8	297.6	82 475.8	14 230.3	110 244.6	35 259.1	964.9
1997	18 103.5	297.3	95 820.1	16 784.5	129 316.9	38 863.6	1 039.9
1998	20 861.0	304.8	111 553.5	19 136.4	151 218.1	44 109.5	1 092.9
1999	23 936.1	326.1	129 288.0	21 709.3	176 713.4	48 648.0	1 145.6
2000	27 688.0	336.3	152 186.1	24 600.4	212 486.7	49 653.6	1 205.1
2001	31 660.3	358.2	173 737.4	28 203.0	245 677.9	51 029.4	1 289.1
2002	36 671.2	380.2	204 425.1	32 187.2	292 815.9	53 214.6	1 447.0
2003	43 706.9	323.8	255 881.6	36 520.0	370 866.4	58 684.2	1 663.9
2004	51 264.6	270.4	309 273.6	41 482.2	455 543.4	57 627.5	1 884.7
2005	58 991.9	215.1	363 773.2	46 558.8	541 351.4	57 689.9	2 102.9
2006	68 764.0	149.4	423 164.6	54 492.0	632 621.5	61 995.3	2 349.8
2007	78 965.9	137.9	483 306.5	62 995.6	726 488.4	63 798.4	2 570.4
2008	88 532.5	125.9	540 583.6	70 841.4	816 681.7	64 102.7	2 753.4
2009	98 129.8	106.3	589 548.7	79 969.3	885 584.4	78 891.7	2 922.5
2010	110 261.1	97.1	672 322.2	88 420.7	1 008 024.9	93 328.3	3 149.8
2011	121 297.6	90.8	751 568.1	95 935.0	1 128 071.6	102 665.9	3 379.1
2012	133 461.2	90.9	806 233.6	107 911.1	1 209 879.3	110 461.3	3 686.9
2013	147 520.1	66.6	884 139.1	120 103.9	1 330 779.2	115 559.6	4 044.2
2014	160 516.3	58.8	952 545.6	131 767.1	1 438 796.6	117 383.4	4 352.9
2015	174 744.3	61.7	1 022 307.7	145 102.2	1 546 079.2	121 932.8	4 578.3
年平均增长率 Average Annual Growth Rate	**23.0**	**-1.3**	**29.2**	**22.4**	**30.7**	**21.8**	**11.2**

注：　本表按可比价格计算。
Note: Data in this table are calculated at constant prices.

2-4 本市生产总值指数

INDICES OF GROSS DOMESTIC PRODUCT

（以上年为100） (Preceding Year=100)

年份 Year	本市生产总值 Gross Domestic Product	第一产业 Primary Industry	第二产业 Secondary Industry	第三产业 Tertiary Industry	#工业 Industry	#建筑业 Construction	人均GDP Gross Domestic Product Per Capita
1980	162.7	103.0	175.8	209.5	163.3	197.0	163.0
1981	153.8	128.2	253.5	146.9	248.9	259.9	142.2
1982	158.4	138.0	163.9	164.0	102.2	247.2	135.8
1983	158.3	105.8	161.8	173.0	209.2	135.3	123.7
1984	159.9	103.1	198.7	159.4	230.5	171.2	125.0
1985	124.5	99.0	170.9	111.4	218.8	115.2	102.6
1986	102.7	117.8	106.4	99.1	110.1	98.4	91.7
1987	125.4	104.4	135.1	122.4	149.8	98.9	109.0
1988	135.9	93.0	144.0	135.3	146.7	133.8	105.8
1989	118.7	124.4	138.1	105.2	141.7	123.3	92.5
1990	132.5	106.6	146.1	122.7	151.6	120.0	116.1
1991	136.0	104.8	141.4	132.6	139.3	154.0	121.5
1992	133.2	100.3	129.1	139.7	120.6	174.9	106.2
1993	130.9	100.7	140.4	122.3	138.0	149.4	107.2
1994	130.9	94.4	135.3	127.1	141.8	112.9	105.6
1995	123.8	97.9	121.9	127.0	123.6	114.2	107.6
1996	117.2	101.9	116.4	118.4	119.0	104.4	108.4
1997	116.9	99.9	116.2	117.9	117.3	110.2	107.8
1998	115.2	102.5	116.4	114.0	116.9	113.5	105.1
1999	114.7	107.0	115.9	113.4	116.9	110.3	104.8
2000	115.7	103.1	117.7	113.3	120.2	102.1	105.2
2001	114.3	106.5	114.2	114.6	115.6	102.8	107.0
2002	115.8	106.1	117.7	114.1	119.2	104.3	112.3
2003	119.2	85.2	125.2	113.5	126.7	110.3	115.0
2004	117.3	83.5	120.9	113.6	122.8	98.2	113.3
2005	115.1	79.6	117.6	112.2	118.8	100.1	111.6
2006	116.6	69.5	116.3	117.0	116.9	107.5	111.7
2007	114.8	92.3	114.2	115.6	114.8	102.9	109.4
2008	112.1	91.3	111.9	112.5	112.4	100.5	107.1
2009	110.8	84.4	109.1	112.9	108.4	123.1	106.1
2010	112.4	91.4	114.0	110.6	113.8	118.3	107.8
2011	110.0	93.5	111.8	108.5	111.9	110.0	107.3
2012	110.0	100.1	107.3	112.5	107.3	107.6	109.1
2013	110.5	73.3	109.7	111.3	110.0	104.6	109.7
2014	108.8	88.3	107.7	109.7	108.1	101.6	107.6
2015	108.9	104.8	107.3	110.1	107.5	103.9	105.2

注： 1、本表按可比价格计算。
Note: Data in this table are calculated at constant prices.
2、2011年由于国家统计局在我市开展房屋租赁业调查试点，涉及核算方法调整，因此本表2011年数据按上年同口径计算。
The data of 2011 in this table are calculated at the same caliber of last year, because of accounting method adjustments by National Bureau of Statistics survey pilot to carry out the rental industry in the city.

2-5 三次产业贡献率

SHARE OF THE CONTRIBUTIONS OF THE THREE STRATA OF INDUSTRY

单位：%　　　　(%)

年 份 Year	本市生产总值 Gross Domestic Product	第一产业 Primary Industry	第二产业 Secondary Industry	第三产业 Tertiary Industry	#工业 Industry	#建筑业 Construction
1980	100	1.9	12.3	85.8	6.5	5.8
1981	100	13.5	31.4	55.1	17.8	13.6
1982	100	14.0	19.8	66.2	0.4	19.4
1983	100	1.9	19.8	78.3	12.6	7.2
1984	100	0.6	31.6	67.8	19.3	12.3
1985	100	-0.3	68.7	31.6	61.9	6.8
1986	100	42.3	77.8	-20.1	83.9	-6.1
1987	100	1.3	46.7	52.0	47.2	-0.5
1988	100	-1.2	44.7	56.5	37.4	7.3
1989	100	5.5	78.8	15.7	69.3	9.5
1990	100	0.9	63.7	35.4	58.9	4.8
1991	100	0.5	57.0	42.5	46.3	10.7
1992	100	…	45.2	54.8	27.0	18.2
1993	100	0.1	65.3	34.6	48.4	16.9
1994	100	-0.3	61.1	39.2	56.1	5.0
1995	100	-0.1	50.8	49.3	44.6	6.2
1996	100	0.1	52.1	47.8	49.6	2.5
1997	100	…	52.0	48.0	46.8	5.2
1998	100	0.1	58.0	41.9	50.9	7.1
1999	100	0.3	58.6	41.1	53.1	5.5
2000	100	0.1	62.1	37.8	61.1	1.0
2001	100	0.3	49.0	50.7	47.9	1.1
2002	100	0.3	55.3	44.4	54.0	1.3
2003	100	-0.5	66.1	34.4	63.6	2.5
2004	100	-0.5	63.8	36.7	64.3	-0.5
2005	100	-0.4	63.7	36.7	63.7	0
2006	100	-0.4	52.6	47.8	51.2	1.4
2007	100	-0.1	51.0	49.1	50.5	0.5
2008	100	-0.1	51.8	48.3	51.7	0.1
2009	100	-0.1	44.2	55.9	39.4	4.8
2010	100	…	59.0	41.0	55.3	3.7
2011	100	…	54.4	45.6	51.5	2.9
2012	100	…	34.1	65.9	31.8	2.3
2013	100	-0.1	41.9	58.2	40.7	1.3
2014	100	…	39.8	60.2	39.4	0.5
2015	100	…	37.1	62.9	35.7	1.1

注：产业贡献率指各产业增加值增量与GDP增量之比。
Note:Industrial contribution rate refers to the proportion of the increment of every industrial value added to the increment of GDP.

2-6 三次产业拉动力

CONTRIBUTION OF THE THREE STRATA OF INDUSTRY

单位：百分点 (percentage points)

年 份 Year	本市生产总值 Gross Domestic Product	第一产业 Primary Industry	第二产业 Secondary Industry	第三产业 Tertiary Industry	#工业 Industry	#建筑业 Construction
1980	62.7	1.2	7.7	53.8	4.1	3.6
1981	53.8	7.3	16.9	29.6	9.6	7.3
1982	58.4	8.2	11.5	38.7	0.2	11.3
1983	58.3	1.1	11.5	45.7	7.3	4.2
1984	59.9	0.4	18.9	40.6	11.6	7.3
1985	24.5	−0.1	16.8	7.8	15.2	1.6
1986	2.7	1.1	2.1	−0.5	2.3	−0.2
1987	25.4	0.3	11.9	13.2	12.0	−0.1
1988	35.9	−0.4	16.0	20.3	13.4	2.6
1989	18.7	1.0	14.7	3.0	13.0	1.7
1990	32.5	0.3	20.7	11.5	19.1	1.6
1991	36.0	0.2	20.5	15.3	16.7	3.8
1992	33.2	…	15.0	18.2	9.0	6.0
1993	30.9	…	20.2	10.7	15.0	5.2
1994	30.9	−0.1	18.9	12.1	17.4	1.5
1995	23.8	…	12.1	11.7	10.6	1.5
1996	17.2	…	9.0	8.2	8.5	0.5
1997	16.9	…	8.8	8.1	7.9	0.9
1998	15.2	…	8.8	6.4	7.8	1.0
1999	14.7	…	8.6	6.1	7.8	0.8
2000	15.7	…	9.7	6.0	9.6	0.1
2001	14.3	…	7.0	7.3	6.9	0.1
2002	15.8	…	8.8	7.0	8.5	0.3
2003	19.2	−0.1	12.7	6.6	12.2	0.5
2004	17.3	−0.1	11.0	6.4	11.1	−0.1
2005	15.1	−0.1	9.6	5.6	9.6	0
2006	16.6	−0.1	8.7	8.0	8.5	0.2
2007	14.8	…	7.5	7.3	7.5	0
2008	12.1	…	6.3	5.8	6.3	0
2009	10.8	…	4.8	6.0	4.3	0.5
2010	12.4	…	7.3	5.1	6.8	0.5
2011	10.0	…	5.4	4.6	5.2	0.3
2012	10.0	…	3.4	6.6	3.2	0.2
2013	10.5	…	4.4	6.1	4.3	0.1
2014	8.8	…	3.5	5.3	3.5	0.0
2015	8.9	…	3.3	5.6	3.2	0.1

注： 1、本表按可比价格计算。
Note: The data in this table are calculated at constant prices.
2、产业拉动指GDP增长速度与各产业贡献率之乘积。
Industrial pulling rate is the growth rate of GDP multiplying industrial contribution rate.

2-7 各行业增加值

VALUE ADDED BY SECTOR

单位：万元 （10 000 yuan）

指标名称	Item	2014	2015
合计	**Total**	**160 018 207**	**175 028 634**
农林牧渔业	Agriculture, Forestry, Animal Husbandry and Fishery	57 991	69 305
工 业	Industry	63 623 886	67 429 844
建筑业	Construction	4 661 169	4 797 208
批发和零售业	Wholesale and Retail Sales	19 621 414	20 227 552
交通运输、仓储和邮政业	Transportation,Storage and Post	5 004 047	5 407 984
住宿和餐饮业	Hotels and Catering Services	3 179 989	3 383 971
信息传输、软件和信息技术服务业	Information Transmission, Software and Information Technology	9 180 533	10 924 851
金融业	Financial Intermediation	21 949 263	25 015 717
房地产业	Real Estate	13 238 647	15 644 076
租赁和商务服务业	Leasing and Business Services	4 738 665	4 950 669
科学研究和技术服务业	Scientific Research and Technical Service	4 131 849	4 861 434
水利、环境和公共设施管理业	Management of Water Conservancy, Environment and Public Facilities	686 581	855 666
居民服务、修理和其他服务业	Services to Households, Repair and Other Services	1 842 242	2 077 904
教育	Education	2 566 533	3 004 783
卫生和社会工作	Health and Social Work	1 851 433	2 144 027
文化、体育和娱乐业	Culture ,Sports and Entertainment	740 815	809 216
公共管理、社会保障和社会组织	Public Management, Social Security and Social Organizations	2 943 150	3 424 427
第一产业	Primary Industry	55 778	66 486
第二产业	Secondary Industry	68 120 218	72 079 359
第三产业	Tertiary Industry	91 842 211	102 882 789

2-8 各行业增加值比重

PROPORTION OF VALUE ADDED BY SECTOR

单位：%　　　　(%)

指标名称	Item	2014	2015
合计	**Total**	**100.0**	**100.0**
农林牧渔业	Agriculture, Forestry, Animal Husbandry and Fishery		
工 业	Industry	39.8	38.5
建筑业	Construction	2.9	2.7
批发和零售业	Wholesale and Retail Sales	12.3	11.6
交通运输、仓储和邮政业	Transportation,Storage and Post	3.1	3.1
住宿和餐饮业	Hotels and Catering Services	2.0	1.9
信息传输、软件和信息技术服务业	Information Transmission, Software and Information Technology	5.7	6.3
金融业	Financial Intermediation	13.7	14.3
房地产业	Real Estate	8.3	8.9
租赁和商务服务业	Leasing and Business Services	3.0	2.8
科学研究和技术服务业	Scientific Research and Technical Service	2.6	2.8
水利、环境和公共设施管理业	Management of Water Conservancy, Environment and Public Facilities	0.4	0.5
居民服务、修理和其他服务业	Services to Households, Repair and Other Services	1.1	1.2
教育	Education	1.6	1.7
卫生和社会工作	Health and Social Work	1.2	1.2
文化、体育和娱乐业	Culture ,Sports and Entertainment	0.5	0.5
公共管理、社会保障和社会组织	Public Management, Social Security and Social Organizations	1.8	2.0
第一产业	Primary Industry	…	…
第二产业	Secondary Industry	42.6	41.2
第三产业	Tertiary Industry	57.4	58.8

2-9 各行业增加值增长率

GROWTH RATE OF VALUE ADDED BY INDUSTRIES

单位：% (%)

指标名称	Item	2014	2015
合计	**Total**	**8.8**	**8.9**
农林牧渔业	Agriculture, Forestry, Animal Husbandry and Fishery	−10.7	6.0
工 业	Industry	8.1	7.5
建筑业	Construction	1.6	3.9
批发和零售业	Wholesale and Retail Sales	6.9	5.0
交通运输、仓储和邮政业	Transportation,Storage and Post	8.1	9.8
住宿和餐饮业	Hotels and Catering Services	11.6	3.8
信息传输、软件和信息技术服务业	Information Transmission, Software and Information Technology	12.5	13.7
金融业	Financial Intermediation	10.3	12.6
房地产业	Real Estate	10.2	13.8
租赁和商务服务业	Leasing and Business Services	8.3	3.6
科学研究和技术服务业	Scientific Research and Technical Service	10.3	16.0
水利、环境和公共设施管理业	Management of Water Conservancy, Environment and Public Facilities	9.7	16.7
居民服务、修理和其他服务业	Services to Households, Repair and Other Services	14.2	6.7
教育	Education	15.6	15.5
卫生和社会工作	Health and Social Work	13.9	13.7
文化、体育和娱乐业	Culture ,Sports and Entertainment	3.9	7.8
公共管理、社会保障和社会组织	Public Management, Social Security and Social Organizations	9.7	8.7
第一产业	Primary Industry	−11.7	4.8
第二产业	Secondary Industry	7.7	7.3
第三产业	Tertiary Industry	9.7	10.1

2-10 各行业增加值构成项目（2015年）

COMPONENTS OF VALUE ADDED BY SECTOR（2015）

单位：万元 (10 000 yuan)

行业	Sector	本市生产总值 Gross Domestic Product	劳动者报酬 Laborers' Remuneration	生产税净额 Net Taxes on Production	固定资产折旧 Depreciation of Fixed Assets	营业盈余 Operating Surplus
合计	**Total**	**175 028 634**	**87 171 775**	**24 366 819**	**15 578 672**	**47 911 368**
农林牧渔业	Agriculture, Forestry, Animal Husbandry and Fishery	69 305	69 305			
工 业	Industry	67 429 844	36 396 992	7 975 832	6 636 901	16 420 119
建筑业	Construction	4 797 208	2 880 440	693 967	137 900	1 084 901
批发和零售业	Wholesale and Retail Sales	20 227 552	9 952 107	6 248 306	597 128	3 430 011
交通运输、仓储和邮政业	Transportation,Storage and Post	5 407 984	3 306 720	54 746	1 164 106	882 412
住宿和餐饮业	Hotels and Catering Services	3 383 971	2 394 816	312 237	360 755	316 163
信息传输、软件和信息技术服务业	Information Transmission, Software and Information Technology	10 924 851	3 745 761	1 027 720	816 915	5 334 455
金融业	Financial Intermediation	25 015 717	6 338 485	3 474 765	351 657	14 850 810
房地产业	Real Estate	15 644 076	5 145 980	3 195 603	3 248 859	4 053 634
租赁和商务服务业	Leasing and Business Services	4 950 669	3 286 306	644 944	1 004 295	15 124
科学研究和技术服务业	Scientific Research and Technical Service	4 861 434	3 210 132	417 461	252 228	981 613
水利、环境和公共设施管理业	Management of Water Conservancy, Environment and Public Facilities	855 666	488 315	66 614	143 799	156 938
居民服务、修理和其他服务业	Services to Households, Repair and Other Services	2 077 904	1 754 791	95 737	54 249	173 127
教育	Education	3 004 783	2 633 253	31 501	229 070	110 959
卫生和社会工作	Health and Social Work	2 144 027	1 945 548	20 932	175 622	1 925
文化、体育和娱乐业	Culture ,Sports and Entertainment	809 216	472 287	79 033	158 720	99 176
公共管理、社会保障和社会组织	Public Management, Social Security and Social Organizations	3 424 427	3 150 537	27 421	246 468	1
第一产业	Primary Industry	66 486	66 486			
第二产业	Secondary Industry	72 079 359	39 217 163	8 660 329	6 754 265	17 447 602
第三产业	Tertiary Industry	102 882 789	47 888 126	15 706 490	8 824 407	30 463 766

注：本表按当年价格计算。

Note: Data of this table are calculated at current prices。

2-11 支出法本市生产总值

GROSS DOMESTIC PRODUCT BY EXPENDITURE APPROACH

单位：万元　　　　　　(10 000 yuan)

年　份Year	支出法本市生产总值 Gross Domestic Product by Expenditure Approach	最终消费Final Consumption Expenditure	资本形成总额 Gross Capital Formation	货物和服务净流出 Net Exports of Goods and Services	最终消费率 (消费率)(%) Final Consumption Rate (%)	资本形成率 (投资率) (%) Capital Formation Rate (%)
1992	3 173 194	1 158 215	1 526 307	488 672	36.5	48.1
1993	4 531 445	1 617 614	2 213 934	699 897	35.7	48.9
1994	6 346 711	2 093 226	3 017 863	1 235 622	33.0	47.6
1995	8 424 833	2 742 676	3 804 542	1 877 615	32.6	45.2
1996	10 484 421	3 507 440	4 640 491	2 336 490	33.5	44.3
1997	12 974 208	4 505 396	5 359 184	3 109 628	34.7	41.3
1998	15 347 272	5 428 294	6 259 278	3 659 700	35.4	40.8
1999	18 040 176	6 470 653	7 370 863	4 198 660	35.9	40.9
2000	21 874 515	8 613 333	8 650 841	4 610 341	39.4	39.5
2001	24 824 874	10 796 286	9 395 196	4 633 392	43.5	37.8
2002	29 695 184	13 754 155	10 966 553	4 974 476	46.3	36.9
2003	35 857 235	17 012 523	13 302 226	5 542 486	47.4	37.1
2004	42 821 428	20 460 613	16 210 006	6 150 809	47.8	37.9
2005	49 509 078	17 951 987	20 673 753	10 883 338	36.3	41.8
2006	58 135 624	21 154 977	22 775 100	14 205 547	36.4	39.2
2007	68 015 706	24 967 129	24 216 107	18 832 470	36.7	35.6
2008	77 867 920	29 201 616	25 454 037	23 212 267	37.5	32.7
2009	82 902 842	34 418 024	25 437 628	23 047 190	41.5	30.7
2010	97 733 062	40 951 969	28 980 966	27 800 127	41.9	29.7
2011	115 158 598	47 145 838	34 594 086	33 418 674	40.9	30.0
2012	129 714 672	55 001 978	36 167 703	38 544 991	42.4	27.9
2013	145 726 689	60 014 810	42 664 101	43 047 778	41.2	29.3
2014	160 018 207	68 747 459	47 279 007	43 991 741	43.0	29.5
2015	175 028 634	75 917 279	51 824 676	47 286 679	43.4	29.6

注：　本表按当年价格计算。
Note: Data of this table are calculated at current prices.

2-12 各区生产总值

GROSS DOMESTIC PRODUCT BY DISTRICT

单位：万元

年 份 Year	全市 Total	福田区 Futian	罗湖区 Luohu	盐田区 Yantian	南山区 Nanshan
2000	21 874 515	5 027 506	2 937 569	506 406	5 035 461
2001	24 824 874	5 656 978	3 175 776	609 770	5 710 571
2002	29 695 184	6 688 282	3 717 578	801 778	6 771 890
2003	35 857 235	7 972 713	4 271 370	1 039 501	8 285 677
2004	42 821 428	9 210 878	4 894 426	1 238 610	9 849 216
2005	49 509 078	10 340 815	5 301 055	1 474 060	11 363 967
2006	58 135 624	11 647 097	5 933 161	1 721 439	12 665 819
2007	68 015 706	13 133 597	7 108 138	2 021 615	14 658 195
2008	77 867 920	15 204 504	8 162 693	2 264 261	16 713 631
2009	82 902 842	16 359 674	8 848 615	2 520 353	17 294 987
2010	97 733 062	18 788 014	10 363 416	2 881 114	20 459 279
2011	115 158 598	20 934 837	12 024 593	3 270 442	24 432 827
2012	129 714 672	23 757 257	13 582 520	3 661 787	28 360 020
2013	145 726 689	27 146 439	14 942 336	4 104 196	32 230 645
2014	160 018 207	29 590 406	16 253 301	4 501 469	34 649 427
2015	175 028 634	32 561 471	17 275 004	4 864 379	37 155 228

注：1、本表按当年价格计算。
Note: Data of this table are calculated at current prices。
2、宝安区包含光明新区、龙华新区，新宝安区不含光明新区、龙华新区；龙岗区包含坪山新区、大鹏新区，新龙岗区不含坪山新区、大鹏新区。后同。
The data of Guangming and Longhua are included in Baoan, the data of Guangming and Longhua are excluded in New Baoan;The data of Pingshan and Dapeng are included in Longgang,the data of Pingshan and Dapeng are excleded in New Longgang (The same applied to the following tables).

(10 000 yuan)

宝安区 Baoan	新宝安区 New Baoan	光明新区 Guangming	龙华新区 Longhua	龙岗区 Longgang	新龙岗区 New Longgang	坪山新区 Pingshan	大鹏新区 Dapeng
4 681 824				3 685 749			
5 309 682				4 362 097			
6 484 846				5 230 810			
7 847 425				6 440 549			
9 775 229				7 853 069			
11 736 821				9 292 360			
15 252 352				10 915 756			
18 240 558				12 853 603			
20 868 748		1 860 863		14 654 083			
22 321 547		2 224 317		15 557 666		1 682 619	
26 910 483		2 870 674		18 330 756		2 276 698	
32 882 453		3 858 603		21 613 446		2 778 511	
35 078 623		5 045 967		25 274 465		3 452 486	
39 435 743	20 442 625	5 835 962	13 157 156	27 867 330	21 532 826	3 871 849	2 462 655
44 982 436	23 681 533	6 320 136	14 980 767	30 041 168	23 210 811	4 237 273	2 593 084
49 480 569	26 416 174	6 709 285	16 355 110	33 691 983	26 366 531	4 580 534	2 744 918

2-13 各区生产总值指数

INDICES OF GROSS DOMESTIC PRODUCT BY DISTRICT

（以上年为100）

年 份 Year	全市 Total	福田区 Futian	罗湖区 Luohu	盐田区 Yantian	南山区 Nanshan
2001	114.3	113.4	111.3	116.5	115.1
2002	115.8	113.7	111.8	126.6	115.6
2003	119.2	116.5	111.5	127.0	121.7
2004	117.3	112.9	111.4	116.5	117.1
2005	115.1	110.9	107.8	118.5	114.8
2006	116.6	114.0	113.4	116.2	112.7
2007	114.8	112.7	112.9	116.0	110.6
2008	112.1	110.3	109.1	110.9	112.1
2009	110.8	110.2	107.7	110.2	111.4
2010	112.4	110.8	108.7	110.5	112.2
2011	110.0	108.5	108.2	110.0	111.6
2012	110.0	109.0	108.6	110.0	111.6
2013	110.5	110.3	109.2	110.1	112.0
2014	108.8	108.9	108.0	108.9	109.0
2015	108.9	109.0	108.0	108.9	109.3

注：　本表按可比价格计算。
Note: Data in this table are calculated at constant prices.

(Preceding Year=100)

宝安区 Baoan	新宝安区 New Baoan	光明新区 Guangming	龙华新区 Longhua	龙岗区 Longgang	新龙岗区 New Longgang	坪山新区 Pingshan	大鹏新区 Dapeng
114.3				120.4			
118.7				116.9			
120.4				122.3			
122.9				120.1			
119.1				118.6			
121.0				119.2			
118.2				118.5			
113.3				114.2			
112.2				110.9			
115.1		128.2		113.0		127.7	
114.5		128.5		111.8		114.5	
108.4		125.1		111.4		115.2	
109.0	111.6	115.5	104.0	110.7	111.2	113.1	
109.1	109.6	111.0	108.0	108.9	109.5	110.0	103.7
108.6	109.0	109.4	108.0	109.6	110.5	109.4	104.0

2-14 各区分行业增加值（2015年）

VALUE ADDED OF SECTOR BY DISTRICT （2015）

单位：万元

行 业	Sector	福田区 Futian	罗湖区 Luohu	盐田区 Yantian	南山区 Nanshan
本市生产总值	**Gross Domestic Product**	**32 561 471**	**17 275 004**	**4 864 379**	**37 155 228**
农林牧渔业	Farming,Forestry,Animal Husbandry and Fishery	20 272	4 218	349	10 613
工业	Industry	1 802 802	618 489	589 775	19 201 409
建筑业	Construction	352 741	205 089	201 930	762 096
批发和零售业	Wholesale and Retail Trade	6 886 282	3 428 075	731 595	2 075 881
交通运输、仓储和邮政业	Transport,Storage and Post	928 302	614 773	1 105 822	928 236
住宿和餐饮业	Hotels and Catering Services	495 367	469 439	75 268	395 167
金融业	Financial Intermediation	10 905 448	6 430 203	580 879	2 342 619
房地产业	Real Estate	2 650 168	1 545 284	542 514	2 431 950
其他服务业	Other Services	8 520 089	3 959 434	1 036 247	9 007 257
第一产业	Primary Industry	20 272	4 218	349	8 423
第二产业	Secondary Industry	2 146 621	821 273	788 122	19 876 056
第三产业	Tertiary Industry	30 394 578	16 449 513	4 075 908	17 270 749

注： 本表按当年价格计算。
Note: Date of this table are calculated at curret prices.

(10 000 yuan)

宝安区 Baoan	新宝安区 New Baoan	光明新区 Guangming	龙华新区 Longhua	龙岗区 Longgang	新龙岗区 New Longgang	坪山新区 Pingshan	大鹏新区 Dapeng
49 480 569	**26 416 174**	**6 709 285**	**16 355 110**	**33 691 983**	**26 366 531**	**4 580 534**	**2 744 918**
19 783	6 132	9 892	3 759	14 070	2 589	5 628	5 853
25 305 839	12 517 816	3 828 606	8 959 417	19 911 530	15 699 024	2 681 917	1 530 589
1 785 017	734 545	470 001	580 471	1 490 335	980 174	374 155	136 006
4 771 203	2 795 863	493 148	1 482 192	2 334 516	1 870 474	315 360	148 682
1 477 972	1 130 225	86 041	261 706	352 879	270 287	52 089	30 503
1 359 027	794 944	159 549	404 534	589 703	481 400	68 884	39 419
3 095 665	2 000 172	277 181	818 312	1 660 903	1 381 267	202 424	77 212
5 244 889	2 689 653	573 487	1 981 749	3 229 271	2 750 614	366 579	112 078
6 421 174	3 746 824	811 380	1 862 970	4 108 776	2 930 702	513 498	664 576
19 783	6 132	9 892	3 759	13 441	2 473	5 376	5 592
27 046 231	13 208 716	4 298 607	9 538 908	21 401 056	16 678 500	3 055 964	1 666 592
22 414 555	13 201 326	2 400 786	6 812 443	12 277 486	9 685 558	1 519 194	1 072 734

2-15 各区分行业增加值指数（2015年）

INDICES OF VALUE ADDED OF SECTOR BY DISTRICT（2015）

（以上年为100）

行 业	Sector	福田区 Futian	罗湖区 Luohu	盐田区 Yantian	南山区 Nanshan
本市生产总值	**Gross Domestic Product**	**109.0**	**108.0**	**108.9**	**109.3**
农林牧渔业	Farming,Forestry,Animal Husbandry and Fishery	142.7	253.4	41.8	98.8
工业	Industry	107.1	96.1	101.6	108.1
建筑业	Construction	105.0	104.6	100.2	117.9
批发和零售业	Wholesale and Retail Trade	103.6	106.7	113.5	99.2
交通运输、仓储和邮政业	Transport,Storage and Post	107.2	108.9	108.8	107.6
住宿和餐饮业	Hotels and Catering Services	102.6	103.9	108.4	101.7
金融业	Financial Intermediation	110.4	109.0	113.9	117.5
房地产业	Real Estate	115.7	112.6	110.0	116.6
其他服务业	Other Services	111.2	110.3	111.1	111.6
第一产业	Primary Industry	142.7	253.4	41.8	98.5
第二产业	Secondary Industry	106.9	97.3	101.5	108.5
第三产业	Tertiary Industry	109.1	109.0	110.8	110.4

注： 本表按可比价格计算。
Note: Data in this table are calculated at constant prices.

(Preceding Year=100)

宝安区 Baoan	新宝安区 New Baoan	光明新区 Guangming	龙华新区 Longhua	龙岗区 Longgang	新龙岗区 New Longgang	坪山新区 Pingshan	大鹏新区 Dapeng
108.6	**109.0**	**109.4**	**108.0**	**109.6**	**110.5**	**109.4**	**104.0**
117.1	116.9	117.1	117.1	90.7	90.5	90.7	90.9
107.0	108.2	107.5	105.5	111.5	113.3	110.2	101.5
101.8	102.8	99.6	102.3	99.7	99.2	100.5	101.0
109.4	107.7	112.3	111.7	101.9	103.0	99.8	101.4
113.7	112.4	114.9	118.0	109.8	109.4	113.1	107.7
103.1	102.8	106.2	102.7	104.8	104.4	108.2	104.4
115.9	115.9	115.3	116.1	112.6	111.7	117.1	111.8
112.5	108.0	141.5	112.6	110.9	109.5	118.9	133.6
112.7	112.5	111.8	113.4	107.0	106.3	110.8	107.7
117.1	116.9	117.1	117.1	87.7	86.7	88.4	87.2
106.8	108.0	106.8	105.4	110.7	112.5	109.1	101.5
111.5	110.1	116.5	112.5	107.3	107.0	110.0	108.5

2-16 战略性新兴产业增加值

ADDED VALUE OF STRATEGIC EMERGING INDUSTRIES

单位：亿元　　　　(100 million yuan)

年 份 Year	战略性新兴产业增加值 Added Value of Strategic Emerging Industries	新一代信息技术产业 New Generation of Information Technology Industry	文化创意产业 Cultural and Creative Industriy	互联网产业 Internet Industry	新材料产业 New Material Industry	生物产业 Bio Industry	新能源产业 New Energy Industry	节能环保产业 Energy Saving and Environmental Protection Industry
2009	2 215.03	1 111.76	576.00	125.20	117.89	142.72	141.46	
2010	2 760.40	1 355.44	726.00	162.23	172.18	144.25	200.30	
2011	3 259.21	1 411.63	920.00	291.07	207.45	174.96	254.10	
2012	3 878.22	1 644.83	1 150.00	356.91	226.95	205.03	294.50	
2013	5 002.50	2 223.73	1 357.00	499.00	358.52	228.28	335.97	
2014	5 695.24	2 569.80	1 553.64	576.44	383.98	242.83	368.55	
2015	7 003.48	3 173.07	1 757.14	756.06	329.24	254.68	405.87	327.42

注：　1、本表各指标之间存在产业交叉情况。
Note: There are industrial cross cases between the indicators in this table.
2、因统计口径有所调整，所以表中部分产业增加值与上年同期不可同比。
Due to the adjustment of statistical caliber, some industrial added value in this table is not comparable with the same period last year.
3、战略性新兴产业为深圳相关产业发展规划的口径，与国家、广东省及内地城市有所不同。
The caliber of strategic emerging industries is formulated in accordance with the relevant industrial development plan of Shenzhen, which is different from that of the nation, Guangdong and other cities.

2-17 战略性新兴产业增加值增长率

GROWTH RATE OF ADDED VALUE OF STRATEGIC EMERGING INDUSTRIES

单位：%　　　　(%)

年 份 Year	战略性新兴产业增加值 Added Value of Strategic Emerging Industries	新一代信息技术产业 New Generation of Information Technology Industry	文化创意产业 Cultural and Creative Industriy	互联网产业 Internet Industry	新材料产业 New Material Industry	生物产业 Bio Industry	新能源产业 New Energy Industry	节能环保产业 Energy Saving and Environmental Protection Industry
2010	24.6	21.9	26.0	29.6	46.1	1.1	41.6	–
2011	18.1	4.1	26.7	79.4	20.5	21.3	26.9	–
2012	19.0	16.5	25.0	22.6	9.4	17.2	15.9	–
2013	20.5	19.6	18.0	20.3	10.2	8.0	10.0	–
2014	13.5	14.0	15.6	15.5	7.1	6.4	9.7	–
2015	16.1	19.1	13.1	19.3	11.3	12.4	10.1	12.0

注：　本表增加值增长率按现价计算。
Note: The growth rate of added value are at current prices.

主要统计指标解释

国内生产总值（GDP） 指按市场价格计算的一个国家（或地区）所有常住单位在一定时期内生产活动的最终成果。国内生产总值有三种表现形态，即价值形态、收入形态和产品形态。从价值形态看，它是所有常住单位在一定时期内生产的全部货物和服务价值与同期投入的全部非固定资产货物和服务价值的差额，即所有常住单位的增加值之和；从收入形态看，它是所有常住单位在一定时期内创造并分配给常住单位和非常住单位的初次收入之和；从产品形态看，它是所有常住单位在一定时期内最终使用的货物和服务价值与货物和服务净出口价值之和。在实际核算中，国内生产总值有三种计算方法，即生产法、收入法和支出法。三种方法分别从不同的方面反映国内生产总值及其构成。

对于一个地区来说，称为地区生产总值或地区GDP。

增加值 指常住单位生产过程创造的新增价值和固定资产的转移价值。它可以按生产法计算，也可以按收入法计算，按生产法计算，它等于总产出减去中间投入；按收入法计算，它等于劳动者报酬、生产税净额、固定资产折旧和营业盈余之和。

劳动者报酬 指劳动者因从事生产活动所获得的全部报酬。包括劳动者获得的各种形式的工资、奖金和津贴，既有货币形式的，也有实物形式的，还包括劳动者所享受的公费医疗和医药卫生费、上下班交通补贴、单位支付的社会保险费、住房公积金等。对于个体经济来说，其所有者所获得的劳动报酬和经营利润不易区分，这两部分统一作为劳动者报酬处理。

生产税净额 指生产税减生产补贴后的差额。生产税指政府对生产单位从事生产、销售和经营活动以及因从事生产活动使用某些生产要素（如固定资产、土地、劳动力）所征收的各种税、附加费和规费。生产补贴与生产税相反，指政府对生产单位的单方面转移支付，因此视为负生产税，包括政策性亏损补贴、价格补贴等。

固定资产折旧 指一定时期内为弥补固定资产损耗按照规定的固定资产折旧率提取的固定资产折旧，或按国民经济核算统一规定的折旧率虚拟计算的固定资产折旧。它反映了固定资产在当期生产中的转移价值。各类企业和企业化管理的事业单位的固定资产折旧是指实际计提的折旧费；不计提折旧的政府机关、非企业化管理的事业单位和居民住房的固定资产折旧是按照统一规定的折旧率和固定资产原值计算的虚拟折旧。原则上，固定资产折旧应按固定资产的重置价值计算，但是目前我国尚不具备对全社会固定资产进行重估价的基础，所以暂时还不能采用这种办法。

营业盈余 指常住单位创造的增加值扣除劳动者报酬、生产税净额和固定资产折旧后的余额。它相当于企业的营业利润加上生产税补贴，但要扣除从利润中开支的工资和福利等。

支出法国内（地区）生产总值 指一个国家（或地区）所有常住单位在一定时期内用于最终消费、资本形成总额，以及货物和服务净出口的总额，它反映本期生产的国内生产总值的使用情况。

最终消费 指常住单位在一定时期内对于货物和服务的全部最终消费支出，也就是常住单位为满足物质、文化和精神生活的需要，从本国经济领土和国外购买的货物和服务的支出，不包括非常住单位在本国经济领土内的消费支出。最终消费分为居民消费和政府消费。

居民消费 指常住居民对货物和服务的全部最终消费支出。它除了常住居民直接以货币形式购买货物和服务的消费之外，还包括以其他方式获得的货物和服务的消费，即单位以实物报酬及实物转移的形式提供给劳动者的货物和服务；居民生产并由居民自己消费的货物和服务，其中的服务仅指居民的自有住房服务和付酬的家庭服务；金融机构提供的金融媒介服务；保险公司提供的保险服务。

政府消费 指政府部门为全社会提供公共服务的消费支出和免费或以较低价格向居民提供的消费货物和服务净支出。前者等于政府服务的产出价值减去政府单位所获得的经营收入后的价值，政府服务的产出价值等于它的经常性业务支出加上固定资产折旧；后者等于政府部门免费或以较低价格向住户提供的货物和服务的市场价值减去向居民收取的价值。

资本形成总额 指常住单位在一定时期内获得的减处置的固定资产加存货的净变动额，包括固定资本形成总额和存货增加。

固定资本形成总额 指生产者在一定时期内获得的固定资产减处置的固定资产的价值总额。固定资产是通过生产活动生产出来的，其使用年限在一年以上，单位价值在规定标准以上的资产，不包括自然资产。固定资本形成总额分有形固定资本形成总额和无形固定资本形成总额。有形固定资本形成总额包括一定时期内完成的建筑工程、安装工程、设备工器具购置（减处置）价值以及土地改良、新增役、种、奶、毛、娱乐用牲畜和新增经济林木价值。无形固定资本形成总额包括矿藏的勘探、计算机软件等获得减处置。

存货增加 指常住单位存货实物量变动的市场价值，即期末价值减期初价值的差额，再扣除当期由于价格变动而产生的持有收益。存货增加可以是正值，也可以是负值；正值表示存货增加，负值表示存货减少。它包括生产单位购进的原材料、燃料和储备物资等存货，以及生产单位生产的产成品、在制品存货等。

货物和服务净流出 指货物和服务流出减货物和服务流入的差额。流出包括常住单位向非常住单位出售或无偿转让的各种货物和服务的价值；流入包括常住单位从非常住单位购买或无偿得到的各种货物和服务价值。由于服务活动的提供与使用同时发生，因此服务的流入流出业务并不发生出入境现象，一般把常住单位从非常住单位得到的服务作为流入，常住单位向非常住单位提供的服务作为流出。

三次产业 根据社会生产活动历史发展的顺序对产业结构的划分，产品直接取自自然界的部门称为第一产业，初级产品进行再加工的部门称为第二产业，为生产和消费提供各种服务的部门称为第三产业。它是世界上通用的产业结构分类，但各国的划分不尽一致。我国的三次产业划分是：

第一产业是指农、林、牧、渔业，不含农、林、牧、渔业中的农、林、牧、渔服务业。

第二产业是指采矿业，制造业，电力、燃气及水的生产和供应业，建筑业，不含采矿业中的开采辅助活动，制造业中的金属制品、机械和设备修理业。

第三产业是指除第一、第二产业以外的其他行业。包括批发和零售业，交通运输、仓储和邮政业，住宿和餐饮业，信息传输、软件和信息技术服务业，金融业，房地产业，租赁和商务服务业，科学研究和技术服务业，水利、环境和公共设施管理业，居民服务、修理和其他服务业，教育，卫生和社会工作，文化、体育和娱乐业，公共管理、社会保障和社会组织，国际组织，以及农、林、牧、渔业中的农、林、牧、渔服务业，采矿业中的开采辅助活动，制造业中的金属制品、机械和设备修理业。

Explanatory Notes on Main Statistical Indicators

Gross domestic product (GDP) refers to the final products at market prices produced by all resident units in a country during a certain period of time.Gross domestic product is expressed in three different perspectives,namely value,income and products respectively.GDP in its value perspective refers to the balance of total value of all goods and services produced by all resident units during a certain period of time,minus the total value of input of goods and services of the nature of non-fixed assets;in other words,it is the sum of the value-added of all resident units.GDP from the perspective of income includes the primary income created by all esident units and distributed to resident and non-resident units.GDP from the perspective of products refers to the value of all goods and services for final emand by all resident units plus the net exports of goods and services during a given preriod of time.In the practice of ntaional accounting,gross domestic product is calculated from three approches,namely production approach,income aproach and expenditure approach,which reflect gross domestic product and its composition from different angles.

For a region, it is called as Gross Regional Product(GRP) or regional GDP.

Value-added refers to value newly created in the process of production by resident units and the transfer value of fixed assets. It can be calculated by both production approach and income approach. In terms of production approach, it is the total output minus intermediate input. In terms of income approach, it is the summation of laborers' remuneration, net taxes on production, depreciation of fixed assets and operating surplus.

Laborers' Remuneration refers to the whole payment of various forms earned by laborers from productive activities they are engaged in, including wages, bonuses and allowances earned in monetary form and in kind, as well as free medical services provided to the laborers and the medicine expenses, traffic subsidies, and social insurance fee and housing fund paid by the laborers' working units for them. In terms of individual economy, since laborers' remuneration is not easily distinguished from the operating profit, both are treated as laborers' remuneration.

Net Taxes on Production refers to taxes on production less subsidies on production.The taxes on production refers to the various taxes,extra charges and fees levied on the production units on their production,sale and business activities as well as on the use of some facors of production,such as fixed assets,land and labour in the production activities they are engaged in.In contrast to taxes on production,subsidies on prodution refer to the unilateral govemment transfer to the production units and are therefore regarded as negative taxes on production.They include subsidies on the loss due to implementation of government policies,price subsidies,etc.

Depreciation of Fixed Assets refers to the depreciation of fixed assets of a given period, drawn in accordance with the stipulated depreciation rate for the purpose of compensating the wear loss of the fixed assets or the depreciation of fixed assets calculated in a fictitious way in accordance with the stipulated unified depreciation rate in the national economic accounting system. It reflects the value of transfer of the fixed assets in the production of the current period. The depreciation of fixed assets in various enterprises and institutions managed as enterprises refers to the depreciation expenses actually drawn and calculated as part of the cost. In government agencies and institutions not managed as enterprises which do not draw the depreciation expenses, as well as for the houses of residents, the depreciation of fixed assets is the imputed depreciation, which is calculated in accordance with the stipulated unified depreciation rate and the original value of the fixed assets. In principle, the depreciation of fixed assets should be calculated on the basis of the repurchase value of the fixed assets. However, there is no actual condition to reevaluate all the fixed assets in China.

Therefore, the above-mentioned methods are temporarily adopted at present.

Operating Surplus refers to the balance of the value-added created by the resident units deducting the laborers' remuneration, net taxes on production and the depreciation of fixed assets. It is equivalent to the business profit of the enterprises plus subsidies on production, but the wages and welfare expenses paid from the profits should be deducted.

GDP by Expenditure Approach refers to the method of measuring the final results of production activities of a country(region) during a given period from the perspective of final uses.It includes final consumption expenditure,gross capital formation and net export of goods and services.The formula for computation is.:

GDP by expenditure approach = final consumption expenditure + gross capital formation + net export of goods and services

Final Consumption refers to the total expenditure of resident units on final consumption of goods and services in a certain period, namely the expenditure of the resident units for purchases of goods and services from domestic economic territory and abroad to meet the requirements of material, cultural and spiritual life. It excludes the expenditure of nonresident units on consumption in the economic territory of the country. The final consumption is classified into household consumption and government consumption.

Resident Consumption refers to the total expenditure of residents on the final consumption of goods and services. In addition to the consumption of goods and services paid for in monetary form by the residents, the expenditure on goods and services obtained by the residents in other ways is also included in the resident consumption, which includes: (a) goods and services provided to the residents by the units in the form of payment in kind and transfer in kind; (b) goods and services produced and consumed by the residents themselves, where services refer only to services related to residential buildings owned by the residents and paid services for the households; (c) services of financial intermediary provided by financial institutions; and (d) insurance services provided by insurance companies.

Government Consumption refers to the expenditure on the consumption of public services provided by the government to the whole society and the net expenditure on goods and services provided by the government for residents free of charge or at low prices. The former equals the output value of the government services minus the value of operating income obtained by the government departments. The latter equals the market value of goods and services provided by the government free of charge or at low prices for residents minus the value charged by the government on households.

Total Capital Formation refers to the net value of change within a certain period calculated as fixed assets acquired minus those disposed plus inventory, which includes total fixed assets formation and increase in inventory.

Total Fixed Capital Formation refers to the value of fixed assets acquired minus the value of fixed assets disposed within a certain period, where fixed assets refer to assets produced through productive activities with a term of use of over one year and a unit price above designated standards, excluding natural assets. Total fixed capital formation can be classified into total tangible assets formation and total intangible assets formation. Total tangible assets formation includes the value of the construction projects, installation projects completed and the equipment, apparatus and instruments purchased as well as the value of land improved, the value of draught animals, breeding stock, milk, wool and recreational animals and newly-increased economic forest in a certain period. Total intangible assets formation includes value acquired through the prospecting of minerals, computer software, and other operations minus the disposal of them.

Increase in Inventory refers to the market value of the change in inventory in resident units, i.e. the difference in value between the beginning and the end of the period minus benefits aquired through the posession of inventory that have appreciated during the period. The increase in inventory can be positive or negative. A positive value indicates the increase in stock while a negative value indicates the decrease in stock. The inventory includes the raw materials, fuels and reserve materials purchased by the production units as well as the inventory of finished products, semi–finished products and work in progress, etc.

Net Outflow of Goods and Services refers to the difference between the outflow of goods and services andthe inflow of goods and services. The outflow includes the value of various goods and services sold or gratuitously transferred by resident units to nonresident units. The inflow includes the value of various goods and services purchased or gratuitously acquired by resident units from non–resident units. As the provision of services and the use of them happen simultaneously, the inflow and outflow of services do not involve border crossing. The acquisition of services by the resident units from nonresident units is usually treated as inflow while the provision of services by the resident units for nonresident units is usually treated as outflow.

Three Industries are the classification of industrial structure according to the historical sequence of development of social production. Primary industry refers to direct extraction of natural resources; secondary industry involves processing of primary products; and tertiary industry provides services of various kinds for production and consumption. Such classification is a common practice in the world, though grouping varies to some extent from country to country. In China the three industries are defined as follows:

Primary industry refers to agriculture, forestry, animal husbandry and fishery, excluding agriculture, forestry, animal husbandry and fishery services in agriculture, forestry, animal husbandry and fishery.

Secondary industry refers to mining, manufacturing, production and supply of electric power, water and gas, and construction, excluding mining activities in mining, metal products, machinery and equipment repair in manufacturing.

Tertiary industry refers to all other industries not included in primary or secondary industry.Including wholesale and retail trades, transport, storage and post, hotels and catering services, information transmission, software and information technology, financial intermediation, real estate, leasing and business services, scientific research and technical services, management of water conservancy, environment and public facilities, services to households, repair and other services, education, health care and social service, culture, sports and recreation, public administration, social security and social organizations, international organizations, agriculture, forestry, animal husbandry and fishery services in agriculture, forestry, animal husbandry and fishery, mining activities in mining, metal products, machinery and equipment repair in manufacturing.

03 第三部分

人口和劳动力

POPULATION AND LABOR FORCE

CHAPTER

3-1 户数、人口、出生、死亡及自然增长

HOUSEHOLDS, POPULATION, BIRTH, DEATH AND NATURAL GROWTH

年 份 Year	年末户籍人口户数(万户) Households with Residence Registration (year-end) (10 000 households)	年末常住人口数 (万人) Year-end Permanent Population (10 000 persons)		
			户籍人口 Registered Population	非户籍人口 Non-registered Population
1979	7.62	31.41	31.26	0.15
1980	7.82	33.29	32.09	1.20
1981	8.20	36.69	33.39	3.30
1982	8.61	44.95	35.45	9.50
1983	9.25	59.52	40.52	19.00
1984	10.32	74.13	43.52	30.61
1985	11.27	88.15	47.86	40.29
1986	12.41	93.56	51.45	42.11
1987	13.88	105.44	55.60	49.84
1988	15.30	120.14	60.14	60.00
1989	16.51	141.60	64.82	76.78
1990	18.19	167.78	68.65	99.13
1991	19.56	226.76	73.22	153.54
1992	21.81	268.02	80.22	187.80
1993	24.32	335.97	87.69	248.28
1994	26.74	412.71	93.97	318.74
1995	28.67	449.15	99.16	349.99
1996	30.35	482.89	103.38	379.51
1997	32.15	527.75	109.46	418.29
1998	34.07	580.33	114.60	465.73
1999	36.15	632.56	119.85	512.71
2000	38.87	701.24	124.92	576.32
2001	41.14	724.57	132.04	592.53
2002	44.73	746.62	139.45	607.17
2003	47.55	778.27	150.93	627.34
2004	52.04	800.80	165.13	635.67
2005	57.01	827.75	181.93	645.82
2006	61.37	871.10	196.83	674.27
2007	64.88	912.37	212.38	699.99
2008	67.10	954.28	228.07	726.21
2009	69.81	995.01	241.45	753.56
2010	71.44	1 037.20	251.03	786.17
2011	74.54	1 046.74	267.90	778.85
2012	78.29	1 054.74	287.62	767.13
2013	84.83	1 062.89	310.47	752.42
2014	89.76	1 077.89	332.21	745.68
2015	94.92	1 137.87	354.99	782.88

注： 自2004年起，深圳市全面实现农村城市化后，已不存在“农业户”及“农业人口”。
Note: From 2004, the indices, agricultural household and agricultural population have been cancelled because of urbanization in Shenzhen.

3-1 续表 1 continued

年 份 Year	在年末户籍人口中 Among Population with Residence Registration at the Year-end		户籍户平均每户人口(人) Average Persons Per Household with Residence Registration (person)	年平均人口(万人) Average Annual Population (10 000 persons)	
	男性(万人) Male (10 000 persons)	女性(万人) Female (10 000 persons)		按常住人口计算 Permanent Population	按户籍人口计算 Population with Residence Registration
1979	14.26	17.00	4.10		
1980	14.69	17.40	4.10	32.35	31.68
1981	15.51	17.88	4.07	34.99	32.74
1982	16.67	18.78	4.12	40.82	34.42
1983	20.50	20.02	4.38	52.24	37.99
1984	22.01	21.51	4.22	66.83	42.02
1985	24.32	23.54	4.25	81.14	45.69
1986	26.13	25.32	4.15	90.86	49.66
1987	28.22	27.38	4.01	99.50	53.53
1988	30.49	29.64	3.93	112.79	57.87
1989	32.89	31.93	3.93	130.87	62.48
1990	34.92	33.73	3.77	154.69	66.74
1991	37.27	35.95	3.74	197.27	70.94
1992	41.19	39.03	3.68	247.39	76.72
1993	45.25	42.44	3.61	302.00	83.96
1994	48.62	45.35	3.51	374.34	90.83
1995	51.37	47.80	3.46	430.93	96.57
1996	53.64	49.75	3.41	466.02	101.27
1997	56.79	52.66	3.40	505.32	106.64
1998	59.73	54.87	3.36	554.04	112.03
1999	62.69	57.16	3.32	606.45	117.22
2000	65.21	59.71	3.21	666.90	122.39
2001	69.47	62.57	3.21	712.91	128.48
2002	73.59	65.86	3.12	735.60	135.75
2003	79.72	71.21	3.17	762.45	145.19
2004	87.58	77.55	3.17	789.54	158.03
2005	96.69	85.24	3.19	814.28	173.53
2006	104.75	92.08	3.21	849.42	189.38
2007	112.98	99.40	3.27	891.74	204.60
2008	121.22	106.85	3.40	933.33	220.22
2009	128.38	113.07	3.46	974.65	234.76
2010	133.21	117.82	3.51	1 016.11	246.24
2011	141.61	126.29	3.59	1 041.97	259.47
2012	151.15	136.47	3.67	1 050.74	277.76
2013	161.93	148.54	3.66	1 058.82	299.04
2014	172.16	160.05	3.70	1 070.39	321.34
2015	182.91	172.08	3.74	1 107.88	343.60

年 份 Year	出生人口数 (人) Population of Birth (person)	出生率 (‰) Birth Rate (‰)	死亡人口数 (人) Population of Death (person)	死亡率 (‰) Death Rate (‰)	自然增长 人数(人) Population of Natural Growth(person)	自然增长率 (‰) Natural Growth Rate (‰)
1979	7 962	24.60	1 856	5.70	6 106	18.90
1980	6 775	21.40	1 773	5.60	5 002	15.80
1981	7 544	23.00	1 732	5.30	5 812	17.80
1982	6 974	20.30	1 707	5.00	5 267	15.30
1983	5 295	13.90	1 793	4.70	3 502	9.20
1984	5 005	11.50	1 606	3.69	3 399	8.09
1985	5 606	12.27	1 533	3.36	4 073	8.91
1986	6 143	12.37	1 794	3.61	4 349	8.76
1987	6 399	11.95	1 822	3.40	4 577	8.55
1988	8 290	14.32	1 720	2.97	6 570	11.35
1989	8 615	13.79	1 713	2.74	6 902	11.05
1990	10 755	16.11	1 859	2.79	8 896	13.33
1991	11 408	16.08	1 607	2.27	9 801	13.81
1992	11 277	14.07	1 840	2.40	9 437	11.67
1993	12 054	14.36	1 619	1.93	10 435	12.43
1994	12 509	13.77	1 590	1.75	10 919	12.02
1995	12 776	13.23	1 719	1.78	11 057	11.45
1996	13 170	13.00	2 116	2.09	11 054	10.91
1997	13 447	12.64	2 268	2.13	11 179	10.51
1998	13 049	11.65	2 341	2.09	10 708	9.56
1999	14 745	12.58	3 479	2.97	11 266	9.61
2000	17 967	14.68	3 120	2.55	14 847	12.13
2001	18 060	14.06	2 223	1.73	15 837	12.33
2002	22 536	16.60	1 978	1.46	20 558	15.14
2003	*15 986	10.63	2 301	1.53	13 685	9.10
2004	19 749	11.58	2 335	1.37	17 414	10.21
2005	24 407	12.64	2 717	1.41	21 690	11.23
2006	26 407	12.53	2 316	1.10	24 091	11.44
2007	34 358	14.54	2 570	1.09	31 788	13.45
2008	36 762	14.12	2 551	0.98	34 211	13.14
2009	37 098	13.70	2 323	0.86	34 775	12.84
2010	40 342	14.50	2 552	0.92	37 790	13.58
2011	41 805	15.42	2 974	1.10	38 831	14.32
2012	61 390	19.38	4 360	1.38	57 030	18.00
2013	59 526	18.84	3 390	1.07	56 136	17.77
2014	67 594	19.89	8 192	2.41	59 402	17.48
2015	71 515	19.64	4 656	1.28	66 859	18.36

注： 自2003年起“出生人口数”、“出生率”、“死亡人口数”、“死亡率”、“自然增长人数”、“自然增长率”按市计生办口径统计。
Note: Since 2003, Population of Birth, Birth Rate, Population of Death, Death Rate, Population of Natural Growth and Natural Growth and Natural Growth Rate are calculated by the statistical coverage from Shenzhen Family Planning Office.

3-2 人口指数

INDICES OF POPULATION

单位：%　　　　　　　　　　　　　　　　　　　　　　　　　　　　(%)

年份 Year	以1979年为100 1979=100			以上年为100 Preceding Year=100		
	年末常住人口 Permanent Population (Year-end)	户籍人口 Registered Population	非户籍人口 Non-registered Population	年末常住人口 Permanent Population (Year-end)	户籍人口 Registered Population	非户籍人口 Non-registered Population
1980	106.0	102.7	800.0	106.0	102.7	800.0
1981	116.8	106.8	2 200.0	110.2	104.1	275.0
1982	143.1	113.4	6 333.3	122.5	106.2	287.9
1983	189.5	129.6	12 666.7	132.4	114.3	200.0
1984	236.0	139.2	20 406.7	124.5	107.4	161.1
1985	280.6	153.1	26 860.0	118.9	110.0	131.6
1986	297.9	164.6	28 073.3	106.1	107.5	104.5
1987	335.7	177.9	33 226.7	112.7	108.1	118.4
1988	382.5	192.4	40 000.0	113.9	108.2	120.4
1989	450.8	207.4	51 186.7	117.9	107.8	128.0
1990	534.2	219.6	66 086.7	118.5	105.9	129.1
1991	721.9	234.2	102 360.0	135.2	106.7	154.9
1992	853.3	256.6	125 200.0	118.2	109.6	122.3
1993	1 069.6	280.5	165 520.0	125.4	109.3	132.2
1994	1 313.9	300.6	212 493.3	122.8	107.2	128.4
1995	1 430.0	317.2	233 326.7	108.8	105.5	109.8
1996	1 537.4	330.7	253 006.7	107.5	104.3	108.4
1997	1 680.2	350.2	278 860.0	109.3	105.9	110.2
1998	1 847.6	366.6	310 486.7	110.0	104.7	111.3
1999	2 013.9	383.4	341 806.7	109.0	104.6	110.1
2000	2 232.5	399.6	384 213.3	110.9	104.2	112.4
2001	2 306.8	422.4	395 020.0	103.3	105.7	102.8
2002	2 377.0	446.1	404 780.0	103.0	105.6	102.5
2003	2 477.8	482.8	418 226.7	104.2	108.2	103.3
2004	2 549.5	528.2	423 780.0	102.9	109.4	101.3
2005	2 635.3	582.0	430 546.7	103.4	110.2	101.6
2006	2 772.3	629.7	449 490.8	105.2	108.2	104.4
2007	2 902.6	679.4	466 571.5	104.7	107.9	103.8
2008	3 036.1	729.7	483 834.6	104.6	107.4	103.7
2009	3 166.7	772.8	502 220.3	104.3	105.9	103.8
2010	3 299.7	803.7	523 815.8	104.2	104.0	104.3
2011	3 329.4	857.5	519 101.5	100.9	106.7	99.1
2012	3 356.0	921.0	511 315.0	100.8	107.4	98.5
2013	3 382.8	994.7	501 600.0	100.8	108.0	98.1
2014	3 430.2	1 064.3	497 085.6	101.4	107.0	99.1
2015	3 622.3	1 137.7	521 939.9	105.6	106.9	105.0
年平均增长率 Average Annual Growth Rate	**10.5**	**7.0**	**26.8**			

3-3 计划生育情况
FAMILY PLANNING

单位：%　　(%)

指标名称	Item	2013	2014	2015
一孩率	1st Birth Rate	79.73	78.23	69.60
二孩率	2nd Birth Rate	18.87	20.45	29.09
多孩率	3rd Birth and Above Rate	1.40	1.33	1.31
政策生育率	Fertility Rate	87.98	89.05	88.49
已婚育龄妇女人数（人）	Number of Childbearing Women（person）	849 397	919 540	980 487
晚婚率	Late Marriage Rate	95.38	95.17	95.92
已领取“独生子女、父母光荣证”人数(人）	People Received Single-Child Certificate（person）	132 844	138 473	143 856

3-4 各区年末常住人口数
PERMANENT POPULATION AT THE YEAR-END BY DISTRICT

单位：万人　　(10 000 persons)

区别	District	2012	2013	2014	2015
全市	**Total**	**1 054.74**	**1 062.89**	**1 077.89**	**1 137.87**
福田区	Futian	133.05	133.95	135.71	144.06
罗湖区	Luohu	93.64	94.15	95.37	97.56
盐田区	Yantian	21.26	21.39	21.65	22.12
南山区	Nanshan	110.85	111.91	113.59	129.12
新宝安区	New Baoan	268.44	270.38	273.65	286.33
新龙岗区	New Longgang	192.69	194.47	197.52	205.24
光明新区	Guangming	49.18	49.64	50.42	53.12
坪山新区	Pingshan	31.68	31.96	33.15	35.61
龙华新区	Longhua	140.86	141.85	143.45	151.15
大鹏新区	Dapeng	13.09	13.19	13.37	13.56

3-5 按行业分的社会劳动者人数（2015年末）

NUMBER OF EMPLOYED AT YEAR-END GROUPED BY SECTOR（2015）

单位：人 (person)

项 目	Item	年末社会劳动者合计 Total Employed (year-end)	在岗职工 Staff and Workers	私营个体劳动者 Urban Self-Employment	其 他 劳动者 Others
总 计	**Total**	**9 061 391**	**4 474 077**	**4 462 211**	**125 572**
按隶属关系分	**By Administrative Relationship**				
1.中央属	Central Goverment	277 102	255 661		21 441
2.广东省属	Guangdong	70 560	70 153		407
3.深圳市属	Shenzhen	5 380 381	896 541	4 462 211	21 629
4.其 他	Others	3 333 817	3 251 722		82 095
按三次产业分	**Grouped by Industry**				
第一产业	Primary Industry	1 299	681	618	
第二产业	Secondary Industry	4 225 781	2 742 407	1 422 798	63 409
第三产业	Tertiary Industry	4 834 311	1 730 989	3 038 795	62 163
按国民经济行业分	**Grouped by Sector**				
1.农、林、牧、渔业	Agriculture, Forestry, Animal Husbandry and Fishery	1 304	686	618	
2.采矿业	Mining	4 158	4 067	66	25
3.制造业	Manufacturing	3 840 243	2 456 775	1 362 787	20 681
4.电力、热力、燃气及水的生产和供应业	Production and Distribution of Eleltricity,Heat, Gas and Water	18 678	17 812	827	39
5.建筑业	Construction	365 438	263 787	59 118	42 698
6.批发和零售业	Wholesale and Retail Trades	1 798 542	256 654	1 530 488	11 400
7.交通运输、仓储和邮政业	Transportation, Storage and Post	417 104	240 387	157 011	19 706
8.住宿和餐饮业	Hotels and Catering Services	409 165	95 272	303 561	10 332
9.信息传输、软件和信息技术服务业	Information Transmission, Software and Information Technology	343 366	129 742	208 862	5 066
10.金融业	Financial Intermediation	115 597	95 899	16 468	3 230
11.房地产业	Real Estate	321 837	193 290	127 487	1 060
12.租赁和商务服务业	Leasing and Business Services	589 025	283 233	299 080	6 712
13.科学研究、技术服务业	Scientific Research and Technical Service	191 927	85 535	104 893	1 499
14.水利、环境和公共设施管理业	Management of Water Conservancy, Environment and Public Facilities	33 143	13 081	19 778	284
15.居民服务、修理和其他服务业	Services to Households, Repair and Other Services	246 051	20 722	225 236	93
16.教育	Education	106 127	94 522	10 120	1 485
17.卫生和社会工作	Health and Social Work	83 177	59 370	23 330	477
18.文化、体育和娱乐业	Culture, Sports and Entertainment	37 093	24 244	12 481	368
19.公共管理、社会保障和社会组织	Public Management, Social Security and Social Organizations	139 416	138 999		417
20. 国际组织	International Organizations				

注：根据国家劳动统计报表制度的统一规定，从2013年年报起，原属于乡镇企业且符合城镇非私营单位条件的"四上"企业纳入城镇非私营单位从业人员及工资统计范围。后同。

Note: According to the provision of national labor statistics reporting form system, since the year reporting of 2013, the scope of statistics on employed persons in urban corporate unit excluding private units and labor wage covers four above designated size enterprises (refers to industrial enterprises above designated size, construction enterprises by qualification criteria, enterprises above designated size of wholesale trade, retail trade, hotels and catering services), which originally has been included township enterprises and in accordance with the condition of urban corporate unit excluding private units. The same applies to the following tables.

3-6 社会劳动者人数（年末数）

NUMBER OF EMPLOYED AT YEAR-END

单位：万人 （10 000 persons）

年 份 Year	年末社会劳动者合计 Total Employed (year-end)	# 在岗职工 Staff and Workers	国有单位 State-owned Units	城镇集体单位 Urban Collective-owned Units	其他单位 Other Ownership Units	# 私营个体劳动者 Urban Self-Employment	# 镇村劳动者 Laborers of Town and Village
1979	13.95	4.02	3.37	0.65		0.41	9.52
1980	14.89	4.86	4.05	0.81		0.38	9.65
1981	15.36	5.31	4.51	0.80		0.13	9.92
1982	18.49	8.28	7.00	1.28		0.11	10.17
1983	22.37	12.57	10.10	1.22	1.25	0.22	9.58
1984	27.26	18.33	14.14	2.15	2.04	0.50	8.43
1985	32.61	22.66	16.84	2.60	3.22	0.64	9.31
1986	36.04	25.88	18.97	2.68	4.23	0.93	9.23
1987	44.30	32.29	22.04	3.55	6.70	1.10	10.91
1988	54.53	41.74	28.04	4.53	9.17	1.69	11.10
1989	93.65	48.24	30.34	4.85	13.05	2.19	43.22
1990	109.22	55.41	33.85	5.25	16.31	3.36	50.45
1991	149.32	64.89	38.77	6.76	19.36	4.87	79.56
1992	175.97	71.10	38.85	7.99	24.26	12.33	92.54
1993	220.81	78.11	41.45	5.42	31.24	38.84	103.86
1994	273.00	82.29	38.71	8.28	35.30	54.63	135.73
1995	298.51	88.75	40.17	10.75	37.83	72.17	137.12
1996	322.12	89.13	41.07	9.53	38.53	87.14	145.42
1997	353.53	91.18	40.92	8.69	41.57	103.59	158.55
1998	390.33	91.93	33.75	4.25	53.93	114.79	183.32
1999	426.89	92.52	32.94	4.17	55.41	120.86	213.22
2000	474.97	93.36	31.00	3.84	58.52	139.88	240.91
2001	491.30	94.88	31.31	3.72	59.85	152.68	242.94
2002	509.74	101.76	29.62	2.57	69.57	166.88	240.22
2003	535.89	108.20	30.10	2.36	75.74	187.72	239.00
2004	562.17	135.88	31.94	1.66	102.28	204.16	220.97
2005	576.26	165.38	35.85	2.81	126.72	210.87	198.71
2006	609.76	184.25	39.85	1.57	142.83	250.77	172.78
2007	647.11	193.04	40.03	1.50	151.51	279.83	172.20
2008	682.35	198.35	41.31	1.36	155.68	301.97	179.98
2009	723.61	220.16	42.89	1.30	175.97	326.52	175.12
2010	758.14	251.09	46.56	1.54	202.99	376.60	128.53
2011	764.54	261.43	48.92	1.63	210.88	408.35	92.48
2012	771.20	277.90	49.58	1.66	226.66	430.71	60.47
2013	899.24	445.84	48.60	4.02	393.22	441.83	—
2014	899.66	448.93	42.91	3.36	402.66	438.43	—
2015	906.14	447.41	43.18	2.46	401.77	446.22	—

3-7 社会劳动者人数指数

INDICES OF NUMBER OF EMPLOYED

以上年为100 (preceding year=100)

年份 Year	年末社会劳动者合计 Total Employed (year-end)	# 在岗职工 Staff and Workers	国有单位 State-owned Units	城镇集体单位 Urban Collective-owned Units	其他单位 Other Ownership Units	# 私营个体劳动者 Urban Self-Employment	# 镇村劳动者 Laborers of Town and Village
1980	106.7	120.9	120.2	124.6		92.7	101.4
1981	103.2	109.3	111.4	98.8		34.2	102.8
1982	120.4	155.9	155.2	160.0		84.6	102.5
1983	121.0	151.8	144.3	95.3		200.0	94.2
1984	121.9	145.8	140.0	176.2	163.2	227.3	88.0
1985	119.6	123.6	119.1	120.9	157.8	128.0	110.4
1986	110.5	114.2	112.6	103.1	131.4	145.3	99.1
1987	122.9	124.8	116.2	132.5	158.4	118.3	118.2
1988	123.1	129.3	127.2	127.6	136.9	153.6	101.7
1989	171.7	115.6	108.2	107.1	142.3	129.6	389.4
1990	116.6	114.9	111.6	108.2	125.0	153.4	116.7
1991	136.7	117.1	114.5	128.8	118.7	144.9	57.7
1992	117.8	109.6	100.2	118.2	125.3	253.2	116.3
1993	125.5	109.9	106.7	67.8	128.8	315.0	112.2
1994	123.6	105.4	93.4	152.8	113.0	140.7	130.7
1995	109.3	107.9	103.8	129.8	107.2	132.1	101.0
1996	107.9	100.4	102.2	88.7	101.9	120.7	106.1
1997	109.8	102.3	99.6	91.2	107.9	118.9	109.0
1998	110.4	102.3	84.6	49.2	130.7	110.8	115.6
1999	109.4	100.6	97.6	98.1	102.7	105.3	116.3
2000	111.3	100.9	94.1	92.1	105.6	115.7	113.0
2001	103.4	101.6	101.0	96.9	102.3	109.2	100.8
2002	103.8	107.2	94.6	69.1	116.2	109.3	98.9
2003	105.1	106.3	101.6	91.8	108.9	112.5	99.5
2004	104.9	116.4	103.2	69.2	123.2	108.8	92.5
2005	102.5	121.7	112.2	169.3	123.9	103.3	89.9
2006	105.8	111.4	111.2	55.9	112.7	118.9	87.0
2007	106.1	104.8	100.5	95.5	106.1	111.6	99.7
2008	105.4	102.8	103.2	90.7	102.8	107.9	104.5
2009	106.0	111.0	103.8	95.6	113.0	108.1	97.3
2010	104.8	114.0	108.6	118.5	115.4	115.3	73.4
2011	100.8	104.1	105.1	105.8	103.9	108.4	71.9
2012	100.9	106.3	101.3	101.8	107.5	105.5	65.4
2013	116.6	160.4	98.0	242.2	173.5	102.6	—
2014	100.0	100.7	88.3	83.6	102.4	99.2	—
2015	100.7	99.7	100.6	73.2	99.8	101.8	—

3-8 分经济类型和行业城镇单位从业人员人数（2015年末）

NUMBER OF EMPLOYED PERSONS IN URBAN UNITS AT YEAR-END BY OWNERSHIP AND SECTOR（2015）

单位：人 (person)

项 目	Item	从业人员 Employed Persons	国有单位 State-owned Units	城镇集体单位 Urban Collective-owned Units	其他单位 Other Types of Ownership	在岗职工 Fully Employed Staff and Workers	国有单位 State-owned Units	城镇集体单位 Urban Collective-owned Units	其他单位 Other Types of Ownership
合 计	**Total**	**4 599 649**	**435 178**	**24 634**	**4 139 837**	**4 474 077**	**431 753**	**24 596**	**4 017 728**
按企业、事业和机关分	**Grouped by Enterprises, Institutions and Agencies**								
企业	Enterprises	4 315 288	159 846	23 920	4 131 522	4 191 832	158 473	23 882	4 009 477
事业	Institutions	153 322	149 911	714	2 697	151 605	148 216	714	2 675
机关	Agencies	125 101	125 101			124 758	124 758		
民营非盈利组织	Private Non-profit Organizations	2 614			2 614	2 575			2 575
其他	Others	3 324	320		3 004	3 307	306		3 001
按国民经济行业分	**Grouped by Economic Sector**								
1.农、林、牧、渔业	Agriculture, Forestry, Animal Husbandry and Fishery	686	510		176	686	510		176
2.采矿业	Mining	4 092			4 092	4 067			4 067
3.制造业	Manufacturing	2 477 456	2 157	6 109	2 469 190	2 456 775	2 157	6 099	2 448 519
4.电力、热力、燃气及水的生产和供应业	Production and Distribution of Electricity,Heat Gas and Water	17 851	750		17 101	17 812	750		17 062
5.建筑业	Construction	306 485	14 365	130	291 990	263 787	14 046	130	249 611
6.批发和零售业	Wholesale and Retail Trades	268 054	8 671	370	259 013	256 654	8 606	370	247 678
7.交通运输、仓储和邮政业	Transportation, Storage and Post	260 093	8 103	94	251 896	240 387	8 099	93	232 195
8.住宿和餐饮业	Hotels and Catering Services	105 604	3 147	311	102 146	95 272	2 879	300	92 093
9.信息传输、软件和信息技术服务业	Information Transmission, Software and Information Technology	134 808	9 443	25	125 340	129 742	9 443	24	120 275
10.金融业	Financial Intermediation	99 129	24 953		74 176	95 899	24 675		71 224
11.房地产业	Real Estate	194 350	26 652	717	166 981	193 290	26 598	714	165 978
12.租赁和商务服务业	Leasing and Business Services	289 945	49 409	14 347	226 189	283 233	49 375	14 344	219 514
13.科学研究、技术服务业	Scientific Research and Technical Service	87 034	7 482		79 552	85 535	7 333		78 202
14.水利、环境和公共设施管理业	Management of Water Conservancy, Environment and Public Facilities	13 365	6 331		7 034	13 081	6 257		6 824
15.居民服务、修理和其他服务业	Services to Households, Repair and Other Services	20 815	1 097	5	19 713	20 722	1 085	5	19 632
16.教育	Education	96 007	65 682	1 630	28 695	94 522	64 640	1 621	28 261
17.卫生和社会工作	Health and Social Work	59 847	52 748	887	6 212	59 370	52 309	887	6 174
18.文化、体育和娱乐业	Culture, Sports and Entertainment	24 612	14 927		9 685	24 244	14 649		9 595
19.公共管理、社会保障和社会组织	Public Management, Social Security and Social Organizations	139 416	138 751	9	656	138 999	138 342	9	648
按产业分	**Grouped by Industry**								
第一产业	Primary Industry	658	487		171	658	487		171
第二产业	Secondary Industry	2 803 148	17 272	6 239	2 779 637	2 739 739	16 953	6 229	2 716 557
第三产业	Tertiary Industry	1 795 843	417 419	18 395	1 360 029	1 733 680	414 313	18 367	1 301 000

3-9 各区城镇单位分行业在岗职工人数（2015年末）

NUMBER OF FULLY EMPLOYED STAFF AND WORKERS IN URBAN UNITS AT YEAR-END BY SECTOR AND BY DISTRICT （2015）

单位：人

(person)

区 别 District		合计 Total	农、林、牧、渔业 Agriculture, Forestry, Animal Husbandry and Fishery	采矿业 Mining	制造业 Manufa-cturing	电力、热力、燃气及水的生产和供应业 Production and Distribution of Eleltricity,Heat, Gas and Water	建筑业 Constru-ction	批发和零售业 Wholesale and Retail Trades	交通运输、仓储和邮政业 Transporta tion, Storage and Post	住宿和餐饮业 Hotels and Catering Services	信息传输和信息技术服务业 Information Transmission, Software and Information Technology
福田区	Futian	941 142			67 032	3 194	152 379	109 038	87 008	30 630	41 326
罗湖区	Luohu	384 990	112		23 247	5 393	49 962	45 358	44 878	35 920	8 820
盐田区	Yantian	63 410	64		26 584		3 129	2 736	9 485	1 394	135
南山区	Nanshan	651 779	273	3 962	325 856	3 047	22 555	58 011	23 564	13 585	77 165
宝安区	Baoan	1 580 224	222	105	1 322 021	2 761	28 935	27 167	55 156	9 094	1 200
新宝安区	New Baoan	847 467			676 392	1 518	6 653	15 057	49 288	5 256	643
光明新区	Guangming	217 429	222		193 135	479	869	972	190	692	25
龙华新区	Longhua	515 328		105	452 494	764	21 413	11 138	5 678	3 146	532
龙岗区	Longgang	852 532	15		692 035	3 417	6 827	14 344	20 296	4 649	1 096
新龙岗区	New Longgang	641 702	15		521 303	2 152	3 277	9 507	18 622	3 528	1 094
坪山新区	Pingshan	160 847			142 381	332	1 070	4 438	550	217	2
大鹏新区	Dapeng	49 983			28 351	933	2 480	399	1 124	904	

单位：人　　　　3-9 续表 continued (person)

区 别 District		金融业 Financial Intermediation	房地产业 Real Estate	租赁和商务服务业 Leasing and Business Services	科学研究和技术服务业 Scientific Research and Technical Service	水利、环境和公共设施管理业 Management of Water Conservancy, Environment and Public Facilities	居民服务、修理和其他服务业 Services to Households, Repair and other Services	教育 Education	卫生和社会工作 Health and Social Work	文化、体育和娱乐业 Culture, Sports and Entertainment	公共管理、社会保障和社会组织 Public Management, Solial Security and Social Organization
福田区	Futian	58 428	111 705	148 658	29 810	3 617	8 265	20 098	16 593	11 330	42 031
罗湖区	Luohu	36 921	34 490	34 099	7 314	1 526	3 749	13 015	11 475	1 331	27 380
盐田区	Yantian	20	2 558	2 377	2 988	633	103	2 868	1 397	2 926	4 013
南山区	Nanshan	233	24 205	23 768	29 901	4 128	3 276	17 672	5 477	3 259	11 842
宝安区	Baoan	297	14 065	50 605	3 565	2 571	3 438	23 716	12 036	4 493	18 777
新宝安区	New Baoan		8 439	37 961	3 085	445	2 836	17 464	8 814	1 838	11 778
光明新区	Guangming		622	7 830	261	1 970	440	3 611	2 770	35	3 306
龙华新区	Longhua	297	5 004	4 814	219	156	162	2 641	452	2 620	3 693
龙岗区	Longgang		6 267	23 726	11 957	606	1 891	17 153	12 392	905	34 956
新龙岗区	New Longgang		4 881	17 599	5 751	295	945	12 539	11 166	809	28 219
坪山新区	Pingshan		95	2 896	36	90	9	3 886	403		4 442
大鹏新区	Dapeng		1 291	3 231	6 170	221	937	728	823	96	2 295

3-10 各区城镇单位从业人员和在岗职工（2015年末）

NUMBER OF EMPLOYED PERSONS AND OF FULLY EMPLOYED STAFF AND WORKERS IN URBAN UNITS AT YEAR-END BY DISTRICT（2015）

单位：万人 (10 000 persons)

区 别	District	从业人员 Employed Persons				在岗职工 Fully Employed Staff and Workers			
		合计 Total	国有单位 State-owned Units	城镇集体单位 Urban Collective-owned Units	其他单位 Other Types of Ownership	合计 Total	国有单位 State-owned Units	城镇集体单位 Urban Collective-owned Units	其他单位 Other Types of Ownership
年末人数	**Year-end Number**	**459.96**	**43.52**	**2.46**	**413.98**	**447.41**	**43.18**	**2.46**	**401.77**
福田区	Futian	99.62	15.95	0.07	83.60	94.11	15.86	0.07	78.18
罗湖区	Luohu	41.05	9.45	0.12	31.48	38.50	9.35	0.12	29.03
盐田区	Yantian	6.44	1.22	0.01	5.21	6.34	1.19	0.01	5.15
南山区	Nanshan	67.55	5.65	0.08	61.82	65.18	5.55	0.08	59.55
宝安区	Baoan	159.35	5.04	0.98	153.33	158.02	5.03	0.97	152.01
新宝安区	New Baoan	85.85	3.31	0.16	82.38	84.75	3.30	0.16	81.29
光明新区	Guangming	21.83	1.11	0.78	19.93	21.74	1.11	0.78	19.85
龙华新区	Longhua	51.67	0.62	0.04	51.01	51.53	0.62	0.04	50.88
龙岗区	Longgang	85.97	6.20	1.21	78.56	85.25	6.19	1.21	77.85
新龙岗区	New Longgang	64.84	5.08	1.00	58.75	64.17	5.08	1.00	58.09
坪山新区	Pingshan	16.11	0.67	0.18	15.26	16.08	0.67	0.18	15.23
大鹏新区	Dapeng	5.01	0.45	0.02	4.54	5.00	0.45	0.02	4.53

主要统计指标解释

总人口 指一定时点、一定地区范围内有生命的个人的总和。按不同的统计范围可分为常住人口和户籍人口；统计时点通常为每年12月31日24时。

出生率 指某一人口在一定时期（通常为一年）内活产婴儿数与同期总人口的生存人口数（或同期平均总人口、年中人口数）之比。通常以千分比表示。本资料中的出生率指年出生率，其计算公式为：

$$\text{出生率}=\frac{\text{年出生人数}}{\text{年平均人数}}\times 1000‰$$

式中：出生人数指活产婴儿，即胎儿脱离母体时(不管怀孕月数)，有过呼吸或其他生命现象。年平均人数指年初、年底人口数的平均数，也可用年中人口数代替。

死亡率 也称粗死亡率。指一定时期（通常为一年）内全部死亡人数与同期平均总人口之比，反映该时期人口的死亡强度。通常以千分比表示。本资料中的死亡率指年死亡率，其计算公式为：

$$\text{死亡率}=\frac{\text{年死亡人数}}{\text{年平均人数}}\times 1000‰$$

自然增长率 指一定时期（通常为一年）内人口自然增加数（出生人口减死亡人口）与同期平均总人口之比。通常以千分比表示。计算公式为：

$$\text{人口自然增长率}=\frac{\text{本年出生人数}-\text{本年死亡人数}}{\text{年平均人数}}\times 1000‰$$

=人口出生率 人口死亡率

Explanatory Notes on Main Statistical Indicators

Total Population refers to the total number of people alive within a given area at a certain point of time. It can be divided into the permanent population and the population with residence registration according to different statistical coverage. The reference time of the statistics on total population is usually taken at midnight of December 31.

Birth Rate (or Crude Birth Rate) refers to the ratio of the number of births to the average population (or mid−period population) during a certain period of time (usually a year), expressed in ‰. Birth rate in the chapter refers to annual birth rate. The following formula is used:

$$\text{Birth Rate} = \frac{\text{Number of Births}}{\text{Annual Average Population}} \times 1000‰$$

Number of births in the formula refers to live births, i.e. when a baby has breathed or showed any vital phenomena regardless of the length of pregnancy.

Annual average population is the average of the number of population at the beginning of the year and that at the end of the year. Sometimes it is substituted by the mid−year population.

Death Rate (or Crude Death Rate) refers to the ratio of the number of deaths to the average population (or mid−period population) during a certain period of time (usually a year), expressed in ‰. Death rate in the chapter refers to annual death rate. The following formula is used:

$$\text{Death Rate} = \frac{\text{Number of Deaths}}{\text{Annual Average Population}} \times 1000‰$$

Natural Growth Rate of Population refers to the ratio of natural increase in population (number of births minus number of deaths) in a certain period of time (usually a year) to the average population (or mid−period population) of the same period, expressed in ‰. The following formula is applied:

$$\begin{matrix}\text{Natural Growth} \\ \text{Rate of Population}\end{matrix} = \frac{\text{Number of Births - Number of Deaths}}{\text{Annual Average Population}} \times 1000‰$$

$$\text{Natural Growth Rate of Population} = \text{Birth Rate} - \text{Death Rate}$$

04 第四部分

工业和能源

INDUSTRY AND ENERGY

CHAPTER

4-1 工业总产值

GROSS OUTPUT VALUE OF INDUSTRY

单位：万元 （10 000 yuan）

年 份 Year	按当年价格计算 Calculated At Current Prices		
	总 计 Total	轻工业 Light Industry	重工业 Heavy Industry
1979	7 128	6 307	821
1980	10 632	9 265	1 367
1981	26 692	25 172	1 520
1982	38 833	34 453	4 380
1983	75 993	61 513	14 480
1984	172 132	137 698	34 434
1985	246 662	194 108	52 554
1986	340 227	266 318	73 909
1987	558 311	433 738	124 573
1988	1 012 739	779 258	233 481
1989	1 477 470	1 080 785	396 685
1990	2 202 180	1 657 859	544 321
1991	3 153 966	2 233 705	920 261
1992	4 347 007	2 971 348	1 375 659
1993	6 896 969	4 655 394	2 241 575
1994	11 014 065	6 351 224	4 662 841
1995	12 922 075	7 008 231	5 913 844
1996	15 305 964	8 580 027	6 725 937
1997	18 175 704	10 151 182	8 024 522
1998	21 573 817	11 141 650	10 432 167
1999	24 435 849	12 381 928	12 053 921
2000	30 715 227	13 731 333	16 983 894
2001	37 476 713	13 861 331	23 615 382
2002	46 823 584	15 832 485	30 991 099
2003	67 976 472	21 459 058	46 517 414
2004	85 888 321	24 175 842	61 712 479
2005	101 745 351	27 406 557	74 338 794
2006	122 784 801	29 658 032	93 126 769
2007	143 647 764	35 687 488	107 960 276
2008	162 837 576	44 451 550	118 386 026
2009	158 286 329	39 239 987	119 046 342
2010	188 796 600	46 801 421	141 995 179
2011	212 730 916	53 500 744	159 230 172
2012	223 089 847	58 544 922	164 544 925
2013	240 440 285	64 571 965	175 868 320
2014	258 099 411	67 789 093	190 310 318
2015	266 080 844	60 837 504	205 243 340

4-2 规模以上工业总产值

GROSS OUTPUT VALUE OF INDUSTRY ABOVE DESIGNATED SIZE

单位：万元 (10 000 yuan)

年 份 Year	按当年价格计算 Calculated At Current Prices		
	总 计 Total	轻工业 Light Industry	重工业 Heavy Industry
1979	6 061	5 240	821
1980	8 444	7 077	1 367
1981	24 282	22 762	1 520
1982	36 212	31 832	4 380
1983	72 041	57 561	14 480
1984	166 803	132 369	34 434
1985	241 213	188 659	52 554
1986	330 454	256 545	73 909
1987	547 722	423 150	124 572
1988	993 775	760 294	233 481
1989	1 440 533	1 044 386	396 147
1990	2 104 696	1 570 896	533 800
1991	3 077 749	2 156 668	921 081
1992	4 198 920	2 824 688	1 374 232
1993	6 550 051	4 336 788	2 213 263
1994	9 939 113	5 267 202	4 671 911
1995	11 106 974	5 582 798	5 524 176
1996	12 992 240	6 413 707	6 578 533
1997	15 175 861	7 317 890	7 857 971
1998	20 519 485	10 140 217	10 379 268
1999	23 006 355	11 168 372	11 837 983
2000	29 502 786	13 189 308	16 313 478
2001	36 141 861	12 926 934	23 214 927
2002	43 180 816	14 600 754	28 580 062
2003	63 514 355	19 950 280	43 564 075
2004	80 205 911	23 798 450	56 407 461
2005	98 675 451	26 579 636	72 095 815
2006	119 286 001	28 812 915	90 473 086
2007	139 580 064	34 676 919	104 903 145
2008	158 601 076	43 295 066	115 306 010
2009	154 162 429	38 217 652	115 944 777
2010	185 268 200	45 926 755	139 341 446
2011	204 307 516	51 382 302	152 925 214
2012	213 637 447	56 064 352	157 573 095
2013	230 952 085	62 023 841	168 928 244
2014	247 775 911	65 077 654	182 698 257
2015	255 424 444	58 400 993	197 023 452

注： 1979-1997年为镇及镇以上工业总产值，1998年及以后为规模以上工业总产值。

Note: Data in 1979-1997 are gross output value of industry of town level and above. Data from 1998 are gross output value of industry above designated size.

4-3 工业总产值指数
INDICES OF GROSS OUTPUT VALUE OF INDUSTRY

年 份 Year	以1979年为100 1979=100			以上年为100 Preceding Year=100		
	总 计 Total	轻工业 Light Industry	重工业 Heavy Industry	总 计 Total	轻工业 Light Industry	重工业 Heavy Industry
1980	149.1	146.9	166.4	149.1	146.9	166.4
1981	374.5	399.1	185.1	251.1	271.7	111.3
1982	544.8	546.3	533.3	145.5	136.9	288.1
1983	1 066.1	975.3	1 763.0	195.7	178.5	330.6
1984	2 414.8	2 183.3	4 192.3	226.5	223.9	237.8
1985	3 822.9	3 546.2	5 947.9	158.3	162.4	141.9
1986	5 127.8	4 709.1	8 342.4	134.1	132.8	140.3
1987	8 232.7	7 423.6	14 445.2	160.5	157.6	173.2
1988	12 725.1	11 081.7	25 344.1	154.6	149.3	175.5
1989	18 775.8	15 304.8	45 427.3	147.6	138.1	179.2
1990	26 154.7	21 366.8	62 917.8	139.3	139.6	138.5
1991	35 570.3	27 917.5	94 332.5	136.0	130.7	149.9
1992	49 762.9	36 754.6	149 647.1	139.9	131.6	158.6
1993	69 369.5	51 746.5	204 686.9	139.4	140.8	136.8
1994	96 076.8	65 852.8	328 150.6	138.5	127.3	160.3
1995	125 566.2	74 317.5	519 077.6	130.7	112.9	158.2
1996	147 520.2	87 562.1	607 906.0	117.5	117.8	117.1
1997	174 661.2	105 004.8	709 515.2	118.4	119.9	116.7
1998	209 347.8	108 626.3	982 733.9	119.9	103.4	138.5
1999	264 799.8	140 119.8	1 222 150.2	126.5	129.0	124.4
2000	322 447.1	163 856.4	1 540 179.8	121.8	116.9	126.0
2001	379 520.2	177 948.1	1 885 180.1	117.7	108.6	122.4
2002	483 888.3	229 019.2	2 394 178.7	127.5	128.7	127.0
2003	647 442.5	278 487.3	3 349 456.0	133.8	121.6	139.9
2004	808 655.7	330 842.9	4 186 820.0	124.9	118.8	125.0
2005	970 471.9	379 956.2	5 109 350.0	120.0	114.8	122.0
2006	1 192 710.0	418 711.7	6 519 530.6	122.9	110.2	127.6
2007	1 418 132.2	512 084.4	7 680 007.0	118.9	122.3	117.8
2008	1 613 834.4	646 250.5	8 263 687.5	113.8	126.2	107.6
2009	1 646 111.1	590 026.7	8 974 364.6	102.0	91.3	108.6
2010	1 932 534.4	693 871.4	10 508 981.0	117.4	117.6	117.1
2011	2 139 315.6	770 891.1	11 622 933.0	110.7	111.1	110.6
2012	2 246 281.4	850 292.9	11 994 866.9	105.0	110.3	103.2
2013	2 470 909.5	953 178.3	13 098 394.7	110.0	112.1	109.2
2014	2 675 995.0	1 018 947.6	14 264 151.8	108.3	106.9	108.9
2015	2 807 118.8	927 242.3	15 662 038.7	104.9	91.0	109.8
年平均增长率 Average Annual Growth Rate	**32.9**	**28.9**	**39.4**			

注： 本表按可比口径计算。
Note: Data in this table are calculated at comparable scope.

4-4 规模以上工业总产值指数

INDICES OF GROSS OUTPUT VALUE OF INDUSTRY ABOVE DESIGNATED SIZE

年 份 Year	以1979年为100 1979=100			以上年为100 Preceding Year=100		
	总 计 Total	轻工业 Light Industry	重工业 Heavy Industry	总 计 Total	轻工业 Light Industry	重工业 Heavy Industry
1980	139.3	135.1	166.4	139.3	135.1	166.4
1981	400.6	434.4	185.1	287.6	321.6	111.3
1982	597.4	607.5	533.3	149.1	139.8	288.1
1983	1 188.5	1 098.5	1 763.0	198.9	180.8	330.6
1984	2 751.8	2 526.0	4 192.3	231.5	230.0	237.8
1985	4 396.3	4 153.2	5 947.9	159.8	164.4	141.9
1986	5 856.9	5 467.4	8 342.4	133.2	131.6	140.3
1987	9 497.8	8 722.3	14 445.2	162.2	159.5	173.2
1988	14 684.2	13 013.3	25 344.1	154.6	149.2	175.5
1989	21 527.8	17 781.8	45 426.6	146.6	136.6	179.2
1990	29 487.0	25 150.3	57 154.3	137.0	141.4	125.8
1991	40 721.5	32 307.8	94 394.4	138.1	128.5	165.2
1992	56 969.4	42 674.4	148 169.0	139.9	132.1	157.0
1993	77 820.2	58 701.0	199 797.4	136.6	137.6	134.8
1994	101 944.5	66 431.7	328 509.6	131.0	113.2	164.4
1995	126 921.1	70 603.5	486 216.8	124.5	106.3	148.0
1996	150 648.1	80 713.1	596 820.2	118.7	114.3	122.7
1997	177 140.0	95 637.7	697 109.7	117.6	118.5	116.8
1998	209 910.9	95 446.4	966 891.2	118.5	99.8	138.7
1999	262 808.4	122 457.7	1 188 309.3	125.2	128.3	122.9
2000	326 933.6	154 051.8	1 463 997.1	124.4	125.8	123.2
2001	384 800.8	167 300.3	1 791 932.5	117.7	108.6	122.4
2002	484 464.2	212 806.0	2 245 291.4	125.9	127.2	125.3
2003	651 604.3	258 559.3	3 165 860.9	134.5	121.5	141.0
2004	813 202.2	304 841.4	3 982 653.0	124.8	117.9	125.8
2005	984 787.9	336 849.7	5 002 212.2	121.1	110.5	125.6
2006	1 187 654.2	374 240.0	6 192 738.7	120.6	111.1	123.8
2007	1 397 869.0	420 271.5	7 394 130.0	117.7	112.3	119.4
2008	1 522 279.3	510 209.6	7 756 442.4	108.9	121.4	104.9
2009	1 537 502.1	521 434.2	7 802 981.1	101.0	102.2	100.6
2010	1 735 839.9	564 713.2	8 926 610.4	112.9	108.3	114.4
2011	1 914 631.4	595 772.4	9 997 803.6	110.3	105.5	112.0
2012	2 063 972.6	685 734.0	10 537 685.0	107.8	115.1	105.4
2013	2 200 194.8	735 792.6	11 201 559.2	106.6	107.3	106.3
2014	2 380 610.8	795 391.8	12 120 087.1	108.2	108.1	108.2
2015	2 475 835.2	717 443.4	13 186 654.8	104.0	90.2	108.8
年平均增长率 **Average Annual Growth Rate**	**32.4**	**28.0**	**38.7**			

注： 本表按可比口径计算。
Note: Data in this table are calculated at comparable scope.

4-5 规模以上工业总产值构成（2015年）

COMPOSITION OF GROSS OUTPUT VALUE OF INDUSTRY ABOVE DESIGNATED SIZE（2015）

单位：%

项 目	Item	全 市 Total
总 计	**Total**	
一、按登记注册类型分	**Grouped by Registration**	
1．内资企业	Domestic Investment Enterprise	55.3
国有企业	State-owned	
集体企业	Collective-owned	
股份合作企业	Cooperative Shares Enterprise	
联营企业	Joint owned	0.1
有限责任公司	Companies Limited with Liabilities	24.6
股份有限公司	Companies Limited by Shares	12.7
私营企业	Private	17.9
其他内资企业	Others	
2．港、澳、台投资企业	Funded by Entrepreneur from Hongkong,Macao and Taiwan	28.4
3．外商投资企业	Foreign Funded	16.3
二、按轻、重工业分	**Grouped by Light and Heavy Industry**	
1．轻工业	Light Industry	22.9
2．重工业	Heavy Industry	77.1
三、按企业规模分	**Grouped by Size of Enterprises**	
1．大型企业	Large Enterprises	63.8
2．中型企业	Medium-sized Enterprises	19.9
3．小型企业	Small Enterprises	16.3
四、按工业行业大类分	**Grouped by Sector**	
煤炭开采和洗选业	Mining and Washing of Coal	
石油和天然气开采业	Extraction of Petroleum and Natural Gas	1.0
黑色金属矿采选业	Mining and Processing of Ferrous Metal Ores	
有色金属矿采选业	Mining and Processing of Nonferrous Metal Ores	
非金属矿采选业	Mining and Processing of Nonmetal Ores	
开采辅助活动	Support Activies of Mining	0.1
其他采矿业	Mining and Processing of Other Ores	
农副食品加工业	Processing of Food from Agricultural Products	0.8
食品制造业	Manufacture of Foods	0.2
酒、饮料和精制茶制造业	Manufacture of Wine, Beverages and Refined Tea	0.6

单位：%　　　　4－5 续表 continued

项　　目	Item	全　市 Total
烟草制品业	Manufacture of Tobacco	0.3
纺织业	Manufacture of Textile	0.2
纺织服装、服饰业	Manufacture of Textile Wearing Apparel,Footware and Caps	1.0
皮革、毛皮、羽毛及其制品和制鞋业	Manufacture of Leather, Fur, Feather and Related Products	0.5
木材加工及木、竹、藤、棕、草制品业	Processing of Timber, Manufacture of Wood, Bamboo, Rattan, Palm Fiber & Straw Products	0.1
家具制造业	Manufacture of Furniture	0.5
造纸及纸制品业	Manufacture of Paper and Paper Products	0.6
印刷和记录媒介复制业	Printing and Record Medium Reproduction	0.7
文教、工美、体育和娱乐用品制造业	Manufacture of Cultural, Educational and Sports Articles	4.4
石油加工、炼焦及核燃料加工业	Processing of Petroleum, Coking and Nuclear Fuel Processing	0.2
化学原料及化学制品制造业	Manufacture of Raw Chemical Materials and Chemical Products	0.9
医药制造业	Manufacture of Medicines	0.8
化学纤维制造业	Manufacture of Chemical Fibers	
橡胶和塑料制品业	Manufacture of Rubber	2.6
非金属矿物制品业	Manufacture of Non-metallic Mineral Products	1.1
黑色金属冶炼及压延加工业	Smelting and Pressing of Ferrous Metals	0.1
有色金属冶炼及压延加工业	Smelting and Pressing of Nonferrous Metals	1.5
金属制品业	Manufacture of Metal Products	1.9
通用设备制造业	Manufacture of General-purpose Machinery	2.5
专用设备制造业	Manufacture of Special-purpose Machinery	2.7
汽车制造业	Manufacfuer of Automobiles	2.1
铁路、船舶、航空航天和其他运输设备制造业	Manufacture of Railways Ships Aerospace and Other Transport Equipment	0.6
电气机械及器材制造业	Manufacture of Electrical Machinery and Equipment	7.8
计算机、通信和其他电子设备制造业	Manufacture of Communication Equipment, Computers and Other Electronic Equipment	58.8
仪器仪表制造业	Manufacture of Measuring Instruments	1.3
其他制造业	Other Manufacturing	0.3
废弃资源综合利用业	Recycling and Disposal of Waste	
金属制品、机械和设备修理业	Manufacture of Metal Products,Machinery and Equipment Repair	
电力、热力的生产和供应业	Production and Supply of Electric Power and Heat Power	3.1
燃气生产和供应业	Production and Supply of Gas	0.3
水的生产和供应业	Production and Supply of Water	0.4

4-6 规模以上工业企业主要指标（2015年）

MAIN INDICATORS OF INDUSTRIAL ENTERPRISES ABOVE DESIGNATED SIZE（2015）

单位：万元

类别	Item	企业单位数(个) Number of Enterprises (unit)
总计	**Total**	**6 539**
一、按登记注册类型分	**Grouped by Registration**	
1.内资企业	Domestic Investment Enterprise	3 860
国有企业	State-owned	8
集体企业	Collective-owned	7
股份合作企业	Cooperative Shares Enterprise	1
联营企业	Joint owned	3
有限责任公司	Companies Limited with Liabilities	583
股份有限公司	Companies Limited by Shares	227
私营企业	Private	3 028
其他内资企业	Others	3
2.港、澳、台投资企业	Funded by Entrepreneur from Hongkong,Macao and Taiwan	1 990
3.外商投资企业	Foreign Funded	689
二、按轻、重工业分	**Grouped by Light and Heavy Industry**	
1.轻工业	Light Industry	2 557
2.重工业	Heavy Industry	3 982
三、按企业规模分	**Grouped by Size of Enterprises**	
1.大型企业	Large Enterprises	385
2.中型企业	Medium-sized Enterprises	1 669
3.小型企业	Small Enterprises	4 485
#纯小型企业	#Pure Small Enterprises	4 233
微型企业	Micro Enterprises	252
四、按工业行业大类分	**Grouped by Sector**	
煤炭开采和洗选业	Mining and Washing of Coal	
石油和天燃气开采业	Extraction of Petroleum and Natural Gas	2
黑色金属矿采选业	Mining and Processing of Ferrous Metal Ores	
有色金属矿采选业	Mining and Processing of Nonferrous Metal Ores	
非金属矿采选业	Mining and Processing of Nonmetal Ores	
开采辅助活动	Support Activies of Mining	2
其他采矿业	Mining and Processing of Other Ores	
农副食品加工业	Processing of Food from Agricultural Products	37
食品制造业	Manufacture of Foods	41
酒、饮料和精制茶制造业	Manufacture of Wine, Beverages and Refined Tea	16

(10 000 yuan)

工业总产值(当年价格) Gross Industrial Output Value (at current prices)	工业销售产值(当年价格) Sales Value of Industry (Current Prices)	资产总计 Total Asset	应收帐款 Value of Debts Receivable
255 424 444	**250 553 447**	**258 686 319**	**61 781 067**
141 240 675	137 964 775	150 132 108	35 785 799
116 170	114 068	175 625	15 484
94 593	94 448	16 749	1 134
6 712	6 912	8 174	527
137 026	137 935	110 716	23 461
62 624 432	62 331 704	62 475 531	14 878 902
32 461 253	30 380 640	43 166 063	8 764 658
45 770 482	44 873 307	44 167 188	12 099 140
30 007	25 761	12 062	2 494
72 528 066	71 141 191	67 070 148	16 553 266
41 655 704	41 447 481	41 484 063	9 442 002
58 400 993	56 974 463	66 005 544	13 978 998
197 023 452	193 578 984	192 680 775	47 802 069
162 897 062	159 427 596	151 983 985	38 272 005
50 932 169	49 810 586	54 558 309	11 450 133
41 595 213	41 315 265	52 144 025	12 058 929
39 073 093	38 770 838	46 035 798	11 239 256
2 522 120	2 544 427	6 108 226	819 672
2 540 510	2 542 339	3 853 720	25 149
178 111	178 111	409 823	123 086
2 130 421	2 203 929	1 700 476	202 511
547 330	532 442	652 806	127 097
1 421 316	1 390 335	823 863	85 336

单位：万元

类　别 Item		企业单位数 (个) Number of Enterprises (unit)
烟草制品业	Manufacture of Tobacco	1
纺织业	Manufacture of Textile	52
纺织服装、服饰业	Manufacture of Textile Wearing Apparel,Footware and Caps	196
皮革、毛皮、羽毛及其制品和制鞋业	Manufacture of Leather, Fur, Feather and Related Products	78
木材加工及木、竹、藤、棕、草制品业	Processing of Timber, Manufacture of Wood, Bamboo, Rattan, Palm Fiber & Straw Products	20
家具制造业	Manufacture of Furniture	137
造纸及纸制品业	Manufacture of Paper and Paper Products	148
印刷和记录媒介复制业	Printing and Record Medium Reproduction	140
文教、工美、体育和娱乐用品制造业	Manufacture of Cultural, Educational and Sports Articles	323
石油加工、炼焦及核燃料加工业	Processing of Petroleum, Coking and Nuclear Fuel Processing	5
化学原料及化学制品制造业	Manufacture of Raw Chemical Materials and Chemical Products	164
医药制造业	Manufacture of Medicines	50
化学纤维制造业	Manufacture of Chemical Fibers	4
橡胶和塑料制品业	Manufacture of Rubber	529
非金属矿物制品业	Manufacture of Non-metallic Mineral Products	136
黑色金属冶炼及压延加工业	Smelting and Pressing of Ferrous Metals	16
有色金属冶炼及压延加工业	Smelting and Pressing of Nonferrous Metals	58
金属制品业	Manufacture of Metal Products	385
通用设备制造业	Manufacture of General-purpose Machinery	299
专用设备制造业	Manufacture of Special-purpose Machinery	353
汽车制造业	Manufacfuer of Automobiles	47
铁路、船舶、航空航天和其他运输设备制造业	Manufacture of Railways Ships Aerospace and Other Transport Equipment	59
电气机械及器材制造业	Manufacture of Electrical Machinery and Equipment	946
计算机、通信和其他电子设备制造业	Manufacture of Communication Equipment, Computers and Other Electronic Equipment	1 968
仪器仪表制造业	Manufacture of Measuring Instruments	200
其他制造业	Other Manufacturing	67
废弃资源综合利用业	Recycling and Disposal of Waste	2
金属制品、机械和设备修理业	Manufacture of Metal Products,Machinery and Equipment Repair	10
电力、热力的生产和供应业	Production and Supply of Electric Power and Heat Power	17
燃气生产和供应业	Production and Supply of Gas	2
水的生产和供应业	Production and Supply of Water	29

工业总产值(当年价格) Gross Industrial Output Value (at current prices)	工业销售产值(当年价格) Sales Value of Industry (Current Prices)	资产总计 Total Asset	应收帐款 Value of Debts Receivable
640 834	653 019	559 257	17 635
625 702	601 299	664 132	123 615
2 432 275	2 236 954	1 961 132	422 874
1 289 971	1 271 738	1 288 434	548 076
131 732	129 570	218 049	39 365
1 287 148	1 292 595	1 540 261	222 277
1 414 427	1 410 981	1 382 258	397 605
1 842 560	1 777 089	2 603 770	606 562
11 330 247	10 805 675	11 524 367	3 248 882
610 483	613 516	441 773	49 872
2 423 442	2 394 702	4 260 205	718 750
2 071 930	2 028 208	5 295 024	460 395
44 430	43 631	21 633	5 557
6 550 663	6 469 997	6 381 668	1 740 106
2 705 836	2 641 140	3 936 668	964 940
322 862	326 929	535 194	71 888
3 909 889	3 898 721	3 393 450	377 473
4 728 261	4 701 290	4 862 717	1 370 597
6 458 946	6 426 457	6 120 659	1 779 259
6 951 109	6 875 422	9 576 792	2 145 926
5 381 007	5 308 678	9 251 270	1 383 053
1 530 570	1 507 630	1 563 103	251 986
20 023 955	19 708 150	22 409 351	5 530 401
150 018 946	146 604 429	129 138 854	36 778 866
3 409 276	3 345 481	4 464 883	1 206 973
700 242	678 582	903 837	197 756
24 951	24 951	8 150	972
115 976	110 458	138 104	48 588
7 938 216	8 177 956	11 838 350	319 669
649 728	651 233	744 168	34 011
1 041 144	989 811	4 218 120	153 963

单位：万元

类　　别	Item	负债合计 Total Liabilities	主营业务收入 Prime Operating Revenue
总　　计	**Total**	**158 307 123**	**250 471 697**
一、按登记注册类型分	**Grouped by Registration**		
1．内资企业	Domestic Investment Enterprise	91 786 457	137 480 340
国有企业	State－owned	70 346	113 393
集体企业	Collective－owned	14 029	94 398
股份合作企业	Cooperative Shares Enterprise	1 537	6 912
联营企业	Joint owned	75 600	125 570
有限责任公司	Companies Limited with Liabilities	39 612 519	63 424 260
股份有限公司	Companies Limited by Shares	22 595 015	28 444 414
私营企业	Private	29 409 313	45 220 517
其他内资企业	Others	8 098	50 876
2．港、澳、台投资企业	Funded by Entrepreneur from Hongkong,Macao and Taiwan	43 490 168	72 190 987
3．外商投资企业	Foreign Funded	23 030 499	40 800 370
二、按轻、重工业分	**Grouped by Light and Heavy Industry**		
1．轻工业	Light Industry	38 860 626	58 645 542
2．重工业	Heavy Industry	119 446 498	191 826 155
三、按企业规模分	**Grouped by Size of Enterprises**		
1．大型企业	Large Enterprises	94 176 393	157 936 282
2．中型企业	Medium－sized Enterprises	29 535 162	49 491 346
3．小型企业	Small Enterprises	34 595 569	43 044 068
#纯小型企业	#Pure Small Enterprises	30 297 849	40 482 047
微型企业	Micro Enterprises	4 297 720	2 562 021
四、按工业行业大类分	**Grouped by Sector**		
煤炭开采和洗选业	Mining and Washing of Coal		
石油和天然气开采业	Extraction of Petroleum and Natural Gas	3 789 223	2 876 163
黑色金属矿采选业	Mining and Processing of Ferrous Metal Ores		
有色金属矿采选业	Mining and Processing of Nonferrous Metal Ores		
非金属矿采选业	Mining and Processing of Nonmetal Ores		
开采辅助活动	Support Activies of Mining	73 403	178 111
其他采矿业	Mining and Processing of Other Ores		
农副食品加工业	Processing of Food from Agricultural Products	867 648	2 202 509
食品制造业	Manufacture of Foods	404 595	529 964
酒、饮料和精制茶制造业	Manufacture of Wine, Beverages and Refined Tea	537 365	1 392 087

主营业务成本 Prime Operating Cost	销售费用 Prime Operating Expense	管理费用 Management Expenses	财务费用 Financial Expenses	利润总额 Total Profits
203 130 643	**10 872 525**	**20 249 858**	**1 571 014**	**18 318 965**
104 686 509	7 963 574	14 699 033	1 192 801	12 270 929
89 145	3 454	11 200	−630	12 773
90 830	504	5 710	−903	−656
5 965	152	1 036	−167	−61
109 409	1 415	5 164	1 149	8 343
43 615 429	4 532 499	8 974 853	668 803	8 212 224
21 702 216	2 153 009	2 996 833	280 805	2 005 818
39 026 775	1 271 625	2 700 200	243 592	2 033 131
46 740	916	4 038	152	−643
63 027 150	1 859 548	3 523 347	205 670	3 668 409
35 416 984	1 049 402	2 027 477	172 543	2 379 627
49 441 802	3 000 758	3 512 119	309 121	2 826 659
153 688 841	7 871 767	16 737 739	1 261 893	15 492 306
124 694 388	8 103 928	14 291 601	871 901	13 476 113
41 316 874	1 546 048	3 234 585	290 683	2 855 640
37 119 381	1 222 549	2 723 672	408 429	1 987 212
34 978 003	1 150 187	2 562 468	268 625	1 801 049
2 141 379	72 362	161 204	139 805	186 163
1 757 595	6 501	47 515	32 996	819 433
131 741	253	11 203	1 764	33 134
2 006 121	55 204	52 467	8 796	101 569
401 272	66 292	38 139	7 740	13 490
841 811	412 042	47 350	−10 139	80 061

单位：万元

类　　别	Item	负债合计 Total Liabilities
烟草制品业	Manufacture of Tobacco	68 209
纺织业	Manufacture of Textile	285 154
纺织服装、服饰业	Manufacture of Textile Wearing Apparel,Footware and Caps	1 049 864
皮革、毛皮、羽毛及其制品和制鞋业	Manufacture of Leather, Fur, Feather and Related Products	402 486
木材加工及木、竹、藤、棕、草制品业	Processing of Timber, Manufacture of Wood, Bamboo, Rattan, Palm Fiber & Straw Products	137 875
家具制造业	Manufacture of Furniture	886 101
造纸及纸制品业	Manufacture of Paper and Paper Products	718 565
印刷和记录媒介复制业	Printing and Record Medium Reproduction	1 260 846
文教、工美、体育和娱乐用品制造业	Manufacture of Cultural, Educational and Sports Articles	8 586 811
石油加工、炼焦及核燃料加工业	Processing of Petroleum, Coking and Nuclear Fuel Processing	121 677
化学原料及化学制品制造业	Manufacture of Raw Chemical Materials and Chemical Products	2 107 685
医药制造业	Manufacture of Medicines	2 268 235
化学纤维制造业	Manufacture of Chemical Fibers	8 569
橡胶和塑料制品业	Manufacture of Rubber	3 453 426
非金属矿物制品业	Manufacture of Non-metallic Mineral Products	2 312 409
黑色金属冶炼及压延加工业	Smelting and Pressing of Ferrous Metals	452 779
有色金属冶炼及压延加工业	Smelting and Pressing of Nonferrous Metals	3 161 114
金属制品业	Manufacture of Metal Products	2 769 155
通用设备制造业	Manufacture of General-purpose Machinery	3 180 665
专用设备制造业	Manufacture of Special-purpose Machinery	4 831 597
汽车制造业	Manufacfuer of Automobiles	7 731 346
铁路、船舶、航空航天和其他运输设备制造业	Manufacture of Railways Ships Aerospace and Other Transport Equipment	884 829
电气机械及器材制造业	Manufacture of Electrical Machinery and Equipment	12 538 865
计算机、通信和其他电子设备制造业	Manufacture of Communication Equipment, Computers and Other Electronic Equipment	81 586 165
仪器仪表制造业	Manufacture of Measuring Instruments	2 058 108
其他制造业	Other Manufacturing	410 834
废弃资源综合利用业	Recycling and Disposal of Waste	2 576
金属制品、机械和设备修理业	Manufacture of Metal Products,Machinery and Equipment Repair	68 203
电力、热力的生产和供应业	Production and Supply of Electric Power and Heat Power	7 041 047
燃气生产和供应业	Production and Supply of Gas	308 697
水的生产和供应业	Production and Supply of Water	1 940 999

主营业务收入 Prime Operating Revenue	主营业务成本 Prime Operating Cost	销售费用 Prime Operating Expense	管理费用 Management Expenses	财务费用 Financial Expenses	利润总额 Total Profits
652 206	180 490	9 514	29 124	−4 374	81 536
632 259	517 928	33 609	41 795	−2 639	47 674
2 276 366	1 757 458	224 746	212 791	5 394	76 064
1 283 256	1 017 106	20 499	111 676	1 010	157 008
138 271	123 568	3 846	9 094	2 651	1 456
1 304 727	1 083 956	72 074	89 707	10 501	44 139
1 404 272	1 252 194	46 515	81 694	−1 004	27 966
1 758 679	1 353 779	69 410	163 541	−340	203 899
11 853 747	11 114 399	164 671	377 836	121 422	194 326
598 010	296 823	96 030	31 162	−713	154 041
2 488 664	1 979 085	144 984	234 902	16 656	236 609
2 003 034	1 051 775	362 659	210 924	−4 386	466 719
43 616	38 905	789	3 117	−354	976
6 498 165	5 658 259	142 579	489 004	14 275	200 135
2 694 659	2 326 574	69 327	176 501	15 600	141 505
307 963	284 588	8 040	11 556	6 390	105
3 389 919	3 309 409	22 557	35 367	10 026	22 288
4 474 410	3 821 275	135 760	356 330	1 731	182 024
6 514 859	5 496 274	199 924	437 582	−6 532	365 428
6 839 927	5 083 132	443 650	786 709	6 295	767 837
5 453 688	4 608 550	165 895	320 266	63 512	203 152
1 511 551	1 302 082	34 664	61 164	−6 133	71 856
19 979 665	17 326 741	539 692	1 342 658	147 269	1 006 508
145 404 112	116 172 831	7 014 280	13 846 960	761 458	10 706 663
3 371 703	2 538 876	243 329	356 928	4 886	329 299
693 214	554 580	26 275	61 477	959	54 359
34 723	33 836	110	588	134	668
113 267	89 692	2 421	12 616	907	10 534
7 913 154	6 542 868	8	83 459	226 581	1 129 063
628 184	458 630	784	15 562	18 468	164 069
1 032 596	616 443	33 592	61 096	120 208	223 375

4-7 规模以上工业企业主要经济效益指标（2015年）

MAIN INDICATORS ON ECONOMIC BENEFIT OF INDUSTRIAL ENTERPRISES ABOVE DESIGNATED SIZE（2015）

指标名称	Item	效益综合指数（%） Benefit Composite Index（%）	产品销售率(%) Sales Rate of Products (%)
总　　计	**Total**	**224.00**	**98.09**
一、按登记注册类型分	**Grouped by Registration**		
1．内资企业	Domestic Investment Enterprise	285.52	97.68
国有企业	State-owned	195.49	98.19
集体企业	Collective-owned	167.87	99.85
股份合作企业	Cooperative Shares Enterprise	170.76	102.98
联营企业	Joint owned	1 937.21	100.66
有限责任公司	Companies Limited with Liabilities	526.46	99.53
股份有限公司	Companies Limited by Shares	276.93	93.59
私营企业	Private	155.55	98.04
其他内资企业	Others	173.65	85.85
2．港、澳、台投资企业	Funded by Entrepreneur from Hongkong,Macao and Taiwan	165.49	98.09
3. 外商投资企业	Foreign Funded	189.57	99.50
二、按轻、重工业分	**Grouped by Light and Heavy Industry**		
1．轻工业	Light Industry	156.79	97.56
2．重工业	Heavy Industry	254.29	98.25
三、按企业规模分	**Grouped by Size of Enterprises**		
1．大型企业	Large Enterprises	278.48	97.87
2．中型企业	Medium-sized Enterprises	163.60	97.79
3．小型企业	Small Enterprises	168.87	99.33
#纯小型企业	#Pure Small Enterprises	162.92	99.22
微型企业	Micro Enterprises	416.12	100.92
四、按工业行业大类分	**Grouped by Sector**		
煤炭开采和洗选业	Mining and Washing of Coal		
石油和天然气开采业	Extraction of Petroleum and Natural Gas		100.07
黑色金属矿采选业	Mining and Processing of Ferrous Metal Ores		
有色金属矿采选业	Mining and Processing of Nonferrous Metal Ores		
非金属矿采选业	Mining and Processing of Nonmetal Ores		
开采辅助活动	Support Activies of Mining	1 101.21	100.00
其他采矿业	Mining and Processing of Other Ores		
农副食品加工业	Processing of Food from Agricultural Products	273.55	103.45
食品制造业	Manufacture of Foods	133.35	97.28
酒、饮料和精制茶制造业	Manufacture of Wine, Beverages and Refined Tea	264.17	97.82

成本费用利润率(%) After-Tax Profits/Cost(%)	流动资产周转率(次) Turnover Times of Circulating Funds(time)	资产负债率（%） Assets-Liability Ratio (%)	总资产贡献率（%） Ratio of Total Assets to Industrial Output Value (%)	资本保值增值率（%） Ratio of Capital Appreciation（%）	全员劳动生产率（元/人） Total Labor Productivity（yuan/person）
7.68	**1.41**	**61.20**	**10.75**	**115.41**	**197 971**
9.47	1.29	61.14	12.62	122.65	282 811
12.37	0.86	40.05	14.02	23.98	141 198
−0.68	6.84	83.76	−2.44	26.39	141 898
−0.87	1.87	18.81	−1.52	24.57	210 632
7.12	1.36	68.28	8.03	13 346.14	129 275
14.17	1.46	63.40	19.74	133.36	624 164
7.26	1.07	52.35	7.56	120.34	303 001
4.65	1.26	66.59	7.51	116.09	119 297
−1.24	4.55	67.13		2.33	184 302
5.26	1.57	64.84	8.26	127.43	121 267
6.06	1.64	55.52	8.00	88.41	161 347
4.95	1.28	58.87	7.75	110.20	116 773
8.53	1.46	61.99	11.78	117.46	238 396
8.99	1.52	61.97	12.76	120.31	270 753
6.07	1.34	54.12	8.95	110.32	116 041
4.76	1.20	66.35	6.77	107.54	145 794
4.59	1.21	65.81	6.67	106.92	137 078
7.40	1.09	70.37	7.51	118.79	536 165
44.42	9.21	98.33	31.07		6 711 515
22.86	1.18	17.91	9.48	104.43	1 560 775
4.73	1.75	51.02	7.64	148.30	293 878
2.62	1.10	61.98	7.18	95.33	101 826
5.89	2.63	65.23	23.41	98.65	226 815

指 标 名 称	Item	效益综合指数（%） Benefit Composite Index（%）	产品销售率(%) Sales Rate of Products (%)
烟草制品业	Manufacture of Tobacco	5 350.02	101.90
纺织业	Manufacture of Textile	179.22	96.10
纺织服装、服饰业	Manufacture of Textile Wearing Apparel, Footware and Caps	135.83	91.97
皮革、毛皮、羽毛及其制品和制鞋业	Manufacture of Leather, Fur, Feather and Related Products	192.74	98.59
木材加工及木、竹、藤、棕、草制品业	Processing of Timber, Manufacture of Wood, Bamboo, Rattan, Palm Fiber & Straw Products	124.14	98.36
家具制造业	Manufacture of Furniture	129.83	100.42
造纸及纸制品业	Manufacture of Paper and Paper Products	124.06	99.76
印刷和记录媒介复制业	Printing and Record Medium Reproduction	211.40	96.45
文教、工美、体育和娱乐用品制造业	Manufacture of Cultural, Educational and Sports Articles	101.78	95.37
石油加工、炼焦及核燃料加工业	Processing of Petroleum, Coking and Nuclear Fuel Processing	2 184.58	100.50
化学原料及化学制品制造业	Manufacture of Raw Chemical Materials and Chemical Products	238.06	98.81
医药制造业	Manufacture of Medicines	455.24	97.89
化学纤维制造业	Manufacture of Chemical Fibers	141.24	98.20
橡胶和塑料制品业	Manufacture of Rubber	133.84	98.77
非金属矿物制品业	Manufacture of Non-metallic Mineral Products	150.96	97.61
黑色金属冶炼及压延加工业	Smelting and Pressing of Ferrous Metals	122.18	101.26
有色金属冶炼及压延加工业	Smelting and Pressing of Nonferrous Metals	109.62	99.71
金属制品业	Manufacture of Metal Products	151.25	99.43
通用设备制造业	Manufacture of General-purpose Machinery	171.99	99.50
专用设备制造业	Manufacture of Special-purpose Machinery	217.68	98.91
汽车制造业	Manufacfuer of Automobiles	125.83	98.66
铁路、船舶、航空航天和其他运输设备制造业	Manufacture of Railways Ships Aerospace and Other Transport Equipment	202.69	98.50
电气机械及器材制造业	Manufacture of Electrical Machinery and Equipment	147.46	98.42
计算机、通信和其他电子设备制造业	Manufacture of Communication Equipment, Computers and Other Electronic Equipment	265.79	97.72
仪器仪表制造业	Manufacture of Measuring Instruments	182.82	98.13
其他制造业	Other Manufacturing	207.39	96.91
废弃资源综合利用业	Recycling and Disposal of Waste	1 606.00	100.00
金属制品、机械和设备修理业	Manufacture of Metal Products, Machinery and Equipment Repair	237.06	95.24
电力、热力的生产和供应业	Production and Supply of Electric Power and Heat Power	2 065.52	103.02
燃气生产和供应业	Production and Supply of Gas	3 356.84	100.23
水的生产和供应业	Production and Supply of Water	508.17	95.07

成本费用利润率(%) After-Tax Profits/Cost(%)	流动资产周转率(次) Turnover Times of Circulating Funds(time)	资产负债率（%） Assets-Liability Ratio (%)	总资产贡献率（%） Ratio of Total Assets to Industrial Output Value (%)	资本保值增值率（%） Ratio of Capital Appreciation（%）	全员劳动生产率（元/人） Total Labor Productivity（yuan/person）
36.22	1.35	12.20	92.30	105.24	8 216 745
8.06	1.44	42.94	10.01	93.05	128 140
3.45	1.58	53.53	9.03	103.49	85 638
13.58	1.25	31.24	17.70	82.37	98 230
1.05	0.90	63.23	3.06	120.40	107 662
3.50	1.18	57.53	6.26	105.80	87 998
2.03	1.45	52.01	4.76	110.31	87 207
12.75	1.06	48.42	11.63	106.19	151 094
1.63	1.16	74.51	3.43	100.68	71 620
36.38	1.55	27.54	49.03	74.13	3 159 036
9.63	0.95	49.47	8.08	140.89	217 777
29.03	0.67	42.84	11.47	112.69	453 148
2.30	2.71	39.61	7.33	97.51	88 558
3.15	1.51	54.11	5.77	98.22	94 978
5.46	0.97	58.74	5.97	82.04	120 909
0.03	0.76	84.60	1.88	106.18	129 941
0.66	1.08	93.15	1.29	115.75	103 078
4.19	1.30	56.95	7.51	95.02	115 739
5.89	1.34	51.97	8.73	122.20	128 949
11.99	1.10	50.45	10.68	106.57	167 663
3.89	0.77	83.57	4.62	111.57	101 561
4.92	1.39	56.61	6.53	142.58	186 486
5.12	1.32	55.95	7.44	121.70	98 081
7.67	1.55	63.18	11.92	122.53	260 086
10.27	1.09	46.10	10.68	126.30	116 300
8.42	1.24	45.45	9.01	320.32	129 283
1.93	6.25	31.61	11.83	85.15	2 438 934
9.93	1.22	49.39	12.07	100.91	209 421
16.42	2.19	59.48	16.05	101.77	3 155 139
33.00	2.94	41.48	28.07	96.57	5 135 850
26.83	0.64	46.02	7.59	98.55	572 083

4-8 规模以上国有工业企业主要经济指标（2015年）

MAIN ECONOMIC INDICATORS OF STATE-HOLDING INDUSTRIAL ENTERPRISES ABOVE DESIGNATED SIZE（2015）

单位：万元

项　目	Item	企业单位数（个） Number of Enterprises (unit)	工业总产值（当年价） Gross Industrial Output Value (at current prices)
总　计	**Total**	**8**	**116 170**
一、按登记注册类型分	**Grouped by Registration**		
1．内资企业	Domestic Investment Enterprise	8	116 170
国有企业	State-owned	8	116 170
集体企业	Collective-owned		
股份合作企业	Cooperative Shares Enterprise		
联营企业	Joint owned		
有限责任公司	Companies Limited with Liabilities		
股份有限公司	Companies Limited by Shares		
私营企业	Private		
其他内资企业	Others		
2．港、澳、台投资企业	Funded by Entrepreneur from Hongkong,Macao and Taiwan		
3．外商投资企业	Foreign Funded		
二、按轻、重工业分	**Grouped by Light and Heavy Industry**		
1．轻工业	Light Industry	5	51 630
2．重工业	Heavy Industry	3	64 540
三、按企业规模分	**Grouped by Size of Enterprises**		
1．大型企业	Large Enterprises	1	57 855
2．中型企业	Medium-sized Enterprises	1	4 186
3．小型企业	Small Enterprises	6	54 129
#纯小型企业	#Pure Small Enterprises	6	54 129
微型企业	Micro Enterprises		
四、按工业行业大类分	**Grouped by Sector**		
煤炭开采和洗选业	Mining and Washing of Coal		
石油和天然气开采业	Extraction of Petroleum and Natural Gas		
黑色金属矿采选业	Mining and Processing of Ferrous Metal Ores		
有色金属矿采选业	Mining and Processing of Nonferrous Metal Ores		
非金属矿采选业	Mining and Processing of Nonmetal Ores		
开采辅助活动	Support Activies of Mining		
其他采矿业	Mining and Processing of Other Ores		
农副食品加工业	Processing of Food from Agricultural Products		
食品制造业	Manufacture of Foods		
酒、饮料和精制茶制造业	Manufacture of Wine, Beverages and Refined Tea		

资产总计 Total Assets	流动资产合计 Total Current Assets	固定资产净值 Net Value of Fixed Assets	主营业务收入 Principal Business Revenue	利润总额 Total Profits
175 625	**132 951**	**28 817**	**113 393**	**12 773**
175 625	132 951	28 817	113 393	12 773
175 625	132 951	28 817	113 393	12 773
119 589	87 429	25 691	49 599	10 364
56 037	45 522	3 126	63 794	2 409
31 148	28 954	1 550	56 903	87
21 550	13 378	1 437	4 470	1 081
122 927	90 619	25 830	52 020	11 605
122 927	90 619	25 830	52 020	11 605

单位：万元

项　目	Item	企业单位数（个）Number of Enterprises (unit)	工业总产值（当年价）Gross Industrial Output Value (at current prices)
烟草制品业	Manufacture of Tobacco		
纺织业	Manufacture of Textile		
纺织服装、服饰业	Manufacture of Textile Wearing Apparel,Footware and Caps		
皮革、毛皮、羽毛及其制品和制鞋业	Manufacture of Leather, Fur, Feather and Related Products		
木材加工及木、竹、藤、棕、草制品业	Processing of Timber, Manufacture of Wood, Bamboo, Rattan, Palm Fiber & Straw Products		
家具制造业	Manufacture of Furniture		
造纸及纸制品业	Manufacture of Paper and Paper Products		
印刷和记录媒介复制业	Printing and Record Medium Reproduction	3	34 631
文教、工美、体育和娱乐用品制造业	Manufacture of Cultural, Educational and Sports Articles		
石油加工、炼焦及核燃料加工业	Processing of Petroleum, Coking and Nuclear Fuel Processing		
化学原料及化学制品制造业	Manufacture of Raw Chemical Materials and Chemical Products		
医药制造业	Manufacture of Medicines		
化学纤维制造业	Manufacture of Chemical Fibers		
橡胶和塑料制品业	Manufacture of Rubber		
非金属矿物制品业	Manufacture of Non−metallic Mineral Products	1	2 499
黑色金属冶炼及压延加工业	Smelting and Pressing of Ferrous Metals		
有色金属冶炼及压延加工业	Smelting and Pressing of Nonferrous Metals		
金属制品业	Manufacture of Metal Products		
通用设备制造业	Manufacture of General−purpose Machinery		
专用设备制造业	Manufacture of Special−purpose Machinery		
汽车制造业	Manufacfuer of Automobiles		
铁路、船舶、航空航天和其他运输设备制造业	Manufacture of Railways Ships Aerospace and Other Transport Equipment		
电气机械及器材制造业	Manufacture of Electrical Machinery and Equipment		
计算机、通信和其他电子设备制造业	Manufacture of Communication Equipment, Computers and Other Electronic Equipment	2	62 041
仪器仪表制造业	Manufacture of Measuring Instruments		
其他制造业	Other Manufacturing		
废弃资源综合利用业	Recycling and Disposal of Waste		
金属制品、机械和设备修理业	Manufacture of Metal Products,Machinery and Equipment Repair		
电力、热力的生产和供应业	Production and Supply of Electric Power and Heat Power		
燃气生产和供应业	Production and Supply of Gas		
水的生产和供应业	Production and Supply of Water	2	16 999

4-8 续表 continued（10 000 yuan）

资产总计 Total Assets	流动资产合计 Total Current Assets	固定资产净值 Net Value of Fixed Assets	主营业务收入 Principal Business Revenue	利润总额 Total Profits
89 165	77 501	9 152	32 942	9 126
3 339	3 190	139	2 422	1 242
52 698	42 332	2 987	61 373	1 167
30 423	9 928	16 540	16 657	1 238

4-9 规模以上集体工业企业主要经济指标（2015年）

MAIN ECONOMIC INDICATORS OF COLLECTIVE-OWNED INDUSTRIAL ENTERPRISES ABOVE DESIGNATED SIZE （2015）

单位：万元

项　目	Item	企业单位数（个）Number of Enterprises (unit)	工业总产值（当年价）Gross Industrial Output Value (at current prices)
总　计	**Total**	**7**	**94 593**
一、按登记注册类型分	**Grouped by Registration**		
1．内资企业	Domestic Investment Enterprise	7	94 593
国有企业	State-owned		
集体企业	Collective-owned	7	94 593
股份合作企业	Cooperative Shares Enterprise		
联营企业	Joint owned		
有限责任公司	Companies Limited with Liabilities		
股份有限公司	Companies Limited by Shares		
私营企业	Private		
其他内资企业	Others		
2．港、澳、台投资企业	Funded by Entrepreneur from Hongkong,Macao and Taiwan		
3．外商投资企业	Foreign Funded		
二、按轻、重工业分	**Grouped by Light and Heavy Industry**		
1．轻工业	Light Industry	6	92 720
2．重工业	Heavy Industry	1	1 873
三、按企业规模分	**Grouped by Size of Enterprises**		
1．大型企业	Large Enterprises		
2．中型企业	Medium-sized Enterprises	3	15 081
3．小型企业	Small Enterprises	4	79 512
#纯小型企业	#Pure Small Enterprises	2	6 010
微型企业	Micro Enterprises	2	73 501
四、按工业行业大类分	**Grouped by Sector**		
煤炭开采和洗选业	Mining and Washing of Coal		
石油和天然气开采业	Extraction of Petroleum and Natural Gas		
黑色金属矿采选业	Mining and Processing of Ferrous Metal Ores		
有色金属矿采选业	Mining and Processing of Nonferrous Metal Ores		
非金属矿采选业	Mining and Processing of Nonmetal Ores		
开采辅助活动	Support Activies of Mining		
其他采矿业	Mining and Processing of Other Ores		
农副食品加工业	Processing of Food from Agricultural Products		
食品制造业	Manufacture of Foods		
酒、饮料和精制茶制造业	Manufacture of Wine, Beverages and Refined Tea		

资产总计 Total Assets	流动资产合计 Total Current Assets	固定资产净值 Net Value of Fixed Assets	主营业务收入 Principal Business Revenue	利润总额 Total Profits
16 749	**13 978**	**1 024**	**94 398**	**-656**
16 749	13 978	1 024	94 398	−656
16 749	13 978	1 024	94 398	−656
16 650	13 879	1 024	91 835	−851
99	99		2 563	195
3 812	2 607	863	13 645	84
12 937	11 371	161	80 753	740
888	792	2	6 700	354
12 049	10 578	160	74 052	−1 093

单位：万元

项　目 Item		企业单位数（个） Number of Enterprises (unit)	工业总产值（当年价） Gross Industrial Output Value (at current prices)
烟草制品业	Manufacture of Tobacco		
纺织业	Manufacture of Textile		
纺织服装、服饰业	Manufacture of Textile Wearing Apparel,Footware and Caps	1	3 448
皮革、毛皮、羽毛及其制品和制鞋业	Manufacture of Leather, Fur, Feather and Related Products		
木材加工及木、竹、藤、棕、草制品业	Processing of Timber, Manufacture of Wood, Bamboo, Rattan, Palm Fiber & Straw Products		
家具制造业	Manufacture of Furniture		
造纸及纸制品业	Manufacture of Paper and Paper Products	1	5 334
印刷和记录媒介复制业	Printing and Record Medium Reproduction		
文教、工美、体育和娱乐用品制造业	Manufacture of Cultural, Educational and Sports Articles	1	5 200
石油加工、炼焦及核燃料加工业	Processing of Petroleum, Coking and Nuclear Fuel Processing		
化学原料及化学制品制造业	Manufacture of Raw Chemical Materials and Chemical Products		
医药制造业	Manufacture of Medicines		
化学纤维制造业	Manufacture of Chemical Fibers		
橡胶和塑料制品业	Manufacture of Rubber	1	4 138
非金属矿物制品业	Manufacture of Non−metallic Mineral Products		
黑色金属冶炼及压延加工业	Smelting and Pressing of Ferrous Metals		
有色金属冶炼及压延加工业	Smelting and Pressing of Nonferrous Metals		
金属制品业	Manufacture of Metal Products		
通用设备制造业	Manufacture of General−purpose Machinery		
专用设备制造业	Manufacture of Special−purpose Machinery		
汽车制造业	Manufacfuer of Automobiles		
铁路、船舶、航空航天和其他运输设备制造业	Manufacture of Railways Ships Aerospace and Other Transport Equipment		
电气机械及器材制造业	Manufacture of Electrical Machinery and Equipment	1	68 168
计算机、通信和其他电子设备制造业	Manufacture of Communication Equipment, Computers and Other Electronic Equipment	1	1 873
仪器仪表制造业	Manufacture of Measuring Instruments	1	6 433
其他制造业	Other Manufacturing		
废弃资源综合利用业	Recycling and Disposal of Waste		
金属制品、机械和设备修理业	Manufacture of Metal Products,Machinery and Equipment Repair		
电力、热力的生产和供应业	Production and Supply of Electric Power and Heat Power		
燃气生产和供应业	Production and Supply of Gas		
水的生产和供应业	Production and Supply of Water		

4-9 续表 continued（10 000 yuan）

资产总计 Total Assets	流动资产合计 Total Current Assets	固定资产净值 Net Value of Fixed Assets	主营业务收入 Principal Business Revenue	利润总额 Total Profits
2 294	1 609	685	2 148	52
1 829	1 669	160	5 334	7
1 291	773	176	5 196	-1
789	693	2	4 138	159
10 220	8 909		68 719	-1 100
99	99		2 563	195
228	225	2	6 300	33

4-10 规模以上股份有限工业企业主要经济指标（2015年）

MAIN ECONOMIC INDICATORS OF SHARE-HOLDING INDUSTRIAL ENTERPRISES LIMITED ABOVE DESIGNATED SIZE（2015）

单位：万元

项　目	Item	企业单位数（个）Number of Enterprises (unit)	工业总产值（当年价）Gross Industrial Output Value (at current prices)
总　计	**Total**	**227**	**32 461 253**
一、按登记注册类型分	**Grouped by Registration**		
1．内资企业	Domestic Investment Enterprise	227	32 461 253
国有企业	State-owned		
集体企业	Collective-owned		
股份合作企业	Cooperative Shares Enterprise		
联营企业	Joint owned		
有限责任公司	Companies Limited with Liabilities		
股份有限公司	Companies Limited by Shares	227	32 461 253
私营企业	Private		
其他内资企业	Others		
2．港、澳、台投资企业	Funded by Entrepreneur from Hongkong,Macao and Taiwan		
3．外商投资企业	Foreign Funded		
二、按轻、重工业分	**Grouped by Light and Heavy Industry**		
1．轻工业	Light Industry	53	5 737 198
2．重工业	Heavy Industry	174	26 724 055
三、按企业规模分	**Grouped by Size of Enterprises**		
1．大型企业	Large Enterprises	51	26 654 304
2．中型企业	Medium-sized Enterprises	91	4 477 840
3．小型企业	Small Enterprises	85	1 329 109
#纯小型企业	#Pure Small Enterprises	83	1 324 702
微型企业	Micro Enterprises	2	4 407
四、按工业行业大类分	**Grouped by Sector**		
煤炭开采和洗选业	Mining and Washing of Coal		
石油和天然气开采业	Extraction of Petroleum and Natural Gas		
黑色金属矿采选业	Mining and Processing of Ferrous Metal Ores		
有色金属矿采选业	Mining and Processing of Nonferrous Metal Ores		
非金属矿采选业	Mining and Processing of Nonmetal Ores		
开采辅助活动	Support Activies of Mining		
其他采矿业	Mining and Processing of Other Ores		
农副食品加工业	Processing of Food from Agricultural Products	1	67 484
食品制造业	Manufacture of Foods		
酒、饮料和精制茶制造业	Manufacture of Wine, Beverages and Refined Tea		

资产总计 Total Assets	流动资产合计 Total Current Assets	固定资产净值 Net Value of Fixed Assets	主营业务收入 Principal Business Revenue	利润总额 Total Profits
43 166 063	**27 034 329**	**4 415 725**	**28 444 414**	**2 005 818**
43 166 063	27 034 329	4 415 725	28 444 414	2 005 818
43 166 063	27 034 329	4 415 725	28 444 414	2 005 818
9 719 990	5 437 069	950 901	5 560 768	452 504
33 446 073	21 597 261	3 464 824	22 883 646	1 553 314
29 611 092	19 586 323	3 299 268	22 639 856	1 387 751
9 671 054	5 338 033	922 178	4 456 402	419 780
3 883 917	2 109 972	194 279	1 348 155	198 286
3 267 292	2 021 358	194 279	1 338 182	208 609
616 625	88 614		9 974	−10 323
225 133	76 057	844	49 196	6 490

单位：万元

项 目 Item		企业单位数(个) Number of Enterprises (unit)	工业总产值(当年价) Gross Industrial Output Value (at current prices)
烟草制品业	Manufacture of Tobacco		
纺织业	Manufacture of Textile		
纺织服装、服饰业	Manufacture of Textile Wearing Apparel,Footware and Caps	2	267 584
皮革、毛皮、羽毛及其制品和制鞋业	Manufacture of Leather, Fur, Feather and Related Products		
木材加工及木、竹、藤、棕、草制品业	Processing of Timber, Manufacture of Wood, Bamboo, Rattan, Palm Fiber & Straw Products		
家具制造业	Manufacture of Furniture	2	72 311
造纸及纸制品业	Manufacture of Paper and Paper Products	1	47 427
印刷和记录媒介复制业	Printing and Record Medium Reproduction	2	338 415
文教、工美、体育和娱乐用品制造业	Manufacture of Cultural, Educational and Sports Articles	1	
石油加工、炼焦及核燃料加工业	Processing of Petroleum, Coking and Nuclear Fuel Processing	1	11 796
化学原料及化学制品制造业	Manufacture of Raw Chemical Materials and Chemical Products	7	392 036
医药制造业	Manufacture of Medicines	4	301 139
化学纤维制造业	Manufacture of Chemical Fibers		
橡胶和塑料制品业	Manufacture of Rubber	12	253 370
非金属矿物制品业	Manufacture of Non-metallic Mineral Products	5	245 573
黑色金属冶炼及压延加工业	Smelting and Pressing of Ferrous Metals		
有色金属冶炼及压延加工业	Smelting and Pressing of Nonferrous Metals	1	66 318
金属制品业	Manufacture of Metal Products	7	264 015
通用设备制造业	Manufacture of General-purpose Machinery	13	424 524
专用设备制造业	Manufacture of Special-purpose Machinery	19	1 671 101
汽车制造业	Manufacfuer of Automobiles	5	556 534
铁路、船舶、航空航天和其他运输设备制造业	Manufacture of Railways Ships Aerospace and Other Transport Equipment	2	15 843
电气机械及器材制造业	Manufacture of Electrical Machinery and Equipment	30	2 466 028
计算机、通信和其他电子设备制造业	Manufacture of Communication Equipment, Computers and Other Electronic Equipment	90	24 184 896
仪器仪表制造业	Manufacture of Measuring Instruments	16	542 807
其他制造业	Other Manufacturing	2	149 550
废弃资源综合利用业	Recycling and Disposal of Waste		
金属制品、机械和设备修理业	Manufacture of Metal Products,Machinery and Equipment Repair		
电力、热力的生产和供应业	Production and Supply of Electric Power and Heat Power	2	106 247
燃气生产和供应业	Production and Supply of Gas		
水的生产和供应业	Production and Supply of Water	2	16 257

资产总计 Total Assets	流动资产合计 Total Current Assets	固定资产净值 Net Value of Fixed Assets	主营业务收入 Principal Business Revenue	利润总额 Total Profits
459 305	246 590	36 352	132 150	18 231
136 125	111 461	7 238	76 445	8 633
264 650	84 579	9 482	48 102	11 767
789 471	359 305	137 106	294 123	104 184
1 747	1 719	16	8 910	1 427
7 067	6 380	75	11 623	802
1 960 412	1 011 372	47 817	426 316	104 418
1 087 062	375 993	78 163	287 177	96 675
1 038 705	296 333	70 852	266 789	6 230
579 817	319 740	35 128	262 178	35 923
64 991	45 872	7 781	66 139	8 937
251 861	159 796	61 235	270 708	31 894
1 069 949	771 447	73 292	471 409	73 575
2 982 511	1 947 997	338 588	1 635 033	303 028
625 468	438 454	103 921	511 678	35 103
53 520	44 322	242	16 240	1 090
4 378 300	2 122 966	319 430	2 562 953	249 147
24 737 241	17 123 173	2 869 494	20 248 856	788 386
1 473 300	823 577	104 905	519 674	67 975
450 915	227 163	55 694	153 793	27 434
495 709	418 712	57 876	106 247	20 774
32 805	21 323	194	18 677	3 694

4-11 规模以上“三资”工业企业主要经济指标（2015年）

MAIN ECONOMIC INDICATORS OF FOREIGN-FUNDED INDUSTRIAL ENTERPRISES ABOVE DESIGNATED SIZE（2015）

单位：万元

项 目	Item	企业单位数（个）Number of Enterprises (unit)	工业总产值（当年价）Gross Industrial Output Value (at current prices)
总 计	**Total**	**2 679**	**114 183 770**
一、按登记注册类型分	**Grouped by Registration**		
1．内资企业	Domestic Investment Enterprise		
国有企业	State-owned		
集体企业	Collective-owned		
股份合作企业	Cooperative Shares Enterprise		
联营企业	Joint owned		
有限责任公司	Companies Limited with Liabilities		
股份有限公司	Companies Limited by Shares		
私营企业	Private		
其他内资企业	Others		
2．港、澳、台投资企业	Funded by Entrepreneur from Hongkong,Macao and Taiwan	1 990	72 528 066
3．外商投资企业	Foreign Funded	689	41 655 704
二、按轻、重工业分	**Grouped by Light and Heavy Industry**		
1．轻工业	Light Industry	1 220	31 573 927
2．重工业	Heavy Industry	1 459	82 609 843
三、按企业规模分	**Grouped by Size of Enterprises**		
1．大型企业	Large Enterprises	239	75 993 584
2．中型企业	Medium-sized Enterprises	872	24 861 144
3．小型企业	Small Enterprises	1 568	13 329 041
#纯小型企业	#Pure Small Enterprises	1 467	12 448 447
微型企业	Micro Enterprises	101	880 594
四、按工业行业大类分	**Grouped by Sector**		
煤炭开采和洗选业	Mining and Washing of Coal		
石油和天然气开采业	Extraction of Petroleum and Natural Gas	2	2 540 510
黑色金属矿采选业	Mining and Processing of Ferrous Metal Ores		
有色金属矿采选业	Mining and Processing of Nonferrous Metal Ores		
非金属矿采选业	Mining and Processing of Nonmetal Ores		
开采辅助活动	Support Activies of Mining	1	40 335
其他采矿业	Mining and Processing of Other Ores		
农副食品加工业	Processing of Food from Agricultural Products	17	1 437 380
食品制造业	Manufacture of Foods	26	364 263
酒、饮料和精制茶制造业	Manufacture of Wine, Beverages and Refined Tea	11	1 357 231

资产总计 Total Assets	流动资产合计 Total Current Assets	固定资产净值 Net Value of Fixed Assets	主营业务收入 Principal Business Revenue	利润总额 Total Profits
108 554 211	**71 672 568**	**19 186 966**	**112 991 357**	**6 048 036**
67 070 148	46 443 419	11 086 399	72 190 987	3 668 409
41 484 063	25 229 149	8 100 567	40 800 370	2 379 627
33 132 244	22 854 152	3 526 523	31 697 063	1 530 150
75 421 967	48 818 416	15 660 443	81 294 294	4 517 887
69 267 771	44 843 539	13 723 739	75 155 132	4 129 654
22 282 268	15 586 182	3 537 393	23 981 966	1 310 786
17 004 172	11 242 847	1 925 834	13 854 260	607 596
15 579 009	10 338 481	1 853 741	12 889 279	632 116
1 425 163	904 366	72 093	964 981	− 24 521
3 853 720	314 013	2 930 290	2 876 163	819 433
44 426	21 935	22 367	40 335	15 631
1 090 844	892 373	115 916	1 470 976	83 584
453 717	338 643	66 694	355 489	16 568
751 913	510 676	155 844	1 331 300	80 315

单位：万元

项　目 Item		企业单位数（个） Number of Enterprises (unit)	工业总产值（当年价） Gross Industrial Output Value (at current prices)
烟草制品业	Manufacture of Tobacco		
纺织业	Manufacture of Textile	28	350 326
纺织服装、服饰业	Manufacture of Textile Wearing Apparel,Footware and Caps	107	1 155 518
皮革、毛皮、羽毛及其制品和制鞋业	Manufacture of Leather, Fur, Feather and Related Products	52	1 025 051
木材加工及木、竹、藤、棕、草制品业	Processing of Timber, Manufacture of Wood, Bamboo, Rattan, Palm Fiber & Straw Products	6	22 728
家具制造业	Manufacture of Furniture	53	620 947
造纸及纸制品业	Manufacture of Paper and Paper Products	67	760 360
印刷和记录媒介复制业	Printing and Record Medium Reproduction	62	811 928
文教、工美、体育和娱乐用品制造业	Manufacture of Cultural, Educational and Sports Articles	153	5 325 158
石油加工、炼焦及核燃料加工业	Processing of Petroleum, Coking and Nuclear Fuel Processing	2	571 737
化学原料及化学制品制造业	Manufacture of Raw Chemical Materials and Chemical Products	58	1 251 508
医药制造业	Manufacture of Medicines	23	1 162 124
化学纤维制造业	Manufacture of Chemical Fibers	2	17 731
橡胶和塑料制品业	Manufacture of Rubber	288	4 326 639
非金属矿物制品业	Manufacture of Non-metallic Mineral Products	33	1 389 084
黑色金属冶炼及压延加工业	Smelting and Pressing of Ferrous Metals	7	147 593
有色金属冶炼及压延加工业	Smelting and Pressing of Nonferrous Metals	34	1 185 940
金属制品业	Manufacture of Metal Products	163	2 792 797
通用设备制造业	Manufacture of General-purpose Machinery	143	4 177 761
专用设备制造业	Manufacture of Special-purpose Machinery	146	2 855 866
汽车制造业	Manufacfuer of Automobiles	27	4 603 626
铁路、船舶、航空航天和其他运输设备制造业	Manufacture of Railways Ships Aerospace and Other Transport Equipment	42	1 257 808
电气机械及器材制造业	Manufacture of Electrical Machinery and Equipment	369	9 894 996
计算机、通信和其他电子设备制造业	Manufacture of Communication Equipment, Computers and Other Electronic Equipment	615	58 378 236
仪器仪表制造业	Manufacture of Measuring Instruments	97	1 672 233
其他制造业	Other Manufacturing	27	190 566
废弃资源综合利用业	Recycling and Disposal of Waste		
金属制品、机械和设备修理业	Manufacture of Metal Products,Machinery and Equipment Repair	7	100 136
电力、热力的生产和供应业	Production and Supply of Electric Power and Heat Power	5	1 080 914
燃气生产和供应业	Production and Supply of Gas	2	649 728
水的生产和供应业	Production and Supply of Water	4	665 015

资产总计 Total Assets	流动资产合计 Total Current Assets	固定资产净值 Net Value of Fixed Assets	主营业务收入 Principal Business Revenue	利润总额 Total Profits
300 175	215 579	66 919	353 779	15 759
821 628	613 955	151 069	1 199 587	17 769
1 109 277	881 137	85 709	1 021 345	155 123
26 471	24 068	1 924	22 925	594
725 281	540 501	122 895	628 785	33 293
649 387	504 728	114 825	752 572	6 694
991 254	727 170	188 100	784 399	52 689
4 568 470	3 983 657	340 456	5 402 019	112 418
396 616	349 369	8 423	551 861	149 040
1 353 119	998 903	141 390	1 266 675	87 546
1 788 666	953 596	295 442	1 111 981	211 621
5 941	4 991	536	16 629	195
3 544 472	2 661 017	644 311	4 302 059	127 216
1 872 021	1 330 057	410 301	1 350 434	79 226
109 584	78 239	23 851	142 276	2 661
1 144 458	1 040 962	83 154	1 181 126	10 145
2 629 611	1 884 224	589 842	2 508 364	104 525
3 069 361	2 506 463	354 782	4 239 300	224 950
3 559 752	2 154 183	998 136	2 828 747	228 334
8 063 753	5 327 890	1 205 042	4 713 150	158 701
1 321 545	941 004	290 857	1 253 464	57 585
10 477 817	7 462 941	1 086 690	9 754 466	364 973
45 284 377	29 692 606	7 232 608	57 157 374	1 890 880
1 716 110	1 292 328	183 235	1 657 777	135 143
152 498	115 995	27 333	188 691	2 325
125 051	85 633	24 930	96 471	10 053
2 479 738	1 668 315	456 716	1 118 492	467 723
744 168	222 942	434 479	628 184	164 069
3 328 994	1 332 478	331 903	684 162	161 257

4-12 规模以上私营工业企业主要经济指标（2015年）

MAIN ECONOMIC INDICATORS OF PRIVATE INDUSTRIAL ENTERPRISES ABOVE DESIGNATED SIZE（2015）

单位：万元

项目	Item	企业单位数(个) Number of Enterprises (unit)	工业总产值(当年价) Gross Industrial Output Value (at current prices)
总 计	**Total**	**3 028**	**45 770 482**
一、按登记注册类型分	**Grouped by Registration**		
1.内资企业	Domestic Investment Enterprise	3 028	45 770 482
国有企业	State-owned		
集体企业	Collective-owned		
股份合作企业	Cooperative Shares Enterprise		
联营企业	Joint owned		
有限责任公司	Companies Limited with Liabilities		
股份有限公司	Companies Limited by Shares		
私营企业	Private	3 028	45 770 482
其他内资企业	Others		
2.港、澳、台投资企业	Funded by Entrepreneur from Hongkong,Macao and Taiwan		
3.外商投资企业	Foreign Funded		
二、按轻、重工业分	**Grouped by Light and Heavy Industry**		
1.轻工业	Light Industry	1 078	14 803 145
2.重工业	Heavy Industry	1 950	30 967 338
三、按企业规模分	**Grouped by Size of Enterprises**		
1.大型企业	Large Enterprises	62	9 799 182
2.中型企业	Medium-sized Enterprises	560	15 757 721
3.小型企业	Small Enterprises	2 406	20 213 579
#纯小型企业	#Pure Small Enterprises	2 281	19 321 757
微型企业	Micro Enterprises	125	891 822
四、按工业行业大类分	**Grouped by Sector**		
煤炭开采和洗选业	Mining and Washing of Coal		
石油和天然气开采业	Extraction of Petroleum and Natural Gas		
黑色金属矿采选业	Mining and Processing of Ferrous Metal Ores		
有色金属矿采选业	Mining and Processing of Nonferrous Metal Ores		
非金属矿采选业	Mining and Processing of Nonmetal Ores		
开采辅助活动	Support Activies of Mining		
其他采矿业	Mining and Processing of Other Ores		
农副食品加工业	Processing of Food from Agricultural Products	13	174 283
食品制造业	Manufacture of Foods	10	76 769
酒、饮料和精制茶制造业	Manufacture of Wine, Beverages and Refined Tea	4	47 417

资产总计 Total Assets	流动资产合计 Total Current Assets	固定资产净值 Net Value of Fixed Assets	主营业务收入 Principal Business Revenue	利润总额 Total Profits
44 167 188	**36 064 369**	**3 420 780**	**45 220 517**	**2 033 131**
44 167 188	36 064 369	3 420 780	45 220 517	2 033 131
44 167 188	36 064 369	3 420 780	45 220 517	2 033 131
16 893 181	13 864 494	1 181 185	14 712 019	525 978
27 274 007	22 199 875	2 239 595	30 508 498	1 507 154
8 751 078	7 056 596	702 206	9 387 482	768 137
15 324 681	12 042 531	1 416 224	15 385 536	820 593
20 091 429	16 965 242	1 302 350	20 447 499	444 401
18 908 013	16 060 921	1 288 902	19 613 659	454 723
1 183 416	904 321	13 448	833 839	−10 322
214 835	178 699	17 831	175 467	5 453
77 992	70 049	6 411	76 917	−1 193
54 182	34 032	5 002	45 120	276

单位：万元

项 目 Item		企业单位数（个） Number of Enterprises (unit)	工业总产值（当年价） Gross Industrial Output Value (at current prices)
烟草制品业	Manufacture of Tobacco		
纺织业	Manufacture of Textile	22	271 466
纺织服装、服饰业	Manufacture of Textile Wearing Apparel,Footware and Caps	76	646 033
皮革、毛皮、羽毛及其制品和制鞋业	Manufacture of Leather, Fur, Feather and Related Products	24	232 291
木材加工及木、竹、藤、棕、草制品业	Processing of Timber, Manufacture of Wood, Bamboo, Rattan, Palm Fiber & Straw Products	12	92 653
家具制造业	Manufacture of Furniture	76	550 251
造纸及纸制品业	Manufacture of Paper and Paper Products	72	563 163
印刷和记录媒介复制业	Printing and Record Medium Reproduction	62	512 301
文教、工美、体育和娱乐用品制造业	Manufacture of Cultural, Educational and Sports Articles	146	4 455 619
石油加工、炼焦及核燃料加工业	Processing of Petroleum, Coking and Nuclear Fuel Processing	2	26 950
化学原料及化学制品制造业	Manufacture of Raw Chemical Materials and Chemical Products	87	690 177
医药制造业	Manufacture of Medicines	10	200 230
化学纤维制造业	Manufacture of Chemical Fibers	2	26 700
橡胶和塑料制品业	Manufacture of Rubber	202	1 736 280
非金属矿物制品业	Manufacture of Non-metallic Mineral Products	74	531 308
黑色金属冶炼及压延加工业	Smelting and Pressing of Ferrous Metals	9	175 269
有色金属冶炼及压延加工业	Smelting and Pressing of Nonferrous Metals	21	2 645 600
金属制品业	Manufacture of Metal Products	174	1 300 902
通用设备制造业	Manufacture of General-purpose Machinery	126	1 451 037
专用设备制造业	Manufacture of Special-purpose Machinery	152	1 525 596
汽车制造业	Manufacfuer of Automobiles	10	87 129
铁路、船舶、航空航天和其他运输设备制造业	Manufacture of Railways Ships Aerospace and Other Transport Equipment	13	244 821
电气机械及器材制造业	Manufacture of Electrical Machinery and Equipment	459	5 442 422
计算机、通信和其他电子设备制造业	Manufacture of Communication Equipment, Computers and Other Electronic Equipment	1 070	21 059 613
仪器仪表制造业	Manufacture of Measuring Instruments	62	684 759
其他制造业	Other Manufacturing	33	279 129
废弃资源综合利用业	Recycling and Disposal of Waste	2	24 951
金属制品、机械和设备修理业	Manufacture of Metal Products,Machinery and Equipment Repair	2	13 074
电力、热力的生产和供应业	Production and Supply of Electric Power and Heat Power		
燃气生产和供应业	Production and Supply of Gas		
水的生产和供应业	Production and Supply of Water	1	2 293

资产总计 Total Assets	流动资产合计 Total Current Assets	固定资产净值 Net Value of Fixed Assets	主营业务收入 Principal Business Revenue	利润总额 Total Profits
359 384	222 188	25 880	274 576	32 063
562 853	488 120	36 109	635 842	15 153
164 664	146 335	15 209	225 496	1 397
134 402	111 408	11 120	100 936	2 069
581 691	430 902	70 451	555 249	1 340
430 087	360 746	51 329	559 414	8 741
527 241	395 011	102 555	508 793	33 414
5 499 149	5 078 448	142 480	4 567 614	18 684
38 090	30 006	1 330	34 525	4 198
829 385	657 911	79 162	691 770	36 124
1 835 158	1 403 680	46 338	205 046	74 427
15 693	11 097	4 569	26 987	781
1 451 255	1 169 105	171 465	1 721 343	74 094
663 477	525 613	87 704	539 042	15 022
425 610	347 886	50 800	165 686	−2 557
2 182 248	2 059 179	83 373	2 130 623	3 147
1 300 167	1 026 588	134 978	1 317 242	39 698
1 642 535	1 353 105	125 815	1 441 356	110 438
2 039 406	1 478 352	156 505	1 468 101	142 858
178 328	122 110	9 417	83 406	3 483
169 842	104 203	29 251	229 464	12 251
5 610 056	4 269 026	512 048	5 402 191	336 948
16 294 063	13 278 848	1 354 683	21 056 009	976 088
633 051	513 147	62 450	656 944	69 096
224 066	178 789	24 331	274 311	18 299
8 150	5 560	1 019	34 723	668
12 195	9 034	788	14 030	237
7 932	5 194	379	2 293	433

4-13 规模以上大中型工业企业主要经济指标（2015年）

MAIN ECONOMIC INDICATORS OF LARGE AND MEDIUM-SIZED INDUSTRIAL ENTERPRISES ABOVE DESIGNATED SIZE（2015）

单位：万元

项　目	Item	企业单位数(个) Number of Enterprises (unit)	工业总产值(当年价) Gross Industrial Output Value (at current prices)
总 计	**Total**	**2 054**	**213 829 231**
一、按登记注册类型分	**Grouped by Registration**		
1．内资企业	Domestic Investment Enterprise	943	112 974 503
国有企业	State-owned	2	62 041
集体企业	Collective-owned	3	15 081
股份合作企业	Cooperative Shares Enterprise		
联营企业	Joint owned	2	136 794
有限责任公司	Companies Limited with Liabilities	172	56 071 539
股份有限公司	Companies Limited by Shares	142	31 132 144
私营企业	Private	622	25 556 904
其他内资企业	Others		
2．港、澳、台投资企业	Funded by Entrepreneur from Hongkong,Macao and Taiwan	812	63 204 012
3．外商投资企业	Foreign Funded	299	37 650 717
二、按轻、重工业分	**Grouped by Light and Heavy Industry**		
1．轻工业	Light Industry	841	43 741 981
2．重工业	Heavy Industry	1 213	170 087 250
三、按企业规模分	**Grouped by Size of Enterprises**		
1．大型企业	Large Enterprises	385	162 897 062
2．中型企业	Medium-sized Enterprises	1 669	50 932 169
3．小型企业	Small Enterprises		
四、按工业行业大类分	**Grouped by Sector**		
煤炭开采和洗选业	Mining and Washing of Coal		
石油和天然气开采业	Extraction of Petroleum and Natural Gas	1	2 516 166
黑色金属矿采选业	Mining and Processing of Ferrous Metal Ores		
有色金属矿采选业	Mining and Processing of Nonferrous Metal Ores		
非金属矿采选业	Mining and Processing of Nonmetal Ores		
开采辅助活动	Support Activies of Mining	1	137 776
其他采矿业	Mining and Processing of Other Ores		
农副食品加工业	Processing of Food from Agricultural Products	9	1 447 034
食品制造业	Manufacture of Foods	12	359 828
酒、饮料和精制茶制造业	Manufacture of Wine, Beverages and Refined Tea	8	1 287 593

资产总计 Total Assets	流动资产合计 Total Current Assets	固定资产净值 Net Value of Fixed Assets	主营业务收入 Principal Business Revenue	利润总额 Total Profits
206 542 294	**142 549 582**	**29 915 536**	**207 427 629**	**16 331 753**
114 992 255	82 119 861	12 523 712	108 290 531	10 891 312
52 698	42 332	2 987	61 373	1 167
3 812	2 607	898	13 645	84
100 961	87 560	4 048	125 339	8 306
51 476 879	37 963 879	5 894 590	56 220 898	7 485 493
39 282 146	24 924 357	4 392 789	27 096 258	1 807 531
24 075 759	19 099 127	2 228 400	24 773 018	1 588 731
56 374 429	38 499 158	9 794 604	62 583 525	3 183 757
35 175 610	21 930 563	7 597 220	36 553 573	2 256 684
47 437 962	33 339 825	5 297 883	43 101 772	2 537 506
159 104 332	109 209 757	24 617 652	164 325 857	13 794 247
151 983 985	105 097 311	22 840 216	157 936 282	13 476 113
54 558 309	37 452 271	7 075 320	49 491 346	2 855 640
3 785 793	268 301	2 908 075	2 851 819	817 334
365 396	129 382	216 511	137 776	17 503
1 078 925	729 019	104 569	1 405 210	64 491
443 334	326 362	85 135	353 712	23 557
687 553	491 742	143 354	1 274 909	62 881

单位：万元

项　目 Item		企业单位数（个） Number of Enterprises (unit)	工业总产值（当年价） Gross Industrial Output Value (at current prices)
烟草制品业	Manufacture of Tobacco	1	640 834
纺织业	Manufacture of Textile	11	447 666
纺织服装、服饰业	Manufacture of Textile Wearing Apparel,Footware and Caps	77	1 870 230
皮革、毛皮、羽毛及其制品和制鞋业	Manufacture of Leather, Fur, Feather and Related Products	31	1 049 814
木材加工及木、竹、藤、棕、草制品业	Processing of Timber, Manufacture of Wood, Bamboo, Rattan, Palm Fiber & Straw Products	2	36 437
家具制造业	Manufacture of Furniture	32	824 088
造纸及纸制品业	Manufacture of Paper and Paper Products	30	620 497
印刷和记录媒介复制业	Printing and Record Medium Reproduction	40	1 323 678
文教、工美、体育和娱乐用品制造业	Manufacture of Cultural, Educational and Sports Articles	127	7 274 203
石油加工、炼焦及核燃料加工业	Processing of Petroleum, Coking and Nuclear Fuel Processing	1	569 985
化学原料及化学制品制造业	Manufacture of Raw Chemical Materials and Chemical Products	19	1 122 309
医药制造业	Manufacture of Medicines	20	1 655 156
化学纤维制造业	Manufacture of Chemical Fibers	2	35 673
橡胶和塑料制品业	Manufacture of Rubber	149	4 241 644
非金属矿物制品业	Manufacture of Non−metallic Mineral Products	23	1 481 140
黑色金属冶炼及压延加工业	Smelting and Pressing of Ferrous Metals	3	163 347
有色金属冶炼及压延加工业	Smelting and Pressing of Nonferrous Metals	5	2 026 238
金属制品业	Manufacture of Metal Products	94	2 815 636
通用设备制造业	Manufacture of General−purpose Machinery	98	5 162 753
专用设备制造业	Manufacture of Special−purpose Machinery	113	5 312 864
汽车制造业	Manufacfuer of Automobiles	22	5 147 474
铁路、船舶、航空航天和其他运输设备制造业	Manufacture of Railways Ships Aerospace and Other Transport Equipment	18	1 293 891
电气机械及器材制造业	Manufacture of Electrical Machinery and Equipment	323	15 502 426
计算机、通信和其他电子设备制造业	Manufacture of Communication Equipment, Computers and Other Electronic Equipment	676	137 503 787
仪器仪表制造业	Manufacture of Measuring Instruments	75	2 370 540
其他制造业	Other Manufacturing	16	399 227
废弃资源综合利用业	Recycling and Disposal of Waste		
金属制品、机械和设备修理业	Manufacture of Metal Products,Machinery and Equipment Repair	3	66 809
电力、热力的生产和供应业	Production and Supply of Electric Power and Heat Power	4	5 626 506
燃气生产和供应业	Production and Supply of Gas	1	649 728
水的生产和供应业	Production and Supply of Water	7	846 256

4-13 续表 continued（10 000 yuan）

资产总计 Total Assets	流动资产合计 Total Current Assets	固定资产净值 Net Value of Fixed Assets	主营业务收入 Principal Business Revenue	利润总额 Total Profits
559 257	491 665	65 146	652 206	81 536
507 282	321 835	71 523	453 383	47 922
1 520 343	1 068 977	194 693	1 700 803	71 344
1 126 487	883 808	99 782	1 037 622	157 822
99 797	60 573	33 732	34 495	−1 058
1 063 439	764 276	193 336	830 966	44 436
686 803	401 594	100 752	617 928	17 237
1 938 047	1 183 050	357 008	1 239 501	187 150
6 387 173	5 674 007	415 740	7 289 822	142 112
392 344	345 417	8 610	549 416	149 714
2 418 973	1 599 334	117 088	1 134 416	127 803
4 555 385	2 606 597	437 828	1 613 566	429 921
16 548	11 746	4 775	34 534	710
3 627 773	2 578 633	723 286	4 185 328	181 012
2 178 707	1 565 996	316 343	1 437 426	122 609
407 214	332 813	55 470	161 607	−2 657
1 415 567	1 231 464	141 467	2 017 867	10 346
3 076 814	2 051 238	637 511	2 552 903	116 824
4 488 832	3 536 780	484 985	5 161 885	288 695
7 249 639	4 633 697	1 439 312	5 200 906	643 552
8 935 156	5 924 374	1 373 517	5 223 258	195 723
1 292 302	898 350	296 530	1 263 755	62 878
17 488 020	11 712 611	1 816 812	15 230 109	938 086
115 543 091	85 215 858	12 529 346	131 962 699	10 407 472
3 424 235	2 377 887	325 312	2 334 047	236 870
660 439	369 201	105 311	399 537	39 447
81 129	55 459	18 565	63 961	4 150
4 524 546	1 030 485	3 169 894	5 558 267	298 818
734 993	218 584	430 584	624 832	163 575
3 780 961	1 458 472	493 637	837 159	181 942

4-14 主要工业产品产量

PRODUCTION OF MAIN INDUSTRIAL PRODUCTS

年 份 Year	自来水生产量 (万立方米) Tap Water (10 000 cu.m)	发电量 (万千瓦小时) Electricity (10 000 kwh)	小麦粉 (吨) Flour (ton)	啤 酒 (千升) Beer (kiloliter)	卷 烟 (万支) Cigarettes (10 000 pieces)	化学纤维 (吨) Chemical Fiber (ton)	布 (万米) Cloth (10 000 m)
1979		609					
1980		437					
1981		608					
1982		1 152					
1983		1 322					
1984		1 261			27 570		
1985		1 012			45 500		
1986	7 051	3 130			52 225		
1987	8 617	4 408			75 000	3 731	280
1988	13 060	2 508	16 794		252 255	4 190	925
1989	19 962	1 124	17 285		303 825	4 451	380
1990	19 736	31 065	21 155		380 820	5 050	631
1991	24 446	107 727	35 151		430 000	7 694	1 872
1992	23 785	195 007	44 302	57 256	442 500	7 637	30 484
1993	30 335	416 568	72 252	76 715	472 575	14 194	3 907
1994	43 425	1 739 463	75 536	82 128	472 915	19 768	2 674
1995	50 151	1 652 038	92 977	101 425	522 800	22 348	4 413
1996	53 691	1 873 881	219 700	125 302	594 120	17 576	106
1997	60 408	1 960 433	273 300	131 346	629 205	20 243	2 375
1998	62 585	2 150 147	250 000	152 279	756 095	13 271	1 716
1999	66 816	2 380 518	287 400	150 880	943 600	14 543	3 200
2000	75 547	2 618 545	229 000	250 417	1 044 490	14 368	2 356
2001	93 047	2 737 802	360 000	275 180	1 145 465	13 805	1 940
2002	113 315	3 515 696	346 000	334 590	1 175 810	13 821	2 247
2003	123 709	4 846 256	328 200	396 150	1 207 066	14 281	1 317
2004	119 510	5 220 982	313 300	477 766	1 277 700	15 083	2 697
2005	148 221	5 685 750	350 325	581 161	1 373 606	8 497	3 885
2006	141 218	5 472 103	351 289	574 554	1 454 359	4 913	2 210
2007	148 349	5 578 728	360 171	561 371	1 605 650	8 382	2 857
2008	150 221	5 844 154	368 498	473 027	1 656 000	1 115	2 541
2009	137 824	5 677 546	339 457	524 696	1 753 150	2 284	464
2010	153 218	5 778 497	324 406	597 184	1 817 025	7 627	1 904
2011	155 802	6 784 694	306 664	653 279	1 877 085	3 310	716
2012	159 944	7 001 845	442 134	623 503	1 919 220	4 548	775
2013	159 177	6 796 228	457 511	558 856	1 951 555	4 988	1 398
2014	162 415	6 959 097	355 599	513 932	1 937 700	6 037	1 474
2015	148 257	6 819 392	365 403	445 595	1 890 210	5 621	687

年 份 Year	印染布 (万米) Printed and Dyed Fabric (10 000 m)	服 装 (万件) Garments (10 000 pieces)	塑料制品 (吨) Plastic Products (ton)
1979			
1980			
1981			
1982			
1983			
1984	4 321	649	16 419
1985	5 271	1 004	
1986	5 731	7 988	16 419
1987	6 655	8 008	28 572
1988	6 708	12 828	44 359
1989	8 344	9 931	73 945
1990	9 212	29 333	103 779
1991	14 869	16 437	233 094
1992	16 161	18 857	244 000
1993	22 918	27 026	290 508
1994	7 627	36 314	375 757
1995	20 991	25 938	449 183
1996	22 543	38 196	411 132
1997	18 522	32 089	387 692
1998	20 191	32 119	256 327
1999	16 670	25 667	378 099
2000	13 614	24 242	464 617
2001	13 338	14 509	722 024
2002	14 082	14 344	611 619
2003	15 502	18 559	669 683
2004	12 873	17 536	644 751
2005	11 351	25 281	760 206
2006	8 917	32 104	1 276 641
2007	3 531	31 611	1 119 397
2008	1 865	31 711	1 296 995
2009	1 322	35 441	1 396 805
2010	1 593	27 217	1 190 914
2011	498	19 212	1 337 546
2012	440	17 408	1 024 870
2013	325	15 130	888 056
2014	1 155	17 005	836 216
2015	1 291	21 628	728 073

年 份 Year	平板玻璃 (万重量箱) Plate Glass (10 000 wt.cases)	铝材 (吨) Aluminium (ton)	两轮脚踏自行车(万辆) Bicycles (10 000 sets)	表 (万只) Watches (10 000 units)	照相机 (万台) Cameras (10 000 sets)	家用电风扇 (万台) Electric Fans (10 000 sets)	电话单机 (万部) Telephone Sets (10 000 units)
1979							
1980							
1981							
1982							
1983							
1984			2.03	339.68		0.57	9.77
1985			4.31	3 447.58		40.87	123.22
1986		5 566	14.13	11 020.66	160.15	66.60	144.75
1987	58	6 805	41.29	11 688.16	44.24	248.01	498.94
1988	186	6 808	60.39	11 014.49	348.25	368.60	815.76
1989	230	7 399	82.01	8 318.00	159.96	323.31	926.10
1990	207	10 799	128.20	10 060.00	519.95	379.30	1 019.21
1991	238	14 361	257.78	9 646.00	423.12	407.58	1 360.80
1992	269	18 985	272.08	17 593.65	813.76	152.73	1 461.59
1993	265	21 540	288.41	22 875.39	1 247.89	433.59	2 292.50
1994	259	19 618	238.94	27 344.89	1 277.61	1 132.43	2 592.38
1995	272	19 633	215.56	24 542.05	252.57	907.35	3 902.49
1996	272	25 356	140.52	28 667.91	1 636.74	818.76	4 080.80
1997	385	23 874	123.38	16 629.66	1 531.48	845.18	4 506.65
1998	238	19 632	156.96	12 665.44	2 346.95	650.48	2 741.97
1999	273	24 408	210.99	11 593.89	1 551.80	544.74	2 711.82
2000	288	27 271	239.60	9 126.00	942.83	901.04	2 809.58
2001	217	29 379	172.66	7 908.37	642.03	753.09	2 965.67
2002	317	46 746	319.67	7 575.78	312.83	1 129.22	4 091.29
2003	322	56 805	636.70	7 100.70	428.95	1 202.76	4 947.64
2004	367	43 274	586.47	5 790.44	341.25	1 127.19	4 894.31
2005	725	43 823	665.75	7 183.60	1 207.88	958.54	6 579.87
2006	634	61 578	742.84	8 021.58	1 082.41	1 425.82	7 444.34
2007	940	6 1606	593.53	7 003.35	880.47	1 403.87	7 055.94
2008	1 009	7 7847	615.28	6 438.34	887.06	1 559.63	6 283.11
2009	759	48 087	398.60	7 991.26	793.86	1 457.34	5 312.90
2010	349	53 653	486.50	8 515.91	785.71	1 393.28	5 559.25
2011	669	35 014	438.43	7 155.89	631.57	1 975.53	3 229.52
2012	718	13 930	379.08	6 557.43	493.35	1 771.45	3 382.70
2013	658	8 580	347.82	6 399.28	404.51	1 809.56	3 139.46
2014	10	10 454	310.95	7 953.13	317.91	1 790.29	2 711.63
2015	5	6 292	279.77	7 659.11	223.61	1 639.74	2 362.04

年 份 Year	微型计算机 (台) Micro Computers (unit)	打印机 (万部) Printers (10 000 units)	彩色电视机（万台） Color TV Sets (10 000 sets)
1979			
1980			
1981			0.70
1982			0.62
1983	71.00		1.23
1984	4 357		18.25
1985	1 575		48.10
1986	6 617		61.39
1987	2 728		101.64
1988	2 788		155.90
1989	15 955		137.38
1990	17 622		228.67
1991	62 440		288.08
1992	31 357		272.12
1993	27 836		269.33
1994	51 877		251.42
1995	194 131	194.84	373.50
1996	312 687	193.06	540.62
1997	568 681	433.50	519.63
1998	464 614	584.76	491.85
1999	834 476	315.68	834.13
2000	1 074 486	507.62	753.97
2001	1 642 151	695.00	659.50
2002	3 076 052	469.20	1 297.35
2003	4 866 723	570.30	1 820.33
2004	7 350 491	592.73	1 857.02
2005	11 435 877	984.50	1 964.43
2006	13 633 633	835.33	2 071.14
2007	8 947 600	1 041.78	1 803.85
2008	9 662 828	1 452.97	2 003.47
2009	18 023 372	1 493.84	1 910.03
2010	34 032 969	1 973.98	2 043.61
2011	41 718 350	1 810.97	2 203.07
2012	52 285 567	2 266.73	3 237.51
2013	19 100 994	1 721.10	3 320.12
2014	26 073 252	1 607.62	3 714.14
2015	27 793 649	1 304.84	3 545.93

4-14 续表 4 continued

年 份 Year	电子元件 (万只) Electronic Units (10 000 units)	硬盘存储器 (万部) Hard Drives (10 000 units)	集成电路 (万块) Semiconductor Integrated Circuit (10 000 units)	程控交换机 (万线) Telephone Exchanges (10 000 lines)
1979				
1980				
1981				
1982				
1983				
1984				
1985				
1986	15 584			
1987	7 823			
1988	73 316			
1989	112 921		513	
1990	309 649		998	
1991	332 657		1 357	
1992	522 291		1 164	
1993	708 147		1 520	105.30
1994	1 561 900		2 263	209.70
1995	9 681 839	199.47	14 558	269.13
1996	1 403 557	440.86	22 471	331.74
1997	1 491 620	841.39	14 346	647.35
1998	1 390 107	770.54	23 976	1 515.69
1999	262 057	699.36	64 232	1 962.38
2000	527 216	867.07	87 598	3 535.33
2001	746 630	1 116.60	96 122	2 994.30
2002	1 334 537	480.04	134 966	1 856.47
2003	1 294 335	766.60	182 340	2 919.57
2004	549 722	831.71	255 504	1 976.65
2005	2 600 991	2 267.05	268 006	2 644.04
2006	10 104 734	2 035.33	604 302	1 625.75
2007	11 445 606	3 746.12	619 532	1 747.76
2008	9 138 530	5 225.41	828 381	1 960.98
2009	10 557 452	5 509.84	737 265	1 745.46
2010	21 862 763	6 866.21	1 240 820	1 526.23
2011	21 382 825	7 149.85	1 589 988	2 155.78
2012	17 486 985	8 218.81	1 424 912	1 213.55
2013	17 415 795	6 850.58	1 455 794	1 645.30
2014	14 921 810	6 264.78	1 481 497	1 527.43
2015	11 191 275	4 440.19	1 311 268	1 179.82

4-15 全社会能耗水平

ENERGY CONSUMPTION LEVEL OF THE WHOLE SOCIETY

年 份 Year	单位GDP能耗 Energy Consumption per Unit of GDP		单位工业增加值能耗 Energy Consumption per Unit of Value-added of Industry		单位GDP电耗 Electricity Consumption per Unit of GDP	
	指标值 (吨标准煤/万元) Equivalent value (ton of SCE/ 10 000 yuan)	上升或下降 Change (±%)	指标值 (吨标准煤/万元) Equivalent value (ton of SCE/ 10 000 yuan)	上升或下降 Change (±%)	指标值 (千瓦时/万元) Equivalent value (Kwh/10 000 yuan)	上升或下降 Change (±%)
2005	0.593		0.598		889.10	
2006	0.576	-2.81	0.572	-3.04	844.10	-5.06
2007	0.560	-2.76	0.551	-3.76	848.80	0.54
2008	0.544	-2.90	0.530	-4.46	785.50	-7.46
2009	0.529	-2.76	0.511	-3.59	712.37	-9.33
2010	0.513	-2.94	0.492	-3.72	720.33	1.12
2011	0.472	-4.39		-24.02		-4.69
2012	0.451	-4.51		-12.68		-3.28
2013	0.428	-5.12		-9.49		-8.30
2014		4.35		-8.45		-0.65
2015		-3.26		-11.07		-5.01

注：1.单位GDP能耗数据2005-2009年采用的GDP为2005年可比价，2010-2014年采用的是2010年可比价。

Note: The data of Energy Consumption per Unit of GDP from 2005 to 2009 are calculated at 2005 constant prices of GDP,from 2010 to 2014 at 2010 constant prices of GDP.

2.单位GDP能耗的历史数据尚未根据第三次全国经济普查资料作出修订。

The data of Energy Consumption per Unit of GDP before 2014 have not adjusted by the 3rd National Economic Census.

4-16 主要能源按工业行业分组消费量（2015年）
CONSUMPTION OF ENERGY BY SECTOR（2015）

单位：吨 （ton）

项 目	Item	原 煤 Coal	原 油 Crude Oil	汽 油 Gasoline	煤 油 Kerosene
全部工业企业	**Total Consumption**	**3 335 630.97**	**185 537.82**	**85 367.30**	**946.23**
一、按轻、重工业分	**Grouped by Light and Heavy Industry**				
1．轻工业	Light Industry	2 663.97		27 480.92	614.57
2．重工业	Heavy Industry	3 332 967.00	185 537.82	57 886.38	331.66
二、按工业行业大类分	**Grouped by Sector**				
(一)采矿业	Mining and Quarrying		185 537.82	103.98	
煤炭开采和洗选业	Mining and Washing of Coal				
石油和天然气开采业	Extraction of Petroleum and Natural Gas		185 537.82		
黑色金属矿采选业	Mining and Processing of Ferrous Metal Ores				
有色金属矿采选业	Mining and Processing of Nonferrous Metal Ores				
非金属矿采选业	Mining and Processing of Nonmetal Ores				
开采辅助活动	Support Activies of Mining			103.98	
其他采矿业	Mining and Processing of Other Ores				
(二)制造业	Manufacturing	12 926.97		82 189.99	946.23
农副食品加工业	Processing of Food from Agricultural Products			321.57	
食品制造业	Manufacture of Foods			301.38	1.00
酒、饮料和精制茶制造业	Manufacture of Wine, Beverages and Refined Tea			311.14	
烟草制品业	Manufacture of Tobacco			115.53	
纺织业	Manufacture of Textile			411.10	
纺织服装、服饰业	Manufacture of Textile Wearing Apparel,Footware and Caps			1 598.84	
皮革、毛皮、羽毛及其制品和制鞋业	Manufacture of Leather, Fur, Feather and Related Products			602.07	
木材加工及木、竹、藤、棕、草制品业	Processing of Timber, Manufacture of Wood, Bamboo, Rattan, Palm Fiber & Straw Products			137.02	5.50
家具制造业	Manufacture of Furniture			1 338.08	
造纸及纸制品业	Manufacture of Paper and Paper Products	828.55		1 524.32	
印刷和记录媒介复制业	Printing and Record Medium Reproduction			2 859.05	

单位：吨　　4-16 续表 1 continued (ton)

项目 Item		原煤 Coal	原油 Crude Oil	汽油 Gasoline	煤油 Kerosene
文教、工美、体育和娱乐用品制造业	Manufacture of Cultural, Educational and Sports Articles			3 048.70	
石油加工、炼焦及核燃料加工业	Processing of Petroleum, Coking and Nuclear Fuel Processing			45.45	
化学原料及化学制品制造业	Manufacture of Raw Chemical Materials and Chemical Products	917.00		2 633.64	571.73
医药制造业	Manufacture of Medicines			352.23	
化学纤维制造业	Manufacture of Chemical Fibers			12.23	
橡胶和塑料制品业	Manufacture of Rubber	9 346.00		6 166.99	61.70
非金属矿物制品业	Manufacture of Non-metallic Mineral Products			1 204.38	
黑色金属冶炼及压延加工业	Smelting and Pressing of Ferrous Metals			281.87	
有色金属冶炼及压延加工业	Smelting and Pressing of Nonferrous Metals			748.01	0.80
金属制品业	Manufacture of Metal Products			3 863.09	51.38
通用设备制造业	Manufacture of General-purpose Machinery			5 309.98	68.64
专用设备制造业	Manufacture of Special-purpose Machinery			5 441.41	122.00
汽车制造业	Manufacfuer of Automobiles			2 284.69	11.85
铁路、船舶、航空航天和其他运输设备制造业	Manufacture of Railways Ships Aerospace and Other Transport Equipment	793.00		394.81	2.58
电气机械及器材制造业	Manufacture of Electrical Machinery and Equipment	1 042.42		10 719.66	14.18
计算机、通信和其他电子设备制造业	Manufacture of Communication Equipment, Computers and Other Electronic Equipment			27 515.95	31.47
仪器仪表制造业	Manufacture of Measuring Instruments			1 965.14	3.40
其他制造业	Other Manufacturing			609.59	
废弃资源综合利用业	Recycling and Disposal of Waste			12.58	
金属制品、机械和设备修理业	Manufacture of Metal Products,Machinery and Equipment Repair			59.49	
(三)电力、燃气及水的生产和供应业	Production and Distribution of Electricity Heat,Gas and Water	3 322 704.00		3 073.33	
电力、热力的生产和供应业	Production and Supply of Electric Power and Heat Power	3 322 704.00		1 149.18	
燃气生产和供应业	Production and Supply of Gas			139.18	
水的生产和供应业	Production and Supply of Water			1 784.97	

单位：吨　　　　　　　　　　　　　　　　　　　　　　　　　　　4-16 续表 2 continued (ton)

项　目	Item	柴　油 Diesel Oil	燃料油 Fuel Oil	液化石油气 Liquefied Petroleum Gas	天然气（万立方米）Natural Gas (10 000 cu.m)	电　力（万千瓦时）Electricity (10 000 Kwh)
全部工业企业	**Total Consumption**	**173 164.05**	**1 870.89**	**16 427.26**	**253 664.95**	**3 014 367.59**
一、按轻、重工业分	**Grouped by Light and Heavy Industry**					
1．轻工业	Light Industry	35 828.53	633.62	8 242.79	8 750.68	748 933.29
2．重工业	Heavy Industry	137 335.52	1 237.27	8 184.47	244 914.27	2 265 434.30
二、按工业行业大类分	**Grouped by Sector**					
(一)采矿业	Mining and Quarrying	58 594.00	99.00		15 601.25	1 059.42
煤炭开采和洗选业	Mining and Washing of Coal					
石油和天然气开采业	Extraction of Petroleum and Natural Gas	56 642.00	99.00		15 601.25	975.22
黑色金属矿采选业	Mining and Processing of Ferrous Metal Ores					
有色金属矿采选业	Mining and Processing of Nonferrous Metal Ores					
非金属矿采选业	Mining and Processing of Nonmetal Ores					
开采辅助活动	Support Activies of Mining	1 952.00				84.20
其他采矿业	Mining and Processing of Other Ores					
(二)制造业	Manufacturing	111 381.16	1 771.89	16 420.46	17 991.31	2 574 621.04
农副食品加工业	Processing of Food from Agricultural Products	1 318.34	313.00	291.47	655.62	16 101.38
食品制造业	Manufacture of Foods	1 430.77		260.04	893.59	13 211.61
酒、饮料和精制茶制造业	Manufacture of Wine, Beverages and Refined Tea	496.85		121.43	1 510.06	17 176.28
烟草制品业	Manufacture of Tobacco	4.71			133.04	1 585.67
纺织业	Manufacture of Textile	1 149.38	58.17	164.00	439.29	17 492.25
纺织服装、服饰业	Manufacture of Textile Wearing Apparel,Footware and Caps	2 332.85	12.33		328.38	32 085.94
皮革、毛皮、羽毛及其制品和制鞋业	Manufacture of Leather, Fur, Feather and Related Products	491.26		30.82	87.97	14 137.41
木材加工及木、竹、藤、棕、草制品业	Processing of Timber, Manufacture of Wood, Bamboo, Rattan, Palm Fiber & Straw Products	274.06		4.62	4.63	3 157.45
家具制造业	Manufacture of Furniture	1 576.29	5.84	641.65	81.00	20 162.70
造纸及纸制品业	Manufacture of Paper and Paper Products	5 034.41	57.54	466.49	360.96	23 062.80
印刷和记录媒介复制业	Printing and Record Medium Reproduction	2 255.58	27.15	47.79	213.17	50 382.40

单位：吨 4-16 续表 3 continued (ton)

项 目 Item		柴 油 Oiesel Oil	燃料油 Fuel Oil	液化石油气 Liquefied Petroleum Gas	天然气（万立方米）Natural Gas (10 000 cu.m)	电 力（万千瓦时）Electricity (10 000 Kwh)
文教、工美、体育和娱乐用品制造业	Manufacture of Cultural, Educational and Sports Articles	2 736.36	61.46	219.09	212.53	61 555.69
石油加工、炼焦及核燃料加工业	Processing of Petroleum, Coking and Nuclear Fuel Processing	459.55				215.46
化学原料及化学制品制造业	Manufacture of Raw Chemical Materials and Chemical Products	5 100.34		65.74	131.12	39 772.01
医药制造业	Manufacture of Medicines	503.68			1 076.76	19 214.60
化学纤维制造业	Manufacture of Chemical Fibers	2.50		208.92	89.35	2 672.36
橡胶和塑料制品业	Manufacture of Rubber	9 148.69	208.80	761.21	2 230.32	248 809.79
非金属矿物制品业	Manufacture of Non-metallic Mineral Products	29 003.84	78.45	1 976.62	996.01	111 776.75
黑色金属冶炼及压延加工业	Smelting and Pressing of Ferrous Metals	130.68			708.42	10 243.19
有色金属冶炼及压延加工业	Smelting and Pressing of Nonferrous Metals	2 349.25		4.46	358.42	15 408.05
金属制品业	Manufacture of Metal Products	12 779.59	224.41	2 025.16	2 161.44	125 255.78
通用设备制造业	Manufacture of General-purpose Machinery	5 150.84		1 174.48	179.97	70 249.70
专用设备制造业	Manufacture of Special-purpose Machinery	2 647.27	383.00	229.63	233.59	120 087.07
汽车制造业	Manufacfuer of Automobiles	837.17		191.69	1 341.14	66 164.75
铁路、船舶、航空航天和其他运输设备制造业	Manufacture of Railways Ships Aerospace and Other Transport Equipment	2 215.34		3 775.14	807.94	25 168.88
电气机械及器材制造业	Manufacture of Electrical Machinery and Equipment	7 008.55	51.70	1 186.52	529.44	299 042.20
计算机、通信和其他电子设备制造业	Manufacture of Communication Equipment, Computers and Other Electronic Equipment	13 647.54	290.04	2 532.75	1 973.68	1 096 805.25
仪器仪表制造业	Manufacture of Measuring Instruments	692.06		.62	39.47	41 366.41
其他制造业	Other Manufacturing	495.67		40.12	214.00	10 451.13
废弃资源综合利用业	Recycling and Disposal of Waste	68.50				119.17
金属制品、机械和设备修理业	Manufacture of Metal Products,Machinery and Equipment Repair	39.24				1 686.91
(三)电力、燃气及水的生产和供应业	Production and Distribution of Electricity Heat,Gas and Water	3 188.89		6.80	220 072.39	438 687.13
电力、热力的生产和供应业	Production and Supply of Electric Power and Heat Power	2 277.75			218 428.00	330 241.21
燃气生产和供应业	Production and Supply of Gas	315.88			1 644.39	8 180.83
水的生产和供应业	Production and Supply of Water	595.26		6.80		100 265.09

4-17 综合能源平衡表

OVERALL ENERGY BALANCE SHEET

单位：万吨标准煤 (10000 tons of SCE)

项目	Item	2010	2011	2012	2013	2014	2015
可供本地区消费的能源量	**Total Energy Available for Consumption by Locality**	**3268.85**	**3415.15**	**3507.01**	**3594.42**	**3711.72**	**3909.91**
年初库存量	Stock at the Year−beginning	200.23	189.71	187.37	188.61	172.85	189.17
一次能源生产量	Primary Energy Output	2608.98	2769.58	2541.63	2669.65	2761.70	3007.01
外省调入量	Allocation from Other Provinces	3173.16	3334.15	3486.23	3523.55	3685.25	3515.37
进口量	Imports	156.49	161.36	132.19	129.83	134.79	400.47
境内轮船和飞机在境外加油量	Petroleum Consumed by Chinese Airplanes and Ships Abroad	2.65	2.73	2.97	3.17	2.54	3.10
本省调出量(−)	Allocation over Other Provinces(−)	−2604.32	−2770.67	−2543.19	−2637.41	−2756.28	−2928.88
出口量(−)	Exports(−)	−63.30	−63.30	−91.22	−89.31	−80.49	−76.41
境外轮船和飞机在境内加油量(−)	Petroleum Consumed by Foreign Airplanes and Ships in China(−)	−15.33	−21.02	−20.38	−20.82	−19.48	−16.36
年末库存量(−)	Stock at the Year−end(−)	−189.71	−187.37	−188.61	−172.85	−189.17	−183.55
加工转换投入(-)产出(+)量	**Input Output in Processing and Transformation**		**-0.11**	**-0.03**			**-0.13**
火力发电	Thermal Power						
供热	Heating		−0.11	-0.03			−0.13
洗选煤	Coal Washing						
炼焦	Coking						
炼油	Petroleum Refining						
制气	Gas Production						
回收能	Recovery of Energy						

注：本表指标2010年口径与往年不同，含生物质能源消费量。

Note: Different from previous years, the coverage of 2010 includes the consumption of bioenergy. The same applies to all tables following.

单位：万吨标准煤　　　　4-17 续表 (10000 tons of SCE)

项 目	Item	2010	2011	2012	2013	2014	2015
损失量	**Losses**	**97.50**	**59.94**	**93.74**	**96.01**	**95.19**	**73.08**
#运输和输配损失	Losses in Transmission	97.50	59.94	93.74	96.01	95.19	73.08
终端消费量	**End-use**	**3171.35**	**3355.10**	**3413.24**	**3498.41**	**3616.53**	**3836.70**
第一产业	Primary Industry	8.38	7.17	6.48	0.92	11.13	10.86
农、林、牧、渔业	Farming, Forestry, Animal Husbandry and Fishery	8.38	7.17	6.48	0.92	11.13	10.86
第二产业	Secondary Industry	1461.17	1411.16	1410.34	1487.16	1685.27	1697.91
工业	Industry	1425.69	1375.95	1375.03	1442.67	1640.22	1651.18
#用作原材料、燃料	As Raw Materials and Fuel	6.24	8.16	1.64	1.64	0.99	1.08
建筑业	Construction	35.49	35.22	35.31	44.49	45.06	46.73
第三产业	Tertiary Industry	1270.50	1473.70	1469.17	1440.91	1337.70	1512.50
交通运输仓储及邮电通信业	Transport, Storage, Postal and Telecommunication Services	578.86	740.47	708.14	713.11	629.76	732.83
批发和零售贸易业、餐饮业	Wholesale and Retail Trade and Catering	393.37	402.67	404.37	387.89	373.27	420.53
其他	ServicesOthers	298.27	330.56	356.66	339.92	334.67	359.14
生活消费	Residential Consumption	431.29	463.07	527.25	569.42	582.42	615.43
城镇	Urban Areas	431.29	463.07	527.25	569.42	582.42	615.43
消费量合计	**Total Energy Consumption**	**3268.85**	**3415.15**	**3507.01**	**3594.42**	**3711.72**	**3909.91**

4-18 各区单位GDP能耗增长速度

ENERGY CONSUMPTION PER UNIT OF GDP BY DISTRICT

单位：%　　　　(%)

地 区	Region	2009	2010	2011	2012	2013	2014	2015
全 市	**Total**	**-2.76**	**-2.94**	**-4.39**	**-4.51**	**-5.12**	**-4.35**	**-3.26**
福田区	Futian	-2.76	-2.82	-3.45	-3.75	-4.24	-3.54	-2.50
罗湖区	Luohu	-2.56	-2.93	-3.21	-3.43	-3.81	-3.30	-2.49
盐田区	Yantian	-2.58	-4.05	-4.37	-4.62	-5.27	-4.51	-3.47
南山区	Nanshan	-2.76	-2.67	-4.36	-4.62	-5.27	-4.51	-3.42
新宝安区	New Baoan	-2.98	-3.93	-4.61	-4.76	-6.02	-5.10	-3.83
新龙岗区	New Longgang	-2.98	-3.33	-4.61	-4.79	-5.71	-4.81	-3.88
光明新区	Guangming			-4.41	-4.42	-5.19	-4.39	-3.21
坪山新区	Pingshan			-4.28	-4.46	-5.09	-4.38	-3.35
龙华新区	Longhua					-4.97	-4.30	-3.23
大鹏新区	Dapeng					-5.08	-4.32	-3.15

注：1、2009、2010年新宝安区数据含光明、龙华新区，新龙岗区数据含坪山、大鹏新区。
Note: The data of Guangming and Longhua are included in New Baoan;The data of Pingshan and Dapeng are included in New Longgang in 2009-2010.
2、2011、2012年新宝安区数据含龙华新区，新龙岗区数据含大鹏新区。
The data of Longhua are included in New Baoan;The data of Dapeng are included in New Longgang in 2011-2012.

4-19 能源加工转换效率

EFFICIENCY OF ENERGY CONVERSION

单位：%　　　　　　　　　　　　　　　　　　　　　　　　　　　　　　　　　　　　(%)

年 份 Year	火力发电 Thermal Power Generation	供热 Heating
2005	40.23	
2006	40.16	
2007	39.74	
2008	40.26	
2009	41.78	
2010	43.54	
2011	43.26	69.18
2012	42.54	70.22
2013	41.53	
2014	42.18	
2015	42.30	69.53

4-20 能源消费弹性系数

ELASTICITY RATIO OF ENERGY CONSUMPTION

年 份 Year	能源消费 比上年增长 (%) Growth Rate of Energy Consumption over Preceding Year(%)	电力消费 比上年增长(%) Growth Rate of Electricity Consumption over Preceding Year(%)	本市生产总值 比上年增长(%) Growth Rate of Gross Domestic Product(GDP) over Preceding Year(%)	能源消费弹性系数 Elasticity Ratio of Energy Consumption	电力消费弹性系数 Elasticity Ratio of Electricity Consumption
2005	9.8	12.8	15.1	0.65	0.85
2006	13.3	10.7	16.6	0.80	0.64
2007	11.6	16.5	14.8	0.79	1.12
2008	8.8	2.8	12.1	0.73	0.23
2009	7.8	0.3	10.8	0.72	0.03
2010	9.1	13.3	12.4	0.73	1.08
2011	4.5	4.9	10.0	0.45	0.49
2012	2.7	3.7	10.0	0.27	0.37
2013	2.5	1.1	10.5	0.24	0.10
2014	3.3	8.1	8.8	0.37	0.92
2015	5.3	2.3	8.9	0.60	0.26

主要统计指标解释

工业 指从事自然资源的开采，对采掘品和农产品进行加工和再加工的物质生产部门。具体包括：(1)对自然资源的开采，如采矿、晒盐、森林采伐等（但不包括禽兽捕猎和水产捕捞）；(2)对农副产品的加工、再加工，如粮油加工、食品加工、轧花、缫丝、纺织、制革等；(3)对采掘品的加工、再加工，如炼铁、炼钢、化工生产、石油加工、机器制造、木材加工等，以及电力、自来水、煤气的生产和供应等；(4)对工业品的修理、翻新，如机器设备的修理、交通运输工具（包括小卧车）的修理等。

1984年以前农村的村及村以下办工业归属农业，1984年以后划归工业。

轻工业 指主要提供生活消费品和制作手工工具的工业。按其所使用的原料不同，可分为两大类：(1)以农产品为原料的轻工业，是指直接或间接以农产品为基本原料的轻工业。主要包括食品制造、饮料制造、烟草加工、纺织、缝纫、皮革和毛皮制作、造纸以及印刷等工业；(2)以非农产品为原料的轻工业，是指以工业品为原料的轻工业。主要包括文教体育用品、化学药品制造、合成纤维制造、日用化学制品、日用玻璃制品、日用金属制品、手工工具制造、医疗器械制造、文化和办公用机械制造等工业。

重工业 是指为国民经济各部门提供物质技术基础的主要生产资料的工业。按其生产性质和产品用途，可分为下列三类：(1)采掘（伐）工业，是指对自然资源的开采，包括石油开采、煤炭开采、金属矿开采、非金属矿开采和木材采伐等工业；(2)原材料工业，指向国民经济各部门提供基本材料、动力和燃料的工业。包括金属冶炼及加工、炼焦及焦炭化学、化工原料、水泥、人造板以及电力、石油和煤炭加工等工业；(3)加工工业，是指对工业原材料进行再加工制造的工业。包括装备国民经济各部门的机械设备制造工业、金属结构、水泥制品等工业，以及为农业提供的生产资料如化肥、农药等工业。　根据上述划分原则，修理业中以重工业产品为修理作业对象的划为重工业，反之划为轻工业。

工业总产值 是以货币表现的工业企业在一定时期内生产的已出售或可供出售工业产品总量，它反映一定时间内工业生产的总规模和总水平。它包括：在本企业内不再进行加工，经检验、包装入库（规定不需包装的产品除外）的成品价值，对外加工费收入，自制半成品、在产品期末期初差额价值。工业总产值采用“工厂法”计算，即以工业企业作为一个整体，按企业工业生产活动的最终成果来计算，企业内部不允许重复计算，不能把企业内部各个车间（分厂）生产的成果相加。但在企业之间、行业之间、地区之间存在着重复计算。

轻重工业总产值的划分也是按“工厂法”计算的，即一个工业企业在正常情况下生产的主要产品的性质属于轻工业，则该企业的全部总产值作为轻工业总产值；一个工业企业生产的主要产品的性质属于重工业，则该企业的全部总产值作为重工业总产值。

工业销售产值（当年价格） 是以货币形式表现的，工业企业在本年内销售的本企业生产的工业产品或提供工业性劳务价值的总价值量。工业销售产值包括的内容为：

1. 销售成品价值：指企业在报告期内实际销售（包括本期生产和非本期生产）的全部成品、半成品的总价值，即按报告期产品的实际销售数量乘以不含增值税（销项税额）的产品实际销售平均单价计算。销售成品价值中包括企业生产的自制设备及提供给本企业在建工程、其他非工业部门和生活福利部门等单位使用的成品价值，但不包括用订货者来料加工，并且只收取加工费的成品（半成品）价值。

2. 对外加工费收入：指企业在报告期内完成的对外承接的工业品加工（包括用定货者来料加工的产品）的加工费收入；对外工业品修理作业可收取的加工费收入和对内非工业部门提供的加工修理、设备安装等收入。对外加工费收入按不含增值税（销项税额）的价格计算。

对于以对外加工生产为主，对外加工费收入所占比重较大的企业，如果对外加工费收入出现跨年度支付的情况，为保证总产值生产口径计算的准确性，则应将对外加工费收入按实际情况调整，记录本年应实际收取的对外加工费收入。

工业增加值　是指工业行业在报告期内以货币表现的工业生产活动的最终成果，是企业全部生产活动的总成果扣除了在生产过程中消耗或转移的物质产品和劳务价值后的余额，是企业生产过程中新增加的价值。

计算工业增加值通常采用两种方法。

一是“生产法”，即从工业生产过程中产品和劳务价值形成的角度入手，剔除生产环节中间投入的价值，从而得到新增价值的方法。公式为：

工业增加值＝工业总产值－工业中间投入＋本期应交增值税

二是“收入法”，即从工业生产过程中创造的原始收入初次分配的角度，对工业生产活动最终成果进行核算的一种方法，其计算公式为：

工业增加值＝固定资产折旧＋劳动者报酬＋生产税净额＋营业盈余

应收账款净额　指企业因销售商品、产品、提供劳务等，应向购货单位或接受劳务单位收取款项。该指标根据会计“资产负债表”中“应收账款”项的年末数填报。

资产合计　指企业拥有或控制的能以货币计量的经济资源，包括各种财产、债权和其他权利。资产按其流动性(即资产的变现能力和支付能力)划分为：流动资产、长期投资、固定资产、无形资产、递延资产和其他资产。

负债合计　指企业所承担的能以货币计量，将以资产或劳务偿付的债务，偿还形式包括货币、资产或提供劳务。负债一般按偿还期长短分为流动负债和长期负债。

主营业务收入　是企业销售产品的销售收入和提供劳务等经营业务取得的业务收入。

主营业务成本　是指企业销售产品和提供劳务等主要经济业务的实际成本。

营业费用　指企业在销售商品过程中发生的各项费用以及为销售本企业商品而专设的销售机构（含销售网点、售后服务网点等）的经营费用。包括运输费、装卸费、包装费、保险费、广告费、业务费、差旅费、招待费、社保费等。

主营业务税金及附加　是指企业销售产品和提供劳务等主要经营业务应负担的城市维护建设税、消费税、资源税和教育费附加。

管理费用　指企业为组织和管理企业生产经营所发生的管理费用，包括企业的董事会和行政管理部门在企业经营管理中发生的，或者应当由企业统一负担的各项管理费用。包括行政管理部门职工工资、福利费、差旅费、办公费、会议费、印刷费、水电费、社保费、招待费、技术转让费等。

财务费用　指企业为筹集生产经营所需资金而发生的费用，包括企业生产经营期间发生的利息支出（减利息收入）、汇兑损失（减汇兑收益）以及相关的手续费等。

利润总额　指企业在生产经营过程中各种收入扣除各种耗费后的盈余，反映企业在报告期内实现的亏盈总额，包括营业利润、补贴收入、投资净收益和营业外收支净额。

利税总额　指企业利润总额、产品销售税金及附加和应交增值税之和。

成本费用利润率　是指工业企业投入生产成本及费用的经济效益，同时也反映企业降低成本所取得的经济效益。计算公式为：

$$成本费用利润率（\%）=\frac{利润总额}{成本费用总额}\times 100\%$$

成本费用总额为主营业务成本和营业费用、管理费用、财务费用三项期间费用。

流动资金周转率　是指一定时期内流动资产完成的周转次数，反映投入工业企业流动资金的周转速度，一般以一年时间内周转多少次表示。计算公式为：

$$流动资产周转率（次）=\frac{主营业务收入}{流动资产平均余额}$$

全员劳动生产率　是指反映企业的生产效率和劳动投入的经济效益。一般用平均每人一年创造的工业增加值表示。计算公式为：

$$全员劳动生产率（元/人）=\frac{工业增加值}{全部职工平均人数}\times 100\%$$

全部职工平均人数为企业在报告期内全部从业人员的平均人数，计算公式为：

$$全部从业人员年平均人数=\frac{1至12月全部从业人员平均人数之和}{12}$$

或：

$$全部从业人员年平均人数=\frac{1至12月各月月初、月末全部从业人员之和}{24}$$

资产负债率　是指反映企业经营风险的大小，反映企业利用债权人提供的资金从事经营活动的能力。计算公式为：

$$资产负债率（\%）=\frac{负债总计}{资产总计}\times 100\%$$

资产及负债均为报告期末数。

总资产贡献率　是指企业一定时期内全部资产获利能力，是企业经营业绩和管理水平的集中体现，是评价和考核企业盈利能力的核心指标。计算公式为：

$$总资产贡献率（\%）=\frac{利润总额+税金+利息支出}{平均资产总额}\times 100\%$$

税金总额为产品销售税金及附加与应交增值税之和，平均资产总额为期初、期末资产总计的算术平均值 。

资本保值增值率　是反映企业净资产变动状况的一个重要指标，是企业发展能力的集中体现。它是指期末所有者权益总额与上年同期期末所有者权益总额的比率。计算公式为：

$$资本保值增值率（\%）=\frac{报告期期末所有者权益}{上年同期期末所有者权益}\times 100\%$$

所有者权益等于资产总计减负债总计。

单位国内生产总值能耗　指一定时期内，一个国家或地区每生产一个单位的国内生产总值所消耗的能源。计算公式为：

$$单位国内生产总值能耗=\frac{能源消费总量}{国内生产总值}$$

单位国内生产总值电耗　指一定时期内，一个国家或地区每生产一个单位的国内生产总值所消耗的电力。计算公式为：

$$单位国内生产总值电耗=\frac{全社会用电量}{国内生产总值}$$

单位工业增加值能耗　指一定时期内，一个国家或地区每生产一个单位的工业增加值所消耗的能源。计算公式为：

$$单位工业增加值能耗=\frac{工业能源消费量}{工业增加值}$$

能源消费总量 指一定时期内全国（地区）生产和生活消费的各种能源的总和，是观察能源消费水平、构成和增长速度的总量指标，能源消费总量包括原煤和原油及其制品、天然气、电力。不包括低热值燃料、生物质能和太阳能等的利用。能源消费总量分为三部分，即终端能源消费量、能源加工转换损失量和损失量。

(1) 终端能源消费量 指一定时期内全国（地区）生产和生活消费的各种能源在扣除了用于加工转换二次能源消费量和损失量以后的数量。

(2) 能源加工转换损失量 指一定时期内全国（地区）投入加工转换的各种能源数量之和与产出各种能源产品之和的差额。它是观察能源在加工转换过程中损失量变化的指标。

(3) 能源损失量 指一定时期内能源在输送、分配、储存过程中发生的损失和由客观原因造成的各种损失量。不包括各种气体能源放空、放散量。

能源消费弹性系数 是反映能源消费增长速度与国民经济增长速度之间比例关系的指标。计算公式：

$$\text{能源消费弹性系数}=\frac{\text{能源消费增长速度}}{\text{国民经济增长速度}}$$

电力消费弹性系数 是反映电力消费增长速度与国民经济增长速度之间比例关系的指标。计算公式：

$$\text{电力消费弹性系数}=\frac{\text{电力消费量增长速度}}{\text{国民经济增长速度}}$$

能源加工转换效率 指一定时期内能源经过加工、转换后，产出的各种能源产品的数量与同期内投入加工转换的各种能源数量的比率。它是观察能源加工转换装置和生产工艺先进与落后、管理水平高低等的重要指标。计算公式：

$$\text{能源加工转换效率}=\frac{\text{能源加工、转换产出量}}{\text{能源加工、转换投入量}}\times 100\%$$

Explanatory Notes on Main Statistical Indicators

Industry refers to the material production sector which is engaged in extraction of natural resources and processing and reprocessing of minerals and agricultural products, including (1) extraction of natural resources, such as mining, salt production, and logging (but excluding hunting and fishing); (2) processing and reprocessing of farm and sideline produces, such as rice husking, flour milling, wine making, oil pressing, cotton ginning, silk reeling, spinning and weaving, and leather making; (3) manufacture of industrial products, such as steel making, iron smelting, chemicals manufacturing, petroleum processing, machine building, timber processing; and production and supply of electricity, water and gas; (4) repair and renovation of industrial products, such as the repair of machinery and means of transport (including cars).

Prior to 1984, industrial enterprises run by villages and cooperative organizations under village were classified into agriculture. Since 1984, these enterprises have been grouped into industry.

Light Industry refers to the industry that produces consumer goods and hand tools. It consists of two categories, depending on the materials used:

(1) Industries using farm products as raw materials. These are branches of light industry which directly or indirectly use farm products as basic raw materials, including the manufacture of food and beverages, tobacco processing, textile, clothing, fur and leather manufacturing, paper making, printing, etc.

(2) Industries using non−farm products as raw materials. These are branches of light industry which use manufactured goods as raw materials, including the manufacture of cultural, educational and sports articles, chemicals, synthetic fiber, chemical products for daily use, glass products for daily use, metal products for daily use, hand tools, medical apparatus and instruments, and the manufacture of cultural and clerical machinery.

Heavy Industry refers to the industry which produces capital goods and provides various sectors of the national economy with necessary material and technical basis. It consists of the following three branches according to the purpose of production or the use of products:

(1) Mining, quarrying and logging industry refers to the industry that extracts natural resources, including extraction of petroleum, coal, metal and non−metal ores, and logging.

(2) Raw materials industry refers to the industry that provides various sectors of the national economy with raw materials, fuels and power. It includes smelting and processing of metals, coking and coke chemistry, chemical materials and building materials such as cement, plywood, and power, petroleum refining and coal dressing.

(3) Manufacturing industry refers to the industry that processes raw materials. It includes machine−building industry which equips sectors of the national economy, industries of metal structure and cement products, industries producing means of agricultural production, such as chemical fertilizers and pesticides.

According to the above principle of classification, repairing trades engaged primarily in repairing products of heavy industry are classified into heavy industry, while those engaged in repairing products of light industry are classified into light industry.

Gross Industrial Output Value refers to the total volume of industrial products sold or available for sale in monetary terms during a given period, which reflects the total achievements and overall scale of industrial production during a given period. It includes the value of the finished products in the enterprises, which are not to be further processed and have been inspected, packed and put in storage (where applicable), the income from external processing and the value gain of semi-finished products at the end of the reference period over the beginning. The gross industrial output value is calculated by the factory approach, i.e. the whole industrial enterprise is regarded as the basic accounting unit in calculating the gross industrial output value. No double calculations are to be made within the same enterprise and the output value of different workshops (branch factories) should not be added. However, this approach does not exclude the possibility of double calculations between enterprises, sectors and regions.

Output value of light and heavy industries is also classified by the factory approach. Under normal conditions, if the major products of an industrial enterprise belong to light industry products, the gross output value of that enterprise is classified wholly into light industry; the same principle applies to heavy industry.

Sales Value of Industry (Current Price) refers to the total value of industrial products sold or industrial services provided in monetary terms within the current year. It includes:

(1) Sales Value of Finished Products. Sale value of finished products refers to the total value of finished and semi-finished products sold within the reporting period (including those produced within and outside the period). It equals the actual sales volume of products sold within the reporting period timing the actual average sales price (excluding value added or sales tax). It includes the equipment made by the enterprise itself, as well as the finished products provided to the projects under construction, non-industrial departments and welfare department, and excludes the value of finished or semi-finished products of external processing with supplied materials that produces only processing charges.

(2) Income from External Processing refers to income from contracted external processing of industrial products (including processing of industrial products using materials from the clients), and the income from industrial repairing work provided to other units. Income from external processing is calculated using information from the item "products sales income" in the enterprise accounting at the prices excluding value-added tax.

For an enterprise whose main business is external processing and the charges of external processing constitute a large proportion of its income, in case of cross-year payment, the income of external processing charges shall be adjusted and the actual income of external processing charges of the current year shall be recorded to ensure the accuracy of the coverage of gross industrial output.

Value-added of Industry refers to the final results of industrial production of industrial enterprises in monetary terms during the reference period. It equals to the total achievements of all industrial production minus the goods and services consumed or transferred during the industrial production of enterprises, in other terms the newly added value during the industrial production of enterprises. It is calculated by the following two approaches:

a) The production approach. The value added is calculated by taking the value of industrial intermediate input out of the final value of products and labor services that comes from industrial production. The formula used is:

Value-added of industry = gross industrial output − industrial intermediate input + value-added tax

b) The income approach. It is calculation of the final value of industrial activities by approaching the primary distribution of the primary income of industrial production. The formula used is:

Value-added of industry = depreciation of fixed assets + remuneration of laborers + net production tax+ operating surplus

Account Receivable refers to accounts receivable from purchasers or receivers due to the delivery of goods, products or services. The index is recorded in accordance with the year-end figure of Account Receivable of the balance sheet.

Total Assets refer to all economic resources, in monetary terms that is owned or controlled by enterprises including properties, creditors' equity and other economic rights of all forms. Classified by the degree of equitability, total assets include circulating assets, long−term investment, fixed assets, intangible assets and deferred assets, and other assets.

Total Liabilities refer to payable liabilities of enterprises that have to be repaid in terms of money, assets or labor services. In terms of payment, it can be classified as liquid liabilities, long−term liabilities and deferred taxes,etc.

Prime Operating Revenue refers to the revenue from the principal business, including the sales of products and from rendering of industrial services by industrial enterprises.

Prime Operating Cost refers to the actual cost of products sold and industrial services provided by industrial enterprises.

Business Cost refers to the costs from sales of commodities and the operational costs of sales agencies (including sales stores and service centers, etc.), including the costs of transport, loading, packaging, advertising, business operation, travelling, reception, social security, etc.

Tax and Extra Charges on Principal Business refer to the tax on city maintenance and construction, consumption tax, resources tax and extra charges for education, which should be borne by the enterprises in selling products and providing industrial services.

Management Cost refers to the costs of organizing and managing enterprise operation, including the operational cost of the board of directors and the executive body in management that shall be borne by the enterprise. Management costs include staff wages, welfare, the costs of administration, meeting, printing, water and electricity, social security, reception, technology transfer, etc.

Financial Cost refers to the cost from raising fund for production and operation, including expenditure of interests, loss of momentary exchange and related charges.

Total Profits refer to the profits gained by the enterprises.

Total Pre-Tax Profits refers to the sum of total profits, sales tax as well as additional and payable value−added taxes.

Ratio of Profits to Industrial Costs refers to the ratio of profits realized in a given period to the total production costs of industrial enterprises in the same period, which also reflects the economic benefit attained by the enterprises from reduced costs. This ratio is calculated as follows:

$$\text{Ratio of Profits to Industrial Costs}(\%) = \left(\frac{\text{Total Profits}}{\text{Total Costs}}\right) \times 100\%$$

where Total costs are the sum of cost of products sold, marketing cost, management cost and financial cost.

Number of Times of Turnover of Circulating Funds refers to the number of times in which turnover of circulating funds is completed in a given period of time, which reflects the speed of the turnover of circulating funds. It is expressed as times of turnover within a year and is calculated as follows:

$$\text{Number of Times of Turnover of Circulating Funds} = \left(\frac{\text{Sales Revenue of Products}}{\text{Average Balance of Total Number of Times of Turnover of Circulating Funds}}\right) \times 100\%$$

Value-added Labor Productivity reflects the production efficiency of the enterprise and economic benefit of its labor input. It is usually expressed as the industrial value–added created by an average member of an industrial enterprise in a year. The formula used is:

$$\text{Value-added Labor Productivity (yuan/person)} = \left(\frac{\text{Value-added of Industry}}{\text{Average Number of Staff and Workers}}\right)\times 100\%$$

Average Number of Staff and Workers refers to the average number of all employed persons by an industrial enterprise within the reference period. The formula used is:

$$\text{verage Number of Staff and Workers} = \frac{\text{Sum of Average Monthly Numbers from January to December}}{12}$$

Or

$$\text{verage Number of Staff and Workers} = \frac{\text{Sum of Average Numbers at the Beginning and End of Each Month from January to December}}{24}$$

Assets-Liability Ratio reflects both the operation risk and the capability of the enterprise in making use of the capital from the creditors. It is calculated as follows: where both assets and debts are figures at the end of the reference period.

$$\text{Assets-Liability Ratio(\%)} = \left(\frac{\text{Total Debts}}{\text{Total Assets}}\right)\times 100\%$$

Ratio of Total Assets to Industrial Output Value refers to the profit–making capability of all assets of the enterprise. As a core indicator for the evaluation and assessment of the profit–making potential of the enterprise, it is a focused reflection of the performance and management efficiency of the enterprise. This ratio is calculated as follows: where Total Taxes are the sum of tax and extra charges on the sales of products and value–added tax payable; and Average Assets are the arithmetic mean of beginning assets and ending assets.

$$\text{Ratio of Total Assets to Industrial Output Value} = \left(\frac{\text{Total Profits} + \text{Total Taxes} + \text{Interst Expenditure}}{\text{Average Assets}}\right)\times 100\%$$

Assets-Liability Ratio reflects both the operation risk and the capability of the enterprise in making use of the capital from the creditors. It is calculated as follows: where both assets and debts are figures at the end of the reference period.

$$\text{Assets-Liability Ratio(\%)} = \left(\frac{\text{Total Debts}}{\text{Total Assets}}\right)\times 100\%$$

Ratio of Capital Maintenance and Appreciation is an important indicator of the changes of net assets of an enterprise and a focused reflection of the development capability of enterprises. It is the ratio of total creditors' equity at the end of the reference period to that of the same period of the previous year, calculated as follows:

$$\text{Ratio of Capital Maintenance and Appreciatin} = \left(\frac{\text{Total Creditors' Equity at the End of the Reference Period}}{\text{Total Creditors' Equity ofthe Same Period of the Previous Year}}\right)\times 100\%$$

where Creditors' equity is equal to the total assets of the enterprise minus its total liabilities.

Energy Consumption per Unit of GDP refers to the energy consumption per unit of Gross Domestic Product in a country or the Gross Regional Product in a region in the same reference period. The formula is:

$$\text{Energy Consumption per Unit of GDP} = \frac{\text{Total Energy Consumption}}{\text{Cross Domestic Product}}$$

Electricity Consumption per Unit of GDP refers to the electricity consumption per unit of Gross Domestic Product in a country or the Gross Regional Product in a region in the same reference period. The formula is:

$$\text{Electricity Consumption per Unitof GDP} = \frac{\text{Total Electricity Consumption}}{\text{Cross Domestic Product}}$$

Energy Consumption per Unit of Industrial Value-added refers to the energy consumption per unit of industrial value–added in a country or region in the same reference period. The formula is:

$$\frac{\text{Energy Consumption}}{\text{Unit of Industrial Value - added}} = \frac{\text{Total Energy Consumption}}{\text{Industrial Value - added}}$$

Total Domestic Energy Consumption refers to the total consumption of energy of various kinds by production sectors and households in the country (region) in a given period of time. It is a comprehensive indicator of the scale, composition and development speed of energy consumption. The total energy consumption includes that of coal, crude oil and their products, natural gas and electricity, but excludes the consumption of fuel of low calorific value, bioenergy and solar energy. Total domestic energy consumption can be divided into three parts:

(1) Final Energy Consumption: This refers to the total energy consumption by production sectors and households in the country (region) in a given period of time, excluding primary energy consumption and loss in the process of conversion into secondary energy.

(2)Loss During the Process of Energy Conversion: This refers to the total input of various kinds of energy for conversion minus the total output of various kinds of energy in the country (region) in a given period of time. It is an indicator of the loss that occurs during the process of energy conversion.

(3)Loss: This refers to the total loss of energy during the course of energy transmission, distribution and storage and the loss caused by any objective reason in a given period of time, excluding the loss of various kinds of gas due to gas discharges and stocktaking.

Elasticity Ratio of Energy Consumption is an indicator of the relationship between the growth rate of energy consumption and the growth rate of the national economy. The formula is:

$$\text{Elasticity Ratio of Energy Consumption} = \frac{\text{Growth Rate of Energy Consumption}}{\text{Growth Rate of National Economy}}$$

Elasticity Ratio of Electricity Consumption is an indicator of the relationship between the growth rate of electricity consumption and the growth rate of the national economy. The formula is:

$$\text{Elasticity Ratio of Elcctricity Consumption} = \frac{\text{Growth Rate of Electricity Consumption}}{\text{Growth Rate of National Economy}}$$

Efficiency of Energy Processing and Conversion refers to the ratio of the total output of energy products of various kinds after processing and conversion to the total input of energy of various kinds for processing and conversion in the same reference period. It is an important indicator of the current conditions of energy processing and conversion equipment, production technique and management. The formula is:

$$\text{Efficiency of Energy Processing \& Conversion} = \frac{\text{Output of Energy after Processing \& Conversion}}{\text{Input of Energy for Processing \& Conversion}} \times 100\%$$

05 第五部分 建筑业

CONSTRUCTION

CHAPTER

5-1 建筑企业主要经济指标

MAIN ECONOMIC INDICATORS ON CONSTRUCTION ENTERPRISES

指标	Indicators	2011	2012	2013	2014	2015
建筑业企业个数（个）	Number of Construction Enterprises(unit)	795	796	862	778	817
年末从业人员（万人）	Number of Year-end Employed Persons(10 000persons)	43.84	51.23	53.99	45.47	60.32
资产合计（亿元）	Total Assets(100 million yuan)	1 553.97	1 759.67	2 194.62	2 475.79	2 849.27
固定资产原价（亿元）	Original Value of Fixed Assets(100 million yuan)	150.66	149.81	175.40	183.02	180.29
自有机械设备台数（万台）	Number of Machinery and Equipment Owned(10 000 sets)	8.12	12.80	6.42		4.19
自有机械净值（亿元）	Net value of Machinery and Equipment Owned(100 million yuan)	29.15	36.68	38.58		16.34
自有机械设备总功率（万千瓦）	Total Power of Machiner and Equipment Owned(10 000 kw)	168.65	537.88	130.45		134.82
建筑业总产值（亿元）	Gross Output Value of Construction (100 million yuan)	1 942.29	2 086.99	2 430.60	2 194.74	2 237.99
# 建筑工程产值（亿元）	Output Value of Construction(100 million yuan)	1 702.16	1 811.93	2 106.54	1 869.74	1 905.58
安装工程产值（亿元）	Output Value of Installation(100 million yuan)	196.92	208.42	260.23	249.39	237.87
其他产值（亿元）	Others(100 million yuan)	43.21	66.64	63.83	75.61	94.54
本年固定资产折旧（亿元）	Depreciation of Fixed Assets in the year (100 million yuan)	9.43	10.54	12.69	12.01	10.57
本年应付工资总额（亿元）	Total Wages in the Year(100 million yuan)	141.91	313.57	353.79	346.32	348.90
工程结算税金及附加（亿元）	Taxes and Extra Charges on Project Settle Accounts(100 million yuan)	68.78	71.42	79.23	77.48	78.36
管理费用中的税金（亿元）	Taxes in Management Expenses(100 million yuan)	1.78	1.66	1.67	1.51	2.24
营业利润（亿元）	Operating Profit(100 million yuan)	81.13	91.87	100.39	99.91	110.82
房屋建筑施工面积（万平方米）	Floor Space of Buildings Under Construction (10 000 sq.m)	8 328.56	9 731.89	11 502.80	7 015.83	7 682.65
房屋建筑竣工面积（万平方米）	Floor Space of Buildings Completed(10 000 sq.m)	2 418.59	1 743.82	2 009.86	1 141.54	1 260.81
利润总额（亿元）	Total Profits(100 million yuan)	74.92	92.75	101.74	101.13	115.08
按总产值计算劳动生产率（元/人）	In Terms of Gross Output ValueOverall Labor Productivity(yuan/person)	414 954	350 479	353 144	354 576	353 004
产值利润率（%）	Ration of Profit to Gross Output Value(%)	3.86	4.44	4.19	4.61	5.14

5-2 建筑业总产值

GROSS OUTPUT VALUE OF CONSTRUCTION

单位：万元　　　　　　　　　　　　　　　　　　　　　　　　　　　　　　　（10 000 yuan）

	指　标 Indicators	2011	2012	2013	2014	2015
总　计	**Total**	**19 422 880**	**20 869 881**	**24 306 003**	**21 947 367**	**22 379 924**
按登记注册类型分组	**Grouped by Type of Registration**					
1、内资企业	Domestic Funded Enterprises	18 794 432	20 319 713	23 917 914	21 482 097	21 966 435
国有企业	State－owned Enterprises	3 833 621	3 811 515	1 840 246	1 005 111	894 502
集体企业	Collective－owned Enterprises	56 964	37 464	12 272	7 505	10 391
股份合作企业	Cooperative Operation with Share Holding					
联营企业	Joint Enterprises	327 857	260 729	62 110	2 395	
国有联营企业	State－owned Joint	10 316	16 888	3 707	2 395	
集体联营企业	Collective－owned Joint	19 050	25 577	9 092		
国有与集体联营	State－owned and Collective－owned Joint	64 888	43 983	49 311		
其他联营企业	Others	233 603	174 280			
有限责任公司	Limited Liability Companies	7 052 005	7 587 929	11 780 473	10 045 076	10 946 351
国有独资公司	State Exclusively Funded Companies	1 475 580	1 778 096	3 593 489	1 674 397	1 710 399
其他有限责任公司	Others	5 576 425	5 809 833	8 186 984	8 370 678	9 235 953
股份有限公司	Limited Share－holding Companies	2 711 311	3 102 559	4 371 574	4 321 020	4 327 705
私营企业	Private Enterprises	4 168 957	4 740 442	5 851 239	6 100 991	5 787 485
私营独资企业	Private Exclusively Funded Enterprises	70 125	42 936	25 125	138	7 502
私营合作企业	Private Partnership Enterprises	7 764	6 464	1 361	1 405	17 923
私营有限责任公司	Private Limited Liability Companies	3 808 721	4 380 761	5 448 715	5 647 762	5 396 571
私营股份有限公司	Private Limited Share－holding Companies	282 347	310 281	376 038	451 686	365 489
其他企业	Others	643 717	779 075			
2、港、澳、台商投资企业	Enterprises Funded by Entrepreneurs from Hong Kong, Macao and Taiwan	589 747	528 795	347 722	446 070	336 242
3、外商投资企业	Foreign Funded Enterprises	38 701	21 373	40 368	19 199	77 247

5-3 分行业建筑业生产情况（2015年）

STATISTICS ON CONSTRUCTION BY SECTOR（2015）

单位：万元、万平方米 （10 000 yuan, 10 000 sq. m）

指 标	Indicators	总 计 Total	房屋建筑业 Building	土木工程建筑业 Civil Engineering	建筑安装业 Construction installation	建筑装饰和其他建筑业 Construction Decoration and Other Construction
企业个数（个）	Number of Enterprise(unit)	734	157	150	211	216
签订的合同额	Contractual Value	51 548 765	20 769 448	11 095 016	3 939 750	15 744 550
建筑业总产值	Gross Output Value of Construction	22 379 924	8 971 524	2 685 006	2 088 702	8 634 692
#装饰装修产值	Decorate and Materials Construction	8 549 706	537 022	85 667	150 725	7 776 292
#在外省完成的产值	Output Value of buildings Completed outside of Guangdong province	9 805 416	3 163 729	1 111 324	565 519	4 964 844
#建筑工程产值	Output Value of Contraction	19 055 814	8 103 743	2 248 488	1 111 578	7 592 005
安装工程产值	Output Value of Installation	2 378 744	438 174	120 397	926 145	894 028
其他产值	Others	945 367	429 607	316 122	50 979	148 660
竣工产值	Output Value of buildings Completed	12 860 541	3 390 767	2 889 815	1 016 638	5 563 321
房屋建筑施工面积	Floor Space of Buildings Under Construction	7 683	7 455	87	141	
#本年新开工面积	Floor Space of Newly-started Buildings in this Year	1 833	1 784	22	28	
#实行投标承包面积	Floor Space of Contracted Projects	6 292	6 133	23	136	
#本年新开工面积	Floor Space of Newly-started Buildings in this Year					
房屋建筑竣工面积	Floor Space of Buildings Completed	1 261	1 228	16	9	71
计算劳动生产率的平均人数（人）	Average Number of Employed Persons in Calculation of Labor Productivity(person)	633 913	234 717	70 468	57 110	271 618
全员劳动生产率（万元/人）	Overall Labor Productivity (10 000 yuan/person)	35.3	38.2	38.1	36.6	31.8

5-4 分登记注册类型建筑业生产情况（2015年）

STATISTICS ON CONSTRUCTION BY TYPE OF REGISTRATION（2015）

单位：万元、万平方米　　　　（10 000 yuan, 10 000 sq. m）

指　标	Indicators	总　计 Total	内资企业 Domestic Funded	#国有 State-owned	#集体 Collctive Owned	港澳台商投资企业 Hong Kong,Macao and Taiwan Funded	外商投资企业股份有限公司 Foreign Funded Share-holding Corporations Ltd.
企业个数（个）	Number of Enterprise(unit)	734	710	11	1	22	2
签订的合同额	Contractual Value	51 548 765	48 500 815	17 585 473	10 391	2 955 910	92 040
建筑业总产值	Gross Output Value of Construction	22 379 924	21 966 435	894 502	10 391	336 242	77 247
#装饰装修产值	Decorate and Materials Construction	8 549 706	8 340 456	385 834		171 755	37 495
#在外省完成的产值	Output Value of buildings Completed outside of Guangdong province	9 805 416	9 611 587	348 972		130 803	63 026
#建筑工程产值	Output Value of Contraction	19 055 814	18 730 719	874 750		287 600	37 495
安装工程产值	Output Value of Installation	2 378 744	2 291 110	19 753		47 882	39 752
其他产值	Others	945 367	944 607		10 391	760	
竣工产值	Output Value of buildings Completed	12 860 541	12 475 601	313 054	10 391	307 693	77 247
房屋建筑施工面积	Floor Space of Buildings Under Construction	7 682 651	7 080 461	222 425		602 190	
#本年新开工面积	Floor Space of Newly-started Buildings in this Year	1 833 429	1 508 149	90 881		325 280	
#实行投标承包面积	Floor Space of Contracted Projects through Biddimg	6 291 838	5 689 648	219 583		602 190	
#本年新开工面积	Floor Space of Newly-started Buildings in this Year						
房屋建筑竣工面积	Floor Space of Buildings Completed	12 608 058	11 896 458	47 725		711 600	
自有施工机械设备年末总台数（台）	Number of Machinery and Equipment (year-end)(unit)						
自有施工机械设备年末总功率（万千瓦）	Total Power of Machinery and Equipment (10 000 kw)						
计算劳动生产率的平均人数（人）	Average Number of Employed Persons in Calculation of Labor Productivity(person)	633 913	622 007	23 231	110	8 432	3 474
全员劳动生产率（万元/人）	Overall Labor Productivity (10 000 yuan/person)	35.3	35.3	38.5	94.5	39.9	22.2

5-5 分行业建筑业财务状况（2015年）

FINANCIAL CONDITIONS OF CONSTRUCTION BY SECTOR（2015）

单位：万元 （10 000 yuan）

指 标	Indicators	总 计 Total	房屋建筑业 Building	土木工程建筑业 Civil Engineering	建筑安装业 Construction installation	建筑装饰和其他建筑业 Construction Decoration and Other Construction
年末资产负债	**Asset and Liabilities at Year-end**					
流动资产	Circulating Assets	24 253 968	10 020 549	4 006 343	2 424 351	7 802 725
#存货	Inventory	4 828 482	2 141 273	949 161	455 328	1 282 720
固定资产合计	Total Fixed Assets	1 347 074	529 274	310 766	178 594	328 440
固定资产原价	Original Value of Fixed Assets	1 802 916	545 807	557 829	243 293	455 986
累计折旧	Accumulative Total Depreciation	827 036	256 880	288 302	121 090	160 765
#本年折旧	Depreciation Within the Year	105 671	22 772	41 628	15 552	25 719
在建工程	Project under Construction	239 179	173 015	21 682	19 536	24 947
资产合计	Total Assets	28 492 725	11 791 166	4 740 864	2 896 980	9 063 716
流动负债	Liquid Liabilities	16 796 161	7 130 337	2 872 595	1 500 142	5 293 087
非流动负债	Non-Liquid Liabities	1 159 424	395 638	370 647	126 611	266 528
负债合计	Total Liabilities	19 246 842	7 704 491	3 316 243	1 651 429	6 574 679
所有者权益	Creditors' Equity	10 099 663	4 086 674	1 424 622	1 245 311	3 343 057
#实收资本	Actual Capital Hold	5 294 095	2 544 093	970 143	700 960	1 078 899
国家资本	State Capital	356 124	136 349	97 774	94 171	27 830
集体资本	Collective Capital	104 793	50 028	25 666	14 791	14 308
法人资本	Corporation Capital	2 972 897	1 831 068	431 229	270 098	440 502
个人资本	Individual Capital	1 815 655	500 398	414 085	315 017	586 155
港澳台资本	Capital from HongKong,Macao and Taiwan	38 286	26 250	1 388	5 260	5 387
外商资本	Foreign Capital	6 340			1 623	4 718
损益及分配	Expenditure,Income and Distribution					
工程结算收入	Revenue of Project Settlement Accounts	24 061 639	8 811 257	2 951 733	2 388 820	9 909 829
工程结算成本	Costs of Project Settlement Accounts	21 044 193	7 913 948	2 587 963	2 004 272	8 538 011
工程结算税金及附加	Taxes and Extra Charges on Project Settle Accounts	783 649	296 697	95 524	68 645	322 784
其他业务利润	Other Profits from Business	50 841	12 605	6 449	22 819	8 967
管理费用及财务费用	Management and Financial Expenditures	846 157	203 340	140 470	170 908	331 438
营业利润	Operating Surplus	1 108 194	413 671	118 723	129 886	445 914
利润总额	Total Profits	1 150 755	449 027	118 857	132 442	450 429
应交所得税	Income Taxes Payable	216 898	69 836	20 398	24 186	102 478

5-6 分登记注册类型建筑业财务状况（2015年）
FINANCIAL CONDITIONS OF CONSTRUCTION BY TYPE OF REGISTRATION（2015）

单位：万元　　　　　　　　　　　　　　　　　　　　　　　　　　　　　　　(10 000 yuan)

指标	Indicators	总计 Total	内资企业 Domestic Funded	#国有 State-owned	#集体 Collctive Owned	港澳台商投资企业 Hong Kong,Macao and Taiwan Funded	外商投资企业 Foreign Funded
年末资产负债	**Asset and Liabilities at Year-end**						
流动资产	Circulating Assets	24 253 968	23 676 810	639 763	878	501 312	75 846
#存货	Inventory	4 182 120	4 064 204	98 572	978	103 051	14 865
固定资产合计	Total Fixed Assets	1 347 074	1 335 488	39 203	247	7 628	3 957
固定资产原价	Original Value of Fixed Assets	1 802 916	1 775 625	65 029	931	20 686	6 605
累计折旧	Accumulative Total Depreciation	827 036	811 211	35 616	684	13 156	2 670
#本年折旧	Depreciation Within the Year	105 671	104 056	2 051		1 344	271
在建工程	Project Under Construction	239 179	239 137	9 743		20	23
资产合计	Total Assets	28 492 725	27 770 805	814 921	1 165	641 222	80 698
流动负债	Liquid Liabilities	16 796 161	16 266 702	501 490	309	477 502	51 957
非流动负债	Non-Liquid Liabities	1 159 424	1 149 329	41 368		10 095	
负债合计	Total Liabilities	19 246 842	18 702 829	547 249	309	492 056	51 957
所有者权益	Creditors'Equity	10 099 663	9 921 756	267 672	856	149 166	28 741
#实收资本	Actual Capital Hold	5 294 095	5 218 186	122 139	200	67 165	8 743
国家资本	State Capital	356 124	345 382	102 139		6 839	3 903
集体资本	Collective Capital	104 793	104 718		200	75	
法人资本	Corporation Capital	2 972 897	2 952 967	20 000		19 930	
个人资本	Individual Capital	1 815 655	1 814 920			735	
港澳台资本	Capital from HongKong,Macao and Taiwan	38 286	200			37 719	367
外商资本	Foreign Capital	6 340				1 868	4 473
损益及分配	**Expenditure,Income and Distribution**						
工程结算收入	Revenue of Project Settlement Accounts	24 278 977	23 744 027	650 624	10 391	431 296	103 654
工程结算成本	Costs of Project Settlement Accounts	21 200 088	20 746 349	609 771	9 155	370 163	83 575
工程结算税金及附加	Taxes and Extra Charges on Project Settle Accounts	939 890	922 137	18 514	586	13 750	4 003
工程结算利润	Profits of Project Settlement Accounts						
其他业务利润	Other Profits from Business	50 841	50 301	228		359	181
管理费用及财务费用	Management and Financial Expenditures	1 000 504	965 433	13 630	415	26 713	8 358
营业利润	Operating Surplus	1 108 194	1 084 887	8 271	241	16 221	7 086
利润总额	Total Profits	1 150 755	1 127 292	8 969	465	16 381	7 082
应交所得税	Income Taxes Payable	216 898	210 994	3 826	120	3 968	1 937

5-7 分行业劳务分包建筑企业经营情况（2015年）

MANAGEMENT SITUATIONS OF CONSTRUCTION ENTERPRISE OF SERVICE SUBCONTRACTING BY SECTOR（2015）

单位：万元　　　　（10 000 yuan）

指　标	Indicators	总　计 Total	房屋建筑业 Building	土木工程建筑业 Civil Engineering	建筑安装业 Construction installation	建筑装饰和其他建筑业 Construction Decoration and Other Construction
企业个数（个）	Number of Enterprise(unit)	41	11	6	8	16
#有工作量的企业个数	Number of Enterprises in Work	41	11	6	8	16
生产情况	**Production**					
建筑业总产值	Gross Output Value of Construction	372 066	67 799	83 445	33 397	187 425
计算建筑业劳动生产率的平均人数(人)	Average Number of Employed Persons in Calculation of Labor Productivity(person)	2 400	174	629	361	1 236
财务状况	**Finance**					
固定资产原价	Fixed Assets	4 439	742	326	2 360	1 011
本年折旧	Depreciation Within the Year	279	54	50	97	79
资产总计	Total Assets	137 387	36 065	36 346	18 604	46 372
负债合计	Total Liabilities	106 770	24 116	30 375	14 742	37 538
实收资本	Actual Capital Hold	19 643	6 657	4 084	4 040	4 864
损益及分配	Expenditure,Income and Distribution					
营业收入合计	Operating Revenue	347 864	67 846	82 739	11 110	186 169
#主营业务收入（工程结算收入）	Revenue of Project Settlement Accounts	347 545	67 846	82 739	10 791	186 169
主营业务成本（工程结算成本）	Costs of Project Settlement Accounts	320 293	61 800	78 243	5 518	174 732
主营业务税金及附加（工程结算税金及附加）	Taxes and Extra Charges on Project Settle Accounts	11 225	1 833	2 862	427	6 104
费用合计（营业费用、管理费用、财务费用）	Total Expenditures(expenditure for operating,management and finance)	9 213	1 526	1 124	2 889	3 675
营业利润	Operating Surplus	4 302	-246	528	2 349	1 670
利润总额	Total Profits	4 361	-288	648	2 338	1 663
从业人员劳动报酬	Laborers Remuneration of Employed Persons	127 384	8 386	2 171	25 913	90 915

5-8 总承包和专业承包建筑业企业生产情况

PRODUCTION SITUATIONS OF GENERAL AND SPECIALIZED CONTRACTTING CONSTRUCTION ENTERPRISE

指标	Indicators	2011	2012	2013	2014	2015
企业个数（个）	Number of Enterprise(unit)	795	796	862	778	734
#有工作量的企业个数	Number of Enterprises in Work	774	759	815	735	732
签订的合同额（万元）	Contractual Value(10 000 yuan)	39 400 370	46 095 474	51 037 712	44 661 836	51 548 765
建筑业总产值（万元）	Gross Output Value of Construction (10 000 yuan)	19 422 880	20 869 881	24 306 003	21 947 367	22 379 924
#装饰装修产值	Decorate and Materials Construction	6 331 721	7 730 559	9 126 191	9 322 131	8 549 706
#在外省完成的产值	Output Value of Buildings Completed outside of Guangdong province	6 951 980	7 752 847	9 557 089	10 125 983	9 805 416
#建筑工程产值	Output Value of Contraction	17 021 558	18 119 305	21 065 426	18 697 375	19 055 814
安装工程产值	Output Value of Installation	1 969 246	2 084 152	2 602 278	2 493 923	2 378 744
其他产值	Others	432 075	666 424	638 300	756 068	945 367
竣工产值（万元）	Output Value of buildings Completed (10 000 yuan)	9 277 381	9 962 058	11 527 589	9 046 153	12 860 541
房屋建筑施工面积（万平方米）	Floor Space of Buildings Under Construction (10 000 sq.m)	8 329	9 732	11 503	7 016	7 683
#本年新开工面积	Floor Space of Newly-started Buildings in this Year	3 231	3 833	4 016	2 172	1 833
#实行投标承包面积	Floor Space of Contracted Projects through Biddimg	5 405	7 277	7 602	5 791	6 292
#本年新开工面积	Floor Space of Newly-started Buildings in this Year	2 703	3 251	3 185	1 604	
房屋建筑竣工面积（万平方米）	Floor Space of Buildings Completed (10 000 sq.m)	2 419	1 744	2 010	1 142	1 261
自有施工机械设备年末总台数（台）	Number of Machinery and Equipment (year-end)(unit)	81 177	127 995	64 194		41 888
自有施工机械设备年末总功率（万千瓦）	Total Power of Machinery and Equipment (10 000 kw)	169	538	131		165
自有施工机械设备年末净值（万元）	Net Value of Machinery and Equipment (10 000 yuan)	291 546	366 750	385 751		
计算劳动生产率的平均人数（人）	Average Number of Employed Persons in Calculation of Labor Productivity(person)	468 073	595 467	688 275	618 975	633 913
全员劳动生产率（万元/人）	Overall Labor Productivity(10 000 yuan/person)	42	35	35	35	35

5-9 总承包和专业承包建筑业企业财务状况

FINANCIAL SITUATIONS OF GENERAL AND SPECIALIZED CONTRACTTING CONSTRUCTION ENTERPRISE

单位：万元 (10 000 yuan)

指 标	Indicators	2011	2012	2013	2014	2015
年末资产负债	**Asset and Liabilities at Year-end**					
流动资产	Circulating Assets	13 262 332	14 654 066	18 799 457	20 780 810	24 253 968
#存货	Inventory	2 575 351	2 695 585	3 494 291	4 060 250	4 828 482
固定资产合计	Total Fixed Assets	1 196 786	1 355 665	1 222 584	1 414 850	1 347 074
固定资产原价	Original Value of Fixed Assets	1 506 632	1 498 067	1 753 975	1 830 211	1 802 916
累计折旧	Accumulative Total Depreciation	641 692	688 803	800 126	816 045	827 036
#本年折旧	Depreciation Within the Year	94 268	105 395	126 884	120 099	105 671
在建工程	Project Under Construction	254 277	318 185	126 106	167 454	239 179
资产合计	Total Assets	15 539 730	17 596 700	21 946 239	24 757 915	28 492 725
流动负债	Liquid Liabilities	9 834 908	10 686 194	13 784 765	15 029 638	16 796 161
非流动负债	Non-Liquid Liabities	530 032	700 256	587 419	1 128 102	1 159 424
负债合计	Total Liabilities	10 516 587	11 800 013	14 737 794	16 456 114	19 246 842
所有者权益	Creditors' Equity	5 023 143	5 782 443	7 208 444	8 301 801	10 099 663
#实收资本	Actual Capital Hold	2 698 066	3 053 275	3 766 766	4 652 044	5 294 095
国家资本	State Capital	308 433	381 814	408 608	470 877	356 124
集体资本	Collective Capital	100 148	104 871	113 871	134 594	104 793
法人资本	Corporation Capital	1 315 780	1 479 429	1 745 741	2 325 493	2 972 897
个人资本	Individual Capital	927 124	1 038 335	1 449 211	1 673 343	1 815 655
港澳台资本	Capital from HongKong,Macao and Taiwan	41 296	44 726	45 523	43 068	38 286
外商资本	Foreign Capital	5 285	4 100	3 813	4 670	6 340
损益及分配	**Expenditure,Income and Distribution**					
工程结算收入	Revenue of Project Settlement Accounts	20 664 021	21 884 462	25 430 460	23 970 082	24 278 977
工程结算成本	Costs of Project Settlement Accounts	18 347 126	19 268 025	22 431 465	20 970 275	21 200 088
工程结算税金及附加	Taxes and Extra Charges on Project Settle Accounts	687 829	714 185	792 254	774 805	939 890
工程结算利润	Profits of Project Settlement Accounts	1 629 066		2 206 741	2 225 002	
其他业务利润	Other Profits from Business	54 984	49 496	59 483	55 419	50 841
管理费用及财务费用	Management and Financial Expenditures	716 781	905 409	1 025 062	1 127 625	1 165 745
营业利润	Operating Surplus	811 266	918 708	1 003 889	999 104	1 108 194
利润总额	Total Profits	749 229	927 538	1 017 423	1 011 331	1 150 755
应交所得税	Income Taxes Payable	146 721	179 538	217 706	230 688	285 417

5-10 劳务分包建筑企业经营情况

MANAGEMENT SITUATIONS OF CONSTRUCTION ENTERPRISE OF SERVICE SUBCONTRACTING

单位：万元 （10 000 yuan）

指　标	Indicators	2011	2012	2013	2014	2015
企业个数（个）	Number of Enterprise(unit)	28	26	36	39	41
#有工作量的企业个数	Number of Enterprises in Work	25	21	30	34	41
生产情况	**Production**					
建筑业总产值	Gross Output Value of Construction	28 006	160 790	311 489	226 201	372 066
计算建筑业劳动生产率的平均人数	Average Number of Employed Persons in Calculation of Labor Productivity(person)	19 439	6 108	22 953	25 022	2 400
财务状况	**Finance**					
固定资产原价	Original Value of Fixed Assets	1 713	3 009	52 780	2 430	4 439
本年折旧	Depreciation Within the Year	314	865	612	450	279
资产总计	Total Assets	72 936	152 363	196 233	102 074	137 387
负债合计	Total Liabilities	53 402	135 538	176 079	70 309	106 770
实收资本	Actual Capital Hold	16 076	8 168	16 734	14 726	19 643
损益及分配	Expenditure,Income and Distribution					
营业收入合计	Operating Revenue	51 109	168 479	359 674	243 285	347 864
#主营业务收入（工程结算收入）	Revenue of Project Settlement Accounts	51 109	168 475	359 673	243 285	347 545
主营业务成本（工程结算成本）	Costs of Project Settlement Accounts	45 844	165 939	335 943	220 066	320 293
主营业务税金及附加（工程结算税金及附加）	Taxes and Extra Charges on Project Settle Accounts	1 697	5 501	12 240	8 223	11 225
费用合计（营业费用、管理费用、财务费用）	Total Expenditures(expenditure for operating, management and finance)	2 263	5 167	8 378	4 945	9 213
营业利润	Operating Surplus	5 612	2 368	2 084	5 649	4 302
利润总额	Total Profits	5 599	2 212	2 063	5 336	4 361

主要统计指标解释

建筑业总产值 是以货币表现的建筑业企业在一定时期内生产的建筑业产品和服务的总和。建筑业总产值包括三部分内容：

⑴建筑工程产值：指列入建筑工程预算内的各种工程价值。

⑵设备安装工程产值：指设备安装工程价值，但不包括设备本身的价值。

⑶其他产值：建筑业总产值中除建筑工程、安装工程以外的产值。包括房屋构筑物修理产值、非标准设备制造产值、总包企业向分包企业收取的管理费以及不能明确划分的施工活动所完成的产值。

①房屋构筑物修理产值：指房屋和构筑物的修理所完成的价值，但不包括被修理房屋构筑物的本身价值和生产设备的修理价值。

②非标准设备制造产值：指加工制造没有定型的非标准生产设备的加工费和原材料价值以及附属加工厂为本企业承建工程制作的非标准设备的价值。

管理费用中税金 指企业按规定从管理费用中支付的各种税金,包括房产税、土地使用税、车船使用税、印花税等。

利税总额=工程结算税金及附加+管理费用中税金+利润总额

建筑业全员劳动生产率=建筑业总产值÷计算建筑业劳动生产率的平均人数

房屋施工面积 指在报告期内施工的全部房屋建筑面积，它包括本期新开工的房屋面积、上期跨入本期继续施工的房屋面积、上期停缓建在本期恢复施工的房屋面积、本期竣工的房屋面积以及本期施工后又停缓建的房屋面积。

计算建筑业劳动生产率的平均人数 指建筑业企业(或单位)报告期实际拥有的、与建筑施工活动有关的人员的平均人数，包括参加本企业(或单位)建筑施工活动的非本企业(或单位)人员，但不包括企业内部社会服务性机构的人员以及由本企业支付工资但所从事的工作与本企业生产基本无关的人员。

工程结算税金及附加 指因从事建筑业生产活动，取得工程价款结算收入而按规定应该交纳的营业税、城市维护建设税等以及随同营业税金一并计算交纳的教育费附加等。

利润总额 指企业在生产经营过程中各种收入扣除各种耗费后的盈余，反映企业在报告期内实现的亏盈总额，包括营业利润、补贴收入、投资净收益和营业外收支净额。

Explanatory Notes on Main Statistical Indicators

Gross Output Value of Construction refers to the sum in monetary terms of construction products and services completed by construction enterprises during a given period of time. It includes:

(1) Output value of construction projects, which is the value of various projects covered by the project budgets;

(2)Output value of equipment installation projects refers to the value of the installation of equipment. It does not include the value of the equipment itself.

(3) Other output values, which are output values other than output value of construction projects and output value of installation projects, including output value of house and building repair, output value of non-standard equipment manufacture, management expenses received by overall contractor enterprises from subcontractor enterprises and output value completed in unclassified construction activities.

①Output value of house and building repair is the value created through the repairs of houses and buildings, excluding the value of houses or buildings being repaired and the value of the repair of production equipment.

②Output value of non-standard equipment manufacture is the value of non-standard production equipment with unique specifications (including raw materials and manufacturing costs), and equipment manufactured by subsidiary workshops for construction projects contracted by construction enterprises.

Taxes from Management Expenses refer to the taxes which should be borne by the enterprises from management expenses, including property tax, land use tax, vehicle and vessel use tax, and stamp tax.

Total Pre-tax Profits = Taxes and Extra Charges on Project Settlement Accounts + Taxes from Management Expenses + Total Profits

Overall Labor Productivity of Construction = Gross Output Value of Construction ÷ Average Number of Persons for Labor Productivity Calculation

Floor Space of Buildings under Construction refers to the floor space of buildings under construction during the reference period, including newly started buildings, buildings started earlier and continued into the reference period, buildings suspended in preceding periods but resumed during the reference period, buildings completed during the reference period, and buildings started and then suspended during the reference period.

Average Number of Persons for Labor Productivity Calculation of the Construction Industry refers to the average number of persons actually employed in the construction enterprises (units) and engaged in related activities of construction in the reference period, including non-staff personnel engaged in the construction activities of the enterprises (units), but excluding personnel employed in social service institutions of the enterprises and those receiving remunerations therefrom but engaged in activities basically irrelevant to the production of the enterprises.

Taxes and Extra Charges on Project Settlement Accounts refer to business tax, city maintenance and construction tax and extra charges for education calculated and paid with business tax, which should be borne by the enterprises obtaining project settlement incomes from the production activities of construction.

Total Profits refer to the surplus of various incomes in the production and operation of the enterprises after deducting all expenses. This reflects the total profits or losses realized by the enterprises in the reference period, including profits from operation, income from subsidies, net investment earnings and net income from activities other than operations.

06 第六部分

运输和邮电

TRANSPORT,POSTAL AND TELECOMMUNICATION SERVICES

CHAPTER

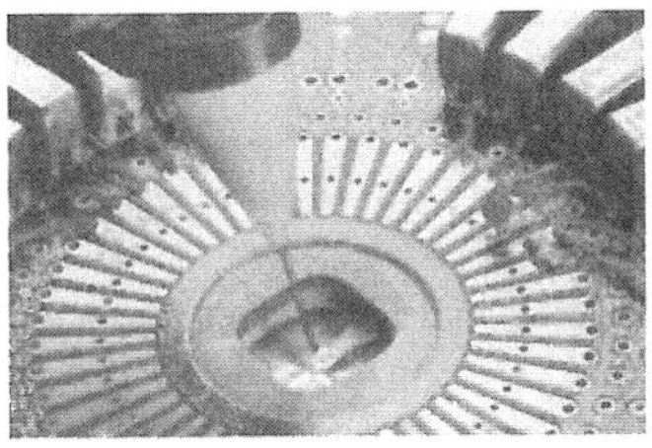

6-1 全社会客货运输（吞吐）量

PASSENGER AND FREIGHT TRAFFIC

项 目	Item	2011	2012	2013	2014	2015
一、货运量（万吨）	**Freight Traffic (10 000 tons)**	**28 901**	**30 335**	**27 514**	**29 384**	**32 475**
1. 铁路	Railways	414	401	391	123	67
2. 公路	Highways	21 685	23 639	20 071	20 990	24 774
3. 水运	Waterways	6 723	6 234	6 984	8 193	7 557
4. 民航	Civil Aviation	79	60	68	78	77
二、机场货邮行吞吐量（万吨）	**Cargo Handled at Airport (10 000 tons)**	**83**	**85**	**91**	**96**	**101**
三、货物周转量(万吨公里)	**Turnover Volume of Freight Traffic (10 000 ton-km)**	**19 556 900**	**18 787 400**	**19 989 200**	**23 863 700**	**22 530 600**
1. 铁路	Railways	21 900	21 800	20 400	11 000	6 700
2. 公路	Highways	3 778 800	2 828 200	2 848 000	3 019 500	3 249 200
3. 水运	Waterways	15 539 300	15 847 200	17 021 700	20 723 300	19 162 000
4. 民航	Civil Aviation	216 900	90 200	99 100	109 900	112 700
四、客运量(万人)	**Passenger Traffic (10 000 persons)**	**168 444**	**185 011**	**12 111**	**15 113**	**16 651**
1. 铁路	Railways	2 524	2 479	2 595	4 744	5 680
2. 公路	Highways	163 065	179 369	5 986	6 370	6 574
3. 水运	Waterways	311	355	401	461	466
4. 民航	Civil Aviation	2 545	2 808	3 129	3 538	3 930
五、机场旅客吞吐量(万人)	**Passenger Departing at Airport (10 000 persons)**	**2 825**	**2 957**	**3 227**	**3 627**	**3 972**
六、旅客周转量(万人公里)	**Turnover Volume of Passenger Traffic (10 000 person-km)**	**7 209 500**	**7 801 400**	**7 570 900**	**11 674 000**	**9 553 000**
1. 铁路	Railways	610 300	333 300	353 300	1 386 200	1 796 200
2. 公路	Highways	2 849 200	3 192 100	1 279 600	1 358 000	1 422 800
3. 水运	Waterways	12 600	15 500	17 400	20 500	20 100
4. 民航	Civil Aviation	3 737 400	4 260 500	5 920 600	8 909 300	6 313 900
七、港口	**Harbor**					
1. 泊位数(个)	Berths (unit)	172	172	159	153	156
#万吨级	10 000 Ton Class	69	69	67	67	67
2. 货物吞吐量(万吨)	Cargo Handled at Seaports (10 000 tons)	22 325	22 807	23 398	22 324	21 706
#蛇口港区	Shekou Seaport	6 592	7 454	7 234	6 380	5 975
赤湾港区	Chiwan Seaport	6 112	5 742	5 984	5 340	5 483
妈湾港区	Mawan Seaport	1 845	1 692	1 801	1 435	1 011
盐田港区	Yantian Seaport	5 555	5 906	6 156	6 686	6 740
内河港区	Neihe Seaport	78	76	22	23	14

注：根据广东省交通运输厅对新方案要求，自2014年起，客货运量、周转量已按2013年全国交通运输业经济统计专项调查口径填报，上年同期数亦按可比口径相应调整。

Note: According to the Guangdong Provincial Department of Transportation requirements for the new program, from 2014, the data of freight(passenger) traffic and turnover volume have been given by 2013 National Transportation Survey caliber special economic statistics, the data of 2013 have been adjusted by the same caliber.

6-2 全社会客货运输和邮电业务量（一）

PASSENGER AND FREIGHT TRAFFIC, REVENUE FROM POSTAL AND TELECOMMUNICATIONS SERVICES

年 份 Year	机场货邮行吞吐量 （万吨） Cargo Handled at Airport (10 000 tons)	机场旅客吞吐量 (万人) Passenger Departing at Airport (10 000 persons)	货运量 (万吨) Freight Traffic (10 000 tons)	货物周转量 (万吨公里) Turnover Volume of Freight Traffic (10 000 ton-km)	客运量 (万人) Passenger Traffic (10 000 persons)
1986			1 521	150 321	3 973
1987			1 627	141 355	4 268
1988			1 704	217 165	5 858
1989			1 383	357 633	6 349
1990			1 349	257 545	8 833
1991		2	1 486	435 662	6 400
1992	2	166	1 801	545 857	8 153
1993	4	255	2 050	743 878	10 218
1994	6	319	2 604	779 791	8 531
1995	8	412	3 542	2 228 384	8 261
1996	9	435	3 647	2 328 753	8 281
1997	10	444	3 853	2 317 664	8 515
1998	11	515	4 048	2 127 605	8 484
1999	16	525	4 274	1 974 500	8 754
2000	21	642	4 697	2 059 400	9 346
2001	25	777	5 147	2 044 300	9 868
2002	33	935	5 878	2 996 400	10 644
2003	41	1 084	6 761	3 702 400	10 452
2004	50	1 424	7 955	4 921 100	12 276
2005	55	1 574	9 807	6 046 000	12 901
2006	56	1 836	11 320	7 571 900	13 957
2007	62	2 062	13 678	7 941 500	15 030
2008	60	2 140	19 568	10 941 600	154 263
2009	61	2 449	22 367	11 366 400	146 281
2010	81	2 671	26 175	16 541 600	156 048
2011	83	2 825	28 901	19 556 900	168 444
2012	85	2 957	30 335	18 787 400	185 011
2013	91	3 227	27 514	19 989 200	12 111
2014	96	3 627	29 384	23 863 700	15 113
2015	101	3 972	32 475	22 530 600	16 651

6-2 全社会客货运输和邮电业务量（二）

PASSENGER AND FREIGHT TRAFFIC，REVENUE FROM POSTAL AND TELECOMMUNICATIONS SERVICES

年 份 Year	旅客周转量 (万人公里) Turnover Volume of Passenger Traffic (10 000 person-km)	港口货物吞吐量 (万吨) Cargo Handled at Seaports (10 000 tons)	港口集装箱吞吐量 （万标箱） Cargo Handled at Seaports (10 000 TEU)	# 出口 Exports	邮电业务总量 (万元) Revenue from Postal and Telecommunications Services (10 000 yuan)
1979		10			138
1980		30			190
1981		70			340
1982		91			420
1983		141			567
1984		210			923
1985		327			1 761
1986	85 129	302			2 633
1987	140 598	485			4 880
1988	188 199	734	1		14 826
1989	217 832	956	2		21 293
1990	267 865	1 292	2		55 356
1991	186 682	1 563	5		84 927
1992	409 660	1 956	11		114 492
1993	477 794	2 541	13		174 045
1994	790 097	3 002	18	11	259 432
1995	820 721	3 080	28	16	368 945
1996	827 693	3 021	59	32	462 261
1997	828 352	3 357	115	63	610 111
1998	822 420	3 444	195	104	764 658
1999	865 400	4 663	299	158	982 686
2000	993 800	5 697	400	210	1 336 000
2001	1 117 500	6 643	508	266	1 419 000
2002	1 311 000	8 767	762	396	1 644 200
2003	1 451 500	11 220	1 065	552	1 980 300
2004	1 870 800	13 537	1 366	713	2 660 100
2005	2 288 700	15 351	1 620	841	3 208 000
2006	2 677 300	17 598	1 847	961	3 795 000
2007	3 099 000	19 994	2 110	1 101	5 135 400
2008	4 849 600	21 125	2 142	1 087	6 117 500
2009	5 433 900	19 365	1 825	937	6 765 200
2010	6 324 600	22 098	2 251	1 154	2 937 000
2011	7 209 500	22 325	2 257	1 169	3 562 600
2012	7 801 400	22 807	2 294	1 173	5 635 800
2013	7 570 900	23 398	2 328	1 208	5 866 600
2014	8 052 000	22 324	2 404	1 247	7 982 200
2015	9 553 000	21 706	2 420	1 236	10 409 600

注：　邮电业务总量1989年以前按1980年不变价格计算，1990-2000年按1990年不变价格计算；2001-2009年按2000年不变价格计算；2011年以来按2010年不变价计算，2010年数据相应调整。

Note: Revenue from Postal and Telecommunications Services in 1989, calculated at 1980 constant prices; from 1990 to 2000 at 1990 constant prices; 2001-2009 at 2000 constant prices; 2011 calculated at 2010 constant prices, 2010 data has adjusted.

6-3 全社会客货运输和邮电业务量指数

INDICES OF PASSENGER AND FREIGHT TRAFFIC, REVENUE FROM POSTAL AND TELECOMMUNICATIONS SERVICES

(以上年为100) (preceding year=100)

年 份 Year	货运量 Freight Traffic	货物周转量 Turnover Volume of Freight Traffic	客运量 Passenger Traffic	旅客周转量 Turnover Volume of Passenger Traffic	港口货物吞吐量 Cargo Handled at Seaports	邮电业务总量 Revenue from Postal and Telecommunications Services
1980					300.0	137.7
1981					233.3	178.9
1982					130.0	123.5
1983					154.9	135.0
1984					148.9	162.8
1985					155.7	190.8
1986					92.4	149.5
1987	107.0	94.0	93.1	165.2	160.6	185.3
1988	104.7	153.6	137.3	133.9	151.3	303.8
1989	81.2	164.7	108.4	115.7	130.2	143.6
1990	97.5	72.0	139.1	123.0	135.1	151.7
1991	110.2	169.2	72.5	69.7	121.0	153.4
1992	121.2	125.3	127.1	219.4	125.1	134.8
1993	113.8	136.3	125.6	116.6	129.9	152.0
1994	127.0	104.8	81.5	161.2	118.1	149.1
1995	136.0	285.8	96.8	103.9	102.6	142.2
1996	103.0	104.5	100.2	100.8	98.1	125.3
1997	105.6	99.5	102.8	100.1	111.1	132.0
1998	105.1	91.8	99.6	99.3	102.6	125.3
1999	105.6	92.8	103.2	105.2	135.4	128.5
2000	109.9	104.3	106.8	114.8	122.2	136.0
2001	109.6	99.3	105.6	112.4	116.6	106.2
2002	114.2	146.6	107.9	117.3	132.0	115.9
2003	115.0	123.6	98.2	110.7	128.0	120.4
2004	117.7	132.9	117.5	128.9	120.7	134.3
2005	123.3	122.8	105.1	122.3	113.4	120.6
2006	115.4	125.2	108.2	117.0	114.6	118.3
2007	121.5	112.6	107.7	115.8	113.6	123.4
2008	108.3	87.5	105.6	116.7	105.7	119.1
2009	114.3	103.9	94.8	112.1	91.7	110.6
2010	117.0	145.5	106.7	116.4	114.1	120.7
2011	110.4	118.2	107.9	114.0	101.0	121.3
2012	105.0	103.2	109.8	112.5	102.2	118.6
2013	103.5	106.1	109.0	126.2	102.6	126.5
2014	106.8	119.4	124.8	154.2	95.4	122.3
2015	110.5	94.4	110.2	118.6	97.2	130.4

注：本表客货运、周转量、邮电指数均按可比口径计算。

Note: The index of freight and passenger traffic, turnover volume and the index of post and telecommunications in this table are calculated at comparable caliber.

6-4 全社会民用车辆和运输船舶拥有量

NUMBER OF CIVIL MOTOR VEHICLES AND TRANSPORT VESSELS OWNED

项 目	Item	2010	2011	2012	2013	2014	2015
民用车辆总计(辆)	**Total Civil Motor Vehicles (unit)**	**1 705 461**	**1 976 164**	**2 249 216**	**2 622 873**	**3 153 902**	**3 193 498**
一、民用汽车(辆)	Civil Automobile (unit)	1 669 674	1 939 653	2 210 821	2 583 869	3 111 488	3 147 043
1. 载客汽车(辆)	Buses and Cars (unit)	1 399 446	1 646 043	1 901 268	2 254 157	2 776 710	2 817 908
载客量(客位)	Number of Seats in Buses and Cars(seat)	11 056 623	13 020 200	15 037 055	17 828 640	21 973 631	16 612 523
#大型(辆)	Large Scales (unit)	30 759	36 754	37 486	36 167	35 109	33 764
载客量(客位)	Number of Seats(seat)	1 221 192	1 422 747	1 465 603	1 414 036	1 376 671	1 635 274
2. 普通载货汽车(辆)	Ordinary Trucks (unit)	259 531	281 679	296 849	316 104	320 778	314 730
载重量(吨位)	Capacity(ton)	1 554 591	1 678 806	1 788 999	1 905 102	1 945 272	1 785 759
#大型(辆)	Heavy (unit)	42 578	48 526	52 699	61 711	68 851	71 165
载重量(吨位)	Capacity (ton)	465 378	530 874	573 689	671 695	750 612	411 299
3. 其他专用汽车(辆)	Other Special Motor Vehicles (unit)	10 697	11 711	12 704	13 608	14 000	14 405
4. 特种汽车(辆)	Particular Motor Vehicles		220	235	235	235	
二、摩托车(辆)	Motorcycle(unit)	7 895	5 212	5 589	6 018	6 752	7 535
三、货挂车(辆)	Trailer Trucks(unit)	27 888	31 295	32 802	32 982	35 658	38 916
四、其他(辆)	Other (unit)	4	4	4	4	4	4
民用运输船舶总计(艘)	**Total Civil Transport Vessels (unit)**	**220**	**227**	**245**	**252**	**265**	**269**
一、机动船艘数(艘)	Motor Vessels (unit)	216	221	241	245	261	265
载客量(客位)	Number of Seats (seat)	3 602	3 801	3 993	5 912	4 533	4 892
净载重量(吨位)	Dead Weight Tonnage (ton)	3 125 599	3 458 702	3 659 336	3 836 423	3 802 578	3 781 309
总功率(千瓦)	Total Power (kw)	711 619	780 077	810 554	858 502	880 739	887 538
1. 客船艘数(艘)	Passenger Transport Vessels (unit)	15	17	18	21	22	24
载客量(客位)	Number of Seats (seat)	3 602	3 801	3 993	5 912	4 533	4 892
2. 货船艘数(艘)	Freight Transport Vessels (unit)	201	204	218	221	228	232
净载重量(吨位)	Dead Weight Tonnage (ton)	3 125 243	3 458 702	3 659 336	3 836 044	3 802 164	3 780 844
3. 拖船艘数(艘)	Tugboats (unit)	3	6	5	10	11	9
二、驳船艘数(艘)	Barges (unit)	4	4	4	7	4	4
净载重量(吨位)	Dead Weight Tonnage(ton)	10 000	10 000	10 000	15 456	10 000	10 000

6-5 邮电业务量

POSTAL AND TELECOMMUNICATIONS SERVICES

项　目	Item	2012	2013	2014	2015
邮电业务总量(万元)	Business Volume of Post and Telecommunications (10 000 yuan)	5 635 800	5 866 600	7 982 200	10 409 600
#邮政（快递）业务量(万元)	Business Volume of Post(10 000 yuan)	1 170 900	2 203 600	160 978	140 310
函件(万件)	Mail (10 000 pcs)	15 672	14 612	14 734	17 623
特快专递(万件)	Express Mail (10 000 pcs)	127	94	72	121
包件(万件)	Parcels (10 000 pcs)	179	190	133	28
订销报纸期发数(万份)	Number of Newspapers Circulation (10 000pcs)	38	38	32	34
订销报纸累计份数(万份)	Total Copy of Newspapers (10 000 pcs)	11 126	11 024	10 051	9 023
订销杂志期发数(万份)	Number of Magazines Circulation (10 000 pcs)	49	49	38	44
订销杂志累计份数(万份)	Total Copy of Magazines (10 000 pcs)	865	785	735	710
固定电话用户(户)	Number of Installed Telephone Subscribers (subscribers)	5 513 500	5 324 200	5 295 100	7 541 200
#住宅电话(户)	Residential (subscribers)	2 157 551	2 157 551	2 157 551	2 157 551
长话直拨有权用户(户)	Number of Direct Dialling Subscribers (subscribers)	3 137 372	3 137 372	3 137 372	3 137 372
#直拨国际港澳用户(户)	International Direct Dialling Subscribers to Foreign Countries as Well as to Hongkong and Macao (subscribers)	909 893	909 838	909 893	909 893
移动电话用户(万户)	Number of Mobile Telephones Subscribers (10 000 subscribers)	2 571	2 766	3 377	2 621
互联网宽带网用户(万户)	Internet Subscribers Nunber of Wide Band(10 000 subscriders)	532	584	630	674
邮政储蓄年末收储余额(万元)					2 557 855
集邮业务(万枚)	Philately (10 000pcs)	1 942	1 907	1 581	1 782

注：　从2006年全市固定电话(户)中扣除了市话通。
Note: From 2006, the number of Installed Telephone Subscribers does not include Hand-free Telephone Subscribers.

6-6 邮电通讯设施

FACILITIES OF POST AND TELECOMMUNICATIONS

项 目	Item	2010	2011	2012	2013	2014	2015
邮政、电信局、所(处)	Number of Post and Telecommunications Offices(Unit)	677	691	798	797	679	678
邮运邮路总条数(条)	Total Numder of Mail Routes (route)	70	70	73	73	96	105
邮路长度(单程)(公里)	Length of Postal Routes (km)	3 490	5 051	9 413	10 194	10 522	10 538
城市投递段道长度(单程)(公里)	Length of City Delivery Routes (km)	17 731	19 682	23 948	21 650	22 115	23 075
邮运汽车(辆)	Number of Postal Automobiles(Unit)	112	112	114	118	112	102
全市固定电话交换机总容量(万门)	Total Capacity of Telephone Exchanges (10 000 lines)	650	650	650	570	570	570
全市移动电话交换机容量(万门)	Total Capacity of Mobile Telephone Exchanges (10 000 lines)	2 812	2 812	2 812	2 812	2 812	2 812
全市电话机总数(部)	Number of Telephone Sets(set)	4 638 904	5 511 100	5 513 500	4 901 500	4 901 500	4 901 500
#市话话机总数(部)	Number of Urban Telephone Sets(set)	2 400 000	240 000	240 000	240 000	240 000	240 000

6-7 年末公路通车里程到达数（按技术等级）

LENGTHS OF OPERATION MILEAGE AT YEAR-END（GROUPED BY GRADE）

单位：公里 （km）

年 份 Year	公路里程总计 Operation Mileage	高速公路 Express Way	一级公路 First Class Highways	二级公路 Second Class Highwsys	三级公路 Third Class Highwsys	四级公路 Fourth Class Highwsys
1980	745.7			3.1	119.8	508.0
1981	736.1			14.0	103.1	504.2
1982	743.4			17.0	110.9	500.7
1983	745.2			17.0	152.0	461.4
1984	786.2			16.8	172.7	481.9
1985	790.8			18.7	194.1	463.2
1986	810.4			18.7	202.2	514.8
1987	802.6			18.7	267.3	454.0
1988	834.6			15.7	285.9	476.3
1989	836.9		12.9	13.6	278.8	474.9
1990	832.3		12.9	11.9	275.9	496.1
1991	827.2		56.2	11.9	236.1	487.5
1992	906.9		57.7	11.2	235.3	567.2
1993	916.6		81.2	11.2	220.8	567.9
1994	971.6	27.8	120.6	39.4	210.3	538.0
1995	1 103.3	109.9	202.1	68.3	184.5	503.0
1996	1 169.2	109.9	246.0	84.4	174.4	519.0
1997	1 214.3	133.2	267.2	87.7	176.5	514.2
1998	1 257.5	155.2	354.5	177.9	215.8	351.6
1999	1 343.5	175.5	401.1	195.0	213.9	355.0
2000	1 356.5	175.5	420.1	197.0	195.9	365.0
2001	1 360.5	185.9	524.7	257.0	179.9	213.0
2002	1 510.0	196.1	575.4	281.9	254.9	201.7
2003	1 539.9	202.9	590.0	282.0	255.0	210.0
2004	1 540.3	202.9	588.0	280.0	259.9	209.5
2005	1 579.9	244.5	588.0	280.0	257.9	209.5
2006	1 929.5	268.0	859.6	366.1	273.9	161.9
2007	1 938.0	269.4	867.3	350.8	283.8	166.7
2008	1 619.1	340.3	702.8	258.8	217.2	100.0
2009	1 619.1	340.3	702.8	258.8	217.2	100.0
2010	1 617.4	339.9	690.8	269.9	216.8	100.0
2011	1 617.7	340.2	690.8	269.9	216.8	100.0
2012	1 659.0	389.7	685.6	269.7	209.4	104.8
2013	1 680.0	420.0	685.0	269.7	209.4	96.4
2014	1 646.6	420.6	664.6	256.3	209.4	95.7
2015	1 643.7	420.6	664.6	256.0	206.8	95.8

注： 从2008年开始，公路里程统计口径有调整。
Note: From 2008, the statistical coverage of operaton mileage have been adjusted.

主要统计指标解释

铁路营业里程 又称营业长度(包括正式营业和临时营业里程)，指办理客货运输业务的铁路正线总长度。凡是全线或部分建成双线及以上的线路，以第一线的实际长度计算；复线、站线、段管线、岔线和特殊用途线以及不计算运费的联络线都不计算营业里程。该指标可以反映铁路运输业基础设施的发展水平，也是计算客货周转量、运输密度和机车车辆运用效率等指标的基础资料。

公路通车里程 指在一定时期内实际达到《公路工程[WTBZ]技术标准JTJ01-88》规定的等级公路，并经公路主管部门正式验收交付使用的公路里程数。包括大中城市的郊区公路以及通过小城镇街道部分的公路里程和桥梁、渡口的长度，不包括大中城市的街道、厂矿、林区生产用道和农业生产用道的里程。两条或多条公路共同经由同一路段，只计算一次，不得重复计算里程长度。该指标可以反映公路建设的发展规模，也是计算运输网密度等指标的基础资料。

内河航道里程 也称内河通航里程，指在一定时期内，能通航运输船舶及排筏的天然河流、湖泊水库、运河及通航渠道的长度。包括全年季节性通航累计三个月以上的航道，不包括仅供零散流放竹、木排的河道。该指标可以反映内河水运网的规模、水平和发展情况。

民用航空航线里程 指民航运输定期班机飞行的航线长度的总和。航线长度按机场之间的距离计算，通常有两种计算方法：一是将每条航线长度相加称为重复计算航线里程；一是将两线或两条以上航线经过同一区段里程，只计算一次航线长度称为不重复计算航线里程。一般常用的是后者，该指标可以确切反映民航运输网的规模，是表明民航事业为国民经济服务和方便人民生活程度的主要指标。

货(客)运量 指在一定时期内，各种运输工具实际运送的货物(旅客)数量。该指标是反映运输业为国民经济和人民生活服务的数量指标，也是制定和检查运输生产计划、研究运输发展规模和速度的重要指标。货运按吨计算，客运按人计算。货物不论运输距离长短、货物类别，均按实际重量统计。旅客不论行程远近或票价多少，均按一人一次客运量统计；半价票、小孩票也按一人统计。

货物(旅客)周转量 指在一定时期内，由各种运输工具运送的货物(旅客)数量与其相应运输距离的乘积之总和。该指标可以反映运输业生产的总成果，也是编制和检查运输生产计划，计算运输效率、劳动生产率以及核算运输单位成本的主要基础资料。计算货物(旅客)周转量通常按发出站与到达站之间的最短距离，也就是计费距离计算。计算公式为：

货物（旅客）周转量=∑（货物（旅客）运输量×运输距离）

港口货物吞吐量 指经水运进出港区范围，并经过装卸的货物数量，包括邮件及办理托运手续的行李、包裹以及补给运输船舶的燃料、物料和淡水。货物吞吐量按货物流向分为进口、出口吞吐量，按货物交流性质分为外贸货物吞吐量和国内贸易货物吞吐量。货物吞吐量的货类构成及其流向，是衡量港口生产能力大小的重要指标。

民用汽车 指报告期末，在公安交通管理部门按照《机动车注册登记工作规范》，已注册登记领有民用车辆牌照的全部汽车数量。汽车统计的主要分类：根据汽车结构分为载客汽车、载货汽车及其他汽车；根据汽车所有者不同分为个人(私人)汽车、单位汽车；根据汽车的使用性质分为营运汽车、非营运汽车；根据汽车大小规格不同载客汽车分为大型、中型、小型和微型，载货汽车分为重型、中型、轻型和微型。

邮电业务总量 指以价值量形式表现的邮电通信企业为社会提供各类邮电通信服务的总数量。邮电业务量按专业分类包括函件、包件、汇票、报刊发行、邮政快件、特快专递、邮政储蓄、集邮、公众电报、用户电报、传真、长途电话、出租电路、无线寻呼、移动电话、分组交换数据通信、出租代维等。计算方法为各类产品乘以相应的平均单价(不变价)之和，再加上出租电路和设备、代用户维护电话交换机和线路等的服务收入。该指标综合反映了一定时期邮电业务发展的总成果，是研究邮电业务量构成和发展趋势的重要指标。计算公式为：

邮电业务总量=∑（各类邮电业务量×不变单价）+出租代维及其他业务收入 =邮政业务总量+通信业务总量

移动电话用户 指通过移动电话交换机进入移动电话网、占用移动电话号码的各类电话用户。包括签约用户和智能网预付费用户。一个移动电话号码统计为一户。

本地电话用户 指接入本地电信运营商固定电话网上的电话用户。包括：住宅用户、单位用户、公用电话用户等。按电话用户位置又分为城市电话用户和乡村电话用户。按通信手段又分为固定电话用户和无线市话用户。1997年以前，“城市（内）电话用户”是指接入县城及县以上城市的电话网上的电话用户；“乡（农）村电话用户”是指接入县邮电局农话台及县以下农村电话交换点，以县城为中心(除市话用户外)联通县、乡(镇)、行政村、村民小组的用户。从1997年起，电话用户数分组调整为以用户所在区域划分为“城市电话用户”和“乡村电话用户”，与过去的按市内电话和农村电话划分方法不同。

国际互联网总用户 包括互联网窄带拨号用户和互联网宽带接入用户。互联网窄带拨号用户又分为互联网注册拨号用户、互联网主叫电话记费用户、互联网上网卡用户等几种。互联网注册拨号用户指由基础电信运营商用户提供的，使用固定帐号上网的一种方式，由用户到运营商的营业厅或业务代理商处申请办理，获得拨号上网帐号及密码，用户根据该帐号及密码拨叫上网特服号，通过认证获得动态IP地址接入宽带互联网。互联网主叫电话记费用户指用户不需要到运营商的营业厅或业务代理商处申请办理，只需要拨打某一运营商已经开通的主叫特服号码即可上网，上网费用随主叫电话收取。互联网上网卡用户指使用上网卡上的帐号和密码认证，通过PSTN、N-ISDN等方式接入宽带互联网的用户。互联网宽带接入用户指采用分组交换网、DDN网、帧中继/ATM网以及模拟专线、数字专线等方式，不经过基础电信运营商的宽带IP城域网，直接接入宽带互联网节点的用户，不含XDSL、专线和LAN专线用户。

本地交换设备容量 指安装在电信运营企业内用于接续本地固定电话的电话交换机容量，包括现用和备用的人工或自动交换机的全部容量。包括局用交换机容量、接入网设备容量（含无线市话）和用户交换机容量。

移动电话交换机容量 指移动电话交换机根据一定话务模型和交换机处理能力计算出来的最大同时服务用户的数量。

Explanatory Notes on Main Statistical Indicators

Length of Railways in Operation refers to the total length of the trunk line under passenger and freight transportation (including both regular operations and temporary operations). In the case of wholly or partially double– or multi–track railways, calculation is based on the actual length of the first track, regardless of other tracks, station sidings, tracks under the charge of stations, branch lines, special–purpose lines and connecting lines. The length of railways in operation is an important indicator of the development of infrastructure for railway transport, as well as the foundation for the calculation of passenger–kilometers and freight ton–kilometers, traffic density and utilization efficiency of locomotives and carriages.

Length of Highways refers to the length of highways built in conformity with the grades specified by the Technical Standards JTJ01–88 for Highway Engineering, formally checked and accepted by highway authorities and put into use. The length of highways includes that of suburban highways at large and medium–sized cities and highways passing through streets at small cities and towns, as well as the span of bridges and ferries. However, it does not include the length of streets in large and medium–sized cities and highways built for production purposes at factories, mines, forest areas and agricultural areas. If two or more highways share the same segment, the length of the shared segment is only calculated for once and no duplication is allowed. The length of highways is an important indicator of the scale of development of highway construction, as well as the foundation for the calculation of transport network density and other indicators.

Length of Navigable Inland Waterways refers to the length of natural rivers, lakes, reservoirs, canals, and ditches open to navigation during a given period, which enables the transport by ships and rafts. This includes channels open to seasonal navigation for an accumulative period of over 3 months in a year, but excludes river courses used exclusively for wood or bamboo rafts on an irregular basis. This indicator reflects the scale, level and development situation of the inland waterway network.

Length of Civil Aviation Routes refers to the length of all routes for regular civil aviation flights. Calculation of route lengths is based on the distance between airports, usually in either of the following ways: duplicated calculation of route lengths, which directly sums up the length of every single air route; or singular calculation of route lengths, which calculates the same segments of aviation routes shared by two or more routes only once. In general practice, the latter is used, as it can precisely reflect the size of the civil aviation network and indicate the extent to which civil aviation serves the national economy and the needs of the people.

Freight (Passenger) Traffic refers to the volume of freight (passengers) transported with various means. This indicator provides a quantitative measure of how the transport industry serves the national economy and the needs of the people, as well as an important reference for drafting and checking production plans in the transport industry and for studying the scale and speed of development in the transport industry. Freight transport is calculated in tons and passenger traffic is calculated in the number of persons. Freight transport is calculated in the actual weight of goods regardless of traveling distances and types of freight; while passenger traffic is calculated as the number of individuals traveling once, regardless of traveling distances, ticket prices, whether the passengers are traveling with half–price tickets or child tickets.

Freight Ton-kilometers (Passenger-kilometers) refer to the sum of the products of the volume of transported cargo (passengers) multiplied by the transport distance. These are important indicators of the total achievements of the transport industry, as well as the major foundation for drafting and checking production plans in the transport industry and for calculating the efficiency, labor productivity and the cost of transport enterprises. Normally, the shortest distance between the departure station and the destination station (i.e. the payable distance) is the basis to calculate the freight ton-kilometers and passenger-kilometers on. These indicators are calculated as follows: Freight Ton-kilometers (Passenger-kilometers) = $\sum$(Freight (Passenger) Traffic $\times$ Transport Distance)

Volume of Freight Handled in Ports refers to the volume of cargo passing in and out of the harbor area that undergoes the loading and unloading processes, including mails, checked baggage and bales, as well as fuel, material and fresh water supplies to ships. The volume of freight handled may be classified by direction of flow as import volume and export volume, or by nature of cargo as volume of freight for domestic trade and volume of freight for foreign trade. The classification of volume of freight handled and its direction of flow are important indicators of the production capacity of ports.

Possession of Civil Motor Vehicles refers to the total number of vehicles that are registered at transport management offices under the public security authorities and provided with civil vehicle licenses and tags according to the Work Standard for Motor Vehicles Registration at the end of the reference period. Major categories of vehicle are: passenger vehicles, freight vehicles and other vehicles in terms of structure; private vehicles and organization-owned vehicles in terms of ownership; commercial vehicles and non-commercial vehicles in terms of use; large, medium, small and mini passenger vehicles, and heavy, medium, light and mini trucks in terms of size.

Business Volume of Postal and Telecommunication Services refers to the total amount of postal and telecommunication services, expressed in value terms, provided by postal and telecommunication enterprises for the society. Postal and telecommunication services can be classified as letters, parcels, remittance, delivery of newspapers and magazines, fast mail service, express mail service, savings deposits, stamps for collection, public and individual telegraph service, facsimiles, long-distance telephone service, leasing of telephone lines, urban paging service, mobile telephone service, data communication through packet networks, network elements lease and maintenance, etc. To calculate the volume, the business volume of each product is multiplied by its average unit price (at constant prices), summed, and added to income from other services such as leasing of telephone lines and equipment, maintenance of telephone switchboards and lines on behalf of customers. This indicator reflects the overall achievements of postal and telecommunication services during a given period, and is an important reference for studying the composition of business volume and the development trend of postal and telecommunication services. This volume is calculated as follows:

Business Volume of Postal and Telecommunication Services = $\sum$(Business Volume of Each Product $\times$ Constant Unit Price) + Income from Leasing, Maintenance, and Other Services = Business Volume of Postal Services + Business Volume of Telecommunication Services

Mobile Telephone Subscribers refer to persons who own mobile telephone numbers and are connected with the mobile telephone communication network through mobile telephone switchboards, including contracted subscribers and pre-paid subscribers for intelligent network. One mobile telephone number is calculated as one subscriber.

Local Telephone Subscribers refer to subscribers that are connected to the local telecommunication service provider through fix line network, including household subscribers, institutional subscribers and public telephones. They are also classified as urban subscribers and rural subscribers according to locations, or fixed-line subscribers and wireless subscribers according to the means of telecommunication. Before 1997, urban subscribers referred to those connected to urban telephone networks in county towns and cities, while rural subscribers referred to those connected to rural telephone stations at or below the county level, clustered around the county town (excluding urban subscribers), and further connected to the county, towns and townships, administrative villages and villagers' groups. Since 1997, the classification of telephone subscribers into urban telephone subscribers and rural telephone subscribers was modified on the basis of geographical location of the subscribers, which is different from the previous distinction between urban telephones and rural telephones.

Number of Internet Subscribers include both narrow-band dial-up users and broad-band access users of the internet. Narrow-band dial-up users are further classified into registered dial-up users, pay-per-calling users, and pre-pay card users. Registered dial-up service enables internet access through fixed accounts provided by basic telecommunication operators. Users of this service apply to the operators or their agents for accounts and passwords, with which they dial special numbers for internet connection and acquire dynamic IP addresses through authentification to gain access to the broad-band internet. Pay-per-calling service implies that instead of applying to the operators or their agents, users only need to dial a certain operator's special numbers to gain access to the internet and pay internet fees together with their calling fees. Pre-pay card users refer to those connected to the broad-band internet through PSTN and N-ISDN networks with accounts and passwords provided by the pre-pay cards. Broad-band access users (exclusive of XDSL and LAN users) refer to users directly connected to broad-band internet nodes through packet networks, DDN networks, frame relay/ATM networks, and special analog or digital lines, bypassing the broad-band IP MAN provided by basic telecommunication operators.

Capacity of Local Telephone Exchanges refers to the capacity of telephone exchanges installed in the offices of telecommunication service providers for communication between fixed telephones. It includes the capacity of both manual and automatic exchanges in use and for stand-by purpose. It consists of the capacity of office telephone exchanges, access network equipment (including wireless city call) and subscriber exchanges.

Capacity of Mobile Telephone Exchanges refers to the maximum number of subscribers that can be served simultaneously, calculated according to a certain calling model and the handling capacity of the mobile telephone exchanges.

07 第七部分

农业

AGRICULTURE

CHAPTER

7-1 农业总产值

GROSS OUTPUT VALUE OF AGRICULTURE

单位：万元 （10 000 yuan）

年 份 Year	农业总产值 Gross Output Value of Agriculture	种植业 Planting	林 业 Forestry	牧 业 Animal Husbandry	渔 业 Fishery	农林牧渔服务业 Services of Farming,Forestry,Animal Husbandry and Fishery
1979	13 106	6 494	85	1 598	433	4 496
1980	16 938	6 913	69	2 186	1 084	6 686
1981	24 181	8 515	153	5 677	1 869	7 967
1982	26 929	9 402	281	7 540	2 744	6 962
1983	29 083	10 930	207	7 832	3 400	6 714
1984	40 416	13 931	912	10 346	7 895	7 332
1985	45 821	15 641	1 371	14 444	7 875	6 490
1986	49 552	18 947	1 259	17 132	10 956	1 258
1987	73 772	26 631	1 678	28 869	14 339	2 255
1988	99 404	32 296	1 315	42 202	19 852	3 739
1989	108 015	31 412	1 253	54 389	19 010	1 951
1990	119 205	37 622	1 716	52 550	24 043	3 274
1991	143 063	40 697	4 097	63 117	31 025	4 127
1992	185 297	57 458	5 637	81 532	36 334	4 335
1993	192 880	49 977	3 519	94 969	38 506	5 909
1994	224 776	54 363	2 334	110 150	52 322	5 607
1995	232 653	58 407	2 207	125 623	43 173	3 243
1996	273 246	70 642	2 989	141 464	52 080	6 071
1997	270 889	73 030	3 792	124 140	64 676	5 250
1998	298 174	79 738	6 773	139 244	65 967	6 452
1999	299 662	91 560	5 312	126 799	68 401	7 590
2000	311 359	95 289	5 560	128 417	72 522	9 571
2001	327 111	105 153	5 060	127 565	76 213	13 120
2002	340 757	115 021	4 790	135 377	76 279	9 290
2003	337 406	111 989	6 557	135 940	76 935	5 985
2004	299 939	96 930	6 409	102 689	88 516	5 395
2005	217 369	53 152	4 861	75 334	76 831	7 191
2006	180 017	38 280	3 930	66 538	59 615	11 654
2007	171 380	43 415	6 682	64 678	42 875	13 730
2008	187 859	45 786	5 474	69 383	53 131	14 084
2009	154 760	42 590	2 062	55 992	39 550	14 564
2010	150 467	48 707	1 606	43 734	38 918	17 502
2011	152 533	46 535	2 159	48 691	37 855	17 293
2012	148 572	45 024	1 298	43 669	42 291	16 290
2013	139 479	53 307	757	36 547	44 149	4 719
2014	129 156	37 842	1 307	26 292	58 352	5 363
2015	159 515	32 799	1 975	22 422	95 487	6 831

注： 本表按当年价格计算

Note:The data in this table are calculated at current prices.

7-2 农业总产值构成

COMPOSITION OF GROSS OUTPUT VALUE OF AGRICULTURE

单位：%　　　　　　　　　　　　　　　　　　　　　　　　　　　　　　　　　　(%)

年 份 Year	总 计 Total	种植业 Planting	林 业 Forestry	牧 业 Animal Husbandry	渔 业 Fishery	农林牧渔服务业 Services of Farming,Forestry,Animal Husbandry and Fishery
1979	100.0	49.6	0.6	12.2	3.3	34.3
1980	100.0	40.8	0.4	12.9	6.4	39.5
1981	100.0	35.2	0.6	23.5	7.7	33.0
1982	100.0	34.9	1.0	28.0	10.2	25.9
1983	100.0	37.6	0.7	26.9	11.7	23.1
1984	100.0	34.5	2.3	25.6	19.5	18.1
1985	100.0	34.1	3.0	31.5	17.2	14.2
1986	100.0	38.2	2.6	34.6	22.1	2.5
1987	100.0	36.1	2.3	39.1	19.4	3.1
1988	100.0	32.5	1.3	42.5	20.0	3.7
1989	100.0	29.1	1.2	50.3	17.6	1.8
1990	100.0	31.6	1.4	44.1	20.2	2.7
1991	100.0	28.4	2.9	44.1	21.7	2.9
1992	100.0	31.0	3.0	44.0	19.6	2.4
1993	100.0	25.9	1.8	49.2	20.0	3.1
1994	100.0	24.2	1.0	49.0	23.3	2.5
1995	100.0	25.1	0.9	54.0	18.6	1.4
1996	100.0	25.9	1.1	51.8	19.0	2.2
1997	100.0	27.0	1.4	45.8	23.9	1.9
1998	100.0	26.7	2.3	46.7	22.1	2.2
1999	100.0	30.6	1.8	42.3	22.8	2.5
2000	100.0	30.6	1.8	41.2	23.3	3.1
2001	100.0	32.1	1.6	39.0	23.3	4.0
2002	100.0	33.8	1.4	39.7	22.4	2.7
2003	100.0	33.2	1.9	40.3	22.8	1.8
2004	100.0	32.3	2.1	34.2	29.5	1.8
2005	100.0	24.5	2.2	34.7	35.3	3.3
2006	100.0	21.3	2.2	37.0	33.1	6.5
2007	100.0	25.3	3.9	37.7	25.0	8.0
2008	100.0	24.4	2.9	36.9	28.3	7.5
2009	100.0	27.5	1.3	36.2	25.6	9.4
2010	100.0	32.4	1.1	29.1	25.9	11.5
2011	100.0	30.5	1.4	31.9	24.8	11.4
2012	100.0	30.3	0.9	29.4	28.5	11.0
2013	100.0	38.2	0.5	26.2	31.7	3.4
2014	100.0	29.3	1.0	20.4	45.2	4.2
2015	100.0	20.6	1.2	14.1	59.9	4.3

7-3 农业总产值及其指数

GROSS OUTPUT VALUE OF AGRICULTURE AND ITS INDICES

年 份 Year	农业总产值(万元) 当年价格 Gross Output Value of Agriculture (10 000yuan) At Current Prices	以上年为100 Preceding Year=100
1979	13 106	
1980	16 938	85.4
1981	24 181	119.1
1982	26 929	108.1
1983	29 083	98.4
1984	40 416	102.3
1985	45 821	119.2
1986	49 552	116.5
1987	73 772	111.8
1988	99 404	119.4
1989	108 015	112.1
1990	119 205	115.2
1991	143 063	109.3
1992	185 297	99.2
1993	192 880	92.9
1994	224 776	96.1
1995	232 653	101.0
1996	273 246	114.2
1997	270 889	101.7
1998	298 174	104.3
1999	299 662	107.9
2000	311 359	102.4
2001	327 111	103.7
2002	340 757	107.0
2003	337 406	109.8
2004	299 939	111.7
2005	217 369	87.8
2006	180 017	75.3
2007	171 380	89.2
2008	187 859	84.0
2009	154 760	87.1
2010	150 467	92.2
2011	152 533	94.0
2012	148 572	103.1
2013	139 479	70.8
2014	129 156	92.2
2015	159 515	108.6

注： 2005年起国家统计报表制度中取消1990年不变价，增长速度按可比口径计算。

Note: Since 2005, the national statistical reporting system has cancelled the index, Gross Output Value of Agriculture (at 1990 constant prices), the growth rates are calculated at comparable coverage.

7-4 农作物播种面积

TOTAL SOWN AREAS OF FARM CROPS

单位：亩 （mu）

年 份 Year	一、农作物总播种面积 Total Sown Areas	1、粮食作物合 计 Grain Crops	#薯 类 Tubers	2、经济作物合 计 Cash Crops	#花 生 Peanuts
1979	953 300	758 100	55 095	165 800	107 148
1980	808 500	646 000	38 663	125 500	100 186
1981	728 400	576 000	27 457	119 200	96 606
1982	739 500	536 000	27 219	125 200	97 152
1983	711 300	536 400	27 700	95 103	65 700
1984	705 078	507 255	28 036	91 147	68 523
1985	625 716	379 247	22 690	85 356	61 095
1986	632 747	363 895	22 755	89 810	60 765
1987	617 290	331 531	24 911	84 466	57 508
1988	607 146	284 545	19 370	77 678	51 331
1989	591 309	280 930	18 897	71 134	51 120
1990	573 090	261 454	18 177	67 306	52 035
1991	523 174	194 055	19 529	63 530	49 146
1992	355 244	103 946	13 348	31 910	30 545
1993	191 711	21 361	6 711	12 118	9 579
1994	163 838	16 136	6 029	5 022	4 544
1995	164 870	16 970	6 814	5 031	3 965
1996	205 078	19 448	9 444	6 151	4 675
1997	175 250	14 907	7 183	5 386	3 854
1998	180 525	11 742	5 946	6 770	3 224
1999	177 372	10 354	5 381	5 616	2 680
2000	187 401	9 714	5 559	5 138	2 842
2001	184 038	8 023	5 194	4 098	2 568
2002	159 063	6 180	4 442	3 357	1 142
2003	164 363	4 679	2 490	1 227	807
2004	147 094	5 304	2 955	2 870	260
2005	106 167	1 572	815	310	300
2006	90 614	305	175	105	100
2007	95 596	290	240	236	220
2008	109 423	438	365	10764	20
2009	103 673	163	150	914	42
2010	96 090	151	136	67	41
2011	90 803	52	44	50	41
2012	87 311	12	12	2 255	19
2013	81 472	155	13	8	8
2014	73 775	130	14	513	5
2015	72 358	102	50	6 702	9

单位：亩 7-4 续表 continued (mu)

年 份 Year	3、其它作物 合 计 Other Crops	# 蔬 菜 Vegetable	二、茶园面积 Area of Tea Plantations (year-end)	三、果园面积 Area of Orchards (year-end)	# 柑桔橙 Citrus	# 荔 枝 Litchi
1979	22 813	14 798		55 604	6 248	18 600
1980	28 802	15 712		56 701	8 169	19 760
1981	24 327	17 935		55 353	7 476	21 021
1982	68 296	44 020		56 040	6 331	25 399
1983	72 219	66 048		85 897	15 154	4 687
1984	98 843	86 037		85 567	11 204	39 384
1985	154 494	139 353		108 418	16 889	44 979
1986	172 688	160 467		168 790	38 698	70 782
1987	196 065	185 202		218 396	59 358	91 744
1988	240 104	223 191		236 876	69 972	100 912
1989	235 349	217 929		245 516	71 429	107 979
1990	240 865	231 308		256 110	72 632	109 477
1991	261 772	244 591		254 021	73 350	111 324
1992	217 456	201 422		227 207	60 844	104 390
1993	157 909	144 468		191 838	50 147	92 227
1994	142 640	133 284	460	188 411	44 124	97 613
1995	142 849	135 212	3 003	185 285	36 267	98 358
1996	179 479	167 063	2 976	195 926	32 532	111 332
1997	154 957	145 591	2 968	216 996	26 733	136 123
1998	162 013	153 026	2 440	215 058	26 240	136 006
1999	161 402	152 890	2 435	218 811	22 013	144 201
2000	172 549	166 916	2 355	224 820	19 551	152 804
2001	171 917	168 147	353	209 232	16 406	142 580
2002	149 226	147 278	348	191 031	9 949	130 896
2003	158 457	156 899	350	159 817	11 066	102 095
2004	138 920	137 887		150 523	6 830	109 407
2005	104 285	104 059		149 175	5 908	111 154
2006	90 204	89 478		127 809	2 249	100 771
2007	95 070	94 891	312	64 630	1 728	43 004
2008	98 221	98 023	350	46 273	1 088	32 882
2009	102 596	98 505	340	55 508	548	44 320
2010	95 872	95 371	340	53 567	629	43 279
2011	90 701	89 908	340	50 813	484	41 501
2012	85 044	84 704	340	46 990	391	39 088
2013	81 309	81 057	350	38 035	234	32 087
2014	73 118	67 975	340	36 825	204	31 000
2015	65 504	65 249	340	35 474	282	30 658

7-5 主要农业产品产量

YIELD OF MAJOR FARM CROPS

单位：吨 （ton）

年份 Year	粮食 Grain	#稻谷 Rice	#薯类 Tubers	花生 Peanuts	蔬菜 Vegetable	茶叶 Tea	水果 Fruits	#柑桔橙 Citrus	#荔枝 Litchi
1979	132 584	127 559	4 285	6 877	8 639		2 401	157	742
1980	126 461	123 022	3 003	7 323	14 593		2 280	388	1 127
1981	116 489	114 070	2 310	8 641	22 772		3 245	284	1 534
1982	124 189	121 026	3 046	9 276	34 484		2 866	571	798
1983	126 977	122 936	3 906	5 761	74 251		3 575	1 105	839
1984	126 960	123 205	3 595	6 060	107 820		5 752	1 579	1 829
1985	94 465	90 106	4 026	5 208	162 898		6 420	1 726	1 559
1986	92 495	88 369	3 787	5 894	151 629		13 249	3 467	3 522
1987	85 534	80 110	5 081	5 634	159 937		18 180	5 368	1 336
1988	76 263	72 114	3 850	5 275	182 190		21 324	7 931	2 366
1989	82 215	77 928	3 974	5 777	193 367		23 928	10 910	1 293
1990	81 018	75 380	5 161	6 107	227 346		39 986	23 769	4 184
1991	59 138	52 847	5 418	6 284	238 716		52 392	35 195	2 855
1992	32 906	27 924	4 211	3 874	201 517		59 505	36 082	8 230
1993	6 950	3 838	2 077	1 315	151 421		45 807	31 968	2 791
1994	5 166	1 660	1 676	652	141 899	2	42 744	26 949	4 886
1995	4 887	1 848	1 700	613	147 171	4	40 914	22 973	5 674
1996	6 586	1 801	2 557	735	193 966	4	36 961	21 148	5 944
1997	4 990	954	1 793	595	169 683	5	39 775	21 509	7 546
1998	3 781	743	1 367	496	185 747	8	34 310	22 042	2 055
1999	3 412	555	1 235	444	183 517	9	43 183	19 662	13 516
2000	3 700	429	1 579	556	210 479	14	27 498	14 114	4 513
2001	3 966	248	2 331	548	194 849	11	24 835	10 571	5 250
2002	3 094	31	1 219	384	217185	12	35 279	7 085	18 393
2003	1 850	8	773	184	201 395	11	29 087	8 323	8 753
2004	2 028	6	936	98	162 788		28 028	5 334	14 486
2005	599	4	248	67	141 652		25 843	3 546	15 008
2006	59		49	6	111 509		12 793	839	7 852
2007	55		46	42	121 539		7 389	503	4 016
2008	110		92	4	114 086	3	4 520	487	2 076
2009	52		46	9	107 203	2	3 921	134	2 315
2010	49		42	8	110 739	2	3 179	163	1 952
2011	18		11	8	101 783	2	2 873	205	1 933
2012	5		5	4	103 941	3	2 695	190	1 835
2013	59		3	6	101 324	2	1 745	122	1 141
2014	64		65	5	67 167	2	2 120	77	1 420
2015	50		63	5	63 030	2	4 014	62	2 901

7-6 农作物亩产量

OUTPUT OF FARM CROPS PER MU

单位：千克　　　　(kg)

年 份 Year	粮 食 Grain	花 生 Peanuts	蔬 菜 Vegetable	茶 叶 Tea	水 果 Fruits	柑桔橙 Citrus	荔 枝 Litchi
1979	175	64	584				
1980	196	73	929				
1981	202	89	1 269				
1982	232	95	783				
1983	237	87	1 124				
1984	251	88	1 253				
1985	249	85	1 169				
1986	254	97	945				
1987	258	98	864				
1988	268	103	816				
1989	293	113	887				
1990	310	117	983				
1991	305	128	976				
1992	317	127	1 000				
1993	325	137	1 048				
1994	340	107	1 064	4.76	467	786	50.1
1995	288	155	1 088	6.45	414	765	57.7
1996	339	157	1 161	6.06	345	799	53.4
1997	335	154	1 165	6.30	307	897	55.4
1998	322	154	1 214	3.40	456	840	15.1
1999	330	166	1 200	3.70	322	958	93.7
2000	381	196	1 261	5.94	122	722	29.5
2001	494	213	1 266	31.16	119	644	36.8
2002	477	336	1 475	34.48	185	712	140.5
2003	395	228	1 284	31.43	182	752	85.7
2004	382	377	1 181		186	781	132.4
2005	381	223	1 361		173	135	135.0
2006	193	60	1 246		100	370	77.9
2007	190	191	1 281	6.41	114	291	93.4
2008	251	200	1 164	8.57	98	448	63.1
2009	319	214	1 088	5.88	71	245	52.2
2010	325	195	1 161	5.88	59	259	45.0
2011	346	195	1 132	5.88	57	424	46.6
2012	417	211	1 227	8.82	57	486	46.9
2013	381	750	1 250	5.71	46	521	35.6
2014	492	1 000	988	5.88	58	378	45.8
2015	490	555	966	5.88	113	220	94.6

7-7 畜牧业、林业和渔业
ANIMAL HUSBANDRY, FORESTRY AND FISHERY

年 份 Year	畜 牧 业 Animal Husbandry				
	牛年末头数(头) Year-end Number of Cattle (head)	#奶 牛 Milk Cows	牛奶产量 (吨) Milk Output (ton)	生猪饲养量 (万头) Raised Hogs (the whole year) (10 000 heads)	生猪年末 存栏量(万头) Raised Hogs (Year-end) (10 000 heads)
1979	25 633	465	1 622	22.90	11.69
1980	24 451	2 365	2 876	15.58	8.42
1981	28 917	3 066	5 214	10.69	6.06
1982	31 301	3 233	6 852	15.61	8.51
1983	31 200	3 642	7 411	17.60	9.40
1984	30 716	4 506	9 830	18.59	8.89
1985	28 474	5 352	10 815	20.34	9.58
1986	27 685	6 204	12 837	25.41	12.29
1987	26 587	6 460	14 237	36.02	16.94
1988	24 759	6 764	13 720	52.20	21.90
1989	24 618	7 384	16 729	65.28	24.45
1990	24 105	7 715	18 887	59.37	22.58
1991	20 660	7 380	20 566	64.23	22.07
1992	16 451	7 059	20 592	61.36	20.89
1993	11 460	7 107	20 255	62.39	20.77
1994	9 780	7 235	20 080	64.49	23.38
1995	9 960	7 955	19 475	68.09	25.76
1996	9 509	8 152	20 420	75.61	27.35
1997	8 900	7 478	18 857	80.26	30.52
1998	8 625	7 575	19 851	89.36	30.09
1999	8 881	7 990	22 480	85.98	28.16
2000	9 808	9 094	24 926	93.02	26.88
2001	9 661	8 883	22 176	92.23	27.08
2002	9 740	9 285	22 802	96.11	31.42
2003	8 196	6 780	24 128	79.31	18.56
2004	8 579	8 511	22 018	63.17	12.49
2005	7 857	7 832	19 567	68.69	17.15
2006	8 009	7 980	18 727	60.66	13.73
2007	7 625	7 585	18 130	53.19	16.25
2008	6 772	5 681	16 150	48.36	15.92
2009	5 035	5 035	10 699	41.04	11.21
2010	6 487	6 479	15 000	29.37	6.93
2011	6 610	6 580	14 310	27.39	6.98
2012	5 671	5 671	13 322	24.96	6.49
2013	5 523	5 523	13 759	18.06	5.88
2014	4 211	4 211	11 805	10.06	3.09
2015	3 656	3 656	12 973	6.71	1.56

7-7 续表 1 continued

年 份 Year	畜牧业 Animal Husbandry					造林面积（万亩） Areas of Forestation (10 000 mu)
	肉猪全年出栏量(万头) Slaughtered Fattened Hogs of the Year (10 000 heads)	家禽饲养量(万只) Raised Poultry (10 000 heads)	# 出栏量 Slaughtered Fattened Poultry	鲜蛋(吨) Fresh eggs (ton)	当年出售肉类总产量(吨) Total Output of Meat Sold (ton)	
1979	11.21	99.59	69.71	57	6 726	1.84
1980	7.16	160.90	112.63	88	4 296	1.65
1981	4.63	321.84	257.42	119	2 778	1.38
1982	7.10	578.61	506.31	265	4 260	2.62
1983	8.20	786.79	586.40	1 352	4 920	2.37
1984	9.70	857.31	686.27	1 137	12 648	1.78
1985	10.76	1 305.20	944.32	1 085	22 932	16.85
1986	13.12	1 548.94	1 115.77	1 169	25 323	4.01
1987	19.08	1 955.78	1 371.76	805	33 935	15.38
1988	30.30	2 634.80	1 892.70	1 335	47 449	13.32
1989	40.83	3 101.80	2 291.00	1 212	65 300	5.33
1990	36.79	3 330.80	2 445.20	1 895	62 513	5.92
1991	42.16	3 522.27	2 964.39	3 462	79 022	13.10
1992	40.47	4 063.21	2 911.96	4 172	74 081	0.62
1993	41.62	3 534.32	2 668.70	2 472	77 254	0.15
1994	41.11	2 988.07	2 280.63	2 100	67 043	1.10
1995	42.33	2 635.46	2 015.59	2 120	70 277	1.85
1996	48.26	2 111.72	1 633.59	1 351	64 280	3.74
1997	49.74	2 142.36	2 142.36	1 333	65 911	6.27
1998	59.27	2 900.24	2 462.97	1 421	82 947	4.93
1999	57.82	3 090.74	2 616.25	1 130	77 608	3.44
2000	66.14	2 340.20	1 953.85	1 546	79 893	3.30
2001	65.15	2 503.53	1 871.64	922	73 495	2.63
2002	64.68	2 158.62	1 803.00	380	75 531	2.47
2003	60.74	1 698.14	1 515.24	289	66 730	4.96
2004	50.68	1 329.01	1 159.61	292	55 810	3.41
2005	51.55	1 156.99	999.48	110	46 846	3.05
2006	46.93	934.53	811.00	20	42 478	2.45
2007	37.94	866.48	679.75	1 176	32 016	7.35
2008	32.44	903.06	764.50	838	27 458	
2009	29.83	913.76	732.78	282	25 525	1.85
2010	22.44	703.03	568.39	406	18 992	1.87
2011	20.40	582.74	456.06	654	17 142	1.55
2012	18.47	509.96	438.10	902	15 066	1.30
2013	12.18	264.01	184.47	304	11 149	0.81
2014	6.97	287.86	247.71	242	6 422	0.29
2015	5.15	260.64	225.18	27	4 597	0.34

7-7 续表 2 continued

年 份 Year	渔 业 Fishery							
	水产品生产总量(吨) Total Output of Aquatic Products(ton)	1、海水产品 Seawater Aquatic Products	#鱼 类 Fish	2、淡水产品 Freshwater Aquatic Products	#鱼 类 Fish	养殖面积(万亩) Cultured Areas of Aquatic (10 000 mu)	1、海水面积 Seawater	2、淡水面积 Freshwater
1979	7 039	6 068		971				1.13
1980	7 667	5 315		2 352				3.27
1981	7 410	5 048		2 362				3.54
1982	10 406	6 128		4 278				4.24
1983	12 303							
1984	16 086							4.68
1985	16 762	4 485		12 277				8.84
1986	23 654	5 595	3 716	18 059		19.33	7.88	11.45
1987	26 889	17 363		9 526		21.16	13.40	7.76
1988	31 535	20 923	16 515	10 612	6 860	20.92	7.53	13.39
1989	32 148	20 153	16 454	11 995	11 995	21.36	14.18	7.18
1990	38 587	24 239	18 420	14 348	13 793	21.88	14.73	7.15
1991	41 740	12 076	8 402	29 664	29 664	16.91	7.81	9.10
1992	44 349	27 558	18 488	16 791	15 836	18.77	13.64	5.13
1993	31 104	11 527	8 423	19 577	19 577	11.77	5.90	5.87
1994	28 196	10 661	6 733	17 535	17 535			
1995	37 394	30 041	26 438	7 353	7 353			
1996	41 183	21 957	17 718	19 226	19 188	16.00	13.60	2.40
1997	55 569	47 687	32 229	7 882	7 773	13.47	10.82	2.65
1998	58 315	50 352	32 371	7 963	7 962	13.61	10.52	3.09
1999	59 764	52 410	34 888	7 354	7 334	11.19	8.16	3.03
2000	59 881	51 191	31 649	8 690	8 690	11.41	8.50	2.91
2001	65 784	56 566	32 850	9 218	9 218	10.84	7.20	3.64
2002	64 059	54 757	22 248	9 302	9 116	9.31	6.59	2.72
2003	85 324	77 506	50 446	7 818	7 610	8.81	6.89	1.92
2004	96 682	88 718	67 553	7 964	6 899	7.33	5.61	1.71
2005	81 764	74 560	55 435	7 204	7 038	7.19	5.84	1.35
2006	56 126	51 411	33 443	4 715	4 697	6.91	5.86	1.05
2007	34 068	31 173	21 708	2 895	2 765	4.67	3.93	0.74
2008	38 468	37 126	27 547	1 342	1 232	3.76	3.07	0.69
2009	30 329	28 544	17 391	1 785	1 714	3.03	2.62	0.41
2010	27 230	25 302	13 010	1 928	1 838	2.92	2.51	0.41
2011	24 929	23 488	13 795	1 441	1 306	2.92	2.51	0.41
2012	28 738	27 430	17 784	1 308	1 253	1.75	1.50	0.25
2013	19 107	18 062	14 287	1 045	990	1.71	1.50	0.21
2014	27 205	26 285	17 867	920	865	0.57	0.41	0.16
2015	39 777	38 796	30 407	981	918	0.46	0.39	0.07

主要统计指标解释

农林牧渔业总产值 是以货币表现的农林牧渔业的全部产品总量和对农林牧渔业生产活动进行的各种支持性服务活动的价值。它反映一定时期内农林牧渔业生产总规模和总成果，是观察农林牧渔业生产水平和发展速度，研究农林牧渔业内部比例关系、农林牧渔业与工业、农林牧渔业与国家建设、人民生活比例关系的重要指标，同时也是计算农林牧渔业劳动生产率和农林牧渔业增加值的基础资料。

农林牧渔业总产值的计算，一般采用“产品法”，即凡有产品产量的，都按单位产品价格乘产量的办法求得每种产品产量的产值，然后相加求得各业的产值，最后各业相加求出农林牧渔业总产值。

农作物播种面积 是指一定生产季节结束时实际播种或移植有农作物的面积。播种面积的大小，反映农作物的生产规模和耕地的利用程度。正确地核算播种面积，对于组织农业生产活动，计算农作物产量，研究农作物的种植结构和分布情况以及制定各项增产技术措施，都是非常必要的。

播种面积的统计年度，凡是能在本日历年度内（自1月1日至12月31日）收获的农作物（包括上年秋冬播和本年春播、夏播以及南方地区的晚秋播而在本年收获的全部作物）播种面积，都包括在内。

粮食产量 指全社会的产量。包括国有经济经营的、集体统一经营的和农民家庭经营的粮食产量，还包括工矿企业办的农场和其他生产单位的产量。粮食除包括稻谷、小麦、玉米、高粱、谷子及其他杂粮外，还包括薯类和豆类。其产量计算方法，豆类按去豆荚后的干豆计算；薯类(包括甘薯和马铃薯，不包括芋头和木薯)1963年以前按每4公斤鲜薯折1公斤粮食计算，从1964年开始改为按5公斤鲜薯折1公斤粮食计算。城市郊区作为蔬菜的薯类(如马铃薯等)按鲜品计算，并且不作粮食统计。其他粮食一律按脱粒后的原粮计算。1989年以前全国粮食产量数据主要靠全面报表取得，1989年开始使用抽样调查数据。

水产品产量 指人工养殖的水产品和天然生长的水产品的捕捞量。包括海水的鱼类、虾蟹类、贝类和藻类以及内陆水域的鱼类、虾蟹类和贝类，不包括淡水生植物。水产品产量是通过各级水产和统计部门逐级上报取得数据。1995年及以前，贝类中牡蛎按鲜肉计算；蚶、蛤、蛙按 5 斤鲜品折 1 斤计算。1996年以后则统一按鲜品计算。

耕地面积 年初可以用来种植农作物、经常进行耕锄的田地，除包括熟地、当年新开荒地、连续撂荒未满三年的耕地和当年的休闲地（轮歇地）外，还包括以种植农作物为主并附带种植桑树、茶树、果树和其他林木的土地，以及沿海、沿湖地区已围垦利用的“海涂”、“湖田”等面积。但不包括属于专业性的桑园、茶园、果木苗圃、林地、芦苇地、天然或人工草地面积。

Explanatory Notes on Main Statistical Indicators

Gross Output Value of Agriculture refers to the total volume of products of farming, forestry, animal husbandry, and fishery and the value of various services supporting the production of farming, forestry, animal husbandry and fishery in monetary terms, which reflects the total scale and total results of farming, forestry, animal husbandry and fishery production during a given period of time. It is an important indicator to observe the production level and development speed of farming, forestry, animal husbandry and fishery, to study the internal structure of farming, forestry, animal husbandry and fishery, and to review the proportionate relationship of farming, forestry, animal husbandry and fishery to industry, to national construction and to people' s life. It is also the foundation for calculating the labor productivity and value-added of farming, forestry, animal husbandry and fishery.

Generally, the gross output value of farming, forestry, animal husbandry and fishery is calculated with the production approach. Where applicable, the gross output value of each single product is obtained by multiplying the output of each product by its price. These values are then summed up to obtain the output value of each sector. The sum of output values of all sectors is the gross output value of farming, forestry, animal husbandry and fishery.

Area of Regularly Cultivated Land refers to farmland among the total land resources which is exclusively used for farming and is under regular cultivation with harvest in normal years. Included are currently cultivated land, land that has been abandoned or put in idle for less than 3 years and is available for recultivation at any time, newly-claimed land that has been put into cultivation for more than 3 years, and ditches, trenches, roads, and ridges with a width of less than 1 meter. Excluded under this category are steep slope land over 25 degrees under temporary cultivation, stretches or scattered plots temporarily claimed along river bends, lake sides or banks of reservoirs, as well as land that has been designated under the "Green for Grain" programmes of the state and provincial governments but is still temporarily under cultivation. Regularly cultivated land is classified into basic farmland and odd pieces of land used for cultivation.

Grain Output refers to the total output in the whole country including grains produced by State farms, collective units, rural households, as well as by farms affiliated to industrial and mining enterprises and other production units. Grain includes rice, wheat, corn, sorghum, millet and other miscellaneous grains as well as tubers and beans. Output of beans refers to dry beans without pods. The output of tubers (sweet potatoes and potatoes, not including taros and cassava) are converted into that of grain at the ratio 4:1, i.e. 4 kilograms of fresh tubers were equivalent to 1 kilogram of grain up to 1963. Since 1964 the ratio for conversion has been 5:1 Tubers supplied as vegetables (such as potatoes) in cities and suburbs are calculated as fresh vegetables and their output is not included in the output of grain. Output of all other grains refers to husked grain. Data on grain production before 1989 were obtained through the Comprehensive Statistical Reporting System. Since 1989, data from sample surveys are used.

Output of Aquatic Products refers to catches of both artificially cultured and naturally grown aquatic products, including fish, shrimps, crabs and shellfish in sea and inland water as well as seaweed. Freshwater plants are not included. Data on output of aquatic products are reported by aquatic product and statistical agencies level by level. Before 1995, among the shellfish, oyster was counted as fresh meat; 5 kilograms of ark shell, clams and frogs are equivalent to 1 kilogram of fresh aquatic products; they have all been counted as fresh aquatic products since 1996.

Cultivated Area (Area under cultivation) refers to farmland which is plowed constantly for growing crops, including cultivated land, newly cultivated land in the current year, farmland left without cultivation for less than three years and fallow land in the current year, rotation land, farmland with some mulberry trees, tea trees, fruit trees, and other trees and cultivated seashore land, lake land, and etc.. The land of mulberry plantation, tea plantation, orchards, nurseries of young plants, forest land, reed land, natural and man-made grassland are not included in cultivated land.

08 第八部分

固定资产投资

INVESTMENT IN FIXED ASSETS

CHAPTER

8-1 固定资产投资额

INVESTMENT IN FIXED ASSETS

单位：万元 (10 000 yuan)

年 份 Year	固定资产投资额 Investment in Fixed Assets	非房地产开发项目 Non-Real Estate Development	房地产开发项目 Real Estate Development
1979	5 938	5 938	
1980	13 801	13 801	
1981	29 684	29 684	
1982	73 750	73 750	
1983	108 320	108 320	
1984	194 572	194 572	
1985	333 235	333 235	
1986	248 551	248 551	
1987	285 193	285 193	
1988	436 191	436 191	
1989	499 919	499 919	
1990	623 380	511 380	112 000
1991	912 324	656 724	255 600
1992	1 782 322	1 067 422	714 900
1993	2 477 875	1 450 175	1 027 700
1994	2 819 413	1 514 813	1 304 600
1995	2 758 243	1 727 875	1 030 368
1996	3 275 270	2 027 019	1 248 251
1997	3 930 657	2 564 112	1 366 545
1998	4 803 901	3 129 047	1 674 854
1999	5 695 878	3 543 337	2 152 541
2000	6 196 993	3 587 299	2 609 694
2001	6 863 749	3 707 385	3 156 364
2002	7 881 459	3 997 014	3 884 445
2003	9 491 016	5 364 380	4 126 636
2004	10 925 571	6 583 139	4 342 432
2005	11 810 542	7 573 677	4 236 865
2006	12 736 693	8 115 753	4 620 940
2007	13 450 037	8 839 615	4 610 422
2008	14 676 043	10 271 146	4 404 897
2009	17 091 514	12 716 924	4 374 590
2010	19 447 008	14 862 315	4 584 693
2011	20 609 180	15 461 818	5 147 362
2012	21 944 319	14 575 898	7 368 421
2013	23 914 648	15 145 647	8 769 001
2014	27 174 226	16 479 371	10 694 855
2015	32 983 076	19 672 743	13 310 333

8-2 固定资产投资额指数

INDICES OF INVESTMENT IN FIXED ASSETS

（以上年为100） (preceding year=100)

年 份 Year	固定资产投资额 Investment in Fixed Assets	非房地产开发项目 Non-Real Estate Development	房地产开发项目 Real Estate Development
1980	232.4	232.4	
1981	215.1	215.1	
1982	248.5	248.5	
1983	146.9	146.9	
1984	179.6	179.6	
1985	171.3	171.3	
1986	74.6	74.6	
1987	114.7	114.7	
1988	152.9	152.9	
1989	114.6	114.6	
1990	124.7	124.7	
1991	146.4	128.4	228.2
1992	195.4	162.5	279.7
1993	139.0	135.9	143.8
1994	113.8	104.5	126.9
1995	97.8	114.1	79.0
1996	118.7	117.3	121.1
1997	120.0	126.5	109.5
1998	122.2	122.0	122.6
1999	118.6	113.2	128.5
2000	108.8	101.2	121.2
2001	110.8	103.3	120.9
2002	114.8	107.8	123.1
2003	120.4	134.2	106.2
2004	115.1	122.7	105.2
2005	108.1	115.0	97.6
2006	107.8	107.2	109.1
2007	105.6	108.9	99.8
2008	109.1	116.2	95.5
2009	116.5	123.8	99.3
2010	113.8	116.9	104.8
2011	106.0	104.0	112.3
2012	106.5	94.3	143.1
2013	109.0	103.9	119.0
2014	113.6	108.8	122.0
2015	121.4	119.4	124.5

8-3 新增固定资产

NEWLY INCREASED FIXED ASSETS

单位：万元 (10 000 yuan)

年 份 Year	固定资产投资额 Investment in Fixed Assets	非房地产开发项目 Non-Real Estate Development	房地产开发项目 Real Estate Development
1979	3 201	3 201	
1980	7 753	7 753	
1981	19 032	19 032	
1982	42 369	42 369	
1983	81 902	81 902	
1984	149 020	149 020	
1985	190 359	190 359	
1986	192 016	192 016	
1987	185 758	185 758	
1988	269 475	269 475	
1989	384 183	384 183	
1990	379 167	310 915	68 252
1991	573 793	490 199	83 594
1992	682 768	556 594	126 174
1993	1 010 590	798 022	212 568
1994	1 542 090	1 199 729	342 361
1995	1 634 350	981 780	652 570
1996	2 549 663	1 302 786	1 246 877
1997	2 997 015	1 952 308	1 044 707
1998	3 865 634	2 189 077	1 676 557
1999	4 556 303	2 661 567	1 894 736
2000	5 474 627	2 981 399	2 493 228
2001	5 378 592	2 651 070	2 727 522
2002	6 153 318	2 720 727	3 432 591
2003	5 527 718	2 454 025	3 073 693
2004	6 863 722	3 905 969	2 957 753
2005	8 870 417	4 610 708	4 259 709
2006	7 476 770	3 913 902	3 562 868
2007	7 644 448	5 176 711	2 467 737
2008	6 827 922	3 897 679	2 930 243
2009	6 424 221	4 032 767	2 391 454
2010	8 258 270	5 950 452	2 307 818
2011	13 103 117	11 304 379	1 798 738
2012	16 695 671	13 076 993	3 618 678
2013	23 742 351	19 783 173	3 959 178
2014	23 740 961	19 606 539	4 134 422
2015	14 785 593	10 792 355	3 993 238

8-4 固定资产投资额（按区域分）

INVESTMENT IN FIXED ASSETS（GROUPED BY DISTRICT）

单位：万元

年 份 Year	全市 Total	福田区 Futian	罗湖区 Luohu	盐田区 Yantian	南山区 Nanshan
1998	4 803 901	1 784 698	651 825	281 358	1 114 038
1999	5 695 878	2 074 046	852 818	358 135	1 214 324
2000	6 196 993	2 100 488	910 012	344 586	1 338 346
2001	6 863 749	2 306 192	831 700	481 386	1 465 527
2002	7 881 459	2 464 975	870 025	491 513	1 612 012
2003	9 491 016	2 559 087	969 324	547 965	1 923 414
2004	10 925 571	2 585 071	966 473	554 665	2 297 922
2005	11 810 542	2 050 132	833 150	526 389	2 653 832
2006	12 736 693	1 801 066	762 101	609 949	2 899 380
2007	13 450 037	1 701 123	707 931	708 264	2 691 670
2008	14 676 043	1 602 214	643 690	730 332	2 571 590
2009	17 091 514	1 683 418	683 182	872 004	2 705 194
2010	19 447 008	1 744 163	731 777	873 096	2 871 308
2011	20 609 180	1 737 597	756 050	850 994	2 860 146
2012	21 944 319	1 520 882	816 154	854 229	2 958 604
2013	23 914 648	1 587 012	856 308	882 702	3 163 926
2014	27 174 226	1 811 806	951 102	921 701	4 159 002
2015	32 983 076	2 353 842	1 259 008	995 926	6 339 870

(10 000 yuan)

宝安区 Baoan	新宝安区 New Baoan	光明新区 Guangming	龙华新区 Longhua	龙岗区 Longgang	新龙岗区 New Longgang	坪山新区 Pingshan	大鹏新区 Dapeng
555 262				416 720			
669 676				526 879			
813 554				690 007			
973 073				805 871			
1 213 488				1 229 446			
1 803 186				1 688 040			
2 332 793				2 188 647			
2 903 705				2 843 334			
3 331 725				3 332 472			
3 841 235				3 799 814			
4 676 889				4 451 328			
5 846 894				5 300 822			
6 902 828				6 323 836			
7 608 192				6 796 201			
8 392 870	3 631 942	2 000 500	3 020 700	7 401 580	5 026 077	1 807 433	661 751
9 279 146	4 264 061	2 199 300	3 142 602	8 145 554	5 536 124	1 936 408	674 261
10 488 710	4 606 802	2 311 908	3 570 000	8 841 905	6 020 000	2 141 905	680 000
12 263 409	5 457 214	2 692 767	4 113 428	9 771 021	6 580 947	2 468 152	721 922

8-5 固定资产投资额指数（按区域分）

INVESTMENT IN FIXED ASSETS（GROUPED BY DISTRICT）

以上年为100

年 份 Year	全市 Total	福田区 Futian	罗湖区 Luohu	盐田区 Yantian	南山区 Nanshan
1999	118.6	116.2	130.8	127.3	109.0
2000	108.8	101.3	106.7	96.2	110.2
2001	110.8	109.8	91.4	139.7	109.5
2002	114.8	106.9	104.6	102.1	110.0
2003	120.4	103.8	111.4	111.5	119.3
2004	115.1	101.0	99.7	101.2	119.5
2005	108.1	79.3	86.2	94.9	115.5
2006	107.8	87.9	91.5	115.9	109.3
2007	105.6	94.5	92.9	116.1	92.8
2008	109.1	94.2	90.9	103.1	95.5
2009	116.5	105.1	106.1	119.4	105.2
2010	113.8	103.6	107.1	100.1	106.1
2011	106.0	99.6	103.3	97.5	99.6
2012	106.5	87.5	107.9	100.4	103.4
2013	109.0	104.3	104.9	103.3	106.9
2014	113.6	114.2	111.1	104.4	131.5
2015	121.4	129.9	132.4	108.1	152.4

(Preceding Year=100)

宝安区 Baoan	新宝安区 New Baoan	光明新区 Guangming	龙华新区 Longhua	龙岗区 Longgang	新龙岗区 New Longgang	坪山新区 Pingshan	大鹏新区 Dapeng
120.6				126.4			
121.5				131.0			
119.6				116.8			
124.7				152.6			
148.6				137.3			
129.4				129.7			
124.5				129.9			
114.7				117.2			
115.3				114.0			
121.8				117.1			
125.0				119.1			
118.1				119.3			
110.2				107.5			
110.3				108.9			
110.6	117.4	109.9	104.0	110.1	110.1	107.1	101.9
113.0	108.0	105.1	113.6	108.5	108.7	110.6	100.9
116.9	118.5	116.5	115.2	110.5	109.3	115.2	106.2

8-6 固定资产投资额比重（按区域分）

INVESTMENT IN FIXED ASSETS（GROUPED BY DISTRICT）

单位：%

年 份 Year	全市 Total	福田区 Futian	罗湖区 Luohu	盐田区 Yantian	南山区 Nanshan
1998	100	37.2	13.6	5.9	23.2
1999	100	36.4	15.0	6.3	21.3
2000	100	33.9	14.7	5.6	21.6
2001	100	33.6	12.1	7.0	21.4
2002	100	31.3	11.0	6.2	20.5
2003	100	27.0	10.2	5.8	20.3
2004	100	23.7	8.8	5.1	21.0
2005	100	17.4	7.1	4.5	22.5
2006	100	14.1	6.0	4.8	22.8
2007	100	12.6	5.3	5.3	20.0
2008	100	10.9	4.4	5.0	17.5
2009	100	9.9	4.0	5.1	15.8
2010	100	9.0	3.8	4.5	14.8
2011	100	8.4	3.7	4.1	13.9
2012	100	6.9	3.7	3.9	13.5
2013	100	6.7	3.6	3.7	13.2
2014	100	6.7	3.5	3.4	15.3
2015	100	7.1	3.8	3.0	19.2

(%)

宝安区 Baoan	新宝安区 New Baoan	光明新区 Guangming	龙华新区 Longhua	龙岗区 Longgang	新龙岗区 New Longgang	坪山新区 Pingshan	大鹏新区 Dapeng
11.6				8.5			
11.8				9.2			
13.1				11.1			
14.2				11.7			
15.4				15.6			
19.0				17.7			
21.4				20.0			
24.4				24.1			
26.2				26.1			
28.6				28.2			
31.9				30.3			
34.2				31.0			
35.5				32.5			
36.9				33.0			
38.2	16.6	9.1	13.8	33.7	22.9	8.2	3.0
38.8	17.8	9.2	13.1	34.1	23.1	8.1	2.8
38.6	17.0	8.5	13.1	32.5	22.2	7.9	2.5
37.2	16.5	8.2	12.5	29.6	20.0	7.5	2.2

8-7 固定资产投资额（按注册登记类型分）

INVESTMENT IN FIXED ASSETS（GROUPED BY REGISTRATION）

单位：万元 (10 000 yuan)

年 份 Year	固定资产投资额 Investment in fixed Assets	一、内资 Domestic Funded	1、国有 State-Owned	2、集体 Collective-Owned	3、其他 Others	二、港奥台商投资 Hong Kong Macao and Taiwan Funded	三、外商投资 Foreign Funded
1979	5 938	5 391	4 110	860	421	248	299
1980	13 801	8 409	6 845	924	640	3 579	1 813
1981	29 684	16 151	14 258	1 137	756	11 015	2 518
1982	73 750	54 612	51 482	2 709	421	16 323	2 815
1983	108 320	86 108	75 816	8 474	1 818	17 694	4 518
1984	194 572	168 074	140 588	23 696	3 790	17 340	9 158
1985	333 235	297 170	245 842	39 015	12 313	20 915	15 150
1986	248 551	125 166	72 584	32 840	19 742	98 200	25 185
1987	285 193	250 537	165 487	47 277	37 773	22 575	12 081
1988	436 191	401 717	294 817	49 678	57 222	23 514	10 960
1989	499 919	447 840	287 180	30 465	130 195	31 542	20 537
1990	623 380	487 758	301 877	25 914	159 967	83 548	52 074
1991	912 324	735 836	418 180	59 741	257 915	94 825	81 663
1992	1 782 322	1 349 003	568 761	223 405	556 837	254 846	178 473
1993	2 477 875	1 703 516	881 874	151 916	669 726	458 878	315 481
1994	2 819 413	1 846 715	1 087 544	119 369	639 802	556 818	415 880
1995	2 758 243	1 558 671	918 745	185 967	453 959	681 384	518 188
1996	3 275 270	1 901 137	1 187 634	262 762	450 741	758 385	615 748
1997	3 930 657	2 259 954	1 388 745	279 365	591 844	954 855	715 848
1998	4 803 901	3 036 128	1 684 184	381 675	970 269	951 888	815 885
1999	5 695 878	3 330 187	1 873 574	397 505	1 059 108	1 413 844	951 847
2000	6 196 993	3 360 574	1 983 878	404 647	972 049	1 781 835	1 054 584
2001	6 863 749	3 893 984	2 518 731	431 227	944 026	1 813 885	1 155 880
2002	7 881 459	4 365 422	2 618 368	482 987	1 264 067	2 158 160	1 357 877
2003	9 491 016	5 984 381	3 418 138	571 194	1 995 049	2 054 818	1 451 817
2004	10 925 571	7 305 407	3 838 617	415 432	3 051 358	1 983 450	1 636 714
2005	11 810 542	6 668 039	3 594 284	341 524	2 732 231	3 539 716	1 602 787
2006	12 736 693	7 785 744	3 596 112	235 900	3 953 732	3 439 316	1 511 633
2007	13 450 037	10 215 553	4 092 695	252 854	5 870 004	2 519 847	714 637
2008	14 676 043	11 960 565	4 895 884	350 265	6 714 416	1 863 138	852 340
2009	17 091 514	14 633 903	7 237 030	427 378	6 969 495	1 795 818	661 793
2010	19 447 008	16 154 888	8 197 032	442 385	7 515 471	2 376 101	916 019
2011	20 609 180	17 763 827	7 764 961	540 611	9 458 255	1 895 709	949 644
2012	21 944 319	18 796 533	7 449 960	968 689	10 377 884	1 607 891	1 539 895
2013	23 914 648	21 275 805	7 834 692	738 307	12 702 806	1 544 331	1 094 512
2014	27 174 226	24 352 413	7 578 465	984 780	15 789 168	1 634 875	1 186 938
2015	32 983 076	27 158 399	10 239 282	956 959	15 962 158	3 798 901	2 025 776

8-8 固定资产投资额（按国民经济行业分）
INVESTMENT IN FIXED ASSETS
（GROUPED BY NATIONAL ECONOMIC INDUSTRIES）

单位：万元 （10 000 yuan）

年 份 Year	合 计 Total	农、林、牧、渔业 Agriculture, Forestry, Animal Husbandry and Fishery	采矿业 Mining	制造业 Manufacturing	电力、煤气及水的生产和供应业 Production and Distribution of Electricity, Gas and Water	建筑业 Construction	交通运输、仓储和邮政业 Transportation, Storage and Post Services
1979	5 938	976		914	768	125	210
1980	13 801	657		5 502	267	248	1 300
1981	29 684	717		6 270	311	107	314
1982	73 750	2 006		6 979	327	373	2 421
1983	108 320	642	1 350	12 721	520	1 261	5 627
1984	194 572	1 666	381	19 019	10 937	3 979	8 136
1985	333 235	3 740	1 140	44 108	15 702	9 682	17 730
1986	248 551	2 361	1 472	53 675	4 423	2 962	12 436
1987	285 193	3 153		51 266	7 568	1 827	13 871
1988	436 191	3 956		110 542	16 243	3 771	26 629
1989	499 919	3 507		117 117	16 081	27 549	51 206
1990	623 380	2 406		174 876	89 188	8 907	61 162
1991	912 324	3 441	1 218	143 202	92 008	3 334	93 946
1992	1 782 322	6 797	750	215 431	113 037	8 758	154 369
1993	2 477 875	10 015	400	185 472	173 144	41 103	187 473
1994	2 819 413	9 807		210 708	139 951	76 569	299 651
1995	2 758 243	5 853		220 538	172 412	41 884	249 416
1996	3 275 270	9 780		301 243	225 157	11 608	294 605
1997	3 930 657	13 981		499 175	199 653	23 626	398 958
1998	4 803 901	16 010		514 783	97 153	49 719	417 028
1999	5 695 878	27 308		827 523	62 005	59 999	282 095
2000	6 196 993	46 000		982 095	88 508	60 416	367 972
2001	6 863 749	18 961	18 232	921 987	225 730	1 860	308 935
2002	7 881 459	12 555	28 302	1 155 888	255 944	8 628	261 890
2003	9 491 016	39 351	14 200	1 322 534	300 911	142 764	823 019
2004	10 925 571	7 360	14 500	2 217 311	584 674	129 666	734 274
2005	11 810 542	2 200	25 480	2 573 646	1 145 628		1 265 170
2006	12 736 693		18 800	3 076 921	1 177 081		1 674 594
2007	13 450 037		4 128	3 299 384	867 973		2 477 602
2008	14 676 043	972		2 922 701	937 328		2 819 570
2009	17 091 514	612		2 585 970	1 270 305		3 936 762
2010	19 447 008	6 355		3 713 345	1 095 246		3 650 747
2011	20 609 180	560	89 697	3 735 060	874 776	35 300	3 362 286
2012	21 944 319	38 482	10 856	4 015 619	836 118	8 254	2 400 099
2013	23 914 648	29 343		3 088 579	453 267	27 268	4 064 413
2014	27 174 226	3 915		4 559 359	646 350	6 500	3 458 632
2015	32 983 076	6 177	4 800	5 130 386	772 856	2 450	3 975 359

单位：万元

年 份 Year	信息传输、计算机服务和软件业 Information Transmission, Computer Services and Software	批发和零售业 Wholesale and Retail Trades	住宿和餐饮业 Hotels and Catering Services	金融业 Financial Intermediation	房地产业 Real Estate	租赁和商务服务业 Leasing and Business Services
1979	76	293	196	36	860	
1980	200	706	470	77	924	198
1981	273	1 315	876	142	4 976	2 163
1982	374	4 538	3 025	263	14 171	3 898
1983	1 304	6 916	4 610	492	23 283	5 573
1984	1 885	14 521	9 680	1 728	68 750	3 601
1985	4 108	24 720	16 480	4 955	111 786	6 739
1986	2 881	11 747	7 831	7 178	72 621	4 135
1987	3 213	6 888	4 592	5 205	125 492	2 211
1988	6 169	13 451	8 967	245	159 157	6 771
1989	11 863	9 744	6 496	3 824	129 225	4 995
1990	14 169	4 956	3 304	227	183 965	3 952
1991	21 764	10 011	4 290	602	360 664	15 451
1992	35 763	15 894	6 812	510	1 015 721	15 009
1993	43 432	11 570	4 958	7 228	1 349 517	70 612
1994	69 421	16 283	6 979	8 335	1 549 057	56 036
1995	57 783	52 302	22 415	18 831	1 372 717	59 129
1996	68 252	86 951	21 738	25 269	1 684 223	50 300
1997	92 427	31 722	21 148	5 521	1 868 125	83 618
1998	96 613	45 386	13 590	2 700	2 456 547	85 012
1999	65 353	44 934	13 290	4 300	2 892 745	73 386
2000	85 249	93 452	12 302		3 235 320	62 707
2001	71 572	68 760	12 467		3 804 223	53 577
2002	60 672	72 290	6 534	12 201	4 767 812	34 236
2003	190 670	41 454	390	7 405	5 476 471	12 035
2004	274 577	113 253	25 358	8 368	5 333 539	20 958
2005	208 461	191 192	29 645	35 183	4 722 441	80 085
2006	130 074	122 476	68 756	16 012	5 081 415	97 864
2007	143 341	158 903	35 388	20 353	5 065 939	20 232
2008	102 947	158 967	79 945	87 431	5 332 191	25 067
2009	185 047	93 534	69 205	125 028	5 576 991	124 738
2010	399 191	97 562	56 945	268 366	5 683 900	129 478
2011	439 977	232 832	159 983	134 437	6 921 631	194 986
2012	460 735	239 608	250 995	546 453	9 266 212	518 084
2013	320 975	223 209	145 732	402 365	11 998 082	416 960
2014	296 324	302 970	229 376	424 268	13 740 589	218 605
2015	450 733	304 935	152 984	706 695	16 626 711	835 531

科学研究、技术服务和地质勘查业 Scientific Research,Technical Services and Geological Prospecting	水利、环境和公共设施管理业 Management of Water Conservancy, Environment and Public Facilities	居民服务和其他服务业 Services to Househdds and Other Services	教育 Education	卫生、社会保障和社会福利业 Health Care,Social Security and Welfare	文化、体育和娱乐业 Culture,Sports and Entertainment	公共管理和社会组织 Public Services and Social Organizations
115	451					918
163	742	49	178	152	520	1 448
335	8 112	541	346	179	1 018	1 689
473	14 788	975	889	430	9 070	8 750
632	21 185	1 393	800	909	9 202	11 250
1 611	13 566	900	6 550	1 845	11 447	14 751
1 623	25 416	1 685	6 476	5 135	14 250	17 550
1 994	15 778	1 034	8 417	2 400	18 028	18 269
3 210	18 945	553	4 555	2 124	13 033	16 347
4 095	25 516	1 693	4 660	3 072	10 442	29 340
4 196	19 649	1 249	10 501	3 746	46 549	32 422
4 197	19 119	988	7 284	2 978	25 935	15 767
8 100	61 600	3 863	10 378	15 133	41 972	22 565
7 413	64 934	3 752	11 543	11 175	61 041	34 363
8 265	269 784	17 653	11 164	17 390	45 541	22 336
9 486	219 584	14 009	15 189	17 801	45 443	54 354
10 585	244 839	14 782	25 420	25 368	66 758	96 811
14 605	215 867	12 575	36 422	26 595	73 602	116 478
11 696	369 717	10 905	69 645	34 224	80 337	116 179
12 603	642 082	8 253	84 941	59 412	75 140	126 929
18 361	914 870	3 346	93 427	59 706	119 484	133 746
25 653	672 651	2 677	94 846	57 998	92 867	216 280
42 027	812 146	1 394	101 440	53 614	161 057	185 767
25 896	702 155	1 559	115 296	39 970	144 006	175 625
18 851	511 305	797	128 813	27 734	245 927	186 385
35 088	805 325	440	143 475	67 599	222 613	187 193
23 347	881 581		122 200	76 925	170 055	257 303
20 124	816 526	233	117 027	43 507	163 889	111 394
23 591	525 399	5 025	82 554	70 585	166 525	483 115
183 067	1 242 672	17 890	64 773	88 256	309 706	302 560
165 492	1 630 780	21 466	114 297	216 342	408 172	566 773
314 390	2 624 514	1 679	297 274	220 735	536 523	350 758
166 843	2 953 149	7 515	441 901	205 028	418 773	234 446
125 359	1 997 906	13 513	425 652	238 894	230 715	320 765
179 064	1 707 380	15 463	239 763	238 403	231 618	132 764
303 053	2 266 448	18 648	290 175	175 951	135 385	97 678
564 827	2 357 466	40 359	397 416	438 386	181 139	33 866

8-9 固定资产投资额指数（按注册登记类型分）

INVESTMENT IN FIXED ASSETS（GROUPED BY REGISTRATION）

以上年为100 (Preceding Year=100)

年 份 Year	固定资产投资额 Investment in fixed Assets	一、内资 Domestic Funded	1、国有 State-Owned	2、集体 Collective-Owned	3、其他 Others	二、港澳台商投资 Hongkong Macao and Taiwan Funded	三、外商投资 Foreign Funded
1980	232.4	156.0	166.5	107.4	152.0	1 443.1	606.4
1981	215.1	192.1	208.3	123.1	118.1	307.8	138.9
1982	248.5	338.1	361.1	238.3	55.7	148.2	111.8
1983	146.9	157.7	147.3	312.8	431.8	108.4	160.5
1984	179.6	195.2	185.4	279.6	208.5	98.0	202.7
1985	171.3	176.8	174.9	164.6	324.9	120.6	165.4
1986	74.6	42.1	29.5	84.2	160.3	469.5	166.2
1987	114.7	200.2	228.0	144.0	191.3	23.0	48.0
1988	152.9	160.3	178.2	105.1	151.5	104.2	90.7
1989	114.6	111.5	97.4	61.3	227.5	134.1	187.4
1990	124.7	108.9	105.1	85.1	122.9	264.9	253.6
1991	146.4	150.9	138.5	230.5	161.2	113.5	156.8
1992	195.4	183.3	136.0	374.0	215.9	268.8	218.5
1993	139.0	126.3	155.1	68.0	120.3	180.1	176.8
1994	113.8	108.4	123.3	78.6	95.5	121.3	131.8
1995	97.8	84.4	84.5	155.8	71.0	122.4	124.6
1996	118.7	122.0	129.3	141.3	99.3	111.3	118.8
1997	120.0	118.9	116.9	106.3	131.3	125.9	116.3
1998	122.2	134.3	121.3	136.6	163.9	99.7	114.0
1999	118.6	109.7	111.2	104.1	109.2	148.5	116.7
2000	108.8	100.9	105.9	101.8	91.8	126.0	110.8
2001	110.8	115.9	127.0	106.6	97.1	101.8	109.6
2002	114.8	112.1	104.0	112.0	133.9	119.0	117.5
2003	120.4	137.1	130.5	118.3	157.8	95.2	106.9
2004	115.1	122.1	112.3	72.7	152.9	96.5	112.7
2005	108.1	91.3	93.6	82.2	89.5	178.5	97.9
2006	107.8	116.8	100.1	69.1	144.7	97.2	94.3
2007	105.6	131.2	113.8	107.2	148.5	73.3	47.3
2008	109.1	117.1	119.6	138.5	114.4	73.9	119.3
2009	116.5	122.4	147.8	122.0	103.8	96.4	77.6
2010	113.8	110.4	113.3	103.5	107.8	132.3	138.4
2011	106.0	110.0	94.7	122.2	125.9	79.8	103.7
2012	106.5	105.8	95.9	179.2	109.7	84.8	162.2
2013	109.0	113.2	105.2	76.2	122.4	96.0	71.1
2014	113.6	114.5	96.7	133.4	124.3	105.9	108.4
2015	121.4	111.5	135.1	97.2	101.1	232.4	170.7

8-10 固定资产投资额比重（按注册登记类型分）
INVESTMENT IN FIXED ASSETS（GROUPED BY REGISTRATION）

以上年为100 (Preceding Year=100)

年 份 Year	固定资产投资额 Investment in Fixed Assets	一、内资 Domestic Funded	1、国有 State-owned	2、集体 Collective-owned	3、其他 Others	二、港澳台商投资 Hongkong Macao and Taiwan Funded	三、外商投资 Foreign Funded
1979	100	90.8	69.2	14.5	7.1	4.2	5.0
1980	100	60.9	49.6	6.7	4.6	25.9	13.1
1981	100	54.4	48.0	3.8	2.5	37.1	8.5
1982	100	74.1	69.8	3.7	0.6	22.1	3.8
1983	100	79.5	70.0	7.8	1.7	16.3	4.2
1984	100	86.4	72.3	12.2	1.9	8.9	4.7
1985	100	89.2	73.8	11.7	3.7	6.3	4.5
1986	100	50.4	29.2	13.2	7.9	39.5	10.1
1987	100	87.8	58.0	16.6	13.2	7.9	4.2
1988	100	92.1	67.6	11.4	13.1	5.4	2.5
1989	100	89.6	57.4	6.1	26.0	6.3	4.1
1990	100	78.2	48.4	4.2	25.7	13.4	8.4
1991	100	80.7	45.8	6.5	28.3	10.4	9.0
1992	100	75.7	31.9	12.5	31.2	14.3	10.0
1993	100	68.7	35.6	6.1	27.0	18.5	12.7
1994	100	65.5	38.6	4.2	22.7	19.7	14.8
1995	100	56.5	33.3	6.7	16.5	24.7	18.8
1996	100	58.0	36.3	8.0	13.8	23.2	18.8
1997	100	57.5	35.3	7.1	15.1	24.3	18.2
1998	100	63.2	35.1	7.9	20.2	19.8	17.0
1999	100	58.5	32.9	7.0	18.6	24.8	16.7
2000	100	54.2	32.0	6.5	15.7	28.8	17.0
2001	100	56.7	36.7	6.3	13.8	26.4	16.8
2002	100	55.4	33.2	6.1	16.0	27.4	17.2
2003	100	63.1	36.0	6.0	21.0	21.7	15.3
2004	100	66.9	35.1	3.8	27.9	18.2	15.0
2005	100	56.5	30.4	2.9	23.1	30.0	13.6
2006	100	61.1	28.2	1.9	31.0	27.0	11.9
2007	100	76.0	30.4	1.9	43.6	18.7	5.3
2008	100	81.5	33.4	2.4	45.6	12.7	5.8
2009	100	85.6	42.3	2.5	40.8	10.5	3.9
2010	100	83.1	42.2	2.3	38.6	12.2	4.7
2011	100	86.2	37.7	2.6	45.9	9.2	4.6
2012	100	85.7	33.9	4.4	47.3	7.3	7.0
2013	100	89.0	32.8	3.1	53.1	6.5	4.6
2014	100	89.6	27.9	3.6	58.1	6.0	4.4
2015	100	82.3	31.0	2.9	48.4	11.5	6.1

8-11 固定资产投资财务拨款额

FINANCIAL APPROPRIATION OF INVESTMENT IN INVESTMENT IN FIXED ASSETS

单位：万元 (10 000 yuan)

年份 Year	财务拨款额 Financial Appropriation	国家预算内资金 State Budgetary Appropriations	国内贷款 Domestic Loans	债券 Securities	利用外资 Foreign Investment	自筹资金 Self-Raising	其他资金 Others
1990	499 843	2 635	115 044		164 068	181 413	36 683
1991	586 178	2 000	192 603		123 358	211 958	56 259
1992	768 887	500	230 860		87 252	370 673	79 602
1993	1 239 162		246 153	21 049	156 054	673 895	142 011
1994	1 326 714		175 767	10 339	174 809	830 151	135 648
1995	1 390 619		167 510		230 560	909 593	82 956
1996	1 524 924		190 060		324 436	931 551	78 877
1997	2 029 449		157 498		522 576	1 287 817	61 558
1998	2 144 748	4 730	192 894		128 538	1 737 315	81 271
1999	2 543 350	48 750	294 627		224 075	1 847 630	128 268
2000	2 673 582	23 649	212 704		182 471	2 137 226	117 532
2001	2 792 446	65 777	361 639	1 003	133 277	2 176 172	54 578
2002	2 923 151	7 155	382 960		275 091	2 221 310	36 635
2003	4 106 574	5 758	575 824	12 679	304 191	3 122 514	85 608
2004	5 461 589	29 969	836 874	8 372	466 319	3 854 633	265 422
2005	6 523 298	122 562	1 168 344		723 298	4 365 455	143 639
2006	7 699 392	39 406	1 742 102	3 147	1 068 750	4 748 365	97 622
2007	7 625 452	75 661	2 260 603	6 224	1 147 060	3 767 578	368 326
2008	19 604 290	7 529	5 169 912	8 530	898 838	10 453 339	3 066 142
2009	22 228 999	103 243	5 859 884	11 700	575 875	11 314 575	4 363 722
2010	23 393 550	91 371	5 396 249	10 791	464 782	12 933 971	4 496 386
2011	25 475 927	46 837	5 696 200		285 628	15 724 903	3 722 359
2012	28 588 964	3 591 502	4 969 891		425 251	15 217 060	4 385 260
2013	35 634 881	3 405 535	6 742 394		464 653	16 668 724	8 353 575
2014	34 980 412	4 152 602	7 028 834		270 135	17 964 386	5 564 455
2015	53 961 984	4 342 426	10 216 861	271	107 242	24 780 179	14 515 005

8-12 各区按登记注册类型分固定资产投资（2015年）

INVESTMENT IN FIXED ASSETS BY STATUS OF REGISTRATION AND DISTRICT（2015）

单位：万元 (10 000 yuan)

地 区	District	总计 Total	一、内资 Funded	1、国有 State-owned	2、集体 Collective-owned	3、其他 Others	二、港澳台商投资 Hongkong Macao and Taiwan Funded	三、外商投资 Foreign Funded
全市总计	**Total**	**32 983 076**	**27 158 399**	**10 239 282**	**956 959**	**15 962 158**	**3 798 901**	**2 025 776**
福田区	Futian	2 353 842	2 226 738	497 898	70 615	1 658 225	123 383	3 721
罗湖区	Luohu	1 259 008	1 108 677	518 006	6 295	584 376	150 331	
盐田区	Yantian	995 926	846 551	223 998	14 939	607 614	117 842	31 533
南山区	Nanshan	6 339 870	5 070 539	1 699 996	221 895	3 148 648	1 011 615	257 716
宝安区	Baoan	12 263 409	9 466 852	4 313 392	355 413	4 798 047	1 618 790	1 177 767
#新宝安区	New Baoan	5 457 214	4 529 262	2 166 852	121 309	2 241 101	619 114	308 838
光明新区	Guangming	2 692 767	1 987 254	1 301 846	94 247	591 161	237 057	468 456
龙华新区	Longhua	4 113 428	2 950 336	844 694	139 857	1 965 785	762 619	400 473
龙岗区	Longgang	9 771 021	8 439 042	2 985 992	287 801	5 165 249	776 940	555 039
#新龙岗区	New Longgang	6 580 947	5 660 494	2 163 990	263 238	3 233 266	537 075	383 378
坪山新区	Pingshan	2 468 152	2 081 725	621 284	20 954	1 439 487	237 653	148 774
大鹏新区	Dapeng	721 922	696 823	200 718	3 610	492 495	2 212	22 887

8-13 各区按主要行业分固定资产投资（2015年）

INVESTMENT IN FIXED ASSETS IN BY DISTRICT AND SECTOR（2015）

单位：万元 (10 000 yuan)

地 区 District		合计 Total	农、林、牧、渔业 Agriculture, Forestry, Animal Husbandry and Fishery	采矿业 Mining	制造业 Manufa-cturing	电力、燃气及水的生产和供应业 Production and Supply of Electricity, Gas and Water	建筑业 Construction	交通运输、仓储和邮政业 Transport, Storage and Post
全市总计	**Total**	**32 983 076**	**6 177**	**4 800**	**5 130 386**	**772 856**	**2 450**	**3 975 359**
福田区	Futian	2 353 842			2 505	791	450	404 225
罗湖区	Luohu	1 259 008	1 055		25 952	1 029	1 000	598 915
盐田区	Yantian	995 926			49 283	17 691		253 594
南山区	Nanshan	6 339 870			184 276	5 424		871 601
宝安区	Baoan	12 263 409	1 386		3 006 186	408 983		1 611 069
#新宝安区	New Baoan	5 457 214			760 858	67 789		1 494 821
光明新区	Guangming	2 692 767			1 524 933	96 610		
龙华新区	Longhua	4 113 428	1 386		720 395	244 584		116 248
龙岗区	Longgang	9 771 021	3 736	4 800	1 862 184	338 938	1 000	235 955
#新龙岗区	New Longgang	6 580 947	2 683	4 800	787 422	88 692	1 000	212 599
坪山新区	Pingshan	2 468 152			1 063 791	17 562		23 356
大鹏新区	Dapeng	721 922	1 053		10 971	232 684		

单位：万元　　　　8-13 续表1　continued(10 000 yuan)

地 区	District	信息传输、计算机服务和软件业 Information Transmission, Computer Services and Software	批发和零售业 Wholesale and Retail Trades	住宿和餐饮业 Hotels and Catering Services	金融业 Financial Interme-diation	房地产业 Real Estate	租赁和商务服务业 Leasing and Business Services	科学研究、技术服务和地质勘查业务 Scientific Research, Technical Service and Geologic Prospecting
全市总计	**Total**	**450 733**	**304 935**	**152 984**	**706 695**	**16 626 711**	**835 531**	**564 827**
福田区	Futian				337 580	1 560 857		
罗湖区	Luohu	4 795	11 871		1	419 974	53 656	49
盐田区	Yantian	9 946	3 664			464 325	5 974	43 840
南山区	Nanshan	173 884	85 292	21 893	362 008	3 532 519	493 384	166 607
宝安区	Baoan	78 744	68 466	25 321	7 106	5 544 549	55 119	151 147
#新宝安区	New Baoan	35 885	29 466	9 597	6 206	2 616 279	36 582	18 853
光明新区	Guangming	3 140	7 921	15 724	900	644 309	18 537	125 843
龙华新区	Longhua	39 719	31 079			2 283 961		6 451
龙岗区	Longgang	183 364	135 642	105 770		5 104 487	227 398	203 184
#新龙岗区	New Longgang	164 557	134 040	51 793		4 220 973	159 786	77 269
坪山新区	Pingshan					703 928	67 612	53 673
大鹏新区	Dapeng	18 807	1 602	53 977		179 586		72 242

单位：万元　8-13 续表2　continued　　　(10 000 yuan)

地 区	District	水利、环境和公共设施管理业 Management of Water Conservancy, Environment and Public Facilities	居民服务和其他服务业 Services to Households and Other Services	教育 Education	卫生、社会保障和社会福利业 Health, Social Security and Social Welfare	文化、体育和娱乐业 Culture, Sports and Entertainment	公共管理和社会组织 Public Management and Social Organization
全市总计	**Total**	**2 357 466**	**40 359**	**397 416**	**438 386**	**181 139**	**33 866**
福田区	Futian	24 387	1 424	4 960		12 789	3 874
罗湖区	Luohu	92 066	218	9 909	30 206	6 305	2 007
盐田区	Yantian	104 323		25 283	7 220	7 264	3 519
南山区	Nanshan	301 338		79 122	60 510	1 000	1 012
宝安区	Baoan	914 260	14 302	89 946	230 535	43 201	13 089
#新宝安区	New Baoan	163 692	3 782	47 979	130 115	32 229	3 081
光明新区	Guangming	144 370		23 273	75 969	2 230	9 008
龙华新区	Longhua	606 198	10 520	18 694	24 451	8 742	1 000
龙岗区	Longgang	921 092	24 415	188 196	109 915	110 580	10 365
#新龙岗区	New Longgang	408 711	362	141 442	50 489	67 264	7 065
坪山新区	Pingshan	385 973	15 248	38 817	58 576	36 316	3 300
大鹏新区	Dapeng	126 408	8 805	7 937	850	7 000	

8-14 国有经济固定资产投资主要指标

MAIN INDICATORS OF INVESTMENT IN FIXED ASSETS OF STATE-OWNED ECONOMY

单位：亿元 (100 million yuan)

项 目	Item	2011	2012	2013	2014	2015
建设项目个数(个)	**Number of Projects(unit)**					
施工项目	Projects under Construction	785	945	858	846	1 042
全部建成投产项目	Projects Completed and Put into Use	382	335	352	410	550
投资总额	**Total Investment**	**776.50**	**745.00**	**781.54**	**757.85**	**1 023.93**
#住宅	Residential Buildings	8.25	28.94	32.80	29.65	43.02
按构成分	Grouped by Structure of Investment					
建筑安装工程	Construction and Installation	520.20	556.47	580.85	576.85	700.74
设备工具器具购置	Purchase of Equipment and Instruments	132.52	62.50	60.68	72.58	150.98
其他费用	Others	123.78	126.03	140.01	108.42	172.21
按建设性质分	Grouped by Type of Construction					
新建	New Construction	652.36	629.89	686.28	658.58	990.08
扩建	Expansion	52.20	28.12	15.88	20.52	27.70
改建	Reconstruction	71.94	86.99	79.38	78.75	6.15
按资金来源分	Grouped by Source of Funds	786.23	822.63	1 040.74	953.58	1 187.33
国家预算内资金	State Budget	3.20	304.40	330.50	315.05	405.32
国内贷款	Domestic Loans	100.50	113.28	123.86	138.52	187.92
利用外资	Foreign Investment		0.07			
自筹资金	Self-raising Funds	603.80	314.53	400.45	386.85	502.29
其他资金	Others	78.73	90.35	185.93	113.16	91.80
新增固定资产	**Newly Increased Fixed Assets**	**352.68**	**396.46**	**580.96**	**412.25**	**600.54**
房屋建筑面积(万平方米)	**Floor Space of Buildings(10 000 sq.m)**					
施工面积	Floor Space under Construction	650.20	801.32	952.52	758.58	924.38
竣工面积	Floor Space Completed	105.21	130.50	250.80	240.04	304.05
#住宅	Residential Buildings		4.13	6.18	5.87	8.00

注： 建设项目个数不含房地产开发部分。
Note: Number of projects exclude real estate development.

8-15 基础产业和基础设施完成投资额

COMPLETED INVESTMENT IN BASIC INDUSTRIES AND NFRASTRUCTURE

单位：亿元　　(100 million yuan)

项　目	Item	2013	2014	2015
基础产业投资完成额	Completed Investment in Basic Industries	635.76	597.73	725.52
#基础设施投资	Investment in Infrastructure	619.66	589.08	713.50
（一）电力、燃气及水的生产和供应业	Production and Supply of Electric Power,Gas and Water	45.33	64.64	77.29
（二）交通运输、邮政业	Transport and Postal Services	406.44	345.86	397.54
#交通运输业	Transport Service	384.00	326.76	386.42
1、铁路运输业	Railway Transport	25.09	21.35	12.58
2、道路运输业	Road Transport	69.59	59.22	78.22
3、城市公共交通业	Urban Public Transport	201.58	171.53	213.42
4、水上运输业	Waterway Trarsport	4.50	3.83	2.50
5、航空运输业	Air Transport	83.24	70.83	90.82
6、管道运输业	Pipeline Transport			
（三）信息传输、计算机服务和软件业	Information Trarismission,Computer Services and Software	32.10	29.63	45.07
（四）水利、环境和公共设施管理业	Management of Water Conservarcy,Environment and Public Facilities	170.74	226.64	235.75
#水利管理投资	Investment of Water Conservancy	11.34	15.05	16.00
1、防洪管理	Flood Prevention Management	8.20	10.88	9.88
2、水资源管理	Water Resources Management	1.56	2.07	2.87
3、其他水利管理	Other Water Conservacy	1.58	2.10	3.25
#能源产业投资	Investment of Energy Industry	34.83		61.51
1、煤炭开采和洗选业	Mining and Washing of Coal			
2、石油和天然气开采业	Extraction of Petroleum and Natual Gas			
3、石油加工炼焦及核燃料加工业	Processing of Petroleum, Coking and Nuclear Fuel Processing			
4、电力、热力的生产和供应业	Production and Supply of Electric Power and Heat Power	25.78	36.76	45.18
5、燃气的生产和供应业	Production and Supply of Gas	9.05	17.91	16.33

8-16 各区固定资产投资财务拨款资金来源主要指标（2015年）
MAIN INDICATORS OF SOURCES OF FUNDS FOR INVESTMENT BY DISTRICT（2015）

单位：万元 (10 000 yuan)

地 区 District		本年资金来源合计 Sources of Funds	国家预算内资金 State Budget	国内贷款 Domestic Loans	债券 Bonds	利用外资 Foreign Investment	自筹资金 Self-raising Fund	其他资金 Others
全市总计	**Total**	**53 961 984**	**4 342 426**	**10 216 861**	**271**	**107 242**	**24 780 179**	**14 515 005**
福田区	Futian	8 131 369	30 102	2 844 386		100	2 331 466	2 925 315
罗湖区	Luohu	3 495 121	125 964	1 353 204		28 000	846 494	1 141 459
盐田区	Yantian	1 539 668	151 788	132 600		199	832 710	422 371
南山区	Nanshan	9 452 356	349 392	1 436 207		3 959	4 657 088	3 005 710
宝安区	Baoan	16 585 194	2 177 547	2 779 335	271	68 984	6 945 859	4 613 198
#新宝安区	New Baoan	7 782 999	375 240	1 464 927	271	6 170	3 690 587	2 245 804
光明新区	Guangming	4 129 556	176 483	724 653		11 000	1 507 054	1 710 366
龙华新区	Longhua	4 672 639	1 625 824	589 755		51 814	1 748 218	657 028
龙岗区	Longgang	14 758 276	1 507 633	1 671 129		6 000	9 166 562	2 406 952
#新龙岗区	New Longgang	8 155 058	504 558	1 173 317			3 329 864	3 147 319
坪山新区	Pingshan	5 704 793	754 197	465 000		6 000	5 219 963	740 367
大鹏新区	Dapeng	898 425	248 878	32 812			616 735	

8-17 各区按构成和建设性质分城镇固定资产投资（2015年）

INVESTMENT IN FIXED ASSETS IN URBAN AREA BY COMPOSITION OF FUNDS, TYPE OF CONSTRUCTION AND DISTRICT（2015）

单位：万元 (10 000 yuan)

地区 District		投资额 Total Investment	按构成分 By Composition of Funds			按建设性质分 By Type of Construction		
			建筑安装工程 Construction and Installation	设备、工器具购置 Purchase of Equipment and Instruments	其他费用 Others	#新建 New Construction	#扩建 Expansion	#改建、技术改造 Reconstruction and Technological Transformation
全市总计	**Total**	**32 983 076**	**21 291 832**	**4 393 110**	**7 298 134**	**25 218 214**	**4 312 210**	**3 452 652**
福田区	Futian	2 353 842	1 624 151	27 377	702 314	2 347 580		6 262
罗湖区	Luohu	1 259 008	856 125	53 450	349 433	1 241 747	9 696	7 565
盐田区	Yantian	995 926	652 332	93 751	249 843	937 265	36 738	21 923
南山区	Nanshan	6 339 870	4 333 108	100 498	1 906 264	6 119 563	5 383	214 924
宝安区	Baoan	12 263 409	7 741 588	2 703 281	1 818 540	6 557 146	3 294 380	2 411 883
#新宝安区	New Baoan	5 457 214	3 547 189	1 349 558	560 467	4 444 944		1 012 270
光明新区	Guangming	2 692 767	1 561 805	834 288	296 674	2 005 634	1 156	685 977
龙华新区	Longhua	4 113 428	2 632 594	519 435	961 399	3 368 036	31 756	713 636
龙岗区	Longgang	9 771 021	6 084 528	1 414 753	2 271 740	8 014 913	966 013	790 095
#新龙岗区	New Longgang	6 580 947	4 080 244	771 848	1 728 855	6 212 154	22 055	346 738
坪山新区	Pingshan	2 468 152	1 480 891	520 609	466 652	1 104 937	924 611	438 604
大鹏新区	Dapeng	721 922	523 393	122 296	76 233	697 822	19 347	4 753

8-18 房屋施工建筑面积

FLOOR SPACE OF BUILDINGS UNDER CONSTRUCTION

单位：万平方米 (10 000 sq.m)

年 份 Year	合 计 Total	非房地产开发项目 Non-Real Estate Development	房地产开发项目 Real Estate Development
1979	29.26	29.26	
1980	52.36	52.36	
1981	96.88	96.88	
1982	250.71	250.71	
1983	368.40	368.40	
1984	644.59	644.59	
1985	1 030.94	1 030.94	
1986	940.39	771.29	
1987	887.21	642.48	
1988	1 161.77	888.29	
1989	1 088.02	926.36	
1990	848.65	408.71	304.62
1991	1 257.19	533.66	467.82
1992	1 813.80	532.45	950.06
1993	2 319.40	566.70	1 396.44
1994	2 733.59	704.15	1 298.82
1995	2 733.59	951.68	1 371.06
1996	2 878.53	965.41	1 495.27
1997	2 775.82	847.14	1 454.17
1998	3 218.81	862.96	1 656.65
1999	3 369.43	829.19	1 834.13
2000	3 591.22	790.57	2 134.95
2001	4 137.47	977.07	2 392.77
2002	4 467.16	861.88	2 776.29
2003	5 567.66	1 277.01	2 838.22
2004	5 856.65	2 177.17	3 120.25
2005	4 841.55	1 624.60	3 058.90
2006	4 512.66	1 204.30	3 122.10
2007	4 184.86	920.16	3 149.56
2008	4 619.53	1 116.83	3 276.30
2009	5 257.21	2 144.85	3 112.36
2010	5 178.84	2 238.90	2 939.94
2011	5 162.10	2 286.12	2 875.98
2012	5 259.50	2 042.81	3 216.69
2013	6 308.89	2 305.40	4 003.49
2014	6 249.70	1 757.52	4 492.18
2015	7 010.06	2 031.65	4 978.41

8-19 房屋竣工建筑面积

FLOOR SPACE OF BUILDINGS COMPLETED

单位：万平方米 （10 000 sq.m）

年 份 Year	合 计 Total	非房地产开发项目 Non-Real Estate Development	房地产开发项目 Real Estate Development
1979	13.01	13.01	
1980	34.63	34.63	
1981	54.59	54.59	
1982	92.67	92.67	
1983	146.86	146.86	
1984	266.63	266.63	
1985	320.94	320.94	
1986	453.07	453.07	
1987	464.69	464.69	
1988	567.38	567.38	
1989	563.01	563.01	
1990	383.42	250.01	133.41
1991	539.20	388.76	150.44
1992	682.29	483.89	198.40
1993	781.07	499.61	281.46
1994	783.62	472.52	311.10
1995	838.46	526.91	311.55
1996	964.52	570.20	394.32
1997	942.91	615.87	327.04
1998	1 211.89	748.58	463.31
1999	1 267.00	764.85	502.15
2000	1 287.21	655.16	632.05
2001	1 526.90	798.93	727.97
2002	1 668.25	776.01	892.24
2003	2 228.44	1 208.13	1 020.31
2004	2 155.82	1 143.43	1 012.39
2005	1 488.86	543.08	945.78
2006	1 184.00	335.11	848.89
2007	905.56	269.54	636.02
2008	877.18	247.45	629.73
2009	712.58	310.57	402.01
2010	692.70	348.27	344.43
2011	962.10	637.10	325.00
2012	815.47	389.72	425.75
2013	895.76	542.21	353.55
2014	954.77	529.46	425.31
2015	818.86	458.65	360.21

8-20 竣工房屋价值

VALUE OF BUILDINGS COMPLETED

单位：万元 （10 000 yuan）

年 份 Year	合 计 Total	非房地产开发项目 Non-Real Estate Development	房地产开发项目 Real Estate Development
1979	1 207	1 207	
1980	4 607	4 607	
1981	9 189	9 189	
1982	20 865	20 865	
1983	37 164	37 164	
1984	79 318	79 318	
1985	103 970	103 970	
1986	157 701	157 701	
1987	151 670	151 670	
1988	348 453	348 453	
1989	276 535	276 535	
1990	210 323	143 647	66 676
1991	308 940	209 291	99 649
1992	601 150	441 123	160 027
1993	640 545	402 632	237 913
1994	784 100	450 155	333 945
1995	1 343 491	589 564	753 927
1996	1 825 063	689 196	1 135 867
1997	1 745 964	831 798	914 166
1998	2 416 223	951 213	1 465 010
1999	2 670 993	1 196 580	1 474 413
2000	2 955 291	895 867	2 059 424
2001	2 795 702	1 029 008	1 766 694
2002	3 601 624	992 766	2 608 858
2003	4 260 940	1 578 186	2 682 754
2004	3 421 757	1 121 432	2 300 325
2005	3 632 843	673 980	2 958 863
2006	3 594 969	419 621	3 175 348
2007	2 933 541	523 025	2 410 516
2008	2 862 722	206 362	2 656 360
2009	2 993 216	585 173	2 408 043
2010	2 663 742	573 198	2 090 544
2011	3 340 401	1 731 089	1 609 312
2012	3 384 230	788 002	2 596 228
2013	4 851 340	2 101 465	2 749 875
2014	3 858 122	1 110 096	2 748 026
2015	4 238 203	1 222 205	3 015 998

8-21 住宅投资

INVESTMENT IN RESIDENTIAL HOUSING

单位：万元 （10 000 yuan）

年 份 Year	合 计 Total	非房地产开发项目 Non-Real Estate Development	房地产开发项目 Real Estate Development
1979	914	914	
1980	2 838	2 838	
1981	6 428	6 428	
1982	19 021	19 021	
1983	27 640	27 640	
1984	38 406	38 406	
1985	64 863	64 863	
1986	46 940	46 940	
1987	54 629	54 629	
1988	114 993	114 993	
1989	123 617	123 617	
1990	184 564	113 964	70 600
1991	368 786	215 386	153 400
1992	886 272	435 872	450 400
1993	913 193	245 193	668 000
1994	1 131 517	257 417	874 100
1995	937 427	308 927	628 500
1996	1 101 662	315 262	786 400
1997	1 135 054	280 005	855 049
1998	1 500 548	501 698	998 850
1999	1 874 853	461 747	1 413 106
2000	2 185 195	398 406	1 786 789
2001	2 471 512	374 412	2 097 100
2002	3 046 579	337 379	2 709 200
2003	2 987 720	485 806	2 501 914
2004	3 018 249	459 849	2 558 400
2005	2 785 401	130 001	2 655 400
2006	3 384 498	134 044	3 250 454
2007	3 468 913	151 346	3 317 567
2008	3 494 643	344 854	3 149 789
2009	3 456 595	558 747	2 897 848
2010	3 601 242	552 364	3 048 878
2011	4 055 301	523 183	3 532 118
2012	5 422 058	676 077	4 745 981
2013	6 544 510	603 463	5 941 047
2014	7 779 946	477 182	7 302 764
2015	9 239 015	267 684	8 971 331

8-22 住宅施工建筑面积

FLOOR SPACE OF RESIDENTIAL HOUSING UNDER CONSTRUCTION

单位：万平方米　　　　　　　　　　　　　　　　　　　　　　　　　　（10 000 sq. m）

年 份 Year	合 计 Total	非房地产开发项目 Non-Real Estate Development	房地产开发项目 Real Estate Development
1979	13.41	13.41	
1980	27.81	27.81	
1981	43.34	43.34	
1982	128.3	128.3	
1983	156.68	156.68	
1984	258.52	258.52	
1985	362.7	362.7	
1986	366.59	366.59	
1987	339.69	339.69	
1988	447.03	447.03	
1989	434.43	434.43	
1990	393.02	200.87	192.15
1991	630.97	351.97	279
1992	1 040.81	439.71	601.1
1993	1 302.24	392.73	909.51
1994	1 344.78	475.92	868.86
1995	1 443.75	599.55	844.2
1996	1 474.14	533.53	940.61
1997	1 365.44	399.26	966.18
1998	1 866.76	719.79	1 146.97
1999	1 944.88	589.26	1 355.62
2000	2 059.39	482.5	1 576.89
2001	2 261.63	471.14	1 790.49
2002	2 575.33	450.47	2 121.86
2003	2 824.41	751.52	2 072.89
2004	2 944.42	686.74	2 257.68
2005	2 343.55	190.97	2 152.58
2006	2 292.72	135.33	2 157.39
2007	2 302.93	125.15	2 177.78
2008	2 487.73	277.37	2 210.36
2009	2 490.16	402.69	2 087.47
2010	2 510.02	484.88	2 025.14
2011	2 252.60	286.97	1 965.63
2012	2 547.67	440.08	2 107.59
2013	3 067.52	459.23	2 608.29
2014	3 165.22	295.22	2 870.00
2015	3 343.16	186.17	3 156.99

8-23 住宅竣工建筑面积

FLOOR SPACE OF RESIDENTIAL HOUSING COMPLETED

单位：万平方米　　　　(10 000 sq.m)

年 份 Year	合 计 Total	非房地产开发项目 Non-Real Estate Development	房地产开发项目 Real Estate Development
1979	5.26	5.26	
1980	17.85	17.85	
1981	23.41	23.41	
1982	45.57	45.57	
1983	62.42	62.42	
1984	123.76	123.76	
1985	139.31	139.31	
1986	197.15	197.15	
1987	199.09	199.09	
1988	245.10	245.10	
1989	236.98	236.98	
1990	204.77	120.37	84.40
1991	305.17	213.95	91.22
1992	416.31	285.41	130.90
1993	440.36	243.61	196.75
1994	438.83	232.33	206.50
1995	485.23	268.85	216.38
1996	565.86	315.35	250.51
1997	512.24	269.05	243.19
1998	729.48	373.18	356.30
1999	800.60	388.14	412.46
2000	755.59	231.04	524.55
2001	852.58	279.37	573.21
2002	1 000.19	301.87	698.32
2003	1 290.61	473.99	816.62
2004	1 245.59	473.39	772.20
2005	781.54	77.10	704.44
2006	627.31	45.44	581.87
2007	507.71	70.57	437.14
2008	519.72	75.95	443.77
2009	415.18	145.64	269.54
2010	376.03	124.92	251.11
2011	283.34	50.68	232.66
2012	310.85	21.45	289.40
2013	229.38	33.05	196.33
2014	336.24	66.98	269.26
2015	206.60	4.23	202.37

8-24 住宅竣工价值

VALUE OF RESIDENTIAL HOUSING COMPLETED

单位：万元　　　　　　　　　　　　　　　　　　　　　　　　（10 000 yuan）

年 份 Year	合 计 Total	非房地产开发项目 Non-Real Estate Development	房地产开发项目 Real Estate Development
1979	449	449	
1980	2 440	2 440	
1981	4 322	4 322	
1982	9 873	9 873	
1983	15 043	15 043	
1984	37 418	37 418	
1985	38 341	38 341	
1986	54 880	54 880	
1987	46 707	46 707	
1988	88 625	88 625	
1989	109 242	109 242	
1990	105 056	54 141	50 915
1991	180 594	97 555	83 039
1992	256 111	126 101	130 010
1993	351 941	183 002	168 939
1994	432 365	197 797	234 568
1995	754 577	256 370	498 207
1996	918 088	320 698	597 390
1997	879 347	280 726	598 621
1998	1 426 708	381 849	1 044 859
1999	1 604 378	413 281	1 191 097
2000	2 023 916	295 545	1 728 371
2001	1 768 793	360 468	1 408 325
2002	2 317 417	256 691	2 060 726
2003	2 718 868	573 862	2 145 006
2004	2 140 997	349 310	1 791 687
2005	2 249 795	105 330	2 144 465
2006	2 166 187	35 346	2 130 841
2007	1 782 456	126 881	1 655 575
2008	2 859 458	403 511	2 455 947
2009	1 954 702	174 664	1 780 038
2010	1 809 542	145 208	1 664 334
2011	1 304 387	140 743	1 163 644
2012	1 731 885	41 786	1 690 099
2013	1 624 371	112 366	1 512 005
2014	2 098 830	182 101	1 916 729
2015	1 710 751	12 941	1 697 810

8-25 固定资产投资完成情况主要指标

MAIN INDICATORS OF INVESTMENT IN FIXED ASSETS

单位：亿元 (100 million yuan)

指 标	Indicators	2012	2013	2014	2015
一、计划总投资及项目个数	**Total Planned Investment and Project Number**				
1、计划总投资	Total Planned Investment	12 013.06	13 270.69	14 165.50	15 150.63
其中：本年新开工项目	New Projects under Construction in Current Year	5 363.87	2 995.98	3 381.77	3 611.23
2、施工项目个数（个）	Number of Projects under Construction(unit)	2 152	2 466	2 928	2 984
其中：本年新开工（个）	Newly Started Projects of the Year(unit)	1 199	1 140	1 522	1 576
本年投产项目个数（个）	Number of Projects Put into Use in Current Year	841	1 072	1 895	1 381
二、本年完成投资	**Investment Completed in Current Year**	**2 194.43**	**2 391.46**	**2 717.42**	**3 298.31**
（一）按登记注册类型分组	Grouped by Registration Status				
1、内资	Domestic-funded	1 879.65	2 127.58	2 435.24	2 715.84
国有经济	State-owned	745.00	783.47	757.85	1 023.93
集体经济	Collective-owned	96.87	73.83	98.48	95.70
其他内资经济	Others	1 037.78	1 270.28	1 578.91	1 596.22
2、港澳台商投资	Funds from Hong Kong,Macao and Taiwan	160.79	154.43	163.49	379.89
3、外商投资	Foreign-funded	153.99	109.45	118.69	202.58
（二）按建设性质分	Grouped by Type of Construction				
1、新建	New Construction	1 957.45	2 137.25	2 392.52	2 521.82
2、扩建	Expansion	38.68	45.02	53.81	431.22
3、改建和技术改造	Reconstruction and Technical Reconstruction	191.16	209.19	271.09	345.27
4、其他	Others	7.14			
（三）按构成分	Grouped by Use of Funds				
1、建筑工程	Construction	1 439.85	1 605.94	1 704.29	1 842.10
2、安装工程	Installation	134.97	184.21	188.15	287.08
3、设备工器具购置	Purchase of Equipment and Instruments	278.75	331.66	401.75	439.31
4、其他费用	Other Expenses	340.86	269.65	423.23	729.81
（四）按主要产业分	Grouped by Major Industries				
#文化产业	Culture and Arts	104.99	83.08	96.06	109.09
新闻服务	Press Service				
出版发行和版权服务	Publication and Copyright Service	6.28	3.20	0.73	
广播、电视、电影服务	Radio, Television and Film Service	1.79	0.74	0.93	1.10
文化艺术服务	Culture and Art Service	12.46	11.68	6.84	15.62
网络文化服务	Internet Service	5.24	10.23	4.10	13.99
文化休闲娱乐服务	Cultural and Entertaining Service	14.66	12.10	5.71	4.54
其他文化服务	Other Cultural Services	20.93	15.28	5.75	7.83
文化用品、设备相关文化产品生产	Production of Related Cultural Products and Equipments	24.44	14.08	46.00	31.20
文化用品、设备相关文化产品销售	Sales of Related Cultural Products and Equipments	19.19	15.77	26.00	34.81
#信息产业	Information Industry	221.94	165.99	209.40	311.32
电子信息设备制造	Manufacture of Electronic Information Equipment	168.57	128.30	167.73	261.14
电子信息设备销售和租赁	Sales and Leasing of Electronic Information Equipment	1.81	1.06	0.66	0.36

注：　计划总投资及项目个数不含房地产开发部分。
Note: The data of total planned investment and project number exclude the data of real estate development.

指　标	Indicators	2012	2013	2014	2015
电子信息传输服务	Information Transmission Services	16.98	14.25	27.02	31.86
计算机服务和软件业	Computer Services and Software	29.54	19.94	12.61	14.16
其他信息相关服务	Other Information Related Service	5.04	2.44	1.38	3.80
1、第一产业	Primary Industry	3.85	2.93	0.39	0.62
2、第二产业	Secondary Industry	487.08	356.91	521.22	591.05
#工业合计	Total Industries	486.26	354.18	520.57	590.80
#工业九大产业	Nine Main Industrial Sectors	348.25	283.10	416.10	475.39
电子信息业	Electronic Information	161.35	134.78	198.10	261.14
电气机械及专用设备	Electrical Machinery and Special- Equipment	94.66	54.47	80.06	90.72
石油及化学	Petroleum and Chemistry	4.67	4.38	6.44	14.51
纺织及服装	Textile and Garments	7.29	12.81	18.83	6.58
食品饮料	Food and Beverage	1.71	3.44	5.06	2.54
建筑材料	Construction Materials	18.87	7.78	11.43	7.23
森工造纸	Paper Manufacturing	4.28	4.56	6.70	
医药	Medicine	16.09	13.72	20.17	22.15
汽车	Automobile	39.33	47.16	69.32	70.52
3、第三产业	Tertiary Industry	1 823.50	2 031.62	2195.81	2 706.64
（五）按国民经济行业分	Grouped by Economic Sector				
农、林、牧、渔业	Agriculture,Forestry,Animal Husbandry and Fishery	3.85	2.93	0.39	0.62
采矿业	Mining	1.09			0.48
制造业	Manufacturing	401.56	308.86	455.94	513.04
电力、燃气及水的生产和供应业	Production and Supply of Electric Power,Gas and Water	83.61	45.33	64.64	77.29
建筑业	Construction	0.83	2.73	0.65	0.25
交通运输、仓储和邮政业	Transport,Storage and Postal Services	240.01	406.44	345.86	397.54
信息传输、计算机服务和软件业	Information Transmission,Computer Services and Software	46.07	32.10	29.63	45.07
批发和零售业	Wholesale and Retail Trades	23.96	22.31	30.30	30.49
住宿与饮食业	Hotels and Catering Services	25.10	14.57	22.94	15.30
金融业	Financial Intermediation	54.65	40.24	42.43	70.67
房地产业	Real Estate	926.62	1 199.80	1374.06	1 662.67
租赁和商务服务业	Leasing and Business Services	51.81	41.70	21.86	83.55
科研、技术服务和地质勘察业	Scientific Research,Technical Services and Geological Prospecting	12.54	17.90	30.30	56.48
水利、环境和公共设施管理业	Management of Water Conservancy,Environment and Public Facilities	199.79	170.74	226.64	235.75
居民服务和其他服务业	Services to Households and Other Services	1.35	1.55	1.86	4.04
教育	Education	42.57	23.97	29.02	39.74
卫生、社会保障和社会福利业	Health,Social Security and Social Welfare	23.89	23.84	17.60	43.84
文化、体育和娱乐业	Culture,Sports and Recreation	23.06	23.17	13.54	18.11
公共管理和社会组织	Public Administration and Social Organization	32.07	13.28	9.76	3.39
国际组织	International Organizations				

单位：亿元 8-25 续表2 (100 million yuan)

指 标	Indicators	2012	2013	2014	2015
三、本年新增固定资产	**Newly Increased Fixed Assets in Current Year**	**1 669.57**	**2 374.24**	**2 374.10**	**1 478.56**
四、房屋面积	**Floor Space**				
本年施工房屋面积(万平方米)	Floor Space of Buildings Under Construction in Current Year(10 000sq.m)	5 259.50	6 308.89	6 249.70	7 010.06
其中：住宅(万平方米)	Residential Buildings(10 000sq.m)	2 547.67	3 067.52	3 165.22	3 343.16
本年竣工房屋面积(万平方米)	Floor Space of Buildings Completed in Current Year(10 000sq.m)	815.47	895.76	954.77	818.86
其中：住宅(万平方米)	Residential Buildings(10 000sq.m)	310.85	229.38	336.24	206.60
本年竣工房屋价值	Value of Buildings Completed in Current Year	338.42	485.13	385.81	423.82
其中：住宅	Residential Buildings	173.19	162.44	209.88	171.08
五、资金来源情况	**Source of Funds**				
（一）本年资金来源合计	Source of Total Funds This Year	3 505.91	4 337.64	4 370.12	6 283.52
上年末结余资金	Surplur Funds From the Year-end of Proceding Year	647.02	774.15	872.08	887.32
本年资金来源小计	Source of Sub-total Funds This Year	2 858.89	3 563.49	3 498.04	5 396.20
国家预算内资金	State Budget	359.15	340.55	415.26	434.24
国内贷款	Domestic Loans	496.99	674.24	702.88	1 021.69
债券	Bond				0.03
利用外资	Foreign Investment	42.53	46.47	27.01	10.72
其中：外商直接投资	Foreign Direct Investment	27.71	29.38	4.45	3.20
自筹资金	Self-raising Funds	1 521.71	1 666.87	1 796.44	2 478.02
其他资金来源	Other Sources of Funds	438.51	835.36	556.45	1 451.50
（二）各项应付款合计	Total Payment Of This Year	448.49	430.11	511.53	678.68

8-26 各区固定资产投资

FIXED ASSET INVESTMENT BY DISTRICT

单位：万元 (10 000 yuan)

地 区	District	2014	2015	2015年 增长率（%） Growth Rate
全市合计	**Total**	**27 174 226**	**32 983 076**	**21.4**
福田区	Futian	1 811 806	2 353 842	29.9
罗湖区	Luohu	951 102	1 259 008	32.4
盐田区	Yantian	921 701	995 926	8.1
南山区	Nanshan	4 159 002	6 339 870	52.4
宝安区	Baoan	10 488 710	12 263 409	16.9
#新宝安区	New Baoan	4 606 802	5 457 214	18.5
光明新区	Guangming	2 311 908	2 692 767	16.5
龙华新区	Longhua	3 570 000	4 113 428	15.2
龙岗区	Longgang	8 841 905	9 771 021	10.5
#新龙岗区	New Longgang	6 020 000	6 580 947	9.3
坪山新区	Pingshan	2 141 905	2 468 152	15.2
大鹏新区	Dapeng	680 000	721 922	6.2

主要统计指标解释

固定资产投资额 是以货币形式表现的在一定时期内建造和购置固定资产的工作量以及与此有关的费用的总称。它是反映固定资产投资规模、结构和发展速度的综合性指标，又是观察工程进度和考核投资效果的重要依据。固定资产投资包括国有经济单位投资、城乡集体及其他各种登记注册类型的单位投资和城乡居民个人投资。按照国家统计制度规定，固定资产投资统计范围包括：城镇和农村投资两大部分。城乡集体经济单位投资包括城镇集体所有制单位投资和农村集体所有制单位投资；其它各种经济类型单位投资包括联营经济、股份制经济、中外合资经济、中外合作经济、外资、与大陆合资经营、与大陆合作经营、港澳台独资及其它经济的单位投资；城乡居民个人投资包括城市、县城、镇、工矿区所辖范围内的个人建房和农村个人建房及购买生产性固定资产的投资。

1.城镇和农村建设项目投资月报统计范围为：城镇和农村各种登记注册类型的企业、事业、行政单位及个体户进行的计划总投资500万元及500万元以上的建设项目，包括城镇各种经济类型的建设项目和工矿区私人建房项目，以及农村非农户投资项目、农村农户建房和购置生产性设备投资。年报统计范围中的城镇和工矿区私人建房为市、县城、镇、工矿区所辖范围内的全部私人建房（不论其房主是否系本地的常住户口均应包括），其他部分与月报统计范围一致。年报统计范围中的农户固定资产投资为所辖范围内的全部私人建房和其他购置生产性设备等投资。

2.城镇建设项目投资在城乡分组中:“城镇”、农村非农户建设项目投资在城乡分组中“农村”，农村农户在城乡分组中填“农户”，汇总表中“农村”包含“农户”。

房地产开发投资 各种登记注册类型的房地产开发公司 、商品房建设公司及其他房地产开发单位统一开发的包括统代建、拆迁还建的住宅、厂房、仓库、饭店、宾馆、度假村、写字楼、办公楼等房屋建筑物和配套的服务设施、土地开发工程，如道路、给水、排水、供电 、供热、通讯、平整场地等基础设施工程的投资。包括实际从事房地产开发或经营活动的附营房地产开发单位。不包括单纯的土地交易活动。

新增生产能力（或工程效益） 指通过固定资产投资活动而增加的设计能力（或工程效益），是以实物形态表示的固定资产投资成果的指标，也是考核投资经济效果的重要依据之一。

住宅建筑面积 指施工和竣工房屋建筑面积中供居住用的房屋建筑面积。

房屋施工面积 指在报告期内施工的全部房屋建筑面积。包括本期新开工的面积和上期开工跨入本期继续施工的面积，以及上期已停建在本期恢复施工的房屋面积。本期竣工和本期施工后又停缓建的房屋，其建筑面积仍计入本期房屋施工面积中。

房屋竣工面积 指在报告期内房屋建筑按照设计要求已经全部完工，达到住人和使用条件，经验收鉴定合格（或达到竣工验收标准），正式移交使用的各栋房屋建筑面积的总和。

房屋建筑面积竣工率 是指一定时期内房屋竣工面积与施工面积的比率。它是从房屋建筑施工速度的角度反映投资效果的指标。

新增固定资产 指已经完成建造和购置过程，并已交付生产或使用单位的固定资产的价值。它是表示固定资产投资成果的价值指标，也是反映建设进度，计算固定资产投资效果的重要依据。

建设项目投产率 是建设周期的逆指标，是指一定时期内全部建成投产项目个数与同期施工项目个数的比率。它是从建设速度的角度反映投资效果的指标。

Explanatory Notes on Main Statistical Indicators

Amount of Investment in Fixed Assets refers to the sum in monetary terms of the volume of activities in the construction and purchase of fixed assets as well as related expenses. It is not only a comprehensive indicator of the size, proportional relations and developmental pace of investment in fixed assets, but also an important basis to follow the progress of projects and check the result of investment on. Total investment in fixed assets includes investment by state–owned units, urban and rural collective units, units of other types of ownership and individuals in urban and rural areas. According to China's current statistics system, investment in fixed assets is classified into two parts: urban and rural. Investment by urban and rural collective units includes investment by urban collective units and investment by rural collective units. Investment by units of other types of ownership includes investment by units of joint ownership economy, shareholding economy, Sino–foreign joint economy, Sino–foreign cooperative economy, economy exclusively funded by foreign investors, joint economy with the mainland, cooperative economy with the mainland, economy exclusively funded by compatriots from Hong Kong, Macao and Taiwan and units of other types of ownership. Investment by individuals in urban and rural areas includes investment in personal housing in areas under the jurisdiction of the city, county, town and special industrial and mining areas as well as investment in personal housing and purchase of productive fixed assets in rural areas.

Investment in Real Estate Development includes investment by real estate developers, commercial builders and other units of real estate development of various statuses of registration in the construction of house buildings, such as residential buildings, factory buildings, warehouses, restaurants, hotels, holiday resorts, office buildings, and complementary service facilities and land development projects, such as roads, water supply, water drainage, power supply, heating, telecommunications, land leveling and other projects of infrastructure. This indicator covers the activities of non–real estate companies engaged in real estate development or management, but excludes simple land transactions.

Newly Increased Production Capacity (or Project Efficiency) refers to the increase of designed capacity or project efficiency through investment in fixed assets, which is not only an indicator of the accomplishment in kind of investment in fixed assets but also an important basis to check the economic result of investment on..

Floor Space of Residential Buildings refers to the floor space of the residential buildings among the total space of buildings under construction or completed.

Floor Space under Construction refers to total floor space of all buildings under construction during the reference period, including floor space of newly started buildings during the reference period, floor space of construction extended from the previous period to the current period, and floor space of construction suspended during the previous period but resumed in the current period. Floor space of construction completed in the current period and floor space of construction started and then suspended in the current period are also included in floor space under construction.

Floor Space of Buildings Completed refers to total floor space of all buildings completed in the reference period, which have come up to the designed standards with proper conditions of residence and use, and have been examined and accepted (or met the standards for completion), and put into use.

Completion Rate of Floor Space of Buildings refers to the ratio of the floor space of buildings completed in a certain period of time to the floor space of buildings under construction in the same period, which reflects the investment result of the construction industry from the perspective of the speed of project construction.

Newly Increased Fixed Assets refer to the value of fixed assets which have been completed and transfered to production units or users. It is a value indicator of the achievements of investment in fixed assets as well as an important basis to evaluate the result of investment in fixed assets on.

Rate of Construction Projects Completed and Put into Use is the inverse indicator of construction period, referring to the ratio of the number of construction projects completed and put into use in certain period of time to the number of projects under construction in the same period. This reflects the investment efficiency from the perspective of the speed of project construction.

09 第九部分

房地产开发

REAL ESTATE EDEVELOPMENT

CHAPTER

9-1 房地产开发投资额（按投资去向分）

INVESTMENT IN REAL ESTATE DEVELOPMENT（GROUPED BY INVESTMENT DESTINATION）

单位：亿元 (100 million yuan)

年 份 Year	本年完成投资 Investment Completed This Year	土地购置费 Total Value of Land Purchased
1992	71.49	30.14
1993	102.77	19.69
1994	130.46	20.28
1995	103.04	3.90
1996	124.83	5.72
1997	136.65	13.52
1998	167.49	24.18
1999	215.25	32.88
2000	260.97	36.87
2001	315.64	70.99
2002	388.44	71.01
2003	412.66	75.82
2004	434.24	71.80
2005	423.69	64.05
2006	462.09	43.86
2007	461.04	62.22
2008	440.49	65.98
2009	437.46	45.25
2010	458.46	60.98
2011	514.74	89.01
2012	736.84	129.77
2013	887.71	98.88
2014	1 069.49	195.67
2015	1 331.03	316.76

9-1 房地产开发投资额（按用途分）

INVESTMENT IN REAL ESTATE DEVELOPMENT(GROUPED BY USE)

单位：亿元 (100 million yuan)

年 份 Year	本年完成投资 Investment Completed This Year	住 宅 Residential Buildings	办公楼 Office Buildings	商业用房 Houses for Business Use	其 他 Others
1992	71.49	45.04	7.86	10.72	7.86
1993	102.77	66.80	11.30	14.39	10.28
1994	130.46	87.41	13.05	18.26	11.74
1995	103.04	62.85	16.49	14.43	9.27
1996	124.83	78.64	19.97	16.23	9.99
1997	136.65	85.50	18.18	14.78	18.19
1998	167.49	99.89	12.10	19.97	35.53
1999	215.25	141.31	13.57	17.95	42.42
2000	260.97	178.68	13.62	22.90	45.77
2001	315.64	209.71	9.32	28.21	68.40
2002	388.44	270.92	13.00	35.26	69.26
2003	412.66	250.19	15.05	47.29	100.13
2004	434.24	255.84	24.51	57.43	96.46
2005	423.69	265.54	28.04	53.07	77.04
2006	462.09	325.05	30.63	67.40	39.01
2007	461.04	331.76	30.08	53.48	45.72
2008	440.49	314.98	26.12	51.96	47.43
2009	437.46	289.78	35.34	53.22	59.12
2010	458.46	304.88	37.98	59.35	56.32
2011	514.74	353.21	36.78	64.61	60.14
2012	736.84	474.60	27.00	90.11	145.13
2013	887.71	594.10	64.63	90.22	138.76
2014	1 069.49	730.28	104.22	118.22	116.77
2015	1 331.03	897.13	158.84	142.72	132.34

9-2 房地产开发投资额（按构成分）

INVESTMENT IN REAL ESTATE DEVELOPMENT（GROUPED BY COMPOSITION）

单位：亿元 (100 million yuan)

年 份 Year	本年完成投资 Investment Completed This Year	建筑安装工程 Constructional Project	设备购置 Purchase of Equipment	其 他 Others
1992	71.49	51.80	2.95	16.74
1993	102.77	93.06	4.77	4.94
1994	130.46	104.23	8.75	17.48
1995	103.04	79.32	6.75	16.97
1996	124.83	92.22	12.38	20.23
1997	136.65	98.41	6.36	31.89
1998	167.49	115.79	7.35	44.35
1999	215.25	150.26	10.47	54.53
2000	260.97	187.90	9.59	63.47
2001	315.64	217.69	6.39	91.56
2002	388.44	281.11	11.35	95.99
2003	412.66	298.08	12.63	101.95
2004	434.24	315.44	15.06	103.74
2005	423.69	314.11	11.40	98.17
2006	462.09	380.02	10.93	71.14
2007	461.04	356.66	6.61	97.77
2008	440.49	327.83	10.53	102.13
2009	437.46	352.79	8.87	75.80
2010	458.46	347.15	8.67	102.66
2011	514.74	358.98	10.08	145.68
2012	736.84	488.33	8.58	239.94
2013	887.71	695.62	10.39	181.70
2014	1 069.49	794.76	17.85	256.88
2015	1 331.03	892.03	26.75	412.25

9-2 房地产开发投资额（按区域分）

INVESTMENT IN REAL ESTATE DEVELOPMENT（GROUPED BY DISTRICT）

单位：亿元 (100 million yuan)

年 份 Year	本年完成投资 Investment Completed This Year	罗湖区 Luohu	福田区 Futian	南山区 Nanshan	宝安区 Baoan				龙岗区 Longgang				盐田区 Yantian
						新宝安区 New Baoan	光明新区 Guangming	龙华新区 Longhua		新龙岗区 New Longgang	坪山新区 Pingshan	大鹏新区 Dapeng	
1996	124.83	51.18	33.70	21.22	9.99				8.74				
1997	136.65	41.00	42.36	20.50	15.03				17.76				
1998	167.49	48.57	50.25	31.82	16.75				18.42				1.67
1999	215.25	53.81	73.19	38.75	15.07				32.29				2.15
2000	260.97	65.24	83.51	49.58	26.10				31.32				5.22
2001	315.64	66.28	107.32	72.60	31.56				34.72				3.16
2002	388.44	69.80	116.53	89.34	54.38				46.61				7.77
2003	412.66	66.18	118.23	101.93	61.75				53.50				11.07
2004	434.24	67.90	115.68	96.45	79.57				58.05				16.59
2005	423.69	53.21	104.13	86.26	107.38				62.88				9.83
2006	462.09	50.83	89.84	93.59	126.52				88.10				13.21
2007	461.04	36.11	54.35	82.73	139.68				128.47				19.70
2008	440.49	32.71	41.93	101.47	130.51				103.83				30.04
2009	437.46	36.50	40.82	99.12	96.36				122.98				41.68
2010	458.46	38.32	48.13	72.51	126.41				140.42				32.67
2011	514.74	37.11	44.50	69.33	160.00				176.83				26.97
2012	736.84	45.05	85.22	82.26	233.88	125.99	16.53	91.36	255.90	215.28	25.95	14.67	34.54
2013	887.71	42.32	115.79	95.90	253.84	118.40	22.03	113.41	341.24	281.44	47.20	12.60	38.63
2014	1 069.49	40.00	126.60	149.22	360.22	165.77	33.24	161.21	356.16	296.32	45.39	14.44	37.30
2015	1 331.03	35.57	156.09	228.86	460.56	213.55	61.45	185.57	407.56	347.28	49.55	10.73	42.39

9-3 房地产开发投资额（按注册登记类型分）

INVESTMENT IN REAL ESTATE DEVELOPMENT（GROUPED BY REGISTRATION）

单位：亿元 （100 million yuan）

年 份	Year	2007	2008	2009	2010	2011	2012	2013	2014	2015
合计	Total	461.04	440.49	437.46	458.46	514.74	736.84	887.71	1 069.49	1 331.03
1、内资企业	Domestic Investment Enterprises	312.03	339.26	316.06	331.23	418.35	599.72	739.96	892.77	1 096.32
国有企业	State-Owned	3.24	28.19	28.79	30.17	33.64	50.35	57.57	47.39	15.47
集体企业	Collective-Owned	3.10	2.12	1.70	1.78	0.77	0.00	3.11	6.66	
股份合作企业	Shareholding	0.50	1.14	1.71	1.79	3.26	5.16	5.48	2.44	1.80
联营企业	Joint Owned	2.06	1.00			0.13	0.04			
国有联营企业	State-Joint Owned	0.98	0.73	0.60	0.63					
集体联营企业	Collective-Joint Owned									
国有与集体联营企业	State Collective Joint Owned									
其他联营企业	Other Joint Owned	1.08	0.18	0.01	0.01		0.04			
有限责任公司	Limited-Liability Corporations	151.52	174.96	158.53	166.14	176.01	256.23	297.84	395.06	502.76
国有独资公司	Enterprises Solely Funded by the State	7.94	3.58	7.60	7.96		14.52			27.28
其他有限责任公司	Others	143.58	171.38	150.93	158.15		241.71			475.48
股份有限公司	Shareholding	24.44	36.73	46.85	49.10	45.80	66.67	54.35	66.74	87.65
私营企业	Private	126.89	87.67	73.10	76.61	149.58	218.97	314.90	374.44	456.59
其他内资	Others	0.28	7.45	0.98	1.03	9.16	2.31	6.71	0.04	32.05
2、港、澳、台商投资企业	Enterprises with Funds from Hong Kong,Macao and Taiwan	129.01	74.93	96.52	101.15	88.45	101.12	121.72	136.76	197.34
3、外商投资企业	Foreign Funded	20.00	26.30	24.88	26.07	7.94	36.00	26.03	39.96	37.38

9-4 房地产开发投资资金来源及构成

TOTAL CAPITAL SOURCE AND COMPOSITION OF REAL ESTATE DEVELOPMENT

单位：亿元 （100 million yuan）

年 份 Year	本年资金来源小计 Sud-total Capital Source of this Year	国内贷款 Domestic Loans	利用外资 Foreign Capital Utilized	自筹资金 Self-raising Capital	其他资金 Other Capital
1993	175.06	39.05		49.14	86.87
1994	189.90	40.01		63.56	86.33
1995	147.83	31.43	28.14	49.41	38.85
1996	149.10	29.46	28.30	45.49	45.85
1997	168.11	30.91	20.14	61.20	55.86
1998	223.04	55.03	9.31	80.32	78.38
1999	252.88	59.59	4.64	83.31	105.34
2000	333.36	89.06	6.68	96.11	141.52
2001	391.47	102.64	8.93	131.38	148.52
2002	516.40	127.01	9.24	138.96	241.19
2003	644.70	166.37	8.02	179.19	291.12
2004	663.35	149.33	7.04	197.98	309.00
2005	694.01	159.87	2.38	216.49	315.27
2006	837.85	229.39	8.94	174.78	424.74
2007	847.90	169.83	11.78	241.42	424.87
2008	396.35	124.78	0.45	97.90	173.22
2009	881.76	258.83	1.39	171.95	449.59
2010	773.08	199.88	10.33	203.97	358.90
2011	818.81	199.85	2.06	294.03	322.87
2012	1 190.97	302.88	0.00	473.24	414.84
2013	1 686.91	441.09	0.12	456.97	788.73
2014	1 631.90	538.02	20.46	545.65	527.77
2015	2 938.53	730.79	3.21	783.13	1421.41

9-5 商品房施工面积（按用途分）

TOTAL FLOOR SPACE UNDER CONSTRUCTION OF COMMODITY HOUSING (GROUPED BY USE)

单位：万平方米 (10 000 sq. m)

年 份 Year	施工面积 Floor Space Under Construction	住 宅 Residential Buiding	办公楼 Office Building	商业用房 Houses For Business Use	其 他 Others
1992	950.06	601.10	101.91	139.21	107.84
1993	1 396.44	909.51	152.43	199.92	134.58
1994	1 298.82	868.86	132.75	176.36	120.85
1995	1 371.06	844.20	214.51	187.71	124.64
1996	1 495.27	940.61	238.93	193.68	122.05
1997	1 454.17	966.18	181.76	185.17	121.06
1998	1 656.65	1 146.97	175.09	208.97	125.62
1999	1 834.13	1 355.62	137.58	201.34	139.59
2000	2 134.95	1 576.89	146.62	225.46	185.98
2001	2 392.77	1 790.49	115.10	255.38	231.80
2002	2 776.29	2 124.86	120.83	279.14	251.46
2003	2 838.22	2 072.89	134.29	317.74	313.30
2004	3 120.25	2 257.68	147.78	379.15	335.64
2005	3 058.90	2 152.58	155.67	370.34	380.31
2006	3 122.10	2 157.39	171.88	385.71	407.12
2007	3 149.56	2 177.78	189.65	335.98	446.15
2008	3 276.30	2 210.36	201.55	346.45	517.94
2009	3 112.36	2 087.47	189.09	328.27	507.53
2010	2 939.94	2 025.13	182.36	298.62	433.83
2011	2 875.98	1 965.63	171.46	298.47	440.42
2012	3 216.69	2 107.59	156.93	339.25	612.92
2013	4 003.49	2 608.29	261.51	383.62	750.06
2014	4 492.18	2 870.00	337.32	481.78	803.09
2015	4 978.41	3156.99	467.48	614.59	739.35

9-5 商品房施工面积（按区域分）

TOTAL FLOOR SPACE UNDER CONSTRUCTION OF COMMODITY HOUSING (GROUPED BY DISTRICT)

单位：万平方米 (10 000 sq. m)

年 份 Year	施工面积 Floor Space Under Construction	罗湖区 Luohu	福田区 Futian	南山区 Nanshan	宝安区 Baoan	新宝安区 New Baoan	光明新区 Guangming	龙华新区 Longhua	龙岗区 Longgang	新龙岗区 New Longgang	坪山新区 Pingshan	大鹏新区 Dapeng	盐田区 Yantian
1996	1 495.27	613.06	403.72	254.20	119.62				104.67				
1997	1 454.17	435.48	445.27	214.29	163.51				195.62				
1998	1 656.65	483.06	493.49	321.63	171.62				176.56				10.29
1999	1 834.13	459.35	622.47	334.98	125.71				274.85				16.77
2000	2 134.95	523.64	691.02	415.09	212.04				251.47				41.69
2001	2 392.77	510.52	807.12	554.37	228.69				262.16				29.91
2002	2 776.29	511.82	830.24	631.89	397.97				347.29				57.08
2003	2 838.22	472.85	812.15	717.41	436.46				343.28				56.07
2004	3 120.25	437.61	789.79	743.36	639.07				434.31				76.11
2005	3 058.90	333.72	667.26	513.84	865.27				601.91				76.90
2006	3 122.10	329.37	517.48	586.94	859.65				734.22				94.44
2007	3 149.56	192.14	397.80	603.23	891.86				966.87				97.66
2008	3 276.30	251.52	314.50	689.71	880.39				1 015.05				125.13
2009	3 112.36	236.45	315.12	547.83	823.30				1 051.31				138.35
2010	2 939.94	208.68	252.00	503.31	777.89				1 050.23				147.83
2011	2 875.98	227.71	257.07	377.74	871.40				1 005.61				136.45
2012	3 216.69	199.69	261.24	369.77	948.14	459.12	48.39	440.63	1286.72	1 170.81	81.51	34.41	151.13
2013	4 003.49	311.03	404.18	341.04	1 136.80	521.22	53.36	552.22	1 665.32	1 438.74	186.86	39.71	145.12
2014	4 492.18	247.94	522.37	558.18	1 307.34	569.65	119.64	618.05	1 688.26	1 457.18	169.95	61.13	168.10
2015	4 978.41	227.63	574.92	688.22	1617.08	666.82	258.50	691.75	1733.69	1483.34	173.94	76.40	136.88

9-6 商品房新开工面积（按用途分）

FLOOR SPACE OF NEWLY STARTED OF COMMODITY HOUSING (GROUPED BY USE)

单位：万平方米　　　　(10 000 sq.m)

年 份 Year	新开工面积 Floor Space of Newly Started Buildings	住 宅 Residential Buildings	办公楼 Office Buildings	商业用房 Houses For Business Use	其 他 Others
1998	414.14	333.27	25.62	33.19	22.06
1999	580.56	492.81	6.98	31.94	48.83
2000	646.41	487.48	26.10	64.72	68.12
2001	999.71	792.24	26.96	83.74	96.77
2002	959.32	747.50	41.71	101.12	68.99
2003	932.86	645.18	35.89	119.88	131.91
2004	1 025.55	766.91	25.32	123.24	110.08
2005	1 054.19	753.90	39.89	127.15	133.25
2006	798.12	609.46	19.91	69.98	98.77
2007	876.40	621.91	40.06	72.94	141.49
2008	752.60	471.80	46.61	84.91	149.28
2009	489.18	328.04	29.82	60.70	70.62
2010	470.96	355.17	15.25	38.69	61.84
2011	537.99	367.32	18.54	54.76	97.37
2012	905.24	561.89	50.69	103.47	189.18
2013	1 366.40	910.13	114.88	120.68	220.70
2014	932.68	549.50	91.30	118.00	173.88
2015	1 208.27	777.32	126.79	153.91	150.24

9-6 商品房新开工面积（按区域分）

FLOOR SPACE OF NEWLY STARTED OF COMMODITY HOUSING (GROUPED BY DISTRICT)

单位：万平方米　　　　(10 000 sq.m)

年 份 Year	新开工面积 Floor Space of Newly Started Buildings	罗湖区 Luohu	福田区 Futian	南山区 Nanshan	宝安区 Baoan	新宝安区 New Baoan	光明新区 Guangming	龙华新区 Longhua	龙岗区 Longgang	新龙岗区 New Longgang	坪山新区 Pingshan	大鹏新区 Dapeng	盐田区 Yantian
1998	414.14	101.25	114.77	82.98	47.37				67.21				0.56
1999	580.56	119.44	201.65	114.81	47.33				94.49				2.84
2000	646.41	103.02	169.62	168.21	96.96				82.57				26.03
2001	999.71	132.88	299.01	305.10	140.30				115.68				6.74
2002	959.32	136.41	238.00	242.46	175.92				140.97				25.56
2003	932.86	158.89	220.77	210.84	199.54				118.52				24.30
2004	1 025.55	112.05	152.62	201.34	307.07				218.33				34.14
2005	1 054.19	24.81	208.29	205.98	319.96				257.16				37.99
2006	798.12	15.49	69.00	123.74	271.85				275.43				42.61
2007	876.40	36.93	38.69	211.70	203.18				360.87				25.03
2008	752.60	87.76	52.23	153.94	195.60				205.47				57.60
2009	489.18	44.61	24.29	144.97	126.67				114.36				34.27
2010	470.96	4.10	25.97	70.63	225.06				135.16				10.04
2011	537.99	13.98	33.69	42.06	230.90				181.90				35.46
2012	905.24	58.61	93.28	88.03	195.98	103.76	22.74	69.48	408.07	379.06	12.23	16.79	61.27
2013	1 366.40	103.63	187.83	83.63	312.42	120.91	22.77	168.74	662.77	559.84	97.35	5.57	16.11
2014	932.68	28.91	91.01	227.56	364.18	145.68	57.16	161.34	196.11	178.28	9.64	8.18	24.91
2015	1 208.27	14.33	159.92	176.85	468.83	221.40	84.04	163.39	377.10	343.42	25.48	8.20	11.25

9-7 商品房竣工面积（按用途分）

TOTAL FLOOR SPACE OF COMMERCIAL HOUSES COMPLETED （GROUPED BY USE）

单位：万平方米 (10 000 sq. m)

年 份 Year	竣工面积 Floor Space Completed	住 宅 Residential Buildings	办公楼 Office Buildings	商业用房 Houses For Business Use	其 他 Others
1991	150.44	91.22	7.93	11.21	40.08
1992	198.40	130.90	9.20	14.70	43.60
1993	281.46	196.75	11.51	21.32	51.88
1994	311.10	206.50	10.01	39.90	54.69
1995	311.55	216.38	34.24	36.98	23.95
1996	394.32	250.51	42.50	48.58	52.73
1997	327.04	243.19	34.22	29.57	20.06
1998	463.31	356.30	42.26	41.05	23.70
1999	502.15	412.46	16.89	37.05	35.75
2000	632.05	524.55	12.94	53.92	40.64
2001	727.97	573.21	27.74	53.84	73.18
2002	892.24	698.32	25.07	79.15	89.70
2003	1 020.31	816.62	24.43	95.63	83.63
2004	1 012.39	772.20	35.66	105.54	98.99
2005	945.78	704.44	18.70	96.67	125.97
2006	848.89	581.87	36.83	126.63	103.56
2007	636.02	437.14	32.38	73.99	92.51
2008	629.73	443.77	27.55	59.79	98.62
2009	402.01	269.54	25.05	32.20	75.22
2010	344.43	251.10	32.05	25.26	36.02
2011	325.00	232.66	20.97	35.89	35.48
2012	425.75	289.40	12.30	39.75	84.31
2013	353.55	196.33	30.84	53.35	73.03
2014	425.31	269.26	10.97	39.22	105.86
2015	360.21	202.37	47.48	31.69	78.67

9-7 商品房竣工面积（按区域分）

TOTAL FLOOR SPACE OF COMMERCIAL HOUSES COMPLETED（GROUPED BY DISTRICT）

单位：万平方米 (10 000 sq. m)

年 份 Year	竣工面积 Floor Space Completed	罗湖区 Luohu	福田区 Futian	南山区 Nanshan	宝安区 Baoan	新宝安区 New Baoan	光明新区 Guangming	龙华新区 Longhua	龙岗区 Longgang	新龙岗区 New Longgang	坪山新区 Pingshan	大鹏新区 Dapeng	盐田区 Yantian
1999	502.15	100.38	159.44	75.99	46.81				114.44				5.09
2000	632.05	142.36	161.53	113.69	96.68				104.70				13.09
2001	727.97	215.53	225.65	152.54	42.44				89.20				2.61
2002	892.24	186.66	208.95	234.61	117.81				123.11				21.10
2003	1 020.31	155.56	275.96	278.90	155.27				137.37				17.25
2004	1 012.39	106.41	258.59	343.98	173.98				108.23				21.20
2005	945.78	149.96	203.91	157.39	213.12				184.24				37.16
2006	848.89	91.89	176.37	159.17	228.39				165.71				27.36
2007	636.02	15.15	110.74	126.68	245.68				111.76				26.01
2008	629.73	59.61	32.97	214.86	179.03				134.75				8.51
2009	402.01	0.57	58.69	93.58	100.63				121.56				26.98
2010	344.43	0.24	20.12	70.60	120.97				122.63				9.87
2011	325.00	65.63	24.12	21.76	57.36				140.13				16.00
2012	425.75	8.28	50.32	73.97	151.25	72.29		78.97	135.52	121.16	14.36		6.41
2013	353.55	68.79	53.21	35.39	98.08	67.56		30.52	98.08	66.98	27.90	3.20	
2014	425.31	24.65	14.47	73.03	161.65	25.03	27.46	109.16	115.60	110.29	5.31		35.91
2015	360.21	24.73	80.07	47.81	120.36	14.36		106.00	68.22	52.60	1.00	14.62	19.02

9-8　商品房销售面积（按用途分）

TOTAL FLOOR SPACE OF BUILDINGS SOLD(GROUPED BY USE)

单位：万平方米　　　　　(10 000 sq. m)

年　份 Year	销售面积 Floor Space of Buildings Sold	住　宅 Residential Buildings	办公楼 Office Buildings	商业用房 Houses For Business Use	其　他 Others
1992	151.46	96.00	9.00	10.00	36.46
1993	180.17	140.89	5.85	9.58	23.85
1994	246.93	183.28	13.29	17.14	33.22
1995	274.59	209.07	17.37	16.89	31.26
1996	324.92	261.13	32.33	21.23	10.23
1997	405.44	336.70	28.88	27.40	12.46
1998	432.22	372.38	22.06	19.85	17.93
1999	541.84	492.51	15.02	26.20	8.11
2000	611.37	556.82	12.19	26.32	16.04
2001	643.47	593.72	11.01	27.40	11.34
2002	791.70	724.41	17.94	46.36	2.99
2003	877.85	811.90	19.54	39.37	7.04
2004	908.62	802.58	26.90	58.09	21.05
2005	993.20	901.13	28.49	53.48	10.10
2006	797.66	704.89	37.64	46.89	8.24
2007	555.11	500.35	20.87	30.64	3.25
2008	466.71	413.65	5.59	33.58	13.89
2009	762.16	717.40	19.63	18.07	7.07
2010	465.59	413.80	15.00	21.88	14.91
2011	496.89	469.43	9.90	16.96	0.60
2012	525.83	488.44	5.98	21.00	10.41
2013	588.58	527.16	21.31	19.05	21.06
2014	532.57	474.81	23.17	23.59	11.00
2015	831.46	747.83	56.54	19.84	7.25

9-8　商品房销售面积（按区域分）

TOTAL FLOOR SPACE OF BUILDINGS SOLD(GROUPED BY DISTRICT)

单位：万平方米　　　　　(10 000 sq. m)

年　份 Year	销售面积 Floor Space of Buildings Sold	罗湖区 Luohu	福田区 Futian	南山区 Nanshan	宝安区 Baoan	新宝安区 New Baoan	光明新区 Guangming	龙华新区 Longhua	龙岗区 Longgang	新龙岗区 New Longgang	坪山新区 Pingshan	大鹏新区 Dapeng	盐田区 Yantian
1998	432.22	90.89	135.99	75.68	54.63				67.34				7.69
1999	541.84	118.53	162.69	94.89	71.62				82.01				12.10
2000	611.37	86.13	200.59	125.39	78.65				113.04				7.57
2001	643.47	110.75	165.28	140.62	95.21				122.60				9.01
2002	791.70	129.45	206.81	182.60	127.22				135.95				9.67
2003	877.85	120.49	206.30	236.85	149.76				139.02				25.45
2004	908.62	83.90	164.74	285.04	186.40				171.22				17.32
2005	993.20	103.11	210.36	171.05	283.84				201.99				22.85
2006	797.66	53.56	122.22	130.60	260.36				212.29				18.63
2007	555.11	35.26	69.29	72.60	189.08				170.97				17.92
2008	466.71	37.27	35.47	71.11	161.66				145.65				15.55
2009	762.16	34.86	52.49	171.33	217.20				255.33				30.95
2010	465.59	17.10	18.74	81.76	122.11				211.51				14.37
2011	496.89	7.07	153.60	53.35	106.07				166.42				10.38
2012	525.83	9.36	22.53	61.84	214.73	104.16	8.01	102.56	209.90	184.54	25.01	0.36	7.47
2013	588.58	11.18	61.27	53.94	218.56	98.38	13.58	106.60	229.32	197.57	30.59	1.15	14.31
2014	532.57	8.42	39.06	58.42	204.45	107.52	7.53	89.4	200.16	163.32	35.01	1.84	22.06
2015	831.46	17.75	73.72	101.72	296.37	120.86	57.90	117.61	313.96	240.47	54.97	18.51	27.94

9-9 商品住宅销售面积（按区域分）

TOTAL FLOOR SPACE OF RESIDENTIAL BUILDINGS SOLD (GROUPED BY DISTRICT)

单位：万平方米 (10 000 sq. m)

年 份 Year	销售面积 Floor Space of Buildings Sold	罗湖区 Luohu	福田区 Futian	南山区 Nanshan	宝安区 Baoan	新宝安区 New Baoan	光明新区 Guangming	龙华新区 Longhua	龙岗区 Longgang	新龙岗区 New Longgang	坪山新区 Pingshan	大鹏新区 Dapeng	盐田区 Yantian
1996	261.13	71.87	82.35	43.19	21.26				42.46				
1997	336.70	71.23	106.75	61.63	43.31				53.78				
1998	372.38	75.29	111.06	70.61	50.07				61.55				3.80
1999	492.51	109.57	147.54	88.59	64.24				76.21				6.36
2000	556.82	77.17	181.94	114.95	69.70				106.26				6.80
2001	593.72	97.85	155.44	135.20	86.75				110.51				7.97
2002	724.41	119.80	186.29	173.18	111.31				124.45				9.38
2003	811.90	111.08	186.59	222.60	142.53				124.82				24.29
2004	802.58	83.78	125.29	270.81	167.84				137.60				17.26
2005	901.13	100.15	172.73	157.76	266.25				182.49				21.77
2006	704.89	52.72	77.58	119.41	244.08				193.82				17.28
2007	500.35	31.36	49.22	63.95	176.32				162.00				17.50
2008	413.65	21.36	31.77	64.33	146.68				134.47				15.04
2009	717.40	34.46	37.11	167.42	205.59				242.55				30.27
2010	413.80	10.21	7.2	69.30	114.91				193.82				18.36
2011	469.43	5.25	148.36	46.44	101.80				157.55				10.03
2012	488.43	7.74	11.39	54.22	207.17	98.03	8.01	101.13	200.75	176.46	23.96	0.33	7.16
2013	527.16	10.54	36.20	49.61	213.02	93.83	13.58	105.61	208.32	178.51	29.11	0.70	9.46
2014	474.81	7.97	19.52	56.22	190.19	99.10	7.49	83.60	183.80	149.36	33.71	0.73	17.11
2015	747.83	17.61	44.43	94.53	281.34	109.50	57.12	114.71	285.43	214.14	52.78	18.51	24.49

9-10 办公楼销售面积（按区域分）

TOTAL FLOOR SPACE OF OFFICE BUILDINGS SOLD (GROUPED BY DISTRICT)

单位：万平方米 (10 000 sq. m)

年 份 Year	销售面积 Floor Space of Buildings Sold	罗湖区 Luohu	福田区 Futian	南山区 Nanshan	宝安区 Baoan	新宝安区 New Baoan	光明新区 Guangming	龙华新区 Longhua	龙岗区 Longgang	新龙岗区 New Longgang	坪山新区 Pingshan	大鹏新区 Dapeng	盐田区 Yantian
1996	32.33	14.35	8.80	9.18									
1997	28.88	13.06	9.34	3.59	1.39				1.50				
1998	22.06	7.60	12.11	0.94					1.10				0.31
1999	15.02	3.70	9.30	0.63	0.06								1.33
2000	12.19	3.95	6.15	1.50	0.13				0.41				0.05
2001	11.01	5.77	2.91	0.66	0.01				1.52				0.14
2002	17.94	3.39	12.63	1.37	0.02				0.24				0.29
2003	19.54	2.16	13.72	1.68	1.45				0.53				
2004	26.90		23.11	3.66	0.01				0.12				26.90
2005	28.49		22.19	5.04	0.54				0.72				
2006	37.64	0.06	31.85	5.22					0.51				
2007	20.87	0.61	15.51	3.80	0.87				0.08				
2008	5.59		2.27	1.65	1.67								
2009	19.63		12.65	2.24	4.46				0.28				
2010	15.00	4.19	5.80	0.27	3.21				1.53				
2011	9.90	0.37	4.68	4.51	0.34								
2012	5.98		1.68	3.60	0.51	0.51			0.19	0.19			
2013	21.31	0.64	13.70	3.63	0.36			0.36	1.59	1.59			1.39
2014	23.17	0.45	9.69	2.06	6.03	2.53		3.50	2.84	2.84			2.10
2015	56.54	0.14	23.19	5.92	7.39	7.02		0.37	16.69	16.69			3.21

9-11 商业用房销售面积（按区域分）

TOTAL FLOOR SPACE OF COMMERCIAL BUILDINGS SOLD (GROUPED BY DISTRICT)

单位：万平方米 (10 000 sq. m)

年份 Year	销售面积 Floor Space of Buildings Sold	罗湖区 Luohu	福田区 Futian	南山区 Nanshan	宝安区 Baoan	新宝安区 New Baoan	光明新区 Guangming	龙华新区 Longhua	龙岗区 Longgang	新龙岗区 New Longgang	坪山新区 Pingshan	大鹏新区 Dapeng	盐田区 Yantian
1996	21.23	11.49	2.66	1.32	4.38				1.38				
1997	27.40	8.75	4.48	2.48	9.54				2.15				
1998	19.85	5.34	3.70	2.00	4.04				4.69				0.08
1999	26.20	5.26	2.15	2.91	5.85				5.60				4.43
2000	26.32	3.21	3.88	4.64	7.57				6.30				0.72
2001	27.40	4.92	3.42	2.59	8.23				7.96				0.28
2002	46.36	6.15	6.52	6.53	15.89				11.27				
2003	39.37	6.61	4.81	7.62	5.51				13.66				1.16
2004	58.09	0.94	8.16	9.66	17.79				21.39				0.15
2005	53.48	2.93	9.20	8.55	16.77				14.86				1.17
2006	46.89	0.69	7.72	5.96	16.25				14.91				1.36
2007	30.64	3.28	1.64	4.85	11.89				8.57				0.41
2008	33.58	15.91	1.43	2.20	4.85				8.68				0.51
2009	18.07	0.22	0.40	1.67	7.15				7.96				0.67
2010	21.88	1.79	0.35	1.79	4.70				13.18				0.07
2011	16.95	1.36	0.70	2.22	3.78				8.55				0.34
2012	21.00	1.62	0.68	4.01	7.06	5.62		1.43	7.33	6.25	1.05	0.02	0.30
2013	19.05		2.67	0.70	5.17	4.55		0.63	7.04	5.11	1.48	0.45	3.46
2014	23.59		3.70	0.14	4.02	2.94	0.04	1.04	12.88	10.49	1.29	1.10	2.85
2015	19.84		3.89	1.26	4.77	2.28	0.78	1.70	9.67	7.48	2.19		0.24

9-12 商品房屋待售面积（按用途分）

TOTAL FLOOR SPACE OF COMMERCIALIZED BUILDINGS FOR SALE (GROUPED BY USE)

单位：万平方米 (10 000 sq. m)

年份 Year	待售面积 Floor space of Commercialized Buildings	住宅 Residential Buildings	办公楼 Office Buildings	商业用房 Houses For Business Use	其他 Others
1996	328.68	191.94	40.31	55.20	41.23
1997	258.69	137.34	48.69	48.66	24.00
1998	296.94	158.88	55.96	56.73	25.37
1999	249.60	139.67	42.49	52.90	14.54
2000	272.62	170.92	47.17	48.49	6.04
2001	241.35	142.72	29.53	51.69	17.41
2002	311.03	206.50	23.03	59.99	21.51
2003	319.94	190.88	26.23	81.12	21.71
2004	251.53	138.15	21.62	68.45	23.31
2005	191.51	90.24	14.38	63.44	23.45
2006	185.41	69.63	23.98	66.41	25.39
2007	152.36	58.92	15.81	55.30	22.33
2008	231.58	121.17	15.02	69.22	26.17
2009	141.64	63.60	15.41	49.56	13.07
2010	134.36	53.15	9.00	51.82	20.39
2011	257.69	148.13	5.15	84.49	19.92
2012	310.05	188.94	16.89	80.14	24.09
2013	351.66	203.06	14.08	103.06	31.47
2014	319.85	191.95	16.09	96.27	15.54
2015	336.51	231.66	14.72	65.56	24.57

9-13 商品房屋待售面积（按区域分）

TOTAL FLOOR SPACE OF VACANT BUILDINGS（GROUPED BY DISTRICT）

单位：万平方米 (10 000 sq. m)

年 份 Year	待售面积 Floor space of Commercialized Buildings	罗湖区 Luohu	福田区 Futian	南山区 Nanshan	宝安区 Baoan	新宝安区 New Baoan	光明新区 Guangming	龙华新区 Longhua	龙岗区 Longgang	新龙岗区 New Longgang	坪山新区 Pingshan	大鹏新区 Dapeng	盐田区 Yantian
1996	328.68	105.18	92.03	55.88	49.30				26.29				
1997	258.69	78.56	55.41	59.13	37.47				28.12				
1998	296.94	82.92	74.08	76.22	39.61				21.52				2.59
1999	249.60	82.32	60.46	45.21	25.51				32.07				4.03
2000	272.62	98.36	61.38	50.22	29.99				29.85				2.82
2001	241.35	81.50	72.12	34.59	24.00				27.33				1.81
2002	311.03	75.29	89.77	69.26	30.38				37.29				9.04
2003	319.94	74.54	103.76	67.50	34.87				31.07				8.20
2004	251.53	61.37	81.49	38.04	22.46				35.79				12.38
2005	191.51	46.46	56.42	21.81	30.27				25.29				11.26
2006	185.41	48.47	57.02	26.31	12.79				33.42				7.40
2007	152.36	32.39	42.48	21.38	16.29				36.32				3.50
2008	231.58	33.45	36.14	43.75	46.79				64.57				6.88
2009	141.64	28.45	34.65	29.30	19.38				26.29				3.57
2010	134.36	23.00	31.51	16.51	33.34				21.25				8.75
2011	257.69	22.64	37.28	10.72	106.12				67.26				13.67
2012	310.05	20.36	45.64	18.02	93.40	56.75	0.33	36.33	116.12	114.21	0.63	1.28	16.51
2013	351.66	37.87	34.72	40.92	104.67	50.04	0.33	54.31	115.05	100.16	6.16	8.73	18.44
2014	319.85	27.68	18.49	45.92	98.76	49.01	6.87	42.87	103.52	84.76	10.63	8.12	25.48
2015	336.51	31.32	22.26	33.23	138.06	57.42	11.32	69.32	96.38	69.93	8.14	18.31	15.26

9-14 商品房二级市场平均交易价格（按用途分）

AVERAGE SELLING PRICE OF COMMERCIAL HOUSES IN SECONDARY MARKET（GROUPED BY USE）

单位：元/平方米 (yuan/ sq. m)

年 份 Year	商品房二级市场平均交易价格 Average Selling Price of Commercial Houses in Secondary Market	住 宅 Residential Buildings	办公楼 Office Buildings	商业用房 Houses For Business Use	其 他 Others
1998	5 927	5 191	11 995	10 241	3 468
1999	5 503	5 004	10 504	11 195	3 743
2000	5 718	5 275	10 954	10 306	3 186
2001	5 779	5 517	13 717	11 916	4 126
2002	6 074	5 641	8 145	12 175	5 000
2003	6 215	5 879	8 678	11 624	2 804
2004	6 771	6 419	9 670	12 764	5 672
2005	7 582	6 996	12 374	15 083	6 869
2006	10 039	9 190	15 762	18 257	9 714
2007	14 050	13 370	23 535	19 103	10 203
2008	12 665	12 823	19 071	11 469	8 286
2009	15 214	14 858	23 919	20 826	12 768
2010	20 850	20 297	24 797	23 346	24 787
2011	20 674	19 038	39 481	31 654	28 603
2012	20 035	18 848	37 814	29 859	27 472
2013	23 776	21 808	36 402	18 059	28 337
2014	25 700	23 955	32 926	34 911	30 165
2015	35 071	33 406	46 327	42 552	26 273

注： 本表数据取自深圳市规划和国土资源委员会。

Note: The data of this table adopts from the records of Shenzhen Municipal Bureau of Planning and Land Resources.

9-14 商品房二级市场平均交易价格（按区域分）

AVERAGE SELLING PRICE OF COMMERCIAL HOUSES IN SECONDARY MARKET (GROUPED BY DISTRICT)

单位：元/平方米 (yuan/ sq. m)

年 份 Year	商品房二级市场平均交易价格 Average Selling Price of Commercial Houses in Secondary Market	罗湖区 Luohu	福田区 Futian	南山区 Nanshan	宝安区 Baoan	光明新区 Guangming	龙华新区 Longhua	龙岗区 Longgang	坪山新区 Pingshan	大鹏新区 Dapeng	盐田区 Yantian
1998	5 927	8 202	6 720	4 475	3 458			3 085			5 380
1999	5 503	8 763	6 299	4 472	3 222			3 226			3 379
2000	5 718	8 047	7 048	4 682	3 452			3 976			6 437
2001	5 779	6 272	7 171	6 007	3 256			3 537			4 079
2002	6 145	7 048	7 981	5 930	4 302			3 925			5 360
2003	6 215	7 444	7 787	6 041	3 866			4 046			6 111
2004	6 771	7 953	8 324	6 738	4 989			5 067			9 003
2005	7 582	8 548	9 565	8 929	5 799			5 889			7 896
2006	10 039	10 115	15 485	12 855	8 626			6 906			9 793
2007	14 050	17 834	20 639	18 196	12 256			10 785			14 293
2008	12 665	14 011	16 946	17 230	11 425			9 136			24 748
2009	15 214	22 674	24 338	19 751	13 677			9 822			25 349
2010	20 850	26 016	27 691	31 463	19 752			14 288			40 780
2011	20 674	26 118	39 481	35 936	18 236			15 010			20 869
2012	20 035	29 928	33 852	34 924	18 288			14 526			29 924
2013	23 776	34 715	42 843	41 636	21 616			17 621			25 964
2014	25 700	40 866	44 171	41 406	24 221			18 938			31 358
2015	35 071	47 518	55 570	57 700	34 971	19 648	33 005	26 728	16 764	17 051	34 725

注：1、本表数据取自深圳市规划和国土资源委员会。
Note: The data of this table adopts from the records of Shenzhen Municipal Bureau of Planning and Land Resources.
2、2015年为新宝安区和新龙岗区统计口径。
The statistical coverage in this table is New Baoan and New Longgang in 2015.

9-15 商品住宅二级市场平均交易价格（按区域分）

AVERAGE SELLING PRICE OF COMMERCIAL HOUSES IN SECONDARY MARKET (GROUPED BYDISTRICT)

单位：元/平方米 (yuan/ sq. m)

年 份 Year	住宅平均平均交易价格 Average Selling Price of Commercial Houses in Secondary Market	罗湖区 Luohu	福田区 Futian	南山区 Nanshan	宝安区 Baoan	光明新区 Guangming	龙华新区 Longhua	龙岗区 Longgang	坪山新区 Pingshan	大鹏新区 Dapeng	盐田区 Yantian
1998	5 191	6 373	6 440	4 401	3 121			2 962			5 560
1999	5 004	7 394	6 027	4 390	3 074			3 033			3 194
2000	5 275	7 200	6 728	4 540	3 025			3 718			4 252
2001	5 517	6 408	6 465	5 709	2 851			3 402			4 139
2002	5 641	6 496	7 664	5 639	3 805			3 522			5 265
2003	5 879	6 866	7 640	5 778	3 640			3 485			6 076
2004	6 419	7 789	7 806	6 499	4 787			4 447			9 002
2005	6 996	8 135	8 627	8 502	5 353			5 353			7 698
2006	9 190	9 988	13 803	12 119	8 297			6 423			9 454
2007	13 370	16 946	18 441	18 008	12 212			10 478			14 178
2008	12 823	16 891	16 876	17 050	11 652			9 112			24 995
2009	14 858	22 607	23 216	19 636	13 726			9 626			25 366
2010	20 297	23 470	29 248	30 840	19 944			14 166			40 861
2011	19 038	24 656	29 866	35 370	17 805			14 705			19 392
2012	18 848	30 319	29 958	34 401	18 028			13 942			23 254
2013	21 808	36 396	41 439	42 273	20 947			17 118			19 485
2014	23 955	42 480	42 445	41 259	23 747			18 755			28 253
2015	33 406	48 636	54 461	56 463	35 841	18 791	32 835	27 230	16 014	17 051	30 498

注：1、本表数据取自深圳市规划和国土资源委的网上合同备案资料。
Note: The data of this table adopts from the records of Shenzhen Municipal Bureau of Planning and Land Resources.
2、2015年为新宝安区和新龙岗区统计口径。
The statistical coverage in this table is New Baoan and New Longgang in 2015.

9-16 房地产开发企业主要财务指标

FINANCIAL INDICATORS OF REAL ESTATE COMPANIES

年 份	Year	2010	2011	2012	2013	2014	2015
一、年末资产负债（亿元）	**Total Assets and Liabilities at the year end (100 million yuan)**						
资产总计	Total Capital	5 125.05	6 280.20	7 721.12	9 851.81	10 048.95	12 775.46
负债合计	Total liabilities	4 760.07	4 620.12	5 562.67	7 304.97	7 743.89	9 816.21
所有者权益合计	Creditors’ Equity	1 747.26	1 660.08	2 158.45	2 546.83	2 305.06	2 959.26
二、损益及分配（亿元）	**Profit,loss and distribution(100 million yuan)**						
1、主营业务收入	Business Revenue	852.70	722.91	1 029.48	1 181.42	1 320.40	1 864.36
#土地转让收入	Land Sales Revenue	0.56	1.00	2.17	0.22	0.02	
商品房屋销售收入	Sales Revenue of Commodity	766.43	648.85	922.51	1 071.24	1 211.01	1 767.06
房屋出租收入	Revenue Leased	39.69	50.33	66.31	66.27	67.04	83.13
其他收入	Other Revenues	46.02	22.73	38.49	43.68	42.33	14.17
2、主营业务成本、主营业务税金及附加	Business Cost,Taxes and Extra Charge	563.55		694.90	820.76	855.77	1 301.68
主营业务成本	Business cost	458.70	334.82	528.71	644.11	703.72	1 055.32
主营业务税金及附加	Business Taxes and Extra Charge	104.85	107.05	166.19	176.65	152.05	246.37
3、费用合计	Total Expenses	121.92		150.84	177.22	178.26	222.45
销售费用	Sales Expenses	28.07	25.25	36.72	50.65	47.58	60.75
管理费用	Management Expenses	63.47	64.94	65.26	73.21	70.45	78.92
财务费用	Financial Expenses	29.39	32.15	48.86	53.36	60.23	82.78
4、其他业务利润	Other Profits	5.62	6.04	6.62	11.70	5.18	7.25
5、投资收益	Investment Revenue	0.59	60.39	117.02	202.94	122.73	149.00
6、营业外收入	Nonbusiness Revenue	2.96	4.32	5.19	4.81	3.72	7.11
7、营业外支出	Nonbusiness Expenses	6.01	3.27	4.23	5.84	10.65	7.57
8、利润总额	Total Profits	250.93	375.37	314.03	482.21	363.38	519.57
三、工资总额（亿元）	**Total Payable Salaries(100 million yuan)**	**24.17**	**29.19**	**42.41**	**29.86**	**31.21**	**38.40**
四、从业人员年平均人数(人)	**Average Number of Employed Persons(person)**	**38 598**	**10 665**	**26 697**	**26 660**	**24 638**	**26 681**
五、企业数(个)	**Number of Enterprises(unit)**	**597**	**400**	**459**	**461**	**453**	**498**

主要统计指标解释

房地产开发投资　指各种登记注册类型的房地产开发公司、商品房建设公司及其他房地产开发法人单位和附属于其他法人单位实际从事房地产开发或经营活动的单位统一开发的包括统代建、拆迁还建的住宅、厂房、仓库、饭店、宾馆、度假村、写字楼、办公楼等房屋建筑物和配套的服务设施，土地开发工程（如道路、给水、排水、供电、供热、通讯、平整场地等基础设施工程）的投资；不包括单纯的土地交易活动。

施工面积　指报告期内施工的全部房屋建筑面积。包括本期新开工的面积和上期开工跨入本期继续施工的房屋面积，以及上期已停建在本期恢复施工的房屋面积。本期竣工和本期施工后又停缓建的房屋，其建筑面积仍计入本期房屋施工面积中。

竣工面积　指在报告期内房屋建筑按照设计要求已经全部完工，达到住人和使用条件，经验收鉴定合格（或达到竣工验收标准），正式移交使用单位的各栋房屋建筑面积的总和。

Explanatory Notes on Main Statistical Indicators

Investment in Real Estate Development It includes the investment by the real estate development companies, commercial buildings construction companies and other real estate development units of various types of ownership in the construction of house buildings, such as residential buildings, factory buildings, warehouses, hotels, guesthouses, holiday villages, office buildings, and the complementary service facilities and land development projects, such as roads, water supply, water drainage, power supply, heating, telecommunications, land leveling and other projects of infrastructure. It excludes the activities in simple land transactions.

Floor Space under Construction refers to total floor space of all buildings under construction during the reference period, including floor space of newly started buildings during the reference period, floor space of construction extended from the previous period to the current period, and floor space of construction suspended during the previous period and resumed in the current period. Floor space of construction completed in the current period, and floor space of construction started and then suspended in the current period are also included in the floor space under construction of the current year.

Floor Space of Building Completed refers to the floor space of all buildings completed in the reference period, which have been appraised and accepted (or come up to the designed standards) and have been transferred to the owners for use.

10 第十部分

商业和物价

COMMERCE AND PRICE

CHAPTER

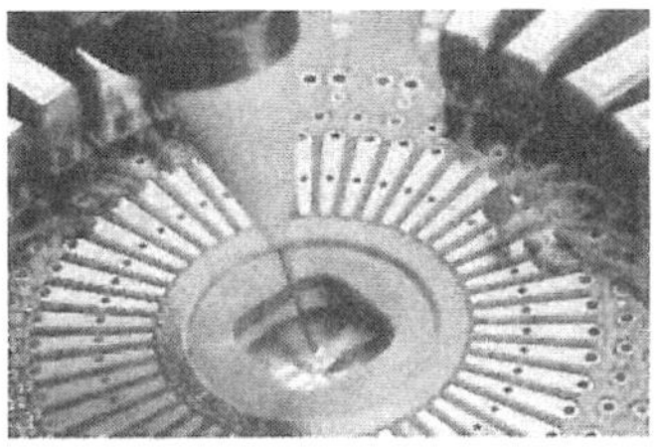

10-1 社会消费品零售总额及指数

INDICES OF TOTAL RETAIL SALES OF CONSUMER GOODS

年 份 Year	社会消费品 零售总额(万元) Total Retail Sales of Consumer Goods (10 000 yuan)	社会消费品零售总额指数 Retail Sales Indices	
		以1979年为100 (1979=100)	以上年为100 (Preceding year=100)
1979	11 259	100.0	
1980	19 615	174.2	174.2
1981	34 229	304.0	174.5
1982	54 185	481.3	158.3
1983	123 794	1 099.5	228.5
1984	201 107	1 786.2	162.5
1985	265 642	2 359.4	132.1
1986	273 712	2 431.1	103.0
1987	324 364	2 880.9	118.5
1988	502 430	4 462.5	154.9
1989	545 741	4 847.2	108.6
1990	667 580	5 929.3	122.3
1991	828 341	7 357.1	124.1
1992	1 148 908	10 204.4	138.7
1993	2 641 333	14 256.4	139.7
1994	3 639 756	19 641.2	137.8
1995	4 269 434	23 032.9	117.3
1996	4 888 502	26 380.3	114.5
1997	5 372 464	28 997.3	109.9
1998	5 732 419	30 940.1	106.7
1999	6 385 915	34 467.3	111.4
2000	7 350 188	39 671.9	115.1
2001	8 320 412	44 908.6	113.2
2002	9 419 443	50 836.5	113.2
2003	10 951 323	59 122.8	116.3
2004	12 506 411	67 518.2	114.2
2005	14 416 103	77 641.9	115.3
2006	16 804 604	90 219.9	116.6
2007	19 308 050	103 392.0	114.9
2008	22 765 855	121 589.0	117.9
2009	25 679 436	137 152.4	112.8
2010	30 007 629	160 331.2	116.9
2011	35 208 736	188 068.5	117.3
2012	40 087 794	219 099.8	116.5
2013	45 004 559	246 049.1	112.3
2014	49 189 983	268 931.7	109.3
2015	50 178 375	274 310.0	102.0
年平均增长率 Average Annual Growth Rate		**24.6**	

注：2013、2014年数据已根据第三次全国经济普查结果进行修订。

Note: The data from 2013 to 2014 have adjusted by the 3rd China Economic Census.

10-2 限额以上批发零售贸易业商品分类销售（2015年）

TOTAL SALES OF ENTERPRISES OVER LEVELS IN WHOLESALE AND RETAIL SALE TRADES GROUPED BY CATEGORY OF COMMODITIES（2015）

单位：万元 （10 000 yuan）

项 目	Item	批发额 Value in Wholesale Trade	零售额 Value in Retail Sale Trade
总 计	**Total**	**180 690 878.6**	**30 556 572.0**
食品、饮料、烟酒类	Food,Beverage,Tobacco and Liquor	21 129 461.3	3 818 136.0
针、纺织品类	Knitwear and Textiles	1 512 518.2	586 915.9
服装、鞋帽类	Garments,Footwear and Headgear	8 992 217.5	4 569 240.5
化妆品类	Cosmetics	920 931.4	320 789.9
日用品类	Articles for Daily Use	8 657 987.8	2 503 147.3
五金、电料类	Hardwares and Electric Appliances	1 577 663.7	192 550.5
家用电器及音像器材类	Household Appliances and Video Appliances	4 900 174.4	1 659 837.1
电子出版类及音像制品类	E-journals and Video Products	130 924.1	78 043.0
体育、娱乐用品类	Sports and Recreational Articles	357 461.0	176 819.9
文化、办公用品类	Articles For Culture and Office Use	26 212 201.6	1 264 983.0
金银珠宝类	Gold, Silver and Jewelry	9 205 427.3	885 206.9
家具类	Furniture	1 085 663.2	585 449.8
中西药品类	Traditional Chinese and Western Medicines	4 244 543.7	306 634.2
书报杂志类	Newspapers and Magazines	262 390.3	120 110.6
通讯器材类	Communications Appliances	19 885 820.8	1 294 417.9
建筑材料类	Building Materials	1 689 941.5	86 587.0
木材及制品类	Timber and Related Products	216 690.5	
化工材料及制品类	Chemical Materials and Products	5 057 854.5	
金属材料类	Metal Materials	18 501 165.7	
机电设备及零件类	Mechanical and Electrical Products and Accessories	18 132 826.2	667 841.1
煤炭及制品类	Coal and Related Products	988 629.7	
石油及制品类	Petroleum and Related Products	8 430 863.9	2 900 087.9
种子饲料类	Seeds and Feedstuff	143 040.8	
棉麻类	Cotton and Hemp	4 104.0	
汽车类	Motor Vehicles	9 354 657.3	5 882 236.4
其他类	Others	9 095 718.2	2 657 537.0

10-3 限额以上批发和零售业法人企业商品购销存综合表（2015年）

TOTAL PURCHASES SALES AND INVENTORY OF ENTERPRISES ABOVE THE DESIGNATED SIZE IN WHOLESALE AND RETAIL TRADE（2015）

单位：万元

项 目	Item	法人企业（个）Number of Corporative Enterprises (unit)	从业人员期末人数（人）Number of Employees at the Year-end (person)
总 计	**Total**	**3 592**	**403 526**
一、批发业	**Wholesale Trade**	**2 758**	**229 280**
1.按批发行业分组	Grouped by Sector		
农畜产品批发	Wholesale of Farm and Livestock Products	42	2 843
食品、饮料及烟草制品批发	Wholesale of Foods, Beverages&Tobaccos	234	43 440
纺织、服装及日用品批发	Wholesale of Textiles, Garments and Daily-use Products	421	41 181
文化、体育用品及器材批发	Wholesale of Cultural and Sports Articles and Appliances	260	17 317
医药及医疗器材批发	Wholesale of Medicine and Medical Appliances	119	18 340
矿产品、建材及化工产品批发	Wholesale of Mineral Products, Building Material and Chemical Products	613	31 767
机械设备、五金交电及电子产品批发	Wholesale of Mechanical Equipment,Hardware and Electronic Products	905	65 128
贸易经纪与代理	Trade Broker and Agent	97	5 726
其他批发	Other Wholesales	67	3 538
2.按登记注册类型分组	Grouped by Registration Status		
内资企业	Domestic-funded	2 338	177 231
国有企业	State-owned	24	1 784
集体企业	Collective-owned	1	25
股份合作企业	Share-holding Cooperative Enterprises		
联营企业	Joint Ownership	1	
有限责任公司	Limited Liabilities Companies	414	45 106
股份有限公司	Share-holding Limited Companies	68	27 061
私营企业	Private-owned	1 825	103 046
港、澳、台商投资企业	Funded by Entrepreneur from Hong Kong,Macao and Taiwan	269	31 489
合资经营企业（港或澳、台资）	Joint-venture(Hong Kong,Macao and Taiwan)	29	3 156
合作经营企业（港或澳、台资）	Cooperative(Hong Kong,Macao and Taiwan)	1	60
港、澳、台商独资经营企业	Enterprises with Sole Funds(Hong Kong,Macao and Taiwan)	239	28 273
港、澳、台商投资股份有限公司	Share-holding Corporations Ltd(Hong Kong,Macao and Taiwan)		
外商投资企业	Foreign-funded	151	20 560
中外合资经营企业	Jointly-owned	34	6 940
中外合作经营企业	Cooperatively-owned	1	57
外资企业	Exclusively Foreign-owned	109	11 830
外商投资股份有限公司	Foreign-funded Investment Companies Limited	3	1 210
3.按控股情况分组	Grouped by Holding Condition		
国有控股	State-controlled	110	22 477
集体控股	Collective-controlled	24	3 576
私人控股	Private-controlled	2 089	132 040
港澳台商控股	Controlled by Entrepreneur from Hong Kong,Macao and Taiwan	261	31 738
外商控股	Foreign-funded-controlled	124	14 533
其他	Others	150	24 916
4.按经营形式分组	Grouped by Business Forms		
独立门店	Independent Stores	475	34 444

(10 000 yuan)

商品购进总额 Total Purchase	进口额 Imports	商品销售总额 Total Sales	批发额 Whosales Trade	出口额 Exports	零售额 Retail Trade	年末商品库存总额 Inventory (Year-end)	年末零售营业面积（平方米） Retail Business Area at the Year-end(sq.m)
149 409 140.3	**21 909 868.4**	**163 077 496.7**	**136 100 437.0**	**19 515 994.7**	**26 977 059.7**	**12 905 157.9**	**7 676 093**
130 275 400.8	**20 809 901.3**	**139 547 748.6**	**133 013 881.2**	**19 469 399.3**	**6 533 867.4**	**8 363 614.6**	**1 638 125**
3 318 451.2	294 032.2	3 500 445.9	3 439 473.2	27 919.8	60 972.7	157 779.6	33 325
16 570 560.3	840 362.0	17 841 017.0	17 578 091.5	134 978.7	262 925.5	1 004 061.7	140 555
4 813 216.6	624 695.7	6 229 661.7	5 416 833.5	1 788 967.0	812 828.2	1 530 521.9	246 105
6 857 091.6	132 235.9	7 559 648.9	7 281 708.6	79 868.0	277 940.3	1 328 641.7	101 958
3 101 434.1	625 858.8	3 588 446.6	3 495 480.7	64 540.9	92 965.9	385 604.4	53 993
36 843 488.4	2 179 412.7	38 889 966.0	35 495 196.7	1 363 336.0	3 394 769.3	1 071 583.3	602 923
37 065 255.9	7 015 816.3	39 296 538.0	37 767 851.1	6 575 902.6	1 528 686.9	2 459 071.7	390 673
15 055 406.8	3 482 113.8	15 646 198.3	15 616 370.2	3 597 621.1	29 828.1	381 041.0	36 560
6 650 495.9	5 615 373.9	6 995 826.2	6 922 875.7	5 836 265.2	72 950.5	45 309.3	32 033
102 485 797.1	10 568 275.0	109 140 910.0	104 233 168.0	11 536 320.1	4 907 742.0	6 678 100.5	1 406 871
2 036 373.5	71 107.0	2 382 841.9	2 344 739.8	150 746.3	38 102.1	60 568.3	23 045
2 623.0		2 694.0			2 694.0	2 340.0	
6 428.9		8 747.1	8 747.1				
36 646 985.6	1 984 913.4	38 713 750.1	38 069 967.3	1 337 827.6	643 782.8	2 455 844.6	262 440
19 037 777.5	682 167.7	20 007 523.0	18 320 292.9	1 994 492.7	1 687 230.1	979 282.5	273 669
44 709 909.8	7 827 272.8	47 976 047.3	45 440 802.5	8 053 253.5	2 535 244.8	3 178 657.9	846 856
7 985 467.6	2 519 024.6	9 387 853.6	8 005 848.6	831 614.6	1 382 005.0	953 881.8	104 762
1 231 342.8	161 650.3	1 367 047.8	1 319 172.5	40 469.5	47 875.3	74 072.7	15 398
13 295.8		15 814.5	15 814.5	15 814.5		114.4	230
6 740 829.0	2 357 374.3	8 004 991.3	6 670 861.6	775 330.6	1 334 129.7	879 694.7	89 134
19 804 136.1	7 722 601.7	21 018 985.0	20 774 864.6	7 101 464.6	244 120.4	731 632.3	126 492
10 880 548.0	5 853 779.5	11 372 106.5	11 344 921.3	5 807 475.0	27 185.2	119 023.9	25 709
53 648.0		53 653.0	53 653.0			6 298.6	2 027
8 772 064.9	1 861 072.4	9 425 869.6	9 306 946.9	1 293 989.6	118 922.7	564 541.6	84 189
44 599.5	5 606.3	107 019.1	24 255.0		82 764.1	31 273.2	3 987
20 741 219.0	1 267 428.5	22 189 929.1	20 313 687.7	2 722 417.3	1 876 241.4	710 837.1	298 784
4 778 939.2	24 285.7	5 202 814.2	5 179 278.9	181 652.2	23 535.3	747 024.4	14 557
68 458 033.5	14 719 701.8	72 678 468.8	69 952 796.5	14 375 133.1	2 725 672.3	4 505 545.6	1 026 730
7 958 560.4	2 477 385.1	9 358 334.4	7 976 521.9	814 123.2	1 381 812.5	934 364.6	100 367
9 102 887.3	1 868 822.2	9 850 411.2	9 641 217.6	1 293 989.6	209 193.6	643 694.1	93 566
19 235 761.4	452 278.0	20 267 790.9	19 950 378.6	82 083.9	317 412.3	822 148.8	104 121
12 789 651.8	904 838.2	14 563 319.1	14 084 600.2	474 296.7	478 718.9	1 041 310.7	322 620

单位：万元

项　目	Item	法人企业（个）Number of Corporative Enterprises (unit)	从业人员期末人数（人）Number of Employees at the Year-end (person)
连锁总店	General Chain Stores	29	10 957
连锁门店	Chain Stores	10	3 920
其他	Others	2 244	179 959
二、零售业	**Retail Trade Sector**	**834**	**174 246**
1.按零售行业分组	Grouped by Sector		
综合零售	Integrated Retail	90	57 086
食品、饮料及烟草制品专门零售	Special Retail of Foods, Beverages&Tobaccos	31	4 232
纺织、服装及日用品专门零售	Special Retail of Textile, Garments and Daily-use Articles	105	46 346
文化、体育用品及器材专门零售	Special Retail of Cultural and Sports Goods and Appliances	55	12 427
医药及医疗器材专门零售	Special Retail of Medicine and Medical Appliances	28	6 886
汽车、摩托车、燃料及零配件专门零售	Special Retail of Automobiles, Motorcycles, Fuels and Related Accessories	361	29 843
家用电器及电子产品专门零售	Special Retail of Household Electrical Appliances and Electronic Products	106	11 249
五金、家具及室内装修材料专门零售	Special Retail of Hardware, Furniture and lndoor Decoration Materials	29	2 062
无店铺及其他零售	Retail without Shops and Other	29	4 115
2.按登记注册类型分组	Grouped by Registration		
内资企业	Civil Funded	746	108 795
国有企业	State-owned	5	6 185
集体企业	Collective-owned	3	167
股份合作企业	Share-holding Cooperative Enterprise	1	52
联营企业	Joint Ownership	2	1 332
有限责任公司	Limited Liabilities Companies	236	47 480
股份有限公司	Share-holding Limited Companies	12	8 917
私营企业	Private-owned	483	44 519
港、澳、台商投资企业	Funded by Entrepreneur from Hong Kong, Macao and Taiwan	59	33 461
外商投资企业	Foreign-funded	29	31 990
3.按控股情况分组	Grouped by Holding Condition		
国有控股	State-controlled	51	36 442
集体控股	Collective-controlled	12	1 068
私人控股	Private-controlled	599	74 984
港澳台商控股	Controlled by Entrepreneur from Hong Kong,Macao and Taiwan	57	24 316
外商控股	Foreign-funded-controlled	22	19 326
其他	Others	93	18 110
4.按经营形式分组	Grouped by Business Forms		
独立门店	Independent Stores	434	53 236
连锁总店	General Chain Stores	79	59 390
连锁门店	Chain Stores	38	16 264
其他	Other	283	45 356
5.按零售业态分组	Grouped by Retail Format		
有店铺零售	Store-based Retailing	785	171 043
无店铺零售	Non-Store Retailing	49	3 203

商品购进总额 Total Purchase	进口额 Imports	商品销售总额 Total Sales	批发额 Whosales Trade	出口额 Exports	零售额 Retail Trade	年末商品库存总额 Inventory (Year-end)	年末零售营业面积（平方米） Retail Business area at the Year-end(sq.m)
4 611 212.1	48 196.5	4 934 081.8	3 661 364.1	12 526.1	1 272 717.7	207 534.1	307 862
335 869.9		398 304.0	252 955.8	12 723.4	145 348.2	75 649.7	35 839
112 538 667.0	19 856 866.6	119 652 043.7	115 014 961.1	18 969 853.1	4 637 082.6	7 039 120.1	971 804
19 133 739.5	**1 099 967.1**	**23 529 748.1**	**3 086 555.8**	**46 595.4**	**20 443 192.3**	**4 541 543.3**	**6 037 968**
6 722 799.4	16 129.3	8 711 633.0	650 154.0		8 061 479.0	1 596 132.3	3 647 043
511 365.6	109 941.4	726 369.2	379 122.1		347 247.1	101 027.9	22 805
1 347 589.7	72 387.3	2 096 805.6	226 753.2	1 992.8	1 870 052.4	803 109.8	503 107
551 751.2		663 413.5	222 643.6		440 769.9	232 689.9	164 390
594 778.8	2 905.3	634 445.7	292 172.5		342 273.2	93 669.4	138 599
7 044 702.2	811 786.9	7 769 192.0	487 442.1	34 591.4	7 281 749.9	1 401 664.0	1 034 442
1 907 200.7	13 662.9	2 241 901.6	738 831.4	1 927.4	1 503 070.2	211 785.5	349 602
156 836.3	4 159.8	295 644.1	29 219.3	4 147.9	266 424.8	36 005.7	136 664
296 715.6	68 994.2	390 343.4	60 217.6	3 935.9	330 125.8	65 458.8	41 316
11 623 678.0	862 407.6	13 696 290.5	2 298 761.0	45 784.1	11 397 529.5	2 472 005.2	3 215 941
87 495.8		77 324.2	8 289.5		69 034.7	27 947.8	40 531
11 721.8		19 449.1			19 449.1	3 112.1	551
12 970.3		11 231.3			11 231.3	2 908.8	1 000
3 910.9		21 975.1			21 975.1	69.7	5 736
6 254 368.3	422 607.0	7 408 301.8	1 421 519.2	38 191.2	5 986 782.6	1 222 397.1	1 679 974
441 050.6	1 104.4	570 242.4	17 272.9		552 969.5	110 582.7	89 684
4 788 951.1	438 696.2	5 541 091.8	851 640.7	7 592.9	4 689 451.1	1 101 495.6	1 371 374
3 337 969.0	237 350.9	4 619 033.8	174 172.0	494.3	4 444 861.8	1 689 908.9	1 508 176
4 172 092.5	208.6	5 214 423.8	613 622.8	317.0	4 600 801.0	379 629.2	1 313 851
4 873 219.6	128 753.8	6 279 603.2	938 293.2		5 341 310.0	1 531 745.9	1 488 290
135 920.3	5 484.1	161 737.6	28 955.1		132 782.5	11 346.8	55 688
8 639 352.9	622 888.7	9 876 282.3	1 819 404.9	11 910.3	8 056 877.4	1 705 895.1	2 478 672
2 010 304.3	236 355.5	2 948 842.7	174 172.0	494.3	2 774 670.7	571 198.6	826 782
1 704 255.2	208.6	2 019 514.9	6 127.4		2 013 387.5	203 669.3	696 264
1 770 687.2	106 276.4	2 243 767.4	119 603.2	34 190.8	2 124 164.2	517 687.6	492 272
6 571 176.5	809 428.6	7 724 678.2	405 038.0	36 540.1	7 319 640.2	1 633 062.6	1 725 806
6 532 382.9	41 583.4	8 528 342.3	1 462 057.4	1 588.1	7 066 284.9	1 945 256.5	2 387 332
1 617 276.5	88 982.2	1 855 115.9	109 090.9		1 746 025.0	336 635.0	653 553
4 412 903.6	159 972.9	5 421 611.7	1 110 369.5	8 467.2	4 311 242.2	626 589.2	1 271 277
18 466 726.3	1 060 009.6	22 734 224.2	2 659 700.9	40 329.3	20 074 523.3	4 448 288.5	6 026 448
667 013.2	39 957.5	795 523.9	426 854.9	6 266.1	368 669.0	93 254.8	11 520

10-4 限额以上批发和零售业法人单位主要财务状况综合表（一）（2015年）

MAIN FINANCIAL INDICATORS OF WHOLESALE AND RETAIL SALES ABOVE THE SET SCALE Ⅰ（2015）

单位：万元

项 目	Item	法人企业数（个）Number of Corporative Enterprises (unit)	流动资产合计 Total Current Assets	应收帐款 Accounts Payable
总 计	**Total**	**3 592**	**81 171 526.9**	**18 813 839.2**
一、批发业	**Wholesale Trade**	**2 758**	**71 331 916.6**	**17 746 854.5**
1.按批发行业分组	Grouped by Sector			
农畜产品批发	Livestock products wholesale	42	820 098.8	171 684.4
食品、饮料及烟草制品批发	Wholesale of Foods, Beverages&Tobaccos	234	5 916 121.8	1 341 995.5
纺织、服装及日用品批发	Wholesale of Textiles, Garments and Daily-use Products	421	3 951 060.0	1 169 936.2
文化、体育用品及器材批发	Wholesale of Cultural and Sports Articles and Appliances	260	4 302 785.6	846 918.9
医药及医疗器材批发	Wholesale of Medicine and Medical Appliances	119	2 333 099.3	602 422.8
矿产品、建材及化工产品批发	Wholesale of Mineral Products, Building Material and Chemical Products	613	16 879 543.1	3 226 483.4
机械设备、五金交电及电子产品批发	Wholesale of Mechanical Equipment,Hardware and Electronic Products	905	20 683 515.6	5 730 812.4
贸易经纪与代理	Trade Broker and Agent	97	12 947 451.0	2 086 605.9
其他批发	Other Wholesales	67	3 498 241.4	2 569 995.0
2.按登记注册类型分组	Grouped by Registration Status			
内资企业	Domestic-funded	2 338	57 232 765.8	12 241 069.7
国有企业	State-owned	24	474 234.6	44 657.9
集体企业	Collective-owned	1	5 063.0	
股份合作企业	Share-holding Cooperative Enterprises			
联营企业	Joint Ownership	1	536.9	375.5
有限责任公司	Limited Liabilities Companies	414	17 169 087.8	2 895 851.3
股份有限公司	Share-holding Limited Companies	68	9 993 089.6	1 451 607.6
私营企业	Private-owned	1 825	29 571 897.9	7 841 510.3
港、澳、台商投资企业	Funded by Entrepreneur from Hong Kong,Macao and Taiwan	269	6 460 603.5	1 259 331.7
合资经营企业（港或澳、台资）	Joint-venture(Hong Kong,Macao and Taiwan)	29	663 347.8	139 218.6
合作经营企业（港或澳、台资）	Cooperative(Hong Kong,Macao and Taiwan)	1	8 347.2	1 377.3
港、澳、台商独资经营企业	Enterprises with Sole Funds(Hong Kong,Macao and Taiwan)	239	5 788 908.5	1 118 735.8
港、澳、台商投资股份有限公司	Share-holding Corporations Ltd(Hong Kong,Macao and Taiwan)			
外商投资企业	Foreign-funded	151	7 638 547.3	4 246 453.1
中外合资经营企业	Jointly-owned	34	3 957 779.5	2 695 834.9
中外合作经营企业	Cooperatively-owned	1	16 412.2	2 281.1
外资企业	Exclusively Foreign-owned	109	3 305 362.5	1 539 588.7
外商投资股份有限公司	Foreign-funded Investment Companies Limited	3	84 606.7	5 077.8
3.按控股情况分组	Grouped by Holding Condition			
国有控股	State-controlled	110	8 616 812.6	1 019 669.8
集体控股	Collective-controlled	24	2 294 095.2	308 080.5
私人控股	Private-controlled	2 089	42 870 039.3	12 361 106.3
港澳台商控股	Controlled by Entrepreneur from Hong Kong,Macao and Taiwan	261	6 394 745.9	1 278 175.4
外商控股	Foreign-funded-controlled	124	3 825 551.9	1 623 458.6
其他	Others	150	7 330 671.7	1 156 363.9
4.按经营形式分组	Grouped by Business Forms			
独立门店	Independent Stores	475	6 514 040.3	1 400 021.9

(10 000 yuan)

存货 Inventory	固定资产合计 Total Fixed Assets	固定资产原价 Original Value of Fixed Assets	累计折旧 Accumulative Depreciation	本年折旧 Depreciation of the Year	资产总计 Total Assets	流动负债合计 Total Current Liabilities	应付帐款 Accounts Payable
10 478 321.3	**3 457 855.4**	**5 605 712.6**	**2 253 951.3**	**395 570.1**	**96 850 163.7**	**72 199 053.9**	**19 302 275.5**
7 782 773.9	**2 773 417.5**	**4 131 510.6**	**1 457 862.2**	**245 793.0**	**84 728 124.9**	**64 189 435.8**	**17 512 159.9**
150 204.1	30 706.3	47 984.5	17 281.1	3 505.6	1 076 654.8	543 656.3	129 108.5
923 455.1	317 956.5	432 796.0	192 295.2	29 845.4	7 274 877.9	4 055 434.7	1 493 525.8
922 783.6	128 338.1	226 853.4	98 758.3	37 557.1	4 687 078.2	3 216 276.7	1 070 347.6
1 441 250.1	120 530.2	173 846.2	53 318.4	12 005.3	4 964 363.7	3 642 606.6	596 851.6
340 883.0	124 811.9	166 240.4	41 487.3	9 008.8	3 192 625.2	1 886 884.1	686 557.5
1 074 512.9	1 413 802.1	2 075 573.7	673 341.8	90 272.7	22 473 545.7	16 552 276.0	2 955 024.7
2 512 169.5	440 247.7	738 748.3	298 676.2	47 731.4	22 855 120.2	18 024 041.5	5 886 773.8
362 260.2	99 463.7	127 006.2	37 803.0	6 102.3	14 255 594.0	12 634 822.9	1 888 524.9
55 255.4	97 561.0	142 461.9	44 900.9	9 764.4	3 948 265.2	3 633 437.0	2 805 445.5
6 110 312.8	2 361 526.0	3 451 312.2	1 180 604.4	184 664.4	66 805 516.3	51 959 923.2	10 800 003.6
59 691.5	56 072.8	80 570.3	34 806.9	3 006.7	590 598.7	272 388.6	33 664.3
					14 236.3	1 531.6	
	12.0	109.0	97.0	96.9	548.9	2 160.1	1 964.8
1 789 265.6	387 346.3	561 336.2	252 218.1	53 066.4	19 190 884.7	15 146 974.7	2 312 775.8
1 106 935.7	1 428 181.6	2 026 008.1	597 946.9	64 463.0	14 389 947.3	8 918 699.2	1 234 035.8
3 153 836.7	488 979.2	781 937.1	295 118.1	63 803.3	32 598 019.5	27 606 284.8	7 217 221.9
925 312.1	184 587.2	277 110.3	101 513.0	13 978.3	8 945 761.3	5 478 100.4	2 171 577.8
91 372.2	22 513.2	42 786.2	20 273.0	2 119.9	739 958.4	492 246.0	319 720.5
114.4	3.7	74.7	71.0	15.9	8 775.6	− 690.2	294.7
833 825.5	162 070.3	234 249.4	81 169.0	11 842.5	8 197 027.3	4 986 544.6	1 851 562.6
747 149.0	227 304.3	403 088.1	175 744.8	47 150.3	8 976 847.3	6 751 412.2	4 540 578.5
136 930.7	143 033.0	240 879.1	97 846.1	32 141.3	4 581 068.7	3 654 681.6	2 884 779.7
6 298.6	623.3	1 625.8	1 002.5	43.8	17 087.6	13 215.9	1 233.5
561 330.7	69 240.7	139 327.6	70 047.9	13 837.7	3 985 789.1	2 767 899.7	1 641 223.8
32 231.1	4 116.5	5 163.7	1 047.2	580.8	91 999.5	34 851.9	10 261.0
927 115.0	1 462 044.0	2 092 774.9	719 139.0	86 331.9	12 590 102.7	7 538 789.1	1 026 678.4
90 681.2	19 546.9	42 680.5	23 133.6	1 700.1	2 436 044.9	1 946 147.2	173 046.4
4 435 621.6	767 946.8	1 194 161.1	428 550.4	109 886.1	47 924 660.9	39 824 785.9	11 676 069.9
908 500.7	177 833.7	263 302.6	94 458.8	13 621.5	8 861 804.8	5 480 441.1	2 122 524.7
636 777.2	87 443.4	168 321.7	80 839.3	15 885.3	4 567 340.5	3 219 088.6	1 745 015.1
784 078.2	258 602.7	370 269.8	111 741.1	18 368.1	8 348 171.1	6 180 183.9	768 825.4
1 022 903.8	238 549.7	353 426.4	115 594.6	20 698.8	7 954 336.5	5 663 396.4	992 489.6

单位：万元

项 目	Item	法人企业数（个）Number of Corporative Enterprises (unit)	流动资产合计 Total Current Assets	应收帐款 Accounts Payable
连锁总店	General Chain Stores	29	2 670 189.6	632 997.9
连锁门店	Chain Stores	10	155 244.3	18 968.2
其他	Others	2 244	61 992 442.4	15 694 866.5
二、零售业	**Retail Trade Sector**	**834**	**9 839 610.3**	**1 066 984.7**
1.按零售行业小类分组	Grouped by Sector			
综合零售	Integrated Retail	90	3 242 575.8	175 500.9
食品、饮料及烟草制品专门零售	Special Retail of Foods, Beverages&Tobaccos	31	417 926.9	20 319.7
纺织、服装及日用品专门零售	Special Retail of Textile, Garments and Daily-use Articles	105	1 326 131.0	155 425.6
文化、体育用品及器材专门零售	Special Retail of Cultural and Sports Goods and Appliances	55	444 766.3	59 321.6
医药及医疗器材专门零售	Special Retail of Medicine and Medical Appliances	28	392 617.2	153 127.0
汽车、摩托车、燃料及零配件专门零售	Special Retail of Automobiles, Motorcycles, Fuels and Related Accessories	361	2 834 103.1	302 918.8
家用电器及电子产品专门零售	Special Retail of Household Electrical Appliances and Electronic Products	106	872 256.4	158 892.6
五金、家具及室内装修材料专门零售	Special Retail of Hardware, Furniture and Indoor Decoration Materials	29	140 679.9	21 297.0
无店铺及其他零售	Retail without Shops and Other	29	168 553.7	20 181.5
2.按登记注册类型分组	Grouped by Registration			
内资企业	Domestic-funded	746	6 478 565.3	844 968.9
国有企业	State-owned	5	132 777.7	14 791.8
集体企业	Collective-owned	3	20 553.9	620.5
股份合作企业	Share-holding Cooperative Enterprise	1	5 826.8	234.6
联营企业	Joint Ownership	2	1 727.5	145.8
有限责任公司	Limited Liabilities Companies	236	3 073 734.7	362 910.6
股份有限公司	Share-holding Limited Companies	12	268 696.4	26 751.2
私营企业	Private-owned	483	2 958 026.9	438 981.5
港、澳、台商投资企业	Funded by Entrepreneur from Hong Kong, Macao and Taiwan	59	2 089 721.0	196 179.4
外商投资企业	Foreign-funded	29	1 271 324.0	25 836.4
3.按控股情况分组	Grouped by Holding Condition			
国有控股	State-controlled	51	1 882 498.2	45 524.0
集体控股	Collective-controlled	12	65 899.6	8 295.8
私人控股	Private-controlled	599	4 912 032.1	746 675.5
港澳台商控股	Controlled by Entrepreneur from Hong Kong,Macao and Taiwan	57	1 212 343.3	175 940.1
外商控股	Foreign-funded-controlled	22	963 181.0	21 171.4
其他	Others	93	803 656.1	69 377.9
4.按经营形式分组	Grouped by Business Forms			
独立门店	Independent Stores	434	3 253 303.8	409 224.8
连锁总店	General Chain Stores	79	2 966 173.8	330 562.6
连锁门店	Chain Stores	38	802 197.0	41 101.0
其他	Other	283	2 817 935.7	286 096.3
5.按零售业态分组	Grouped by Retail Format			
有店铺零售	Store-based Retailing	785	9 542 693.8	1 036 297.2
无店铺零售	Non-Store Retailing	49	296 916.5	30 687.5

存货 Inventory	固定资产合计 Total Fixed Assets	固定资产原价 Original Value of Fixed Assets	累计折旧 Accumulative Depreciation	本年折旧 Depreciation of the Year	资产总计 Total Assets	流动负债合计 Total Current Liabilities	应付帐款 Accounts Payable
204 437.4	105 564.0	193 837.8	88 273.7	11 192.1	3 101 072.3	2 197 282.7	169 057.5
77 251.2	12 836.0	25 520.6	12 684.6	1 396.7	180 340.8	109 630.6	32 720.2
6 478 181.5	2 416 467.8	3 558 725.8	1 241 309.3	212 505.4	73 492 375.3	56 219 126.1	16 317 892.6
2 695 547.4	**684 437.9**	**1 474 202.0**	**796 089.1**	**149 777.1**	**12 122 038.8**	**8 009 618.1**	**1 790 115.6**
401 187.2	225 258.2	585 011.4	356 955.0	83 399.0	3 970 979.2	2 720 516.2	743 661.6
108 881.0	10 366.9	21 812.4	11 537.7	1 955.2	611 927.3	247 241.4	58 946.3
757 173.3	60 732.9	112 198.6	51 465.7	8 283.8	1 615 086.0	897 318.5	301 945.3
195 492.4	120 345.0	270 622.1	150 304.2	12 663.0	650 431.9	351 401.6	118 188.6
77 415.7	8 864.3	17 225.6	8 361.2	1 144.1	418 226.0	314 136.8	97 956.9
890 366.5	198 129.4	362 399.2	163 406.0	37 123.6	3 476 182.1	2 516 346.1	254 232.0
179 332.9	16 593.8	23 131.9	16 405.9	1 667.5	963 751.0	737 476.7	147 585.1
34 245.0	25 383.4	42 748.3	17 364.9	833.3	183 953.8	105 044.4	31 536.8
51 453.4	18 764.0	39 052.5	20 288.5	2 707.6	231 501.5	120 136.4	36 063.0
1 992 356.5	423 148.2	861 426.8	447 455.5	65 431.7	8 024 164.4	5 401 041.1	1 049 047.8
29 169.8	103 387.6	237 535.8	134 148.2	9 772.8	295 140.9	103 252.4	39 074.8
3 534.9	124.0	382.3	258.3	10.1	30 243.0	18 574.7	4 166.9
2 908.8	102.8	567.5	464.7	38.6	5 929.6	5 932.6	299.1
69.7	1 145.1	3 079.5	1 934.3	244.7	7 742.7	9 521.4	368.3
836 608.3	156 117.8	314 273.2	166 690.5	27 531.0	3 813 797.9	2 492 013.3	551 884.0
105 915.3	13 301.7	27 716.5	14 414.8	1 517.3	373 797.7	127 995.9	38 819.1
1 012 714.1	148 319.0	276 442.3	128 765.2	26 264.3	3 471 398.7	2 653 220.5	424 375.3
466 782.3	90 253.0	218 356.4	128 103.3	19 415.2	2 424 509.4	1 461 276.6	545 551.9
236 408.6	171 036.7	394 418.8	220 530.3	64 930.2	1 673 365.0	1 147 300.4	195 515.9
420 898.9	225 666.6	479 192.2	252 167.2	68 310.0	2 594 363.7	1 005 757.7	291 822.3
10 988.0	3 853.5	12 671.1	8 817.6	1 205.3	83 970.1	48 291.1	7 121.2
1 517 029.8	229 918.6	434 566.3	215 129.3	41 557.3	5 886 532.2	4 256 318.3	737 494.1
365 954.5	80 620.7	189 910.9	109 290.1	16 116.1	1 497 012.6	967 380.4	387 453.5
145 505.0	85 219.1	243 935.4	155 918.2	12 895.9	1 120 626.8	1 058 121.1	183 481.1
235 171.2	59 159.4	113 926.1	54 766.7	9 692.5	939 533.4	673 749.5	182 743.4
1 072 190.6	282 639.3	547 928.4	264 145.2	43 668.3	4 061 682.5	2 770 332.6	456 814.9
725 057.6	195 390.4	396 679.4	211 125.6	74 040.8	3 573 639.7	1 959 371.9	677 888.9
265 325.3	40 268.4	94 751.9	54 483.5	7 052.7	1 155 200.0	658 725.9	198 630.1
632 973.9	166 139.8	434 842.3	266 334.8	25 015.3	3 331 516.6	2 621 187.7	456 781.7
2 612 930.3	677 246.1	1 459 091.2	788 170.1	148 286.2	11 780 064.9	7 784 543.2	1 747 534.8
82 617.1	7 191.8	15 110.8	7 919.0	1 490.9	341 973.9	225 074.9	42 580.8

10-4 限额以上批发和零售业法人单位主要财务状况综合表（二）（2015年）

MAIN FINANCIAL INDICATORS OF WHOLESALE AND RETAIL SALES ABOVE THE SET SCALE Ⅱ（2015）

单位：万元

项 目	Item	非流动负债合计 Total Non-working Liabilities	负债合计 Total Liabilities	所有者权益合计 Total Owner's Eguities
总　　计	**Total**	**2 192 232.2**	**74 334 847.2**	**22 504 658.9**
一、批发业	**Wholesale Trade**	**1 984 237.4**	**66 129 769.0**	**18 587 698.3**
1.按批发行业分组	Grouped by Sector			
农畜产品批发	Livestock products wholesale	46 262.7	590 240.5	486 414.3
食品、饮料及烟草制品批发	Wholesale of Foods, Beverages&Tobaccos	67 831.5	4 123 409.2	3 151 468.7
纺织、服装及日用品批发	Wholesale of Textiles, Garments and Daily-use Products	161 577.0	3 332 017.1	1 355 061.1
文化、体育用品及器材批发	Wholesale of Cultural and Sports Articles and Appliances	106 887.5	3 761 255.1	1 203 108.6
医药及医疗器材批发	Wholesale of Medicine and Medical Appliances	153 878.1	2 041 282.3	1 151 342.9
矿产品、建材及化工产品批发	Wholesale of Mineral Products, Building Material and Chemical Products	603 234.2	17 150 043.6	5 312 844.6
机械设备、五金交电及电子产品批发	Wholesale of Mechanical Equipment,Hardware and Electronic Products	567 728.8	18 585 986.8	4 269 133.3
贸易经纪与代理	Trade Broker and Agent	255 834.2	12 895 787.3	1 359 806.7
其他批发	Other Wholesales	21 003.4	3 649 747.1	298 518.1
2.按登记注册类型分组	Grouped by Registration Status			
内资企业	Domestic-funded	1 708 539.7	53 624 558.7	13 170 300.1
国有企业	State-owned	16 939.3	295 031.3	295 567.4
集体企业	Collective-owned	4 169.6	5 701.2	8 535.1
股份合作企业	Share-holding Cooperative Enterprises			
联营企业	Joint Ownership		2 160.1	-1 611.2
有限责任公司	Limited Liabilities Companies	420 754.8	15 562 582.6	3 628 302.1
股份有限公司	Share-holding Limited Companies	665 310.2	9 584 009.7	4 802 898.7
私营企业	Private-owned	601 365.8	28 163 189.6	4 427 211.3
港、澳、台商投资企业	Funded by Entrepreneur from Hong Kong,Macao and Taiwan	107 522.0	5 585 622.4	3 360 138.8
合资经营企业（港或澳、台资）	Joint-venture(Hong Kong,Macao and Taiwan)	10 312.9	502 558.9	237 399.5
合作经营企业（港或澳、台资）	Cooperative(Hong Kong,Macao and Taiwan)		-690.2	9 465.8
港、澳、台商独资经营企业	Enterprises with Sole Funds(Hong Kong,Macao and Taiwan)	97 209.1	5 083 753.7	3 113 273.5
港、澳、台商投资股份有限公司	Share-holding Corporations Ltd(Hong Kong,Macao and Taiwan)			
外商投资企业	Foreign-funded	168 175.7	6 919 587.9	2 057 259.4
中外合资经营企业	Jointly-owned	112 250.0	3 766 931.6	814 137.1
中外合作经营企业	Cooperatively-owned		13 215.9	3 871.7
外资企业	Exclusively Foreign-owned	55 925.7	2 823 825.4	1 161 963.7
外商投资股份有限公司	Foreign-funded Investment Companies Limited		34 851.9	57 147.6
3.按控股情况分组	Grouped by Holding Condition			
国有控股	State-controlled	252 311.5	7 794 797.9	4 792 265.9
集体控股	Collective-controlled	11 484.1	1 957 631.3	478 413.6
私人控股	Private-controlled	1 014 555.5	40 790 590.4	7 126 451.9
港澳台商控股	Controlled by Entrepreneur from Hong Kong,Macao and Taiwan	100 785.3	5 581 226.4	3 280 578.3
外商控股	Foreign-funded-controlled	57 519.0	3 277 769.8	1 289 570.7
其他	Others	547 582.0	6 727 753.2	1 620 417.9
4.按经营形式分组	Grouped by Business Forms			
独立门店	Independent Stores	200 206.7	5 873 975.2	2 080 361.3

(10 000 yuan)

实收资本 Paid-in Capital	1.国家资本 State Capital	2.集体资本 Collective-owned Capital	3.法人资本 Capital of Juridical Person	4.个人资本 Private Capital	5.港澳台资本 Hong Kong, Macao and Taiwan Capital	6.外商资本 Foreign Capital	主营业务收入 Prime Operating Revenues	主营业务成本 Operating Losts	主营业务税金及附加 Sales Taxes and Extra Charges
10 401 956.2	**1 321 007.6**	**46 336.5**	**4 475 446.3**	**2 412 550.4**	**1 497 583.5**	**649 031.9**	**148 670 620.3**	**138 461 101.8**	**376 908.8**
8 417 246.5	**821 507.4**	**30 966.2**	**3 710 637.7**	**2 044 832.2**	**1 339 847.3**	**469 455.7**	**128 904 184.0**	**121 943 889.8**	**290 899.4**
394 457.5	11 268.0		343 508.0	36 510.0	2 171.5	1 000.0	3 218 624.5	3 153 099.9	1 162.8
880 357.4	241 204.7	6 049.0	192 101.5	137 213.7	39 809.1	263 979.4	14 603 131.5	13 293 532.6	173 093.8
580 882.8	9 129.0	3 145.3	269 294.8	141 911.6	115 835.0	41 567.1	5 934 235.6	4 929 684.1	16 883.2
790 984.8	2 694.9	595.2	479 822.1	244 836.6	39 063.8	23 972.2	7 253 281.1	6 836 416.2	9 184.3
428 560.3	51 913.2		239 066.3	42 636.9	64 342.2	30 601.7	3 386 407.4	2 730 549.0	13 901.6
2 888 388.9	346 279.5	4 633.0	1 256 845.6	522 409.9	721 286.0	36 934.9	35 569 085.4	34 430 580.4	27 263.9
1 885 688.4	104 254.1	3 229.6	645 248.6	777 693.0	291 593.4	63 669.7	36 872 661.4	35 032 389.2	32 664.5
415 337.6	2 364.0	13 264.1	208 662.4	123 621.1	61 218.5	6 207.5	15 127 902.3	14 805 031.1	13 735.7
152 588.8	52 400.0	50.0	76 088.4	17 999.4	4 527.8	1 523.2	6 938 854.8	6 732 607.3	3 009.6
6 128 903.9	781 177.5	29 855.2	3 244 135.7	2 014 032.1	37 809.5	21 893.9	102 095 834.1	97 081 848.1	254 757.4
163 463.8	119 060.0		44 403.8				2 114 089.0	1 822 989.4	144 530.5
586.0		584.3		1.7			3 732.1	29.9	184.7
1 500.0	1 500.0						8 747.1	6 429.0	72.2
1 620 938.2	474 789.6	8 709.6	815 881.7	300 664.4		20 892.9	34 678 830.9	32 988 211.6	44 221.0
1 567 097.1	185 513.7		945 508.4	398 064.1	38 010.9		19 593 934.0	18 683 207.2	21 844.7
2 770 348.8	314.2	20 561.3	1 435 791.8	1 312 881.9	−201.4	1 001.0	45 643 879.7	43 532 773.1	43 861.3
1 410 715.0	3 047.6	1 032.0	134 221.2	3 639.3	1 266 648.3	2 126.6	8 445 463.0	7 407 627.0	23 501.1
80 127.2	3 047.6	1 032.0	26 136.3	2 381.4	45 722.0	1 807.9	1 336 318.7	1 188 755.4	2 691.5
1 543.8				1 257.9	285.9		15 814.6	13 295.8	
1 329 044.0			108 084.9		1 220 640.4	318.7	7 093 329.7	6 205 575.8	20 809.6
877 627.6	37 282.3	79.0	332 280.8	27 160.8	35 389.5	445 435.2	18 362 886.9	17 454 414.7	12 640.9
422 589.1	37 282.3	79.0	309 981.0	27 160.8	32 854.3	15 231.7	9 465 008.5	9 164 605.7	3 116.8
2 000.0			1 168.0			832.0	53 653.0	51 041.7	35.5
443 850.7			15 351.8		2 398.5	426 100.4	8 641 501.3	8 108 024.9	8 480.1
2 359.4			1 800.0			559.4	105 307.2	46 316.0	848.6
1 511 011.7	741 174.7	5 036.6	655 859.7	40 845.7	49 600.0	18 495.0	21 066 295.2	19 905 376.0	182 541.4
157 817.6		4 634.3	114 441.2	36 475.1	1 750.0	517.0	5 187 488.3	5 048 220.5	2 179.4
4 052 159.8	341.7	20 561.3	2 224 580.0	1 801 391.9	2 238.9	3 046.0	69 681 564.9	66 466 515.4	59 516.4
1 394 913.6	2 175.0		137 378.5	1 096.4	1 253 945.0	318.7	8 410 193.4	7 382 814.3	23 073.7
476 384.7		79.0	28 108.3	4 968.0	3 157.4	440 072.0	9 069 567.2	8 447 434.4	10 026.6
824 959.1	77 816.0	655.0	550 270.0	160 055.1	29 156.0	7 007.0	15 489 075.0	14 693 529.2	13 561.9
1 022 262.7	107 339.9	4 639.0	591 700.3	251 176.4	43 579.9	23 827.2	13 116 192.4	12 011 983.7	121 522.4

单位：万元

项 目	Item	非流动负债合计 Total Non-working Liabilities	负债合计 Total Liabilities	所有者权益合计 Total Owner's Eguities
连锁总店	General Chain Stores	27 170.5	2 224 453.2	876 619.1
连锁门店	Chain Stores	281.0	109 911.6	70 429.2
其他	Others	1 756 579.2	57 921 429.0	15 560 288.7
二、零售业	**Retail Trade Sector**	**207 994.8**	**8 205 078.2**	**3 916 960.6**
1.按零售行业小类分组	Grouped by Sector			
综合零售	Integrated Retail	40 550.8	2 727 926.7	1 243 052.5
食品、饮料及烟草制品专门零售	Special Retail of Foods, Beverages&Tobaccos	6 635.4	253 876.8	358 050.5
纺织、服装及日用品专门零售	Special Retail of Textile, Garments and Daily-use Articles	41 185.4	938 503.9	676 582.1
文化、体育用品及器材专门零售	Special Retail of Cultural and Sports Goods and Appliances	39 855.0	391 256.6	259 175.3
医药及医疗器材专门零售	Special Retail of Medicine and Medical Appliances	6 203.9	343 767.8	74 458.2
汽车、摩托车、燃料及零配件专门零售	Special Retail of Automobiles, Motorcycles, Fuels and Related Accessories	61 273.8	2 574 798.3	901 383.8
家用电器及电子产品专门零售	Special Retail of Household Electrical Appliances and Electronic Products	2 046.9	739 523.6	224 227.4
五金、家具及室内装修材料专门零售	Special Retail of Hardware, Furniture and Indoor Decoration Materials	9 675.5	114 719.9	69 233.9
无店铺及其他零售	Retail without Shops and Other	568.1	120 704.6	110 796.9
2.按登记注册类型分组	Grouped by Registration			
内资企业	Civil Funded	160 408.9	5 581 937.4	2 442 227.0
国有企业	State-owned	20 341.9	123 594.3	171 546.6
集体企业	Collective-owned	160.6	18 735.3	11 507.7
股份合作企业	Share-holding Cooperative Enterprise		5 932.6	- 3.0
联营企业	Joint Ownership		9 521.4	- 1 778.7
有限责任公司	Limited Liabilities Companies	56 459.4	2 569 328.4	1 244 469.5
股份有限公司	Share-holding Limited Companies	5 005.1	133 001.0	240 796.7
私营企业	Private-owned	78 441.9	2 731 294.1	740 104.6
港、澳、台商投资企业	Funded by Entrepreneur from Hong Kong, Macao and Taiwan	15 652.7	1 443 907.2	980 602.2
外商投资企业	Foreign-funded	31 933.2	1 179 233.6	494 131.4
3.按控股情况分组	Grouped by Holding Condition			
国有控股	State-controlled	28 680.0	1 056 234.1	1 538 129.6
集体控股	Collective-controlled	160.6	48 451.7	35 518.4
私人控股	Private-controlled	126 336.2	4 382 168.0	1 504 364.2
港澳台商控股	Controlled by Entrepreneur from Hong Kong,Macao and Taiwan	7 845.7	942 204.0	554 808.6
外商控股	Foreign-funded-controlled	31 278.9	1 089 400.0	31 226.8
其他	Others	13 693.4	686 620.4	252 913.0
4.按经营形式分组	Grouped by Business Forms			
独立门店	Independent Stores	104 035.9	2 872 251.2	1 189 431.3
连锁总店	General Chain Stores	32 269.5	1 982 046.4	1 591 593.3
连锁门店	Chain Stores	9 092.6	667 818.5	487 381.5
其他	Other	62 596.8	2 682 962.1	648 554.5
5.按零售业态分组	Grouped by Retail Format			
有店铺零售	Store-based Retailing	207 689.2	7 979 697.7	3 800 367.2
无店铺零售	Non-Store Retailing	305.6	225 380.5	116 593.4

实收资本 Paid-in Capital	1.国家资本 State Capital	2.集体资本 Collective-owned Capital	3.法人资本 Capital of Juridical Person	4.个人资本 Private Capital	5.港澳台资本 Hong Kong, Macao and Taiwan Capital	6.外商资本 Foreign Capital	主营业务收入 Prime Operating Revenues	主营业务成本 Operating Losts	主营业务税金及附加 Sales Taxes and Extra Charges
392 348.6	5 500.0		355 097.9	18 283.2	3 372.8	10 094.7	4 661 650.2	4 135 459.0	9 488.2
24 650.0	12 300.0	50.0	9 980.0	2 320.0			389 750.4	311 036.3	1 172.0
6 977 985.2	696 367.5	26 277.2	2 753 859.5	1 773 052.6	1 292 894.6	435 533.8	110 736 591.0	105 485 410.8	158 716.8
1 984 709.7	**499 500.2**	**15 370.3**	**764 808.6**	**367 718.2**	**157 736.2**	**179 576.2**	**19 766 436.3**	**16 517 212.0**	**86 009.4**
737 324.4	395 763.2		93 399.0	41 574.8	45 642.2	160 945.2	6 337 650.1	5 219 749.8	35 866.6
68 205.7	34 829.7	4 200.0	17 245.8	10 747.1	1 183.1		416 888.5	269 742.6	1 726.8
256 283.5	3 500.0	2 000.0	133 912.9	65 648.5	51 116.1	106.0	1 870 185.2	1 120 994.9	13 789.5
106 834.0	24 388.2		54 752.4	27 271.2	342.2	80.0	847 349.8	642 191.5	5 567.2
30 957.8	4 182.0	1 200.0	15 651.1	9 924.7			500 304.3	407 012.1	1 415.2
532 165.1	26 557.1	7 950.3	298 122.5	143 631.6	54 583.6	1 320.0	7 135 687.7	6 533 143.2	18 733.6
141 939.5			111 476.4	28 189.9	2 214.9	58.3	2 027 082.2	1 839 971.2	5 825.3
41 828.3		20.0	11 844.0	11 492.5	1 405.1	17 066.7	270 190.9	197 056.4	1 744.4
69 171.4	10 280.0		28 404.5	29 237.9	1 249.0		361 097.6	287 350.3	1 340.8
1 149 262.4	103 107.0	14 276.6	663 124.6	357 684.2	10 070.0	1 000.0	12 391 406.6	10 471 526.1	46 956.1
22 979.9	22 979.9						310 920.9	195 978.6	1 695.8
1 370.0		80.0	1 290.0				16 489.9	15 499.6	18.5
846.0			846.0				11 231.3	10 818.0	39.5
4 580.0	400.0		4 180.0				21 984.0	17 766.8	729.2
550 096.6	77 558.8	7 341.6	358 237.3	95 888.9	10 070.0	1 000.0	6 398 450.1	5 468 838.5	22 132.4
69 628.2	219.8		35 760.9	33 647.5			539 146.8	365 160.9	4 046.2
496 471.4		6 855.0	261 831.3	227 785.1			5 051 691.8	4 364 412.0	18 122.9
261 338.0	34 725.7	560.0	72 090.3	8 984.0	144 978.0		3 444 146.7	2 710 163.1	23 983.1
574 109.3	361 667.5	533.7	29 593.7	1 050.0	2 688.2	178 576.2	3 930 883.0	3 335 522.8	15 070.2
613 635.0	489 371.7		123 163.3	610.0		490.0	4 573 278.5	3 750 018.2	18 107.3
9 470.0	800.0	1 359.8	6 490.0	820.2			139 809.1	121 360.2	533.5
835 378.7	574.8	7 055.2	476 339.1	345 489.1	5 862.2	58.3	8 652 159.3	7 403 398.7	32 986.7
208 571.1		560.0	66 745.3		141 185.8	80.0	2 417 687.6	1 931 662.9	17 343.7
208 187.8	120.0	533.7	29 336.2			178 197.9	1 790 681.5	1 452 581.7	9 443.5
109 467.1	8 633.7	5 861.6	62 734.7	20 798.9	10 688.2	750.0	2 192 820.3	1 858 190.3	7 594.7
615 329.3	40 367.6	9 110.3	312 873.9	170 294.9	57 717.9	24 964.7	6 993 162.0	6 042 074.0	28 697.8
688 016.6	403 845.2	2 000.0	181 898.9	40 473.4	57 010.0	2 789.1	5 870 067.5	4 754 727.1	29 663.9
133 312.6	39 552.4	1 200.0	26 557.6	23 353.5	31 261.0	11 388.1	1 752 217.6	1 379 611.2	8 249.7
548 051.2	15 735.0	3 060.0	243 478.2	133 596.4	11 747.3	140 434.3	5 150 989.2	4 340 799.7	19 398.0
1 925 500.3	499 500.2	15 370.3	734 834.3	339 497.4	156 930.2	179 367.9	19 299 350.4	16 112 715.0	85 144.8
59 209.4			29 974.3	28 220.8	806.0	208.3	467 085.9	404 497.0	864.6

10-4 限额以上批发和零售业法人单位主要财务状况综合表（三）（2015年）

MAIN FINANCIAL INDICATORS OF WHOLESALE AND RETAIL SALES ABOVE THE SET SCALE III（2015）

单位：万元

项 目	Item	其他业务利润 Profits from Other Business	销售费用 Sale Expenses	管理费用 Management Expenses
总 计	**Total**	**538 293.7**	**5 369 316.1**	**2 763 910.5**
一、批发业	**Wholesale Trade**	**283 963.1**	**3 362 719.8**	**2 018 993.4**
1.按批发行业分组	Grouped by Sector			
农畜产品批发	Livestock products wholesale	7 327.2	40 273.3	17 645.3
食品、饮料及烟草制品批发	Wholesale of Foods, Beverages&Tobaccos	36 340.0	725 306.2	353 593.5
纺织、服装及日用品批发	Wholesale of Textiles, Garments and Daily-use Products	13 441.0	548 636.8	246 294.6
文化、体育用品及器材批发	Wholesale of Cultural and Sports Articles and Appliances	9 244.9	168 309.9	133 222.4
医药及医疗器材批发	Wholesale of Medicine and Medical Appliances	66 875.0	470 841.9	101 605.4
矿产品、建材及化工产品批发	Wholesale of Mineral Products, Building Material and Chemical Products	11 828.7	478 531.3	325 590.4
机械设备、五金交电及电子产品批发	Wholesale of Mechanical Equipment,Hardware and Electronic Products	129 971.7	822 835.4	704 091.1
贸易经纪与代理	Trade Broker and Agent	6 485.6	66 871.8	98 157.4
其他批发	Other Wholesales	2 449.0	41 113.2	38 793.3
2.按登记注册类型分组	Grouped by Registration Status			
内资企业	Domestic-funded	148 726.0	2 321 100.6	1 402 264.6
国有企业	State-owned	4 512.7	27 511.3	40 656.2
集体企业	Collective-owned			2 046.2
股份合作企业	Share-holding Cooperative Enterprises			
联营企业	Joint Ownership		211.6	
有限责任公司	Limited Liabilities Companies	49 985.4	1 099 221.6	297 433.4
股份有限公司	Share-holding Limited Companies	8 899.4	277 335.3	263 669.2
私营企业	Private-owned	82 523.5	915 066.4	794 352.8
港、澳、台商投资企业	Funded by Entrepreneur from Hong Kong,Macao and Taiwan	110 481.4	624 980.5	266 304.2
合资经营企业（港或澳、台资）	Joint-venture(Hong Kong,Macao and Taiwan)	867.9	72 311.6	35 403.5
合作经营企业（港或澳、台资）	Cooperative(Hong Kong,Macao and Taiwan)		1 454.6	982.6
港、澳、台商独资经营企业	Enterprises with Sole Funds(Hong Kong,Macao and Taiwan)	109 613.5	551 214.3	229 918.1
港、澳、台商投资股份有限公司	Share-holding Corporations Ltd(Hong Kong,Macao and Taiwan)			
外商投资企业	Foreign-funded	24 755.7	416 638.7	350 424.6
中外合资经营企业	Jointly-owned	1 375.8	110 552.0	67 366.8
中外合作经营企业	Cooperatively-owned	-126.9	258.8	869.9
外资企业	Exclusively Foreign-owned	23 506.8	270 962.5	266 595.7
外商投资股份有限公司	Foreign-funded Investment Companies Limited		26 926.1	11 618.6
3.按控股情况分组	Grouped by Holding Condition			
国有控股	State-controlled	20 317.9	295 840.7	225 453.7
集体控股	Collective-controlled	838.4	78 994.6	25 486.2
私人控股	Private-controlled	113 492.5	1 468 009.4	1 080 699.9
港澳台商控股	Controlled by Entrepreneur from Hong Kong,Macao and Taiwan	110 799.7	630 959.5	261 232.7
外商控股	Foreign-funded-controlled	23 506.8	310 848.7	293 367.2
其他	Others	15 007.8	578 066.9	132 753.7
4.按经营形式分组	Grouped by Business Forms			
独立门店	Independent Stores	18 195.6	546 646.8	232 805.4

(10 000 yuan)

财务费用 Financial Expenses	利息支出 Interest Expense	营业利润 Operating profits	投资收益 Profits of Investment	营业外收入 Non-operating Income	利润总额 Total Profits	应交所得税 Total Payable Tax	应付职工薪酬 Total Wages Payable	本年应交增值税 Total Value-added Payable	从业人员期末人数（人） Average Employed Persons (Persons)
783 205.6	**831 589.8**	**2 107 154.2**	**641 855.7**	**328 245.0**	**2 216 479.5**	**526 141.2**	**3 002 329.5**	**1 950 287.5**	**403 526.0**
690 024.7	**756 939.7**	**1 407 372.3**	**609 406.1**	**279 225.7**	**1 469 764.8**	**336 716.5**	**1 937 215.9**	**1 448 251.3**	**229 280.0**
7 526.3	8 421.9	10 863.4	2 167.5	13 824.0	24 445.0	4 318.5	18 501.3	8 157.3	2 843.0
−3 762.3	26 404.3	393 145.9	202 400.5	43 318.2	425 273.1	84 939.7	328 415.3	299 415.6	43 440.0
6 195.1	16 168.6	229 437.6	19 273.6	24 442.3	229 737.1	55 467.4	281 737.1	149 234.5	41 181.0
59 269.8	47 130.1	61 057.8	8 459.8	7 762.7	66 785.1	20 504.4	104 319.6	54 720.6	17 317.0
17 967.1	16 305.9	152 575.4	98 308.8	9 191.0	158 865.0	19 334.9	156 922.9	93 767.4	18 340.0
229 607.0	181 332.7	180 204.4	158 528.9	59 338.0	202 120.5	69 349.7	323 982.8	591 702.0	31 767.0
167 546.7	209 020.2	261 952.0	57 844.7	107 780.4	326 601.9	56 343.3	626 842.4	209 827.8	65 128.0
79 515.9	113 415.2	105 719.2	48 456.3	12 772.4	47 694.2	21 579.7	56 815.7	23 283.3	5 726.0
126 159.1	138 740.8	12 416.6	13 966.0	796.7	−11 757.1	4 878.9	39 678.8	18 142.8	3 538.0
483 115.6	563 905.5	871 269.7	292 089.5	174 960.9	873 909.9	239 018.4	1 402 736.3	1 103 428.5	177 231.0
−3 506.2	2 533.9	66 014.2	3 977.1	7 712.7	55 840.1	16 105.8	26 103.3	46 298.6	1 784.0
804.1		1 026.7	359.5	1.2	1 027.9		461.8		25.0
0.2		1 899.6		23.8	1 914.6			601.3	
188 219.5	187 222.9	142 085.3	66 745.2	43 142.2	107 113.8	95 397.7	419 991.9	639 815.3	45 106.0
103 805.2	130 704.5	403 509.0	152 794.5	26 123.0	423 025.9	53 969.4	353 411.4	82 408.9	27 061.0
193 784.7	243 436.5	255 621.9	68 213.2	97 953.5	283 874.2	73 380.1	601 708.7	333 911.7	103 046.0
55 122.2	48 362.9	257 426.1	136 097.4	25 330.7	276 039.4	55 691.2	266 187.4	106 763.9	31 489.0
2 673.7	1 059.2	38 046.2	2 970.2	6 143.7	35 601.5	7 005.3	43 052.1	15 991.3	3 156.0
−206.5	0.6	288.1		21.1	308.9	81.1	683.4		60.0
52 655.0	47 303.1	219 091.8	133 127.2	19 165.9	240 129.0	48 604.8	222 451.9	90 772.6	28 273.0
151 786.9	144 671.3	278 676.5	181 219.2	78 934.1	319 815.5	42 006.9	268 292.2	238 058.9	20 560.0
124 997.7	121 975.8	32 873.6	40 237.6	5 122.3	38 338.5	6 353.3	65 521.9	8 301.8	6 940.0
167.6	58.5	1 115.6		16.7	1 126.4	74.1	822.7	35.8	57.0
26 904.9	22 561.4	223 886.5	140 024.6	72 712.3	258 562.5	32 352.2	185 296.5	222 239.8	11 830.0
610.8	30.9	19 257.0	898.2	779.5	19 975.8	2 836.1	12 221.1	7 105.2	1 210.0
109 463.6	105 343.2	499 449.5	183 492.0	53 329.9	526 076.2	120 475.6	301 260.9	261 138.6	22 477.0
− 15 214.4	15 711.5	44 684.0	7 168.3	2 476.5	45 448.9	4 902.6	33 340.4	3 608.3	3 576.0
423 293.7	473 552.0	379 850.9	130 754.6	112 030.8	335 538.3	102 076.0	915 562.3	403 048.9	132 040.0
56 183.4	48 462.0	244 672.0	134 543.4	24 623.8	266 792.4	54 445.9	267 593.8	104 489.0	31 738.0
27 892.3	22 699.9	245 889.9	140 981.6	74 012.6	281 593.8	36 025.0	205 383.2	231 820.4	14 533.0
88 406.1	91 171.1	−7 174.0	12 466.2	12 752.1	14 315.2	18 791.4	214 075.3	444 146.1	24 916.0
82 019.7	79 834.0	196 142.9	62 691.9	14 369.0	202 644.8	41 048.5	240 886.4	573 274.9	34 444.0

单位：万元

项　目	Item	其他业务利润 Profits from Other Business	销售费用 Sale Expenses	管理费用 Management Expenses
连锁总店	General Chain Stores	6 070.2	283 609.1	73 958.8
连锁门店	Chain Stores		59 687.3	6 914.5
其他	Others	259 697.3	2 472 776.6	1 705 314.7
二、零售业	**Retail Trade Sector**	**254 330.6**	**2 006 596.3**	**744 917.1**
1.按零售行业小类分组	Grouped by Sector			
综合零售	Integrated Retail	112 514.6	776 616.5	190 765.1
食品、饮料及烟草制品专门零售	Special Retail of Foods, Beverages&Tobaccos	15 623.8	63 549.3	21 241.0
纺织、服装及日用品专门零售	Special Retail of Textile, Garments and Daily-use Articles	8 878.4	483 248.4	149 676.0
文化、体育用品及器材专门零售	Special Retail of Cultural and Sports Goods and Appliances	7 832.5	50 225.1	76 137.2
医药及医疗器材专门零售	Special Retail of Medicine and Medical Appliances	10 496.7	67 528.9	21 086.8
汽车、摩托车、燃料及零配件专门零售	Special Retail of Automobiles, Motorcycles, Fuels and Related Accessories	76 131.5	325 024.3	189 852.1
家用电器及电子产品专门零售	Special Retail of Household Electrical Appliances and Electronic Products	20 145.8	157 196.4	48 562.5
五金、家具及室内装修材料专门零售	Special Retail of Hardware, Furniture and Indoor Decoration Materials	2 777.0	36 169.0	20 703.1
无店铺及其他零售	Retail without Shops and Other	−69.7	47 038.4	26 893.3
2.按登记注册类型分组	Grouped by Registration			
内资企业	Civil Funded	197 199.7	1 140 342.0	509 762.9
国有企业	State-owned	7 133.6	1 422.6	47 646.6
集体企业	Collective-owned		687.0	38.9
股份合作企业	Share-holding Cooperative Enterprise			592.3
联营企业	Joint Ownership		655.6	2 347.4
有限责任公司	Limited Liabilities Companies	93 273.7	566 730.0	215 058.6
股份有限公司	Share-holding Limited Companies	7 724.6	135 170.4	20 837.1
私营企业	Private-owned	89 048.3	428 358.1	222 803.0
港、澳、台商投资企业	Funded by Entrepreneur from Hong Kong, Macao and Taiwan	42 986.6	471 695.0	123 134.0
外商投资企业	Foreign-funded	14 144.3	394 559.3	112 020.2
3.按控股情况分组	Grouped by Holding Condition			
国有控股	State-controlled	28 473.6	405 017.4	149 385.3
集体控股	Collective-controlled	167.8	6 774.9	4 169.2
私人控股	Private-controlled	158 523.9	851 300.2	356 971.1
港澳台商控股	Controlled by Entrepreneur from Hong Kong,Macao and Taiwan	38 287.7	325 021.0	106 452.9
外商控股	Foreign-funded-controlled	14 315.0	240 417.9	49 320.4
其他	Others	14 562.6	178 064.9	78 618.2
4.按经营形式分组	Grouped by Business Forms			
独立门店	Independent Stores	97 059.6	569 264.8	272 747.6
连锁总店	General Chain Stores	49 789.8	739 382.9	214 842.8
连锁门店	Chain Stores	42 146.9	228 464.4	55 030.9
其他	Other	65 334.3	469 484.2	202 295.8
5.按零售业态分组	Grouped by Retail Format			
有店铺零售	Store-based Retailing	254 324.3	1 975 906.9	714 785.7
无店铺零售	Non-Store Retailing	6.3	30 689.4	30 131.4

财务费用 Financial Expenses	利息支出 Interest Expense	营业利润 Operating profits	投资收益 Profits of Investment	营业外收入 Non-operating Income	利润总额 Total Profits	应交所得税 Total Payable Tax	应付职工薪酬 Total Wages Payable	本年应交增值税 Total Value-added Payable	从业人员期末人数（人） Average Employed Persons (Persons)
13 675.7	10 474.1	170 880.2	20 562.2	−3 577.6	164 695.7	35 275.9	101 847.5	71 050.3	10 957
937.3	1 059.3	12 711.7	5 100.4	955.0	13 512.9	3 335.6	28 267.2	6 921.1	3 920
593 392.0	665 572.3	1 027 637.5	521 051.6	267 479.3	1 088 911.4	257 056.5	1 566 214.8	797 005.0	179 959
93 180.9	**74 650.1**	**699 781.9**	**32 449.6**	**49 019.3**	**746 714.7**	**189 424.7**	**1 065 113.6**	**502 036.2**	**174 246**
22 266.9	13 875.3	296 339.3	14 151.2	16 797.6	312 227.5	97 436.6	320 420.6	107 858.5	57 086
−10 644.3	766.5	95 782.6	10 280.9	3 577.3	98 520.6	23 130.0	34 770.3	3 725.9	4 232
11 314.4	9 144.6	95 884.0	951.2	5 607.3	103 265.6	24 311.1	253 216.1	98 736.9	46 346
3 282.1	3 533.3	80 883.9	1 386.1	4 607.2	85 154.2	1 494.7	87 650.5	9 062.4	12 427
1 695.1	373.4	11 395.0	362.4	923.2	10 607.1	4 901.4	37 773.1	8 305.2	6 886
58 684.9	42 899.1	92 306.8	2 519.5	9 598.7	105 708.7	29 163.3	224 425.3	226 889.6	29 843
3 986.1	2 941.5	11 845.2	784.1	3 461.2	14 342.7	4 327.8	64 099.7	36 642.6	11 249
1 616.6	213.3	14 637.1	1 906.9	320.0	17 761.8	3 179.9	12 097.0	4 403.8	2 062
979.1	903.1	708.0	107.3	4 126.8	−873.5	1 479.9	30 661.0	6 411.3	4 115
69 343.3	61 509.9	386 571.4	17 629.5	31 235.3	413 733.1	86 052.6	677 354.2	331 612.5	108 795
−1 284.8	1.4	72 919.4	617.5	3 396.3	75 903.5	320.4	51 815.5	1 209.2	6 185
115.5	0.1	130.4		74.6	115.9	18.7	637.2	70.1	167
44.1	34.2	11.1	4.9		10.6	2.6	242.0	69.4	52
4.1	13.1	480.6		50.1	519.2	49.1	9 777.4	201.8	1 332
25 041.3	26 935.6	229 049.1	14 829.0	15 058.3	234 059.3	59 234.3	312 171.8	177 899.1	47 480
2 742.6	3 088.5	21 955.2	343.0	2 117.3	23 747.0	5 622.6	49 815.5	7 924.8	8 917
43 036.0	31 437.0	58 782.6	1 835.1	10 528.2	75 897.3	20 791.0	251 997.1	139 446.6	44 519
10 374.2	4 364.3	206 260.8	12 910.1	9 520.5	216 050.7	72 891.7	214 287.4	97 325.7	33 461
13 463.4	8 775.9	106 949.7	1 910.0	8 263.5	116 930.9	30 480.4	173 472.0	73 098.0	31 990
4 159.5	15 643.6	296 721.0	25 865.4	11 943.2	307 815.7	69 439.1	269 454.1	60 129.7	36 442
773.1	151.9	7 575.3	31.6	130.8	7 616.7	1 828.8	5 579.4	1 833.6	1 068
64 945.8	47 484.8	109 373.5	2 708.4	22 467.3	129 542.1	39 558.4	438 479.7	209 134.1	74 984
5 774.5	3 214.6	115 949.8	334.0	6 656.7	123 080.4	31 732.4	152 237.7	68 335.5	24 316
6 378.5	2 743.8	83 984.7	2 366.6	2 343.9	88 442.0	28 940.1	94 427.0	42 338.9	19 326
11 149.5	5 411.4	86 177.6	1 143.6	5 477.4	90 217.8	17 925.9	104 935.7	120 264.4	18 110
53 425.6	38 121.8	138 445.5	4 747.3	15 584.0	162 819.7	38 749.6	335 653.2	216 848.9	53 236
23 525.4	17 145.9	235 240.0	14 922.5	16 375.7	244 013.2	73 759.3	352 339.5	120 674.8	59 390
−5 803.7	2 472.2	133 864.2	9 986.8	3 277.7	139 448.3	29 168.9	99 602.2	51 868.8	16 264
22 033.6	16 910.2	192 232.2	2 793.0	13 781.9	200 433.5	47 746.9	277 518.7	112 643.7	45 356
90 861.3	73 208.0	699 184.8	32 501.5	45 583.0	743 047.9	188 769.2	1 041 676.2	496 848.3	171 043
2 319.6	1 442.1	597.1	−51.9	3 436.3	3 666.8	655.5	23 437.4	5 187.9	3 203

10-5 限额以上住宿和餐饮业法人企业主要财务状况综合表(一)(2015年)

MAIN FINANCIAL INDICAFORS OF ENTERPRISE ABOVE DESIGNATED SIZE OF HOTELS AND CATERING SERVICES Ⅰ（2015）

单位：万元

项 目	Item	法人企业数（个）Number of Corporative Enterprises (unit)	流动资产合计 Total Current Assets	应收帐款 Accounts Payable
总　　计	**Total**	**771**	**2 350 774.4**	**147 631.0**
一、住宿业	**Hotels**	**289**	**1 610 885.8**	**81 478.8**
1.按住宿行业分组	Grouped by Sector			
旅游饭店	Tour Restaurant	194	1 435 320.3	51 669.9
一般旅馆	General Restaurant	77	152 908.2	27 429.6
其他住宿服务	Other Hotel Services	18	22 657.3	2 379.3
2.按登记注册类型分组	Grouped by Registration Status			
内资企业	Domestic-funded	243	1 154 127.5	67 275.6
国有企业	State-owned	14	49 198.5	4 210.0
集体企业	Collective-owned	4	1 648.1	256.5
股份合作企业	Share-holding Cooperative Enterprise	1	3 295.3	98.2
联营企业	Joint Ownership	4	10 153.4	1 099.7
有限责任公司	Limited Liabilities Companies	93	827 179.2	14 234.5
股份有限公司	Share-holding Limited Companies	8	31 043.2	1 642.2
私营企业	Private-owned	114	225 226.0	45 212.3
港、澳、台商投资企业	Funded by Entrepreneur from Hong Kong,Macao and Taiwan	28	187 853.4	8 779.3
合资经营企业（港或澳、台资）	Joint-venture(Hong Kong,Macao and Taiwan)	5	28 709.9	1 235.2
合作经营企业（港或澳、台资）	Cooperative(Hong Kong,Macao and Taiwan)	6	48 753.0	1 950.3
港、澳、台商独资经营企业	Enterprises with Sole Funds(Hong Kong,Macao and Taiwan)	16	70 918.6	5 593.8
港、澳、台商投资股份有限公司	Share-holding Corporations Ltd(Hong Kong,Macao and Taiwan)	1	39 471.9	
外商投资企业	Foreign-funded	18	268 904.9	5 423.9
中外合资经营企业	Jointly-owned	8	169 626.4	1 680.1
中外合作经营企业	Cooperatively-owned	2	28 275.6	269.8
外资企业	Exclusively Foreign-owned	7	68 207.1	3 040.6
外商投资股份有限公司	Foreign-funded Investment Companies Limited			
3.按控股情况分组	Grouped by Holding Condition			
国有控股	State-controlled	49	289 016.1	12 020.5
集体控股	Collective-controlled	8	3 498.9	322.6
私人控股	Private-controlled	146	667 829.1	49 838.6
港澳台商控股	Controlled by Entrepreneur from Hong Kong,Macao and Taiwan	27	195 162.5	7 874.7
外商控股	Foreign-funded-controlled	11	189 015.0	4 654.6
其他	Others	48	266 364.2	6 767.8
4.按经营形式分组	Grouped by Business Forms			
独立门店	Independent Stores	199	1 129 535.3	55 908.4
连锁总店	General Chain Stores	10	93 571.0	2 075.6
连锁门店	Chain Stores	10	9 184.9	878.5
其他	Other	70	378 594.6	22 616.3
5.按星级分组	Grouped by Star Rating			
五星	Five Star	24	838 688.1	13 768.5
四星	Four Star	35	209 528.3	7 631.1
三星	Three Star	58	117 407.1	11 967.7

（10 000 yuan）

存货 Inventory	固定资产合计 Total Fixed Assets	固定资产原价 Original Value of Fixed Assets	累计折旧 Accumulative Depreciation	本年折旧 Depreciation of the Year	资产总计 Total Assets	流动负债合计 Total Current Liabilities	应付帐款 Accounts Payable
70 869.3	**1 165 935.6**	**2 335 685.7**	**1 171 680.4**	**232 996.5**	**4 218 832.4**	**2 002 942.0**	**244 660.4**
28 000.3	**870 070.0**	**1 761 212.1**	**893 252.5**	**149 395.0**	**2 950 952.3**	**1 241 107.3**	**90 253.2**
28 607.6	767 562.6	1 594 129.7	828 728.1	136 603.4	2 574 183.9	1 039 199.9	76 396.4
−1 391.7	57 258.3	107 387.5	50 078.6	10 696.7	297 212.1	183 007.4	11 693.5
784.4	45 249.1	59 694.9	14 445.8	2 094.9	79 556.3	18 900.0	2 163.3
21 369.2	550 669.2	1 072 983.5	524 424.7	119 299.2	2 013 253.2	870 553.6	48 852.1
12 067.1	105 032.6	212 793.8	107 761.2	43 611.3	177 643.0	59 202.6	3 209.5
56.5	2 165.6	4 663.4	2 497.8	222.4	4 117.4	1 299.3	478.6
					8 030.9	1 325.5	
246.1	4 978.7	17 038.5	12 059.8	397.5	17 769.8	6 566.9	60.3
5 227.6	302 147.9	541 998.0	239 754.5	29 999.9	1 286 207.1	489 126.3	19 943.1
718.9	14 660.9	34 391.5	19 730.6	1 848.7	65 504.7	38 674.4	2 046.7
2 854.7	96 028.3	233 342.0	139 519.7	41 046.6	420 641.9	243 830.1	22 692.6
3 569.6	140 955.7	379 531.6	238 575.9	10 216.4	399 196.1	201 708.1	21 081.0
606.3	22 827.1	105 988.2	83 161.1	2 640.8	61 452.1	8 719.5	2 576.9
1 115.6	101 554.5	200 760.4	99 205.9	5 380.5	188 949.0	119 554.2	8 964.7
1 741.6	16 574.1	72 783.0	56 208.9	2 195.1	109 310.0	64 390.6	9 404.5
106.1					39 485.0	9 043.8	134.9
3 061.5	178 445.1	308 697.0	130 251.9	19 879.4	538 503.0	168 845.6	20 320.1
1 397.2	34 002.0	95 959.8	61 957.8	6 048.8	225 940.2	105 201.2	3 092.9
210.6	11 219.3	37 975.8	26 756.5	917.5	49 088.3	16 126.6	994.7
1 019.9	133 223.8	174 761.4	41 537.6	12 913.1	260 678.7	91 012.4	4 374.8
16 208.7	328 675.8	647 426.6	318 655.2	54 882.4	723 488.5	208 530.0	25 135.7
93.9	4 214.3	7 525.5	3 311.2	312.4	8 673.0	2 901.9	556.1
4 409.0	193 214.0	421 837.7	230 829.7	60 834.4	1 022 067.5	559 319.5	31 069.6
2 967.4	60 034.1	250 386.7	190 352.6	6 162.9	324 319.5	198 471.4	17 134.5
2 231.3	156 650.3	243 497.1	86 846.8	18 314.8	407 996.7	164 668.2	5 007.8
2 090.0	127 281.5	190 538.5	63 257.0	8 888.1	464 407.1	107 216.3	11 349.5
19 313.5	504 604.2	1 064 481.2	559 899.5	54 529.0	1 928 521.4	816 331.3	63 311.6
840.2	19 199.9	63 247.8	44 448.1	2 444.7	160 591.5	68 227.8	10 388.1
407.5	1 035.2	2 373.1	1 337.9	189.4	19 630.3	6 762.7	−1 699.3
7 439.1	345 230.7	631 110.0	287 567.0	92 231.9	842 209.1	349 785.5	18 252.8
6 442.0	402 946.6	800 751.3	397 804.7	27 097.7	1 385 668.4	574 318.9	31 783.2
2 849.2	133 041.2	247 036.3	114 016.7	15 991.1	440 214.1	157 996.8	5 855.6
13 473.1	56 313.3	205 245.3	151 093.9	38 668.9	232 796.5	170 767.9	18 852.3

单位：万元

项　目	Item	法人企业数（个）Number of Corporative Enterprises (unit)	流动资产合计 Total Current Assets	应收帐款 Accounts Payable
二星	Two Star	11	15 967.8	79.1
一星	One Star	2		
其他	Others	159	429 294.5	48 032.4
二、餐饮业	**Catering Services**	**482**	**739 888.6**	**66 152.2**
1.按餐饮行业小类分组	Grouped by Sector			
正餐服务	Restaurant	427	526 209.6	40 866.0
快餐服务	Fast Food	35	157 418.3	13 091.0
饮料及冷饮服务	Beverages and Cold Drinks	5	26 596.6	333.8
其他餐饮服务	Others	15	29 664.1	11 861.4
2.按登记注册类型分组	Grouped by Registration			
内资企业	Domestic-funded	400	399 481.8	46 758.0
国有企业	State-owned	2	867.8	161.1
集体企业	Collective-owned	1	893.5	
股份合作企业	Share-holding Cooperative Enterprise			
联营企业	Joint Ownership			
有限责任公司	Limited Liabilities Companies	77	204 067.3	21 716.4
股份有限公司	Share-holding Limited Companies	3	174.8	
私营企业	Private-owned	312	192 526.7	24 808.6
其他企业	Others	5	951.7	71.9
港、澳、台商投资企业	Funded by Entrepreneur from Hong Kong,Macao and Taiwan	60	271 139.6	14 934.3
合资经营企业（港或澳、台资）	Joint-venture(Hong Kong,Macao and Taiwan)	10	15 216.2	269.4
合作经营企业（港或澳、台资）	Cooperative(Hong Kong,Macao and Taiwan)	2	8 425.1	5 040.1
港、澳、台商独资经营企业	Enterprises with Sole Funds(Hong Kong,Macao and Taiwan)	48	247 498.3	9 624.8
港、澳、台商投资股份有限公司	Share-holding Corporations Ltd(Hong Kong,Macao and Taiwan)			
外商投资企业	Foreign-funded	22	69 267.2	4 459.9
中外合资经营企业	Jointly-owned	6	9 867.4	1 809.2
中外合作经营企业	Cooperatively-owned			
外资企业	Exclusively Foreign-owned	16	59 399.8	2 650.7
外商投资股份有限公司	Foreign-funded Investment Companies Limited			
3.按控股情况分组	Grouped by Holding Condition			
国有控股	State-controlled	12	34 784.2	15 720.0
集体控股	Collective-controlled	3	7 134.6	3 211.4
私人控股	Private-controlled	353	293 092.2	30 290.2
港澳台商控股	Controlled by Entrepreneur from Hong Kong,Macao and Taiwan	63	269 571.0	10 669.9
外商控股	Foreign-funded-controlled	18	71 915.1	2 669.4
其他	Others	33	63 391.5	3 591.3
4.按经营形式分组	Grouped by Business Forms			
独立门店	Independent Stores	336	323 642.6	37 402.6
连锁总店	General Chain Stores	29	162 183.1	4 666.5
连锁门店	Chain Stores	32	51 597.8	1 036.8
其他	Other	85	202 465.1	23 046.3

10-5 （一）续表 （10 000 yuan）

存货 Inventory	固定资产合计 Total Fixed Assets	固定资产原价 Original Value of Fixed Assets	累计折旧 Accumulative Depreciation	本年折旧 Depreciation of the Year	资产总计 Total Assets	流动负债合计 Total Current Liabilities	应付帐款 Accounts Payable
185.7	4 626.7	9 727.9	5 101.2	266.2	21 797.2	9 241.3	533.0
	22.9	42.3	19.4		636.4	276.7	100.0
5 050.3	273 119.3	498 409.0	225 216.6	67 371.1	869 839.7	328 505.7	33 129.1
42 869.0	**295 865.6**	**574 473.6**	**278 427.9**	**83 601.5**	**1 267 880.1**	**761 834.7**	**154 407.2**
29 761.8	175 085.8	351 756.1	176 490.2	21 109.3	810 592.8	471 796.4	107 676.5
9 985.5	109 426.9	197 811.2	88 384.3	59 897.4	374 143.8	257 746.1	34 162.0
459.8	3 779.3	7 975.9	4 196.6	709.8	38 897.1	12 797.5	5 520.1
2 661.9	7 573.6	16 930.4	9 356.8	1 885.0	44 246.4	19 494.7	7 048.6
28 341.6	181 743.0	305 611.5	123 801.8	18 777.6	690 798.0	505 915.6	101 461.4
448.5	0.8				1 877.8	961.6	500.1
1.2		503.7	503.7		893.5	398.0	394.3
10 539.4	64 167.5	112 595.0	48 428.5	6 888.8	307 865.6	229 621.6	43 545.9
9.8	3.5	10.4	6.9	3.6	766.4	260.1	24.3
17 250.2	115 207.8	189 270.1	73 993.8	11 756.7	375 613.9	273 147.7	56 405.3
92.5	2 363.4	3 232.3	868.9	128.5	3 780.8	1 526.6	591.5
11 522.6	88 639.8	208 691.0	120 043.4	40 997.7	424 214.0	164 976.3	31 316.5
1 086.6	5 979.2	9 041.2	3 062.0	150.5	25 686.3	12 090.5	836.3
305.6	1 897.1	5 422.7	3 525.6	220.2	10 785.6	6 190.6	1 948.9
10 130.4	80 763.5	194 227.1	113 455.8	40 627.0	387 742.1	146 695.2	28 531.3
3 004.8	25 482.8	60 171.1	34 582.7	23 826.2	152 868.1	90 942.8	21 629.3
667.2	1 589.1	3 836.2	2 247.1	1 004.9	14 907.5	9 770.9	1 528.9
2 337.6	23 893.7	56 334.9	32 335.6	22 821.3	137 960.6	81 171.9	20 100.4
1 937.5	5 438.2	16 895.8	11 458.4	959.9	42 307.7	26 370.8	7 978.7
137.6	462.2	1 900.2	1 438.0	460.4	7 641.0	2 435.3	842.8
22 345.0	170 597.3	271 383.1	100 717.3	16 478.4	565 314.7	406 151.8	76 010.1
11 551.1	87 210.5	205 222.6	118 005.3	40 863.4	420 814.8	166 314.1	29 571.3
2 386.7	23 973.3	56 793.7	32 714.8	22 828.7	150 830.4	97 230.8	36 052.1
4 511.1	8 184.1	22 278.2	14 094.1	2 010.7	80 971.5	63 331.9	3 952.2
23 277.9	128 137.1	257 366.6	129 054.7	13 122.2	514 310.2	335 927.3	62 433.7
6 524.4	80 384.2	138 283.1	57 898.9	27 691.3	333 511.8	181 877.3	23 870.6
2 967.6	17 803.7	27 878.1	10 069.3	3 360.0	90 075.6	69 452.1	20 416.8
10 099.1	69 540.6	150 945.8	81 405.0	39 428.0	329 982.5	174 578.0	47 686.1

10-5 限额以上住宿和餐饮业法人企业主要财务状况综合表(二)(2015年)

MAIN FINANCIAL INDICAFORS OF ENTERPRISE ABOVE DESIGNATED SIZE OF HOTELS AND CATERING SERVICES Ⅱ (2015)

单位：万元

项 目	Item	非流动负债合计 Total Non-working Liabilities	负债合计 Total Liabilities	所有者权益合计 Total Owner's Eguities
总 计	**Total**	**1 083 550.7**	**3 090 479.6**	**1 128 352.8**
一、住宿业	**Hotels**	**958 599.8**	**2 201 372.1**	**749 580.2**
1.按住宿行业分组	Grouped by Sector			
旅游饭店	Tour Restaurant	864 630.8	1 903 830.7	670 353.2
一般旅馆	General Restaurant	85 744.1	270 416.5	26 795.6
其他住宿服务	Other Hotel Services	8 224.9	27 124.9	52 431.4
2.按登记注册类型分组	Grouped by Registration Status			
内资企业	Domestic-funded	744 668.2	1 615 417.1	397 836.1
国有企业	State-owned	5 417.3	64 619.9	113 023.1
集体企业	Collective-owned	221.6	1 520.9	2 596.5
股份合作企业	Share-holding Cooperative Enterprise		1 325.5	6 705.4
联营企业	Joint Ownership		6 566.9	11 202.9
有限责任公司	Limited Liabilities Companies	560 054.9	1 049 046.8	237 160.3
股份有限公司	Share-holding Limited Companies	12 008.0	50 682.4	14 822.3
私营企业	Private-owned	166 633.2	410 793.0	9 848.9
港、澳、台商投资企业	Funded by Entrepreneur from Hong Kong,Macao and Taiwan	80 726.6	283 904.4	115 291.7
合资经营企业（港或澳、台资）	Joint-venture(Hong Kong,Macao and Taiwan)	5 200.0	15 389.2	46 062.9
合作经营企业（港或澳、台资）	Cooperative(Hong Kong,Macao and Taiwan)	6 195.0	125 749.2	63 199.8
港、澳、台商独资经营企业	Enterprises with Sole Funds(Hong Kong,Macao and Taiwan)	40 935.5	105 326.1	3 983.9
港、澳、台商投资股份有限公司	Share-holding Corporations Ltd(Hong Kong,Macao and Taiwan)	28 396.1	37 439.9	2 045.1
外商投资企业	Foreign-funded	133 205.0	302 050.6	236 452.4
中外合资经营企业	Jointly-owned	74 205.6	179 406.8	46 533.4
中外合作经营企业	Cooperatively-owned	10 760.0	26 886.6	22 201.7
外资企业	Exclusively Foreign-owned	48 239.4	139 251.8	121 426.9
外商投资股份有限公司	Foreign-funded Investment Companies Limited			
3.按控股情况分组	Grouped by Holding Condition			
国有控股	State-controlled	115 254.0	323 784.0	399 704.5
集体控股	Collective-controlled	221.6	3 123.5	5 549.5
私人控股	Private-controlled	429 313.1	988 827.9	33 239.6
港澳台商控股	Controlled by Entrepreneur from Hong Kong,Macao and Taiwan	83 401.5	283 342.6	40 976.9
外商控股	Foreign-funded-controlled	113 016.1	277 684.3	130 312.4
其他	Others	217 393.5	324 609.8	139 797.3
4.按经营形式分组	Grouped by Business Forms			
独立门店	Independent Stores	604 405.7	1 422 072.4	506 449.0
连锁总店	General Chain Stores	24 652.5	92 880.3	67 711.2
连锁门店	Chain Stores		6 762.7	12 867.6
其他	Other	329 541.6	679 656.7	162 552.4
5.按星级分组	Grouped by Star Rating			
五星	Five Star	412 713.4	987 032.3	398 636.1
四星	Four Star	199 811.5	358 137.9	82 076.2
三星	Three Star	42 179.5	212 947.4	19 849.1

（10 000 yuan）

实收资本 Paid−in Capital							主营业务收入 Prime Operating Revenues	主营业务成本 Operating Losts	主营业务税金及附加 Sales Taxes and Extra Charges
	1.国家资本 State Capital	2.集体资本 Collective−owned Capital	3.法人资本 Capital of Juridical Person	4.个人资本 Private Capital	5.港澳台资本 Hong Kong, Macao and Taiwan Capital	6.外商资本 Foreign Capital			
1 190 919.3	**279 423.8**	**10 292.9**	**355 546.7**	**193 429.6**	**203 200.6**	**149 025.7**	**3 035 497.4**	**1 257 188.1**	**168 813.7**
878 362.7	**272 648.9**	**7 892.1**	**249 259.8**	**106 815.6**	**113 738.0**	**128 008.3**	**1 050 581.0**	**345 536.4**	**59 749.7**
746 583.5	267 884.7	4 737.1	191 714.6	79 363.4	105 029.2	97 854.5	890 421.6	289 274.5	50 480.9
101 873.0	4 509.2	3 155.0	43 204.0	13 162.2	8 708.8	29 133.8	126 114.1	46 506.8	7 179.5
29 906.2	255.0		14 341.2	14 290.0		1 020.0	34 045.3	9 755.1	2 089.3
501 335.5	205 161.2	7 125.6	182 188.1	106 790.6	20.0	50.0	672 474.5	213 273.0	38 337.0
83 631.8	82 014.6		1 617.2				50 824.0	15 931.1	2 818.2
3 170.8		3 170.8					4 811.5	1 495.3	272.4
2 750.0			2 750.0				3 679.8	1 712.3	206.1
8 660.0	6 000.0	2 000.0	660.0				7 039.2	1 433.0	387.5
285 143.0	111 746.6	754.8	119 308.9	53 332.7			344 845.4	108 849.5	19 378.7
27 716.2	5 100.0		6 090.0	16 526.2			20 866.4	3 702.8	1 260.4
85 813.7	300.0	1 200.0	48 312.0	35 931.7	20.0	50.0	225 124.3	78 491.9	13 166.7
207 769.5	67 057.4	766.5	25 798.6	25.0	113 102.0	1 020.0	149 912.5	63 379.8	8 432.3
39 075.7	6 047.0		8 690.2		24 338.5		29 655.3	15 164.3	1 732.2
92 075.3	61 010.4	766.5	16 087.4		14 211.0		60 599.0	27 210.6	3 361.5
43 678.3			1 021.0	25.0	41 612.3	1 020.0	49 970.3	17 059.3	2 797.7
32 940.2					32 940.2		9 687.9	3 945.6	540.9
169 257.7	430.3		41 273.1		616.0	126 938.3	228 194.0	68 883.6	12 980.4
40 469.4	430.3		36 273.1		616.0	3 150.0	77 626.8	14 136.1	4 448.6
31 757.0						31 757.0	15 149.5	2 414.9	988.6
97 031.3			5 000.0			92 031.3	95 062.9	29 646.8	5 237.0
347 511.2	269 043.4	100.0	42 447.8	4 900.0	1 690.0	29 330.0	255 071.7	94 687.9	14 110.9
5 412.8		5 170.8	235.0	7.0			7 555.2	2 514.0	430.3
168 802.5	300.0	1 200.0	95 219.6	72 012.9	20.0	50.0	329 653.9	104 804.1	19 142.5
149 745.3	2 043.0	766.5	35 153.5	25.0	110 737.3	1 020.0	133 395.0	45 438.5	7 586.1
120 845.2			25 663.9			95 181.3	140 256.6	35 777.1	7 818.9
86 045.7	1 262.5	654.8	50 540.0	29 870.7	1 290.7	2 427.0	184 648.6	62 314.8	10 661.0
497 953.3	92 848.2	7 692.1	164 025.4	74 653.0	87 246.6	71 488.0	674 320.6	234 247.2	38 434.1
59 208.5	11 100.0		21 363.5	5 100.0	21 645.0		48 474.8	16 031.1	2 671.0
6 158.8			3 971.0	2 175.0	12.8		24 563.0	4 713.0	1 377.2
315 042.1	168 700.7	200.0	59 899.9	24 887.6	4 833.6	56 520.3	303 222.6	90 545.1	17 267.4
393 440.7	131 010.4		69 251.2	26 511.3	42 656.5	124 011.3	381 540.4	140 481.5	21 291.5
121 872.9	4 004.0		61 020.5	16 785.9	40 062.5		141 325.2	46 595.5	8 457.6
102 099.5	39 629.5	1 421.3	28 809.8	9 544.9	21 674.0	1 020.0	116 947.7	32 504.8	6 663.3

单位：万元

项　目	Item	非流动负债合计 Total Non-working Liabilities	负债合计 Total Liabilities	所有者权益合计 Total Owner's Eguities
二星	Two Star	1 733.8	10 975.1	10 822.1
一星	One Star	305.0	581.7	54.7
其他	Others	301 856.6	631 697.7	238 142.0
二、餐饮业	**Catering Services**	**124 950.9**	**889 107.5**	**378 772.6**
1.按餐饮行业小类分组	Grouped by Sector			
正餐服务	Restaurant	100 669.7	574 787.9	235 804.9
快餐服务	Fast Food	22 885.2	280 631.3	93 512.5
饮料及冷饮服务	Beverages and Cold Drinks	1 327.0	14 124.6	24 772.5
其他餐饮服务	Others	69.0	19 563.7	24 682.7
2.按登记注册类型分组	Grouped by Registration			
内资企业	Domestic-funded	23 074.5	532 823.2	157 974.8
国有企业	State-owned	61.3	1 022.9	854.9
集体企业	Collective-owned		398.0	495.5
股份合作企业	Share-holding Cooperative Enterprise			
联营企业	Joint Ownership			
有限责任公司	Limited Liabilities Companies	8 185.7	237 625.3	70 240.3
股份有限公司	Share-holding Limited Companies		260.1	506.3
私营企业	Private-owned	14 817.9	291 980.7	83 633.2
其他企业	Others	9.6	1 536.2	2 244.6
港、澳、台商投资企业	Funded by Entrepreneur from Hong Kong,Macao and Taiwan	72 624.3	236 089.4	188 124.6
合资经营企业（港或澳、台资）	Joint-venture(Hong Kong,Macao and Taiwan)	1 500.0	13 590.5	12 095.8
合作经营企业（港或澳、台资）	Cooperative(Hong Kong,Macao and Taiwan)		6 190.6	4 595.0
港、澳、台商独资经营企业	Enterprises with Sole Funds(Hong Kong,Macao and Taiwan)	71 124.3	216 308.3	171 433.8
港、澳、台商投资股份有限公司	Share-holding Corporations Ltd(Hong Kong,Macao and Taiwan)			
外商投资企业	Foreign-funded	29 252.1	120 194.9	32 673.2
中外合资经营企业	Jointly-owned	918.4	10 689.3	4 218.2
中外合作经营企业	Cooperatively-owned			
外资企业	Exclusively Foreign-owned	28 333.7	109 505.6	28 455.0
外商投资股份有限公司	Foreign-funded Investment Companies Limited			
3.按控股情况分组	Grouped by Holding Condition			
国有控股	State-controlled	1 041.0	27 229.8	15 077.9
集体控股	Collective-controlled		2 435.3	5 205.7
私人控股	Private-controlled	18 166.1	428 333.0	136 981.7
港澳台商控股	Controlled by Entrepreneur from Hong Kong,Macao and Taiwan	73 073.7	237 876.6	182 938.2
外商控股	Foreign-funded-controlled	28 333.7	125 564.5	25 265.9
其他	Others	4 336.4	67 668.3	13 303.2
4.按经营形式分组	Grouped by Business Forms			
独立门店	Independent Stores	47 636.3	383 563.8	130 746.4
连锁总店	General Chain Stores	21 335.2	207 227.5	126 284.3
连锁门店	Chain Stores	3 502.8	72 954.9	17 120.7
其他	Other	52 476.6	225 361.3	104 621.2

实收资本 Paid-in Capital	1.国家资本 State Capital	2.集体资本 Collective-owned Capital	3.法人资本 Capital of Juridical Person	4.个人资本 Private Capital	5.港澳台资本 Hong Kong, Macao and Taiwan Capital	6.外商资本 Foreign Capital	主营业务收入 Prime Operating Revenues	主营业务成本 Operating Losts	主营业务税金及附加 Sales Taxes and Extra Charges
7 227.6	3 160.0	50.0	3 282.6	100.0	635.0		11 043.2	6 175.2	596.6
600.0				600.0			819.0	647.5	75.3
253 122.0	94 845.0	6 420.8	86 895.7	53 273.5	8 710.0	2 977.0	398 905.5	119 131.9	22 665.4
312 556.6	**6 774.9**	**2 400.8**	**106 286.9**	**86 614.0**	**89 462.6**	**21 017.4**	**1 984 916.4**	**911 651.7**	**109 064.0**
212 984.9	4 286.6	2 400.8	65 425.3	69 360.1	56 623.9	14 888.2	1 100 144.1	513 523.2	64 784.9
80 916.7	700.0		37 971.4	12 638.0	23 478.1	6 129.2	723 140.7	333 165.4	37 140.7
5 164.9			1 205.0		3 959.9		60 726.4	15 726.4	3 247.1
13 490.1	1 788.3		1 685.2	4 615.9	5 400.7		100 905.2	49 236.7	3 891.3
172 462.1	4 286.6	2 400.8	78 957.9	85 477.1	699.7	640.0	1 072 185.2	537 867.5	62 657.2
2 006.6	2 006.6						3 264.5	1 683.3	180.1
264.5		264.5					490.9	110.6	28.1
53 763.9	2 280.0	1 400.0	36 126.2	13 258.0	699.7		419 047.6	205 789.2	26 166.1
704.0				704.0			1 385.0	397.5	46.4
114 144.6		50.0	42 573.0	70 881.6		640.0	641 188.3	325 758.5	35 819.8
1 578.5		686.3	258.7	633.5			6 808.9	4 128.4	416.7
95 479.7	1 788.3		4 457.3	1.0	88 186.5	1 046.6	527 770.6	194 808.7	25 881.2
8 810.1			1 968.5	1.0	5 794.0	1 046.6	35 532.9	18 776.1	1 834.1
3 635.8	1 788.3		.0		1 847.5		21 988.8	7 500.7	351.3
83 033.8			2 488.8		80 545.0		470 248.9	168 531.9	23 695.8
44 614.8	700.0		22 871.7	1 135.9	576.4	19 330.8	384 960.6	178 975.5	20 525.6
6 367.1	700.0		1 508.3	1 135.9	576.4	2 446.5	37 682.2	17 231.1	1 808.8
38 247.7			21 363.4			16 884.3	347 278.4	161 744.4	18 716.8
9 597.3	6 274.9		1 413.2	846.4	1 062.8		98 269.1	69 470.6	3 963.2
1 674.5		1 664.5	10.0				8 326.5	4 122.6	339.9
148 164.6		736.3	63 031.0	83 672.3	85.0	640.0	907 819.2	438 475.0	53 931.0
93 808.3			4 616.3	31.0	88 114.4	1 046.6	514 306.0	191 215.2	25 973.0
38 893.7			21 373.4			17 520.3	350 070.2	163 071.4	18 873.1
20 418.2	500.0		15 843.0	2 064.3	200.4	1 810.5	106 125.4	45 296.9	5 983.8
143 782.1	5 774.9	2 400.8	45 818.5	47 594.2	39 312.3	2 881.4	725 837.6	353 074.4	39 476.4
56 394.6			20 384.6	15 250.1	10 806.5	9 953.4	599 116.2	247 211.1	34 790.4
43 894.2			20 327.0	14 636.3	6 955.9	1 975.0	145 469.5	55 407.4	8 087.3
68 485.7	1 000.0		19 756.8	9 133.4	32 387.9	6 207.6	514 493.1	255 958.8	26 709.9

10-5 限额以上住宿和餐饮业法人企业主要财务状况综合表 (三)（2015年）

MAIN FINANCIAL INDICAFORS OF ENTERPRISE ABOVE DESIGNATED SIZE OF HOTELS AND CATERING SERVICES III（2015）

单位：万元

项 目 Item		其他业务利润 Profits from Other Business	销售费用 Sale Expenses	管理费用 Management Expenses
总 计	**Total**	**47 175.0**	**1 021 447.0**	**505 951.1**
一、住宿业	**Hotels**	**28 221.9**	**300 363.6**	**299 606.7**
1.按住宿行业分组	Grouped by Sector			
旅游饭店	Tour Restaurant	21 205.1	244 786.2	256 700.8
一般旅馆	General Restaurant	6 789.0	45 264.2	30 936.3
其他住宿服务	Other Hotel Services	227.8	10 313.2	11 969.6
2.按登记注册类型分组	Grouped by Registration Status			
内资企业	Domestic-funded	11 244.3	217 985.8	185 800.3
国有企业	State-owned	300.6	12 803.5	23 688.8
集体企业	Collective-owned		2 606.9	835.1
股份合作企业	Share-holding Cooperative Enterprise		567.2	231.7
联营企业	Joint Ownership	4.4	1 925.8	2 265.5
有限责任公司	Limited Liabilities Companies	8 572.9	98 899.9	101 602.2
股份有限公司	Share-holding Limited Companies	35.3	9 646.4	6 366.1
私营企业	Private-owned	2 330.9	85 633.2	45 961.6
港、澳、台商投资企业	Funded by Entrepreneur from Hong Kong,Macao and Taiwan	464.5	33 606.1	44 406.5
合资经营企业（港或澳、台资）	Joint-venture(Hong Kong,Macao and Taiwan)	286.4	5 071.2	5 505.7
合作经营企业（港或澳、台资）	Cooperative(Hong Kong,Macao and Taiwan)		7 440.1	16 919.4
港、澳、台商独资经营企业	Enterprises with Sole Funds(Hong Kong,Macao and Taiwan)	178.1	20 736.9	19 086.7
港、澳、台商投资股份有限公司	Share-holding Corporations Ltd(Hong Kong,Macao and Taiwan)		357.9	2 894.7
外商投资企业	Foreign-funded	16 513.1	48 771.7	69 399.9
中外合资经营企业	Jointly-owned	1 150.3	25 215.9	32 122.0
中外合作经营企业	Cooperatively-owned		5 399.6	4 908.8
外资企业	Exclusively Foreign-owned		16 244.6	28 845.3
外商投资股份有限公司	Foreign-funded Investment Companies Limited			
3.按控股情况分组	Grouped by Holding Condition			
国有控股	State-controlled	934.6	62 509.9	75 704.2
集体控股	Collective-controlled	22.1	3 694.2	1 322.2
私人控股	Private-controlled	2 348.3	117 983.0	84 901.1
港澳台商控股	Controlled by Entrepreneur from Hong Kong,Macao and Taiwan	1 614.8	41 134.5	44 168.0
外商控股	Foreign-funded-controlled	10.2	33 030.3	48 204.6
其他	Others	23 291.9	42 011.7	45 306.6
4.按经营形式分组	Grouped by Business Forms			
独立门店	Independent Stores	21 497.9	178 743.7	187 289.8
连锁总店	General Chain Stores	584.3	15 494.4	13 536.8
连锁门店	Chain Stores	87.4	13 817.9	2 592.1
其他	Other	6 052.3	92 307.6	96 188.0
5.按星级分组	Grouped by Star Rating			
五星	Five Star	15 577.3	68 559.5	114 765.6
四星	Four Star	2 149.5	44 559.8	38 077.0
三星	Three Star	732.3	46 712.5	29 777.0

（10 000 yuan）

财务费用 Financial Expenses	利息支出 Interest Expense	营业利润 Operating profits	投资收益 Profits of Investment	营业外收入 Non-operating Income	利润总额 Total Profits	应交所得税 Total Payable Tax	应付职工薪酬 Total Wages Payable	从业人员期末人数（人）Average Employed Persons (Persons)
82 797.0	**50 623.1**	**66 419.7**	**29 570.0**	**53 959.1**	**89 336.1**	**25 073.0**	**730 892.5**	**155 582**
69 381.4	**45 045.5**	**22 640.5**	**8 406.9**	**45 105.5**	**42 507.8**	**10 871.1**	**282 346.8**	**45 970**
60 665.3	39 045.9	35 883.6	8 397.4	43 700.1	54 490.7	10 151.7	240 979.5	37 402
8 217.0	5 795.9	−11 425.3	9.5	97.8	−10 984.4	598.7	33 151.4	6 840
499.1	203.7	−1 817.8		1 307.6	−998.5	120.7	8 215.9	1 728
44 963.3	32 292.6	748.5	7 963.2	4 981.0	4 180.1	5 399.4	198 257.5	33 439
−62.8	17.2	−4 136.6		1 955.1	−2 463.3	96.2	17 291.7	2 579
16.2		−136.1		2.5	−96.5		1 236.4	231
20.8		944.2		28.0	958.9	239.7	380.5	90
29.1	−7.9	1 122.1		2.2	1 068.6	272.4	2 032.8	300
28 620.8	18 404.9	7 753.6	688.1	1 075.0	8 253.6	2 973.3	104 729.2	14 996
1 528.9	1 418.8	3 461.9	5 054.9	94.2	3 544.0	199.3	12 713.5	2 307
11 614.6	9 316.3	−7 279.8	2 020.2	1 820.2	−6 232.7	1 618.5	56 756.3	12 410
8 637.8	2 868.6	6 375.9	86.3	39 552.8	22 503.8	3 044.8	34 211.3	6 261
−170.1		2 481.5	76.5	84.2	2 746.4	594.0	9 370.8	1 169
4 776.8	403.6	1 085.0		90.6	1 057.5	1 491.1	9 793.8	1 809
3 084.7	2 465.0	1 835.6	9.8	135.2	9 317.8	121.5	13 265.2	3 039
946.4		973.8		39 242.8	9 382.1	838.2	1 781.5	244
15 780.3	9 884.3	15 516.1	357.4	571.7	15 823.9	2 426.9	49 878.0	6 270
9 247.0	6 674.8	−5 281.0	191.4	433.3	−4 971.2	769.4	15 185.3	2 031
81.2		1 865.9		52.4	1 842.6	509.7	4 364.2	843
6 452.1	3 209.5	9 003.8	166.0	86.0	9 025.1	1 147.8	20 326.3	2 695
5 821.9	5 013.0	11 014.0	7 293.8	2 864.1	13 151.2	3 234.1	79 391.8	11 594
27.2		−135.3		2.6	−95.6	25.7	1 792.9	323
25 647.1	14 833.4	−20 171.9	2 220.2	2 100.9	−18 293.9	2 126.3	82 458.5	16 977
9 316.7	2 823.5	1 994.5	277.7	39 735.6	18 367.6	2 287.4	30 154.9	5 346
13 747.6	10 159.3	2 965.3	166.0	227.0	3 101.5	1 159.4	30 335.9	4 010
14 820.9	12 216.3	26 973.9	−1 550.8	175.3	26 277.0	2 038.2	58 212.8	7 720
39 101.2	29 768.5	4 194.1	2 472.5	42 416.1	15 105.3	6 735.2	173 782.9	29 449
1 519.8	1 396.3	20 521.6	5 054.9	432.2	20 245.9	311.0	35 553.6	4 542
150.2		2 002.3		60.6	2 214.7	688.8	3 776.3	900
28 610.2	13 880.7	−4 077.5	879.5	2 196.6	4 941.9	3 136.1	69 234.0	11 079
33 139.3	22 159.4	23 847.7	4 404.9	649.4	31 014.5	3 498.2	87 473.7	11 376
12 427.6	8 593.1	−7 191.8	−1 550.8	39 837.1	2 024.0	2 054.9	36 295.5	7 316
3 181.0	2 197.8	800.7	97.0	1 460.0	1 788.3	1 316.4	36 222.2	7 204

单位：万元

项目	Item	其他业务利润 Profits from Other Business	销售费用 Sale Expenses	管理费用 Management Expenses
二星	Two Star	1.3	2 269.9	1 214.5
一星	One Star		49.6	213.9
其他	Others	9 761.5	138 212.3	115 558.7
二、餐饮业	**Catering Services**	**18 953.1**	**721 083.4**	**206 344.4**
1.按餐饮行业小类分组	Grouped by Sector			
正餐服务	Restaurant	17 663.8	378 094.7	128 978.4
快餐服务	Fast Food	1 289.3	286 457.0	57 666.1
饮料及冷饮服务	Beverages and Cold Drinks		30 082.4	4 260.5
其他餐饮服务	Others		26 449.3	15 439.4
2.按登记注册类型分组	Grouped by Registration			
内资企业	Domestic-funded	16 515.3	336 079.8	123 930.8
国有企业	State-owned		359.3	1 112.3
集体企业	Collective-owned		393.9	0.3
股份合作企业	Share-holding Cooperative Enterprise			
联营企业	Joint Ownership			
有限责任公司	Limited Liabilities Companies	11 495.8	138 534.0	34 702.0
股份有限公司	Share-holding Limited Companies		321.8	170.7
私营企业	Private-owned	5 019.5	194 857.7	87 393.1
其他企业	Others		1 613.1	552.4
港、澳、台商投资企业	Funded by Entrepreneur from Hong Kong,Macao and Taiwan	584.9	238 231.4	50 805.4
合资经营企业（港或澳、台资）	Joint-venture(Hong Kong,Macao and Taiwan)		9 634.3	5 438.5
合作经营企业（港或澳、台资）	Cooperative(Hong Kong,Macao and Taiwan)		1 542.7	11 121.9
港、澳、台商独资经营企业	Enterprises with Sole Funds(Hong Kong,Macao and Taiwan)	584.9	227 054.4	34 245.0
港、澳、台商投资股份有限公司	Share-holding Corporations Ltd(Hong Kong,Macao and Taiwan)			
外商投资企业	Foreign-funded	1 852.9	146 772.2	31 608.2
中外合资经营企业	Jointly-owned		14 144.1	2 183.8
中外合作经营企业	Cooperatively-owned			
外资企业	Exclusively Foreign-owned	1 852.9	132 628.1	29 424.4
外商投资股份有限公司	Foreign-funded Investment Companies Limited			
3.按控股情况分组	Grouped by Holding Condition			
国有控股	State-controlled	84.6	4 325.8	14 893.6
集体控股	Collective-controlled	1 266.4	2 430.6	1 087.0
私人控股	Private-controlled	7 351.0	300 058.9	107 094.1
港澳台商控股	Controlled by Entrepreneur from Hong Kong,Macao and Taiwan	584.9	240 957.8	40 527.0
外商控股	Foreign-funded-controlled	1 852.9	133 251.8	30 510.6
其他	Others	7 813.3	40 058.5	12 232.1
4.按经营形式分组	Grouped by Business Forms			
独立门店	Independent Stores	5 193.4	222 838.9	106 607.7
连锁总店	General Chain Stores	2 178.2	241 814.7	47 173.3
连锁门店	Chain Stores	9 317.6	69 582.8	16 678.5
其他	Other	2 263.9	186 847.0	35 884.9

财务费用 Financial Expenses	利息支出 Interest Expense	营业利润 Operating profits	投资收益 Profits of Investment	营业外收入 Non-operating Income	利润总额 Total Profits	应交所得税 Total Payable Tax	应付职工薪酬 Total Wages Payable	从业人员期末人数（人） Average Employed Persons (Persons)
143.3	0.1	637.7		15.7	599.6	168.7	2 711.6	595
5.4		−26.9			−192.9		394.0	106
20 484.8	12 095.1	4 573.1	5 455.8	3 143.3	7 274.3	3 832.9	119 249.8	19 373
13 415.6	**5 577.6**	**43 779.2**	**21 163.1**	**8 853.6**	**46 828.3**	**14 201.9**	**448 545.7**	**109 612**
8 210.4	3 154.6	26 986.7	20 471.5	5 420.2	35 043.5	6 553.8	256 332.3	57 961
5 143.4	2 349.3	3 278.6	681.9	2 952.4	−1 704.1	4 144.5	159 323.3	45 427
−129.1	2.5	7 840.5		411.7	7 916.9	2 399.1	7 998.1	1 677
190.9	71.2	5 673.4	9.7	69.3	5 572.0	1 104.5	24 892.0	4 547
10 427.9	4 429.0	2 421.1	875.1	5 070.9	11 105.8	6 346.2	249 562.5	60 203
12.1	1.2	−82.7		0.8	−86.9		693.5	179
		−42.0			−48.4		168.5	60
4 779.5	2 775.5	12 755.8	117.8	1 467.1	15 137.7	4 582.3	98 018.6	21 216
0.6		−70.4			−74.6	0.4	569.7	153
5 624.6	1 652.3	−10 226.8	757.3	3 603.0	−3 909.2	1 740.8	148 546.9	38 199
11.1		87.2			87.2	22.7	1 565.3	396
1 063.1	376.9	39 821.7	20 289.3	1 587.4	35 202.4	5 865.4	116 047.1	25 989
443.8	131.5	80.0	76.8	62.4	157.2	202.9	7 530.7	1 411
65.1	43.5	1 824.7		32.2	1 832.4	502.0	7 490.1	865
554.2	201.9	37 917.0	20 212.5	1 492.8	33 212.8	5 160.5	101 026.3	23 713
1 924.6	771.7	1 536.4	−1.3	2 195.3	520.1	1 990.3	82 936.1	23 420
111.5	11.0	2 212.0	9.7	18.5	2 056.4	473.7	17 182.3	2 296
1 813.1	760.7	−675.6	−11.0	2 176.8	−1 536.3	1 516.6	65 753.8	21 124
111.1	61.2	5 591.8		77.5	5 542.8	1 081.6	40 412.9	4 751
−20.6	−26.0	2 252.0	55.8	1.2	2 892.3	754.1	2 996.6	529
9 465.1	3 853.7	−2 389.4	789.8	4 248.0	5 730.9	4 650.4	202 090.0	52 435
1 107.4	375.1	37 397.3	20 318.8	1 587.2	32 540.7	5 364.5	110 944.8	25 499
1 829.1	760.7	−2 049.4	−11.0	2 250.6	−3 184.3	1 547.3	66 442.9	21 245
923.5	552.9	2 976.9	9.7	689.1	3 305.9	804.0	25 658.5	5 153
5 599.0	1 502.6	1 921.7	172.7	4 398.3	8 878.3	4 350.9	173 841.6	39 091
3 861.9	2 619.2	24 215.5	672.5	2 938.7	24 097.3	6 893.1	108 828.9	32 420
610.4	306.4	−4 600.9	29.5	179.0	−5 619.6	517.8	31 302.7	7 442
3 344.3	1 149.4	22 242.9	20 288.4	1 337.6	19 472.3	2 440.1	134 572.5	30 659

10-6 限额以上住宿和餐饮业法人企业经营情况综合表（2015年）

CONSOLIDATED TABLE OF ENTERPRISES ABOVE DESIGNATED SIZE OF HOTELS AND CATERING SERVICES （2015）

单位：万元

项　目	Item	法人企业数（个）Number of Corporative Enterprises (unit)	从业人员期末人数（人）Average Employed Persons (Persons)	营业额 Business Revenue
总　　计	**Total**	**771**	**155 582**	**3 114 431.8**
一、住宿业	**Hotels**	**289**	**45 970**	**1 119 390.4**
1.按住宿行业小类分组	Grouped by sector			
旅游饭店	Tour Restaurant	194	37 402	959 265.6
一般旅馆	General Restaurant	77	6 840	127 290.5
其他住宿服务	Other Hotel Services	18	1 728	32 834.3
2.按登记注册类型分组	Grouped by Registration			
内资企业	Domestic-funded	243	33 439	715 775.9
国有企业	State-owned	14	2 579	55 888.3
集体企业	Collective-owned	4	231	4 725.6
股份合作企业	Share-holding Cooperative Enterprise	1	90	3 679.8
联营企业	Joint Ownership	4	300	5 041.3
国有联营企业	State-owned Joint Ownership	2	217	3 688.2
集体联营企业	Collective Joint Ownership	1	31	190.1
国有与集体联营企业	State & Collective Joint Ownership	1	52	1 163.0
其他联营企业	Other Jonit Ownership			
有限责任公司	Limited Liabilities Companies	93	14 996	385 728.5
国有独资公司	State-owned Companies Limited	9	2 466	49 080.5
其他有限责任公司	Other Companies Limited	84	12 530	336 648.0
股份有限公司	Share-holding Limited Companies	8	2 307	13 552.6
私营企业	Private-owned	115	12 410	231 874.8
私营独资企业	Exclusively Private-owned Companies	4	192	2 735.8
私营合伙企业	Joint Private-owned Companies			
私营有限责任公司	Private-owned Companies Limited	107	11 846	223 976.7
私营股份有限公司	Share-holding Private-owned Companies	4	372	5 162.3
其他企业	Others	4	526	15 285.0
港、澳、台商投资企业	Funded by Entrepreneur from Hong Kong,Macao and Taiwan	28	6 261	175 097.2
合资经营企业（港或澳、台资）	Joint-venture(Hong Kong,Macao and Taiwan)	5	1 169	30 017.0
合作经营企业（港或澳、台资）	Cooperative(Hong Kong,Macao and Taiwan)	6	1 809	60 792.3
港、澳、台商独资经营企业	Enterprises with Sole Funds(Hong Kong,Macao and Taiwan)	16	3 039	74 600.0
港、澳、台商投资股份有限公司	Share-holding Corporations Ltd(Hong Kong,Macao and Taiwan)	1	244	9 687.9
外商投资企业	Foreign-funded	18	6 270	228 517.3
中外合资经营企业	Jointly-owned	8	2 031	79 715.1
中外合作经营企业	Cooperatively-owned	2	843	15 149.5
外资企业	Exclusively Foreign-owned	7	2 695	93 297.9
外商投资股份有限公司	Foreign-funded Investment Companies Limited			
3.按控股情况分组	Grouped by Holding Condition			
国有控股	State-controlled	49	11 594	252 159.2
集体控股	Collective-controlled	8	323	7 617.4
私人控股	Private-controlled	146	16 977	337 063.2
港澳台商控股	Controlled by Entrepreneur from Hong Kong,Macao and Taiwan	27	5 346	159 730.0
外商控股	Foreign-funded-controlled	11	4 010	139 412.1
其他	Others	48	7 720	223 408.5
4.按经营形式分组	Grouped by Business Forms			
独立门店	Independent Stores	199	29 449	685 783.1
连锁总店	General Chain Stores	10	4 542	74 181.3
连锁门店	Chain Stores	10	900	24 654.5
其他	Other	70	11 079	334 771.5
5.按星级分组	Grouped by Star			
五星	Five Star	24	11 376	405 245.3
四星	Four Star	36	7 316	144 088.3

(10 000 yuan)

客房收入 Revenue of Rooms	餐费收入 Total Revenue of Meals	商品销售收入 Total Sales of Commodities	其他收入 Others	客房间数（间） Number of Rooms (room)	床位数（张） Number of Beds (bed)	餐位数（位） Numder of Dining-seats (seat)	年末餐饮营业面积（平方米） Operating Area Catering (sq.m)
688 826.1	**2 191 752.2**	**33 514.7**	**200 338.8**	**67 592**	**97 706**	**506 874**	**1 737 190**
634 151.8	**330 262.0**	**3 597.4**	**151 379.2**	**61 016**	**87 751**	**83 407**	**501 387**
521 119.2	295 212.1	2 925.7	140 008.6	43 259	61 976	66 273	337 654
89 404.5	27 211.5	606.4	10 068.1	14 515	21 178	11 896	134 977
23 628.1	7 838.4	65.3	1 302.5	3 242	4 597	5 238	28 756
421 937.4	184 461.1	1 645.8	107 731.6	46 874	68 557	57 380	374 816
30 486.2	19 503.7	27.3	5 871.1	2 740	4 085	7 009	24 763
1 914.4	2 107.9		703.3	424	878	1 020	1 560
2 798.7	881.1			150	278	200	815
3 585.9	127.9	256.0	1 071.5	576	1 047	168	2 500
2 592.8	127.9	256.0	711.5	330	589	168	2 500
73.0			117.1	70	128		
920.1			242.9	176	330		
219 175.1	98 731.7	710.7	67 111.0	19 758	28 881	27 615	191 503
23 139.6	17 937.2	204.2	7 799.5	2 010	3 233	5 300	27 829
196 035.5	80 794.5	506.5	59 311.5	17 748	25 648	22 315	163 674
8 085.5	3 088.3	62.0	2 316.8	1 927	2 903	1 771	10 677
145 141.3	56 545.1	589.8	29 598.6	20 554	29 234	18 845	136 298
1 867.1	414.0		454.7	460	684	253	1 570
139 693.5	55 178.9	589.8	28 514.5	19 524	27 775	18 384	134 160
3 580.7	952.2		629.4	570	775	208	568
10 750.3	3 475.4		1 059.3	745	1 251	752	6 700
86 012.6	65 954.7	1 262.7	21 867.2	7 041	10 168	11 956	65 311
16 885.3	8 224.8	678.8	4 228.1	1 613	2 409	1 707	7 364
29 971.7	25 809.3	393.5	4 617.8	1 793	2 629	3 579	22 652
35 228.8	31 129.4	141.5	8 100.3	3 235	4 530	6 426	34 394
3 926.8	791.2	48.9	4 921.0	400	600	244	901
126 201.8	79 846.2	688.9	21 780.4	7 101	9 026	14 071	61 260
52 892.1	20 455.2	347.6	6 020.2	3 777	4 854	4 941	28 431
6 596.6	4 205.8		4 347.1	484	617	1 618	3 207
49 692.4	33 219.3	341.3	10 044.9	2 369	3 010	6 336	22 022
140 988.2	82 200.1	496.6	28 474.3	12 646	18 741	23 231	97 939
4 450.0	2 107.9		1 059.5	899	1 649	1 020	4 760
203 752.3	92 247.7	1 103.9	39 959.3	25 849	36 985	28 800	179 495
92 979.0	45 244.6	992.3	20 514.1	8 426	11 594	10 117	55 737
74 069.7	51 237.1	341.3	13 764.0	3 580	4 528	10 126	44 678
117 912.6	57 224.6	663.3	47 608.0	9 616	14 254	10 113	118 778
385 727.1	217 283.0	2 993.3	79 779.7	37 347	53 345	58 198	366 265
29 239.9	4 471.3		40 470.1	6 039	8 993	3 212	12 866
19 358.0	5 060.6	40.4	195.5	2 614	3 995	1 519	8 283
199 826.8	103 447.1	563.7	30 933.9	15 016	21 418	20 478	113 973
205 204.6	158 943.2	1 697.2	39 400.3	9 657	12 935	24 268	103 443
80 512.3	43 147.4	484.4	19 944.2	8 439	12 287	14 267	110 431

单位：万元

项 目	Item	法人企业数（个）Number of Corporative Enterprises (unit)	从业人员期末人数（人）Average Employed Persons (Persons)	营业额 Business Revenue
三星	Three Star	58	7 204	123 164.8
二星	Two Star	11	595	11 049.8
一星	One Star	2	106	1 569.0
其他	Other	158	19 373	434 273.2
二、餐饮业	**Catering Services**	**482**	**109 612**	**1 995 041.4**
1.按餐饮行业小类分组	Grouped by sector			
正餐服务	Restaurant	427	57 961	1 090 057.9
快餐服务	Fast Food	35	45 427	741 007.9
饮料及冷饮服务	Beverages and lold Drinrs	5	1 677	61 027.9
其他餐饮服务	Others	15	4 547	102 947.7
2.按登记注册类型分组	Grouped by Registration			
内资企业	Domestic-funded	400	60 203	1 081 763.7
国有企业	State-owned	2	179	3 264.5
集体企业	Collective-owned	1	60	490.9
股份合作企业	Share-holding Cooperative Enterprise			
联营企业	Joint Ownership			
国有联营企业	State-owned Joint Ownership			
集体联营企业	Collective Joint Ownership			
国有与集体联营企业	State & Collective Joint Ownership			
其他联营企业	Other Jonit Ownership			
有限责任公司	Limited Liabilities Companies	77	21 216	428 727.3
国有独资公司	State-owned Companies Limited	2	1 225	27 924.2
其他有限责任公司	Other Companies Limited	75	19 991	400 803.1
股份有限公司	Share-holding Limited Companies	3	153	1 331.0
私营企业	Private-owned	312	38 199	641 141.1
私营独资企业	Exclusively Private-owned Companies	36	2 665	53 110.0
私营合伙企业	Joint Private-owned Companies			
私营有限责任公司	Private-owned Companies Limited	267	34 695	574 686.8
私营股份有限公司	Share-holding Private-owned Companies	9	839	13 344.3
其他企业	Others	5	396	6 808.9
港、澳、台商投资企业	Funded by Entrepreneur from Hong Kong,Macao and Taiwan	60	25 989	521 272.3
合资经营企业（港或澳、台资）	Joint-venture(Hong Kong,Macao and Taiwan)	10	1 411	32 987.2
合作经营企业（港或澳、台资）	Cooperative(Hong Kong,Macao and Taiwan)	2	865	22 404.8
港、澳、台商独资经营企业	Enterprises with Sole Funds(Hong Kong,Macao and Taiwan)	48	23 713	465 880.3
港、澳、台商投资股份有限公司	Share-holding Corporations Ltd(Hong Kong,Macao and Taiwan)			
外商投资企业	Foreign-funded	22	23 420	392 005.4
中外合资经营企业	Jointly-owned	6	2 296	49 332.4
中外合作经营企业	Cooperatively-owned			
外资企业	Exclusively Foreign-owned	16	21 124	342 673.0
外商投资股份有限公司	Foreign-funded Investment Companies Limited			
3.按控股情况分组	Grouped by Holding Condition			
国有控股	State-controlled	12	4 751	110 006.5
集体控股	Collective-controlled	3	529	11 083.0
私人控股	Private-controlled	353	52 435	913 949.4
港澳台商控股	Controlled by Entrepreneur from Hong Kong,Macao and Taiwan	63	25 499	508 066.8
外商控股	Foreign-funded-controlled	18	21 245	345 464.8
其他	Others	33	5 153	106 470.9
4.按经营形式分组	Grouped by Business Forms			
独立门店	Independent Stores	336	39 091	730 085.7
连锁总店	General Chain Stores	29	32 420	585 583.5
连锁门店	Chain Stores	32	7 442	145 782.2
其他	Other	85	30 659	533 590.0

客房收入 Revenue of Rooms	餐费收入 Total Revenue of Meals	商品销售收入 Total Sales of Commodities	其他收入 Others	客房间数（间）Number of Rooms (room)	床位数（张）Number of Beds (bed)	餐位数（位）Numder of Dining-seats (seat)	年末餐饮营业面积（平方米）Operating Area Catering (sq.m)
68 998.6	32 676.0	992.4	20 497.8	9 392	13 814	14 251	68 087
5 995.9	3 968.5	1.1	1 084.3	1 107	1 765	1 060	2 560
493.7	91.9		983.4	233	321	448	1 296
272 946.7	91 435.0	422.3	69 469.2	32 188	46 629	29 113	215 570
54 674.3	**1 861 490.2**	**29 917.3**	**48 959.6**	**6 576**	**9 955**	**423 467**	**1 235 803**
54 674.3	995 570.8	7 659.5	32 153.3	6 576	9 955	248 126	877 245
	725 489.7	2 570.5	12 947.7			162 096	320 132
	57 510.4	3 216.0	301.5			6 250	14 659
	82 919.3	16 471.3	3 557.1			6 995	23 767
46 252.5	991 793.2	13 910.4	29 807.6	5 826	8 679	290 614	918 616
310.0	2 752.3	102.2	100.0			380	1 358
74.4	416.5			33	59	600	1 532
12 654.3	394 564.1	7 257.0	14 251.9	1 165	1 658	72 805	246 962
	19 304.3	4 056.4	4 563.5			769	7 400
12 654.3	375 259.8	3 200.6	9 688.4	1 165	1 658	72 036	239 562
48.6	1 282.4			42	64	980	2 975
32 837.7	586 298.1	6 551.2	15 454.1	4 447	6 748	214 317	661 899
355.2	52 743.9	2.9	8.0	84	138	12 259	42 759
29 329.5	523 532.1	6 548.3	15 276.9	4 050	6 189	197 923	605 510
3 153.0	10 022.1		169.2	313	421	4 135	13 630
327.5	6 479.8		1.6	139	150	1 532	3 890
8 421.8	491 547.3	13 857.3	7 445.9	750	1 276	63 497	151 048
142.8	32 823.9		20.5	75	80	3 655	20 478
	21 200.5	790.0	414.3			459	1 942
8 279.0	437 522.9	13 067.3	7 011.1	675	1 196	59 383	128 628
	378 149.7	2 149.6	11 706.1			69 356	166 139
	36 048.9	1 633.3	11 650.2			4 952	11 250
	342 100.8	516.3	55.9			64 404	154 889
590.0	83 121.8	6 423.9	19 870.8	60	120	9 941	28 683
4 190.7	2 582.5	540.0	3 769.8	159	282	1 930	4 855
33 213.8	858 051.5	6 721.8	15 962.3	4 628	6 962	265 812	825 024
8 421.8	478 233.4	13 965.7	7 445.9	750	1 276	64 081	155 059
	344 892.6	516.3	55.9			65 012	157 809
8 258.0	94 608.4	1 749.6	1 854.9	979	1 315	16 691	64 373
42 343.3	646 505.7	17 241.4	23 995.3	5 319	7 936	161 846	673 110
	581 856.1	3 216.0	511.4			100 818	264 216
5 890.2	138 363.0	529.9	999.1	477	757	25 920	89 458
6 440.8	494 765.4	8 930.0	23 453.8	780	1 262	134 883	209 019

10-7 城市商业综合体情况（自营、联营部分）（2015年）
URBAN COMMERCIAL COMPLEX （SELF-MANAGEMENT AND JOINT MANAGEMENT）（2015）

项 目 Item		商户数（个） Merchant（unit）				商户从业人员期末人数(人) Number of Staff Year-End（person）	商户销售额（商户营业额）（万元） Business Sales（Business Turnover）（10 000 yuan）	营业面积（平方米） Business Area at the Year-End（sq.m）
			法人 Corporate	分支机构 Branch	个体户 Self-Eemployed Person			
合计	**Total**	**1 334**	**843**	**426**	**65**	**7 631**	**383 900**	**309 787**
一、零售业	Retail Trade	1 219	791	363	65	5 490	364 964	233 178
1.百货店	Store	5	3	2		435	36 715	36 318
2.超市	Supermarket	5	4	1		538	79 003	48 447
3.专业、专卖店	Speciality Stores	1 209	784	360	65	4 517	249 246	148 413
4.其他	Others							
二、餐饮业	Catering Services	92	33	59		1 709	12 927	32 330
三、服务业	Services	23	19	4		432	6 009	44 279
1.电影院	Cinema	4	3	1		64	2 530	12 979
2.游乐游艺	Amusement	2	1	1		28	184	1 300
3.KTV	KTV							
4.教育培训	Education and Training	6	5	1		91	1 588	20 300
5.健身养生	Fitness Regimen	4	3	1		54	332	3 700
6.其他	Others	7	7			195	1 375	6 000

注：统计范围为辖区内城市商业综合体。
Note：Statistical scope is urban commercial complex in the area.

10-8 城市商业综合体情况（租赁部分）（2015年）

URBAN COMMERCIAL COMPLEX （LEASED）（2015）

项 目	Item	商户数（个）Merchant（unit）				商户从业人员期末人数(人) Number of Staff Year-End（person）	租金总额（万元）Rent Amount	商户销售额（商户营业额）（万元）Business Sales（Business Turnover）（10 000 yuan）	营业面积（平方米）Business Area at the Year-End（sq.m）
			法人 Corporate	分支机构 Branch	个体户 Self-Employed Person				
合计	**Total**	**5 774**	**2 558**	**1 368**	**1 845**	**48 571**	**420 041**	**2 434 576**	**1 723 716**
一、零售业	Retail Trade	3 555	1 590	791	1 174	18 698	201 531	1 402 149	735 339
二、餐饮业	Catering Services	1 382	626	338	415	19 791	147 627	614 993	484 805
三、服务业	Services	837	342	239	256	10 082	70 883	417 434	503 572
1.电影院	Cinema	28	20	7	1	989	9 188	77 307	117 333
2.游乐游艺	Amusement	113	52	20	41	1 237	5 915	33 741	82 494
3.KTV	KTV	7	4	2	1	295	1 573	6 261	20 666
4.教育培训	Education and training	94	45	24	25	1 383	4 679	31 854	48 484
5.健身养生	Fitness regimen	100	53	13	34	1 745	4 788	42 673	55 298
6.其他	Others	495	168	173	154	4 433	44 740	225 598	179 297

10-9 物价指数

PRICE INDICES

年 份 Year	以上年价格为100 Preceding Year=100			以1979年价格为100 1979=100		
	居民消费价格总指数 General Consumer Price Index	# 食品类 Food	# 服务项目 Services	居民消费价格总指数 General Consumer Price Index	# 食品类 Food	# 服务项目 Services
1979	100.0	100.0	100.0	100.0	100.0	100.0
1980	105.0	108.3	100.7	105.0	108.3	100.7
1981	110.7	117.9	101.6	116.2	127.7	102.3
1982	107.8	116.6	108.7	125.3	148.9	111.2
1983	102.0	105.9	100.9	127.8	157.7	112.2
1984	106.8	106.6	119.3	136.5	168.1	133.9
1985	122.5	128.5	117.2	167.2	216.0	156.9
1986	106.1	108.1	106.9	177.4	233.5	167.7
1987	114.4	118.7	107.4	203.0	277.1	180.1
1988	128.1	133.7	112.2	260.0	370.5	202.1
1989	125.4	126.6	125.7	326.0	469.1	254.1
1990	101.6	95.4	127.7	331.2	447.5	324.4
1991	103.0	99.2	115.4	341.2	443.9	374.4
1992	107.3	109.2	109.4	366.1	484.8	409.6
1993	120.1	122.6	120.9	439.7	594.3	495.2
1994	118.2	120.2	118.1	519.7	714.4	584.8
1995	112.4	116.7	118.1	584.1	833.7	690.6
1996	107.7	105.2	110.7	629.1	877.1	764.5
1997	103.3	100.2	118.2	649.9	878.9	903.6
1998	99.3	97.2	105.3	645.4	854.3	951.5
1999	99.3	94.5	107.7	640.9	807.3	1 024.8
2000	102.8	100.2	114.0	658.8	808.9	1 168.3
2001	97.8	97.5	99.3	644.3	788.7	1 160.1
2002	101.2	100.5	106.5	652.0	792.6	1 235.5
2003	100.7	101.2	101.6	656.6	802.1	1 255.3
2004	101.3	106.1	99.7	665.1	851.0	1 251.5
2005	101.6	104.5	100.8	675.7	889.3	1 261.5
2006	102.2	104.2	101.4	690.6	926.7	1 279.2
2007	104.1	108.6	103.4	718.9	1 006.4	1 322.7
2008	105.9	113.5	102.1	761.3	1 142.3	1 350.5
2009	98.7	98.5	99.5	751.4	1 125.2	1 343.7
2010	103.5	107.7	102.6	777.7	1 211.8	1 378.6
2011	105.4	111.9	103.0	819.7	1 356.0	1 420.0
2012	102.8	104.5	101.9	842.7	1 417.0	1 447.0
2013	102.7	102.9	105.2	865.5	1 458.1	1 522.2
2014	102.0	103.5	101.9	882.8	1 509.1	1 551.1
2015	102.2	103.2	103.8	902.2	1 557.4	1 610.0

10-10 居民消费价格总指数（2015年）

GENERAL CONSUMER PRICE INDEX（2015）

以上年价格为100　　　　(preceding year=100)

项　目	Item	指　数 Index	项　目	Item	指　数 Index
居民消费价格总指数	**General Consumer Price Index**	**102.2**	**四、家庭设备用品及维修服务**	**Household Facilities'Articles and Repair Services**	**103.1**
一、食品	**Food**	**103.2**	1.耐用消费品	Durable Consumer Goods	101.0
1.粮食	Grain	104.2	2.室内装饰品	Interior Decorations	100.1
2.淀粉及制品	Starch	100.3	3.床上用品	Bed Articles	100.0
3.干豆类及豆制品	Dried Beans and Bean Products	102.8	4.家庭日用杂品	Daily Use Household Articles	101.2
4.油脂	Oil or Fat	95.8	5.家庭服务及加工维修服务	Household Services and Processing and Repair Services	111.5
5.肉禽及其制品	Meat, Poultry and Their Products	105.2	**五、医疗保健和个人用品**	**Health Care and Personal Articles**	**102.0**
6.蛋	Eggs	101.6	1.医疗保健	Health Care	103.0
7.水产品	Aquatic Products	101.1	2.个人用品及服务	Personal Articles and Services	100.0
8.菜	Vegetable	107.7	**六. 交通和通信**	**Transportation and Communication**	**96.6**
9.调味品	Flavoring	104.7	1.交通	Transportation	95.6
10.糖	Carbohydrate	101.1	2.通信	Communication	98.5
11.茶及饮料	Tea and Beverages	102.2	**七、娱乐教育文化用品及服务**	**Recreation, Education and Culture Articles and Services**	**101.1**
12.干鲜瓜果	Dried and Fresh Melons and Fruits	99.8	1.文娱用耐用消费品及服务	Durable Consumer Goods and Services for Recreational Use	97.5
13.糕点饼干、面包	Cake,Biscuit,bread	102.9	2.教育	Education	101.4
14.液体乳及乳制品	Liguid milk and Its Products	99.5	3.文化娱乐类	Recreation and Culture Articles	102.2
15.在外用膳食品	Dining Out	103.2	4.旅游	Tourism	101.3
16.其他食品	Other Food	99.7	**八、居住**	**Residence**	**103.4**
二、烟酒	**Tobacco, Liquor**	**101.6**	1.建房及装修材料	Building Construction and Decoration Materials	101.6
1.烟草	Tobacco	103.1	2.住房租金	Rent	108.8
2.酒	Liquor	99.4	3.自有住房	Self Owned House	107.1
三、衣着	**Clothing**	**104.6**	4.水、电、燃料	Water, Electricity and Fuels	96.7
1.服装	Garments	105.0			
2.衣着材料	Clothing Materials	97.4			
3.鞋袜帽	Footgear and Hats	103.3			
4.衣着加工服务	Clothing Processing Services	103.9			

10-11 住宅销售价格指数（一）（2015年）

SALES PRICES INDICES OF HOUSES（2015）

类别	Item	以上年同期为100											
		1月	2月	3月	4月	5月	6月	7月	8月	9月	10月	11月	12月
新建住宅	Newly-built Buildings	98.7	98.6	99.1	100.7	107.5	115.7	123.6	131.3	137.6	139.9	143.9	146.8
一、保障性住房	Affordable Buildings												
二、新建商品住宅	Newly-built Residential Buildings	98.6	98.6	99.1	100.7	107.7	115.9	124.0	131.8	138.3	140.5	144.6	147.5
（一）90m²及以下	Less than 90 sq.m.	99.2	99.1	99.6	100.8	107.4	115.5	124.1	131.3	137.6	139.9	143.5	145.8
（二）90-144m²	From 90 to 144 sq.m.	98.5	98.0	98.2	100.4	107.3	115.6	124.8	132.6	139.6	141.8	145.1	148.2
（三）144m²以上	More than 144 sq.m.	98.1	98.4	98.9	100.6	108.1	116.5	123.5	131.8	138.3	140.6	145.6	149.0
二手住宅	Second-hand Housing	101.5	101.0	100.4	102.8	109.1	117.3	124.3	130.3	135.5	136.8	138.9	142.6
（一）90m²及以下	Less than 90 sq.m.	102.2	101.5	100.7	102.4	109.4	117.9	125.1	131.1	135.9	137.9	140.0	144.7
（二）90-144m²	From 90 to 144 sq.m.	100.8	100.8	100.3	103.5	109.1	117.5	124.2	129.7	135.1	135.8	137.5	140.3
（三）144m²以上	More than 144 sq.m.	101.0	100.1	99.9	102.6	108.4	115.3	121.8	129.1	135.0	135.8	138.3	140.6

10-11 住宅销售价格指数（二）（2015年）

SALES PRICES INDICES OF HOUSES（2015）

类别	Item	以上月为100											
		1月	2月	3月	4月	5月	6月	7月	8月	9月	10月	11月	12月
新建住宅	Newly-built Buildings	100.3	100.2	100.7	101.8	106.6	107.1	106.2	105.1	104.0	101.2	102.9	103.2
一、保障性住房	Affordable Buildings												
二、新建商品住宅	Newly-built Residential Buildings	100.3	100.2	100.7	101.8	106.7	107.2	106.3	105.2	104.0	101.2	102.9	103.2
（一）90m²及以下	Less than 90 sq.m.	100.5	100.2	100.9	101.4	106.4	107.2	106.3	105.1	104.0	101.3	102.5	103.0
（二）90-144m²	From 90 to 144 sq.m.	100.4	100.1	100.6	102.4	106.8	107.3	106.6	104.9	104.0	101.3	102.4	103.4
（三）144m²以上	More than 144 sq.m.	100.1	100.3	100.5	102.0	107.0	107.3	106.2	105.4	104.1	101.1	103.5	103.3
二手住宅	Second-hand Housing	100.6	100.3	100.5	102.4	106.3	106.9	105.3	104.4	103.3	101.0	101.9	103.3
（一）90m²及以下	Less than 90 sq.m.	100.5	100.6	100.7	102.2	106.7	107.0	105.4	104.0	103.1	101.3	102.1	104.3
（二）90-144m²	From 90 to 144 sq.m.	100.6	100.1	100.5	102.7	105.8	107.3	105.1	104.1	103.5	100.8	101.6	102.6
（三）144m²以上	More than 144 sq.m.	100.7	99.9	100.2	102.5	106.4	106.0	105.2	105.8	103.5	100.4	102.2	102.1

10-12 工业生产者出厂价格指数

INDUSTRIAL PRODUCER PRICE INDEX

以上年价格为100 (Preceding year=100)

类别	Item	2004	2005	2006	2007	2008	2009	2010	2011	2012	2013	2014	2015
全部工业品	General Index	99.5	98.7	98.2	98.4	99.6	95.3	101.6	101.8	99.9	98.0	99.1	97.6
按轻重工业分	Grouped by industries												
轻工业	Light Industry	98.8	97.4	97.0	97.8	98.7	96.7	101.4	102.9	99.2	98.4	98.2	98.6
重工业	Heavy Industry	101.3	102.2	101.5	99.8	101.9	92.6	101.9	101.4	100.1	97.9	99.4	97.3
按生产、生活资料分	Grouped by Means of Production and Consumer Goods												
生产资料	Means of Production	100.0	98.3	97.9	97.9	99.1	94.4	100.7	101.3	100.3	98.0	99.5	97.4
生活资料	Consumer Goods	98.2	100.0	99.0	100.2	101.9	99.3	104.5	103.5	98.7	98.1	97.7	98.4
按工业部门分	Grouped by Industrial Department												
冶金工业	Metallurgical Industry	112.8	110.0	97.7	103.4	102.2	95.6	108.4	106.7	100.7	100.2	98.6	98.0
电力工业	Power Industry	98.6	101.3	100.0	100.2	100.8	98.4	99.3	99.6	100.5	100.5	99.7	99.3
石油工业	Petroleum Industry	121.3	127.8	130.0	104.1	130.8	62.4	136.8	126.9	101.7	92.4	95.2	64.2
化学工业	Chemical Industry	102.1	100.5	103.4	102.5	102.9	98.4	101.2	102.3	101.2	99.4	100.0	99.2
机械工业	Engineering Industry	97.7	96.3	96.1	96.9	97.4	95.9	99.0	99.8	99.6	97.7	99.1	98.5
建筑材料工业	Building Materials Industry	108.6	96.3	89.6	103.8	97.5	90.1	104.2	101.1	93.9	102.5	102.9	98.8
森林工业	Timber Industry	101.3	100.4	100.2	102.2	105.6	102.6	107.4	106.0	102.8	103.6	100.6	100.4
食品工业	Food Industry	102.5	100.5	99.6	104.7	109.1	92.4	102.7	106.1	107.0	102.3	100.2	100.4
纺织工业	Textile Industry	101.3	96.7	99.5	101.3	100.9	100.2	100.3	106.1	101.2	99.6	101.6	100.4
缝纫工业	Needlework Industry	97.7	111.7	105.7	108.4	103.2	104.6	103.9	107.5	102.5	104.3	104.8	102.9
皮革工业	Leather Industry	101.9	101.6	99.9	99.4	110.9	110.3	102.2	107.4	104.9	103.1	103.0	100.9
造纸工业	Paper Industry	101.9	102.7	96.2	101.2	108.5	100.2	101.1	104.1	102.2	99.3	100.4	101.4
文教艺术工业	Cultural, Educational & Handicrafts Articles	105.4	103.9	98.8	101.0	105.0	103.2	101.9	101.5	101.4	100.6	99.8	99.0
其它工业	Others	102.0	100.4	102.7	102.4	105.9	108.0	119.0	113.5	95.8	91.6	94.8	91.6

10-13 工业生产者购进价格指数

INDUSTRIAL PURCHASING PRICE INDEX

以上年价格为100 (Preceding year=100)

类别	Item	2006	2007	2008	2009	2010	2011	2012	2013	2014	2015
总指数	General Index	104.2	102.9	105.3	96.3	104.7	105.9	100.0	98.3	99.6	96.5
燃料、动力类	Fuels and Power	106.5	102.6	107.5	97.8	105.1	105.9	102.5	95.1	99.1	92.8
黑色金属材料类	Ferrous Materials	97.6	103.9	105.9	94.7	102.7	106.5	95.1	95.4	96.4	95.7
其中：钢材	Steel	97.6	105.4	107.9	96.0	104.0	106.7	92.8	92.8	94.7	93.7
其它	Others	100.0	100.9	101.6	91.9	100.2	105.9	99.9	100.4	99.9	99.9
有色金属材料及电线类	Nonferrous Metal and Electris Wire	125.3	105.1	101.3	89.9	115.0	108.3	97.9	96.5	95.8	92.8
化工原料类	Chemical Raw Materials	102.7	103.6	103.8	91.9	105.5	107.2	97.5	99.2	99.0	95.6
木材及纸浆类	Wood and Paper Pulps	100.6	102.4	104.7	94.5	103.9	107.7	100.5	99.9	100.7	98.1
建筑材料及非金属矿类	Building Materials and Nonmetal Minerals	96.9	105.0	111.3	90.1	114.0	105.4	97.9	102.7	107.8	91.0
其它工业原材料及半成品类	Other Industrial Raw and Processed Materials	101.2	102.2	103.8	97.1	101.8	105.0	100.8	99.1	99.4	98.3
农副产品类	Farm and Sideline Products	102.3	104.4	109.6	104.3	107.9	104.3	100.5	103.4	103.7	99.1
纺织原料类	Textile Raw Material	100.4	102.6	105.6	100.8	105.1	106.4	100.4	99.3	100.8	102.5

主要统计指标解释

社会消费品零售总额 指各种经济类型的批发零售业、住宿餐饮业和其他行业的企业（单位）或个体户，售予城乡居民用于生活消费和社会集团用于公共消费的商品金额的总和。

批发零售业商品购进总额 指从本企业以外的单位和个人购进（包括从国外直接进口）作为转卖或加工后转卖的商品金额。本指标由“从生产者购进额”、“从批发零售业购进额”、“进口额”和“其他购进”组成。这个指标反映批发零售企业从国内、国外市场上购进商品的总量。

批发零售业商品销售总额 指售予本企业以外的单位和个人的商品金额（包括对国（境）外直接出口及售给本单位消费用的商品）。本指标由“对生产经营单位批发额”、“对批发零售业批发额”、“出口额”和“对居民和社会集团商品零售额”项目组成。这个指标反映批发零售业在国内市场上销售商品以及出口商品的总量。

批发 指除零售以外的一切商品销售活动。包括对生产经营单位批发、对批发零售业批发和出口。

零售 指出售城乡居民用于生活消费商品和社会集团直接用于公用消费商品的活动。

批发零售业年末库存总额 指批发零售企业已取得所有权的全部商品。这个指标反映批发零售贸易企业的商品库存情况，对市场商品供应的保证程度。

批发零售业住宿餐饮业法人单位 指各种经济类型独立核算法人批发零售企业、住宿餐饮企业的单位个数。法人单位应同时具备以下条件：1. 依法成立，有自己的名称、组织机构和场所，能够独立承担民事责任；2. 独立拥有和使用资产，承担负债，有权与其他单位签订合同；3. 独立核算盈亏，并能够编制资产负债表。

批发业 是指从工农业生产者或从商品流通企业单位和个体户购进商品，转卖给工业、农业、建筑业、运输邮电业、住宿餐饮业、服务业等生产经营单位作为生产经营用，以及将商品转卖给其他批发企业或零售企业的商品流通企业(单位)和个体户。

零售业 是指从工农业生产者、批发业或居民购进商品，转卖给城乡居民作为生活消费和售给社会集团作为公共消费的商品流通企业(单位)和个体户。

住宿业 是指为顾客提供临时住宿服务的企业(单位)和个体户。

餐饮业 是指从事食品的烹饪、调制并直接售给居民和社会集团的企业(单位)和个体户。

居民消费价格指数 是度量消费商品及服务项目价格水平随着时间而变动的相对数，反映居民家庭购买的消费品及服务价格水平的变动情况。它是宏观经济分析、决策、调控和价格总水平监测以及国民经济核算的重要指标。其按年度计算的变动率通常被用来作为反映通货膨胀(或紧缩)程度的指标。

工业生产者出厂价格指数 反映工业企业产品第一次出售时的出厂价格的变化趋势和变动幅度。

工业生产者购进价格指数 反映工业企业作为中间投入产品的购进价格的变化趋势和变动幅度。

新建商品住宅 指新建的专供居住用的商品住房，本方案主要包括：90平方米及以下、90—144平方米、144平方米以上等。不包括新建的国家政策性住房；不包括住宅楼中作为人防用、不住人的地下室、车库等，也不包括托儿所、病房、疗养院、旅馆等具有专门用途的房屋。

二手住宅 指进入房屋市场进行交易，第二次及以上进行产权登记的住宅，包括二手商品住宅、允许上市交易的已售公房等。本方案主要包括90平方米及以下、90—144平方米、144平方米以上等分类。

90平方米及以下住宅 指住宅中套型建筑面积不大于90平方米的住宅。套型建筑面积由套内使用面积和分摊的共有建筑面积组成，报表时以销售合同中实际测绘的建筑面积为准，若销售合同为套内使用面积则需折算成建筑面积。

90平方米—144平方米住宅 指套型建筑面积大于90平方米，不超过144平方米的住宅。

144平方米以上住宅 指套型建筑面积在144平方米以上的住宅。

保障性住房 指享受国家相关优惠政策、出售给城镇中低收入居民家庭的新建住房，包括经济适用住房、限价商品住房等保障性、政策性住房。

Explanatory Notes on Main Statistical Indicators

Total Retail Sales of Consumer Goods refer to the sum of retail sales of consumer goods sold by enterprises (establishments) or individuals in wholesale, retail trade, accommodations, catering services and other industries of various types of ownership to urban and rural households for living consumption and to social institutions for public consumption.

Total Purchases of Commodities by Wholesale and Retail Trades refer to the purchases of commodities from other establishments or individuals (including direct import from abroad) for the purpose of reselling, either with or without further processing of the commodities purchased This indicator includes the purchases from producers, the purchases from wholesale and retail trades, imports and other purchases

It is used to show the total value of purchases of commodities by wholesale and retail establishments from domestic and overseas markets.

Total Sales of Commodities by Wholesale and Retail Trades refer to the value of commodities sold to other establishments and individuals (including direct export and commodities sold to the sellers themselves for consumption). This indicator includes the value of wholesale to production and operation units, the value of wholesale to wholesale and retail trades, exports and retail sales to urban and rural households and social institutions It is an indicator of the total value of sales of commodities at domestic markets and export.

Wholesale refers to all selling activities of commodities except retail trade, including wholesale to production and operation units, wholesale to wholesale and retail trades and export.

Retail Sale refers to the selling of commodities to urban and rural households for living consumption and to social institutions for direct public consumption.

Total Inventory of Wholesale and Retail Trades at the Year-end refers to the total commodities possessed by wholesale and retail enterprises, which reflects the commodity stock level of various wholesale and retail enterprises and the potential for market supply.

Corporate Units in Wholesale and Retail Trades, Accommodations and Catering Services refer to the number of corporate enterprises of various types of ownership in the wholesale and retail trades, accommodations and catering services with independent accounting systems An enterprise can be called a corporate enterprise only when it simultaneously meets the following requirements:(1)It is established according to law, with its own name, organization and location for business operation, as well as the capability to independently assume civil responsibility (2)It owns and uses its assets independently, assumes liabilities and is entitled to sign contracts with other units (3)It has an independent accounting system and is able to compile balance sheets.

Wholesale Trade refers to the commodity circulation enterprises (establishments) and individuals which purchase commodities from producers in industry and agriculture or from commodity circulation enterprises and individuals for the purpose of reselling them to establishments in industry, agriculture, construction, transportation, postal and telecommunications services, accommodations and catering services and other services for their production and operation as well as reselling them to other wholesale or retail enterprises.

Retail Trade refers to the commodity circulation enterprises (establishments) and individuals which purchase commodities from producers in industry and agriculture, wholesale trade or residents for the purpose of reselling them to urban and rural households for living consumption and to social institutions for public consumption.

Hotel Services refers to the enterprises (establishments) and individuals engaged in providing temporary accommodation to customers.

Catering Services refer to the enterprises (establishments) and individuals engaged in food cooking, seasoning and selling food directly to households and social institutions.

Consumer Price Indices measure the relative change with time in prices of consumer goods and services, reflecting the rates of change in consumer goods and services purchased by households. It is an important indicator for macroeconomic analysis, decision–making, regularization and control, supervision of general price level and national economic accounting. The annualized rates of change are generally considered as an indicator of inflation or deflation.

EX-factory Price Indices of Industrial Producers reflect the trends and degree of changes in prices of industrial products to sell the first time.

Purchasing Price Indices of Industrial Producers reflect the trends and degree of changes in prices of products as intermediate inputs.

Newly-built Houses refer to newly–built houses for residential use. The program includes: 90 square meters and below, 90–144 square meters, 144 square meters and above. Excluding new national policy–related houses, houses used as civil defense, basements, garages, nursery, wards, nursing homes, hotels and other houses used for special purposes.

Second-hand Houses refer to houses transacted for twice and above in the market, and the property registrations have been changed twice and above, including second–hand commercial houses and public houses been sold and allowed for second transaction. The program includes 90 square meters and below, 90–144 square meters, 144 square meters and above.

90 Square Meters and Below Houses refer to houses with a residential dwelling size of not more than 90 square meters. Dwelling size of the building area is composed by private usable area and public shared construction area. The program subjects to the actual construction area recorded in sales contracts.

90 Square Meters -144 Square Meters Houses refer to houses with the residential dwelling size of more than 90 square meters and no more than 144 square meters.

144 Square Meters Houses refer to houses with the residential dwelling size of more than 144 square meters.

Indemnificatory houses refer to new houses sold to urban low–income families according to national preferential policies, including supportable and policy–related apartments such as affordable and price–limited houses.

11 第十一部分

财政收支

FISCAL REVENUE AND EXPENDITURE

CHAPTER

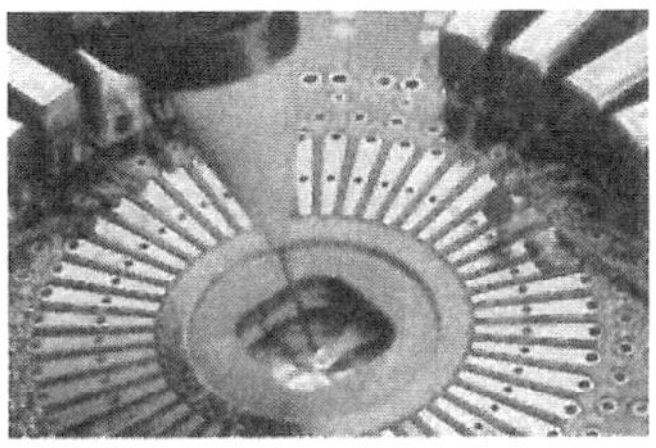

11-1 地方财政收支

LOCAL GOVERNMENT BUDGETARY REVENUE AND EXPENDITURE

单位：万元 （10 000 yuan）

项目	Item	2011	2012	2013	2014	2015
地方财政收入合计	**Local Government Budgetary Revenue**	**16 106 501**	**17 929 886**	**22 312 100**	**27 695 160**	**36 908 610**
一般公共预算收入	Local government General Budgetary Revenue	13 395 728	14 820 800	17 312 618	20 824 409	27 268 543
税收收入	Taxes	11 951 356	13 299 766	14 989 200	17 545 494	22 722 315
#增值税	Value-added Tax	1 639 572	1 875 512	2 740 958	3 156 076	3 362 040
营业税	Business Tax	3 963 580	4 210 150	4 232 223	4 798 433	6 846 839
企业所得税	Corporate Income Tax	2 528 904	2 697 311	2 884 159	3 447 293	4 649 574
个人所得税	Individual Income Tax	1 348 772	1 391 188	1 384 659	1 684 918	2 239 807
非税收入	Non-Tax Revenue	1 444 372	1 521 034	2 323 418	3 278 915	4 546 228
#专项收入	Special Program Receipts	328 688	382 587	444 215	487 289	1 562 019
行政事业性收费收入	Charge of Administrative and Units	565 757	398 482	546 072	907 826	438 659
罚没收入	Penalty Receipts	245 245	209 042	177 672	267 299	303 057
政府性基金收入	Government Fund Revenue	2 710 773	3 109 086	4 999 482	6 870 751	9 640 067
地方财政支出合计	**Local Government Budgetary Expenditure**	**17 825 820**	**18 792 934**	**20 521 394**	**26 262 681**	**38 644 225**
一般公共预算支出	Local Government General Budgetary Expenditure	15 905 599	15 690 071	16 908 280	21 661 370	35 216 708
#教育	Expenditure for Education	1 967 928	2 461 343	2 877 280	3 307 951	2 885 520
科学技术	Expenditure for Science and Technology	704 863	792 651	1 329 814	946 012	2 143 182
文化体育与传媒	Expenditure for Culture, Sport and Media	460 504	328 388	329 433	565 498	527 260
社会保障与就业	Expenditure for Social Safety Net and Employment Effort	518 856	667 785	784 985	714 049	845 801
医疗卫生	Expenditure for Medical and Health Care	786 926	1 052 925	1 069 185	1 609 252	1 505 974
节能环保	Expenditure for Energy Saving	975 172	1 080 036	1 419 861	1 384 353	1 083 493
城乡社区事务	Expenditure for Urban and Rural Community Affairs	1 968 788	1 998 352	2 217 321	2 380 357	4 656 457
农林水事务	Expenditure for Agriculture, Forestry and Water Conservancy	297 590	446 591	614 196	559 443	441 526
交通运输	Expenditure for Transportation	1 048 244	1 000 381	1 116 493	2 937 386	10 445 932
政府性基金支出	Expenditure for Government Funds	1 920 221	3 102 863	3 613 114	4 601 311	3 427 517

11-2 一般公共预算收支及指数

INDICES OF LOCAL GOVERNMENT GENERAL BUDGETARY REVENUE AND EXPENDITURE

年份 Year	收入(万元) Financial Revenue (10 000 yuan)	指数 Index		支出(万元) Expenditure (10 000 yuan)	指数 Index	
		以1979年为100 1979=100	以上年为100 Preceding Year=100		以1979年为100 1979=100	以上年为100 Preceding Year=100
1979	1 721	100.0		2 971	100.0	
1980	3 043	176.8	176.8	4 003	134.7	134.7
1981	8 787	510.6	288.8	8 411	283.1	210.1
1982	9 163	532.4	104.3	8 815	296.7	104.8
1983	15 605	906.7	170.3	15 025	505.7	170.4
1984	29 435	1 710.3	188.6	27 954	940.9	186.0
1985	62 894	3 654.5	213.7	58 651	1 974.1	209.8
1986	74 160	4 309.1	117.9	68 073	2 291.2	116.1
1987	87 521	5 085.5	118.0	69 688	2 345.6	102.4
1988	146 521	8 513.7	167.4	110 992	3 735.8	159.3
1989	228 668	13 286.9	156.1	173 007	5 823.2	155.9
1990	217 037	12 611.1	94.9	198 073	6 666.9	114.5
1991	273 291	15 879.8	125.9	243 012	8 179.5	122.7
1992	429 599	24 962.2	157.2	420 035	14 137.8	172.8
1993	672 507	39 076.5	156.5	593 327	19 970.6	141.3
1994	743 992	43 230.2	110.6	746 181	25 115.5	125.8
1995	880 174	51 143.2	118.3	934 041	31 438.6	125.2
1996	1 317 490	76 553.7	149.7	1 380 376	46 461.7	147.8
1997	1 420 557	82 542.5	107.8	1 394 181	46 926.3	101.0
1998	1 643 884	95 519.1	115.7	1 767 714	59 499.0	126.8
1999	1 842 085	107 035.7	112.1	2 108 978	70 985.5	119.3
2000	2 219 184	128 947.3	120.5	2 250 441	75 746.9	106.7
2001	2 624 944	152 524.3	118.3	2 537 019	85 392.8	112.7
2002	2 659 287	154 519.9	101.3	3 077 761	103 593.4	121.3
2003	2 908 370	168 993.0	109.4	3 489 526	117 452.9	113.4
2004	3 214 680	186 791.4	110.5	3 775 720	127 085.8	108.2
2005	4 123 787	239 615.7	128.3	5 991 560	201 668.1	158.7
2006	5 008 827	291 041.7	121.5	5 714 231	192 333.6	95.4
2007	6 580 555	382 368.1	131.4	7 279 677	245 024.5	127.4
2008	8 003 603	465 055.4	121.6	8 898 555	299 513.8	122.2
2009	8 808 168	511 805.2	110.1	10 008 394	336 869.5	112.5
2010	11 068 166	643 124.1	125.7	12 660 668	426 141.6	126.5
2011	13 395 728	778 368.9	121.0	15 905 599	535 361.8	125.6
2012	14 820 800	861 173.7	110.6	15 690 071	528 107.4	98.6
2013	17 312 618	1 005 963.0	116.8	16 908 280	569 110.7	107.8
2014	20 827 326	1 210 187.4	120.3	21 661 841	729 109.4	128.1
2015	27 268 543	1 584 459.2	130.9	35 216 708	1 185 348.6	162.6

注：本表指数按自然口径计算。

Note: The index of this table is calculated by the nature caliber.

11-3 财政收支分级情况

BUDGETARY REVENUE AND EXPENDITURE BY LEVEL

单位：万元 （10 000 yuan）

项目	Item	2011	2012	2013	2014	2015
一般公共预算收入合计	**Total General Budgetary Revenue**	**13 395 728**	**14 820 800**	**17 312 618**	**20 827 326**	**27 268 543**
市本级	City	8 027 480	8 790 168	10 483 258	12 760 545	17 445 184
罗湖区	Luohu	521 909	560 199	600 833	653 430	850 233
福田区	Futian	916 593	936 220	970 300	1 205 797	1 424 709
南山区	Nanshan	775 565	888 864	1 000 528	1 139 321	1 447 647
宝安区	Baoan	1 665 687	1 971 387	2 424 920	2 842 746	3 220 950
#光明新区	Guangming			259 447	460 630	372 872
龙华新区	Longhua					974 827
龙岗区	Longgang	1 286 888	1 451 944	1 599 251	1 961 341	2 514 909
#坪山新区	Pingshan			191 911	218 786	295 665
大鹏新区	Dapeng					175 987
盐田区	Yantian	201 606	222 018	233 528	264 146	364 911
一般公共预算支出合计	**Total General Budgetary Expenditure**	**15 905 599**	**15 690 071**	**16 908 280**	**21 661 841**	**35 216 708**
市本级	City	9 234 793	8 746 470	9 393 365	12 666 435	22 340 358
罗湖区	Luohu	676 234	686 862	684 949	775 071	1 034 456
福田区	Futian	1 022 858	1 025 120	1 056 306	1 256 272	1 554 492
南山区	Nanshan	921 527	1 028 071	1 142 749	1 295 858	2 147 951
宝安区	Baoan	2 222 291	2 171 216	2 505 390	3 034 325	5 036 850
#光明新区	Guangming			263 624	487 386	491 190
龙华新区	Longhua					1 701 351
龙岗区	Longgang	1 588 294	1 801 321	1 873 570	2 364 553	2 647 709
#坪山新区	Pingshan			204 113	262 017	406 422
大鹏新区	Dapeng					291 222
盐田区	Yantian	239 602	231 011	251 951	269 327	454 892

注： 宝安区包含光明新区和龙华新区，龙岗区包含坪山新区和大鹏新区。
Note: In this table, data of Guangming and Longhua are included in Baoan and data of Pingshan and Dapeng are included in Longgang.

主要统计指标解释

财政收入 是国家财政参与社会产品分配所取得的收入，是实现国家职能的财力保证。财政收入所包括的内容几经变化，目前主要包括：

各项税收：包括国内增值税、营业税、土地增值税、城市维护建设税、资源税、城市土地使用税、印花税、个人所得税、企业所得税、关税、农牧业税和耕地占用税等。

专项收入：包括征收排污费收入、征收城市水资源费收入、教育费附加收入等。

财政支出 国家财政将筹集起来的资金进行分配使用，以满足经济建设和各项事业的需要，主要包括一般公共服务、公共安全、教育、科学技术、文化教育与传媒、社会保障和就业、医疗卫生、节能环保、城乡社区事务等支出科目。

Explanatory Notes on Main Statistical Indicators

Government Revenue refers to income for the government finance through participating in the distribution of social products. It is the financial guarantee to ensure government functioning.The contents of government revenue have undergone constant changes. Currently they mainly include the following items:

Various tax revenues, including domestic value added tax, business tax, land value added tax, city maintenance and construction tax, resources tax, tax on use of urban land, stamp tax, individual income tax, corporate income tax, tariff, tax on agriculture and animal husbandry and tax on occupancy of cultivated land, etc.

Special program receipts, including receipts of pollutant discharge fee, urban water resource charge, education surtax, etc.

Government Expenditure refers to the distribution and use of the funds which the government finance has raised, so as to meet the needs of economic construction and various causes. It mainly includes the following items: expenditure for general public services, expenditure for public security, expenditure for education, expenditure for science and technology, expenditure for culture, sport and media, expenditure for social safety net and employment effort, expenditure for medical and health care, expenditure for energy saving, expenditure for urban and rural community affairs, etc.

12 第十二部分

金融保险业

FINANCE AND INSURANCE

CHAPTER

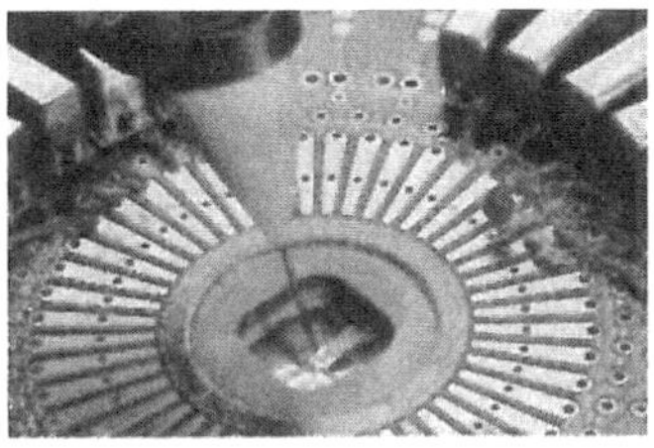

12-1 国内金融机构人民币存贷款

DEPOSITS AND LOANS IN RENMINBI OF DOMESTIC FINANCIAL INSTITUTIONS

单位：亿元

项目	Item	2014	2015
各项存款	**Total Deposits**	**44 589.29**	**51 806.18**
境内存款	Domestic Deposits	39 151.75	49 384.45
其中：住户存款	Household Deposits	8 916.82	9 429.42
#活期存款	Demand Deposits	5 150.78	5 792.67
定期及其他存款	Time and Other Deposits	3 766.04	3 636.75
非金融企业存款	Non-financial Corporations Deposits	12 688.99	16 451.54
#活期存款	Current Ceposits	4 106.20	5 879.10
定期及其他存款	Time and Other Deposits	8 582.79	10 572.43
广义政府存款	Generalized Government Deposits	7 688.88	8 012.34
非银行业金融机构存款	Non-bank Financial Deposits	9 857.06	15 491.16
境外存款	Overseas Deposits	5 437.54	2 421.73
各项贷款	**Total Deposits**	**22 805.39**	**27 129.99**
境内贷款	Domestic Loans	22 568.57	26 852.40
其中：住户贷款	Household Loans	7 884.51	10 832.66
# 短期贷款	Short-term Loans	1 222.19	1 554.06
中长期贷款	Medium&Long-term Loans	6 662.32	9 278.60
非金融企业及机关团体贷款	Non-financial Corporations,Government and Organizations Loans	14 549.76	15 979.83
# 短期贷款	Short-term Loans	4 989.32	5 635.10
中长期贷款	Medium&Long-term Loans	7 996.01	8 412.34
票据融资	Bill Financing	732.45	1 034.33
融资租赁	Finance Lease	806.67	849.75
各项垫款	All Advances Money	25.32	48.31
非银行业金融机构贷款	Non-bank Financial Loans	134.29	39.91
境外贷款	Oveeseas Loans	236.82	277.59

注：2015年起，人民银行调整了金融机构存贷款统计口径，2014年数据相应作了回溯调整，后同。

Note: From 2015, the statistical caliber of deposit and loan of financial institutions have been adjusted by the People's Bank of China, the date of 2014 have been adjusted by the same caliber, the same applied to the following tables.

12-2 金融机构（含外资）本外币信贷情况

SOURCES AND USES OF CREDIT FUNDS OF FINANCIAL INSTITUTIONS（INCLUDE FOREIGN FUNDS）

单位：万元 （10 000 yuan）

年 份 Year	各项存款余额 All Deposits	各项贷款余额 All Loans
1990	3 606 500	3 739 800
1991	5 179 500	4 914 400
1992	8 015 100	6 432 400
1993	9 770 600	8 201 300
1994	14 138 100	12 448 700
1995	17 059 400	15 018 400
1996	21 442 800	18 619 700
1997	24 552 500	22 755 100
1998	28 818 300	24 838 400
1999	32 356 600	26 218 500
2000	39 741 200	29 553 700
2001	49 882 000	35 431 100
2002	59 412 900	43 084 300
2003	70 719 400	54 119 600
2004	81 362 100	65 715 600
2005	94 867 100	75 967 500
2006	106 160 100	83 538 200
2007	127 296 800	101 213 700
2008	142 609 400	112 340 500
2009	183 574 700	147 833 900
2010	219 378 900	168 081 200
2011	250 957 800	192 446 800
2012	296 624 000	218 083 400
2013	339 431 500	246 800 700
2014	499 699 900	281 142 200
2015	577 789 000	324 490 400

12-3 金融机构（含外资）本外币分类存贷款

SOURCES AND USES OF CREDIT FUNDS OF FINANCIAL INSTITUTIONS (INCLUDE FOREIGN FUNDS)

单位：亿元

项目	Item	2014	2015
各项存款	**Total Deposits**	**49 969.99**	**57 778.90**
境内存款	Domestic Deposits	43 220.14	54 534.63
其中：住户存款	Household Deposits	9 101.19	9 680.24
#活期存款	Demand Deposits	5 260.93	5 956.70
定期及其他存款	Time and Other Deposits	3 840.27	3 723.54
非金融企业存款	Non-financial Corporations Deposits	16 349.41	20 831.23
#活期存款	Current Ceposits	4 572.82	6 540.94
定期及其他存款	Time and Other Deposits	11 776.58	14 290.29
广义政府存款	Generalized Government Deposits	7 716.04	8 015.31
非银行业金融机构存款	Non-bank Financial Deposits	10 053.50	16 007.85
境外存款	Overseas Deposits	6 749.85	3 244.27
各项贷款	**Total Deposits**	**28 114.22**	**32 449.04**
境内贷款	Domestic Loans	26 544.51	30 598.39
其中：住户贷款	Household Loans	7 980.50	10 941.51
# 短期贷款	Short-term Loans	1 224.90	1 556.97
中长期贷款	Medium&Long-term Loans	6 755.60	9 384.54
非金融企业及机关团体贷款	Non-financial Corporations,Government and Organizations Loans	18 371.91	19 557.46
# 短期贷款	Short-term Loans	7 333.96	7 895.32
中长期贷款	Medium&Long-term Loans	9 186.39	9 443.81
票据融资	Bill Financing	891.96	1 190.49
融资租赁	Finance Lease	929.09	970.44
各项垫款	All Advances Money	30.51	57.41
非银行业金融机构贷款	Non-bank Financial Loans	192.09	99.41
境外贷款	Oveeseas Loans	1 569.72	1 850.65

12-4 深圳证券交易所投资者开户情况

ACCOUNT-OPENING BY INVESTORS IN SHENZHEN STOCK EXCHANGE

单位：万户 (10 000 accounts)

指　标	Indicators	2009	2010	2011	2012	2013	2014	2015
年末开户总数	**Total Accounts Year-end**	**8 570.75**	**9 433.56**	**10 124.57**	**10 573.30**	**11 085.55**	**12 036.87**	**16 888.92**
个人	Private	8 542.60	9 402.68	10 091.17	10 537.82	11 047.51	11 995.30	16 839.71
机构	Institution	28.15	30.88	33.40	35.48	37.34	40.66	49.22
A股合计	A Shares Accounts	8 474.15	9 335.23	10 025.14	10 473.43	10 985.15	11 935.93	16 783.70
个人	Private	8 447.17	9 305.59	9 993.08	10 439.34	10 948.55	11 895.86	16 736.06
机构	Institution	26.98	29.64	32.06	34.09	36.61	40.08	47.65
B股合计	B Shares Accounts	96.60	98.33	99.43	99.87	100.40	100.94	105.22
个人	Private	95.43	97.09	98.10	98.47	98.96	99.44	103.65
机构	Institution	1.17	1.24	1.33	1.39	0.73	0.58	1.57
新开户总数	**Newly Opened Accounts During the Year**	**1 028.23**	**893.41**	**714.96**	**464.76**	**531.09**	**984.74**	**4 914.84**
个人	Private	1 024.35	890.26	712.08	462.25	528.08	980.76	4 906.60
机构	Institution	3.88	3.16	2.88	2.51	3.00	3.93	8.24
A股合计	Newly Opened Accounts of A Shares	1 025.24	891.40	713.87	464.15	530.38	984.02	4 910.29
个人	Private	1 021.45	888.35	711.12	461.75	527.46	980.14	4 902.15
机构	Institution	3.79	3.05	2.75	2.41	2.91	3.89	8.14
B股合计	Newly Opened Accounts of A Shares	2.99	2.02	1.09	0.61	0.71	0.72	4.55
个人	Private	2.90	1.91	0.96	0.50	0.62	0.62	4.45
机构	Institution	0.09	0.11	0.13	0.10	0.09	0.04	0.10

12-5 深圳证券交易所有价证券成交总额
TOTAL VOLUME OF PRICE SECURITIES TRADING IN SHENZHEN

单位：亿元 （100 million yuan）

指 标	Indicators	2007	2008	2009	2010	2011	2012	2013	2014	2015
合计	**Total**	**187 645.57**	**99 388.44**	**198 733.87**	**247 426.62**	**193 188.33**	**178 659.69**	**296 671.46**	**444 708.19**	**1 361 051.31**
股票	Stocks	155 121.94	86 682.71	189 474.86	241 321.53	184 089.28	150 122.41	238 462.58	366 750.87	1 224 950.00
# A股证券	A Shares	152 811.01	86 127.99	138 344.51	138 699.69	95 624.49	149 667.80	237 713.21	366 228.12	1 223 606.57
B股证券	B Shares	2 310.93	554.72	1 028.72	1 071.54	559.21	454.65	749.38	522.74	1 343.43
基金	Funds	4 321.85	2 130.82	3 790.96	4 224.73	3 464.40	4 952.49	5 796.68	9 753.40	48 884.71
债券	Bonds	267.84	510.86	828.71	1 291.60	5 634.65	23 584.79	52 412.20	68 203.92	87 216.59
# 国债现货	State Treasury Bond	5.08	46.63	30.20	71.61	10.02	8.62	32.65		

12-6 深证综合指数
SHENZHEN COMPOSITE INDEX

日历日期 Date	开市指数 Open	收市指数 Close	最高指数 High	交易日期 Exchange Date	最低指数 Low	交易日期 Exchange Date
2000-12-29	402.71	635.73	656.21	2000-11-24	401.67	2000-01-04
2001-12-31	636.62	475.94	665.57	2001-06-14	438.00	2002-10-22
2002-12-31	475.14	388.76	523.38	2002-06-25	366.84	2002-01-23
2003-12-31	386.61	378.63	453.45	2003-04-16	349.86	2003-11-19
2004-12-31	377.93	315.81	472.18	2004-04-07	314.98	2004-09-13
2005-12-30	313.81	278.75	334.14	2005-03-09	235.64	2005-07-19
2006-12-29	541.07	550.59	552.93	2006-12-29	278.99	2006-01-04
2007-12-28	1 455.60	1 447.02	1 567.74	2007-10-08	547.89	2007-01-05
2008-12-31	560.17	553.30	1 576.50	2008-01-15	456.97	2008-11-04
2009-12-31	1 193.32	1 201.34	1 234.17	2009-12-03	571.13	2009-01-05
2010-12-31	1 262.19	1 290.87	1 412.64	2010-11-11	890.24	2010-07-02
2011-12-30	852.43	866.65	1 316.19	2011-01-06	828.83	2011-12-28
2012-12-31	874.56	881.17	1 020.29	2012-03-04	724.97	2012-12-04
2013-12-31	887.36	1 057.67	1 106.27	2013-10-22	815.89	2013-06-25
2014-12-31	1 055.88	1 415.19	1 504.48	2014-12-16	1 004.93	2014-04-29
2015-12-31	1 419.44	2 308.91	3 156.96	2015-06-12	1 408.99	2015-01-05

12-7 社会保险费实际征收收入和支出

PREMIUMS INCOME, AND PAYMENT IN MAIN YEARS

单位：万元 （10 000 yuan）

年 份 Year	保险费实际征收收入 Premium Income	社会保险基金支出 Social Insurance Fund Expenditure
1997	172 795	65 907
1998	203 014	82 818
1999	241 680	109 306
2000	315 636	136 454
2001	508 777	200 638
2002	569 878	246 587
2003	741 343	316 201
2004	1 092 084	446 943
2005	1 335 261	563 925
2006	1 724 096	701 087
2007	2 053 206	777 218
2008	2 637 923	926 975
2009	2 768 988	1 154 785
2010	3 401 499	1 437 736
2011	4 462 180	1 807 163
2012	5 499 183	2 021 871
2013	7 114 222	2 459 542
2014	7 993 834	2 921 421
2015	9 301 966	3 290 337

12-8 保险费收入和赔款及给付

PRIMIUMS INCOME, INDEMNITY EXPENDITURE AND PAYMENT

单位：亿元 (100 million yuan)

年 份 Year	保险费收入 Premium Income	赔款及给付支出 Indemnity Expenditure and Payment	赔款率(%) Indemnity and Payment Ratio (%)
1996	30.92	8.54	27.60
1997	34.64	9.44	27.30
1998	34.94	9.06	25.90
1999	35.79	9.96	27.80
2000	40.66	9.64	23.70
2001	54.22	14.26	26.30
2002	65.84	18.40	28.00
2003	78.75	23.86	30.30
2004	91.77	24.44	26.60
2005	106.39	28.63	26.90
2006	134.69	35.15	26.10
2007	183.70	56.87	31.00
2008	240.82	67.94	28.20
2009	271.59	73.34	27.00
2010	361.49	73.94	20.45
2011	359.90	85.77	23.83
2012	401.27	107.71	26.84
2013	468.76	125.19	26.71
2014	548.66	155.76	28.39
2015	647.55	176.74	27.29

12-9 保险公司及保险中介机构
INSURANCE COMPANIES AND INSURANCE AGENTS

单位：个 （unit）

年 份 Year	保险公司（法人机构） Insurance Companies (Legal Institution)	中 资 Domestic-Funded	外 资 Foreign-Funded	保险中介法人机构 Legal Institution of Insurance Intermediary
2012	17	14	3	118
2013	17	14	3	126
2014	20	18	2	126
2015	22	20	2	125

12-10 保险公司主要业务指标（一）（2015年）
MAIN BUSINESS OF INSURANCE COMPANIES（2015）

单位：亿元 （100 million yuan）

指标名称	Indicators	保险金额 Insurance Amount	原保险保费收入 Original Premium Income	赔付支出 Indemnity Expenditure and payment
机动车辆险	Motor Vehicles Insurance	36 503.77	149.84	76.58
企业财产险	Enterprise Property Insurance	42 195.00	16.28	7.47
家庭财产险	Household Property Insurance	2 114.39	0.88	0.33
工程险	Engineering Insurance	3 750.37	3.41	1.85
责任险	Liability Insurance	24 472.71	10.34	4.39
信用险	Credit Insurance	2 521.48	12.79	6.44
保证险	Guarantee Insurance	1 046.04	7.78	1.76
船舶险	Shipping Insurance	410.48	1.52	0.78
货运险	Freight Insurance	34 448.86	5.34	2.37
特殊风险	Special Insurance	3 376.91	5.81	2.11
农业险	Agricultural Insurance	11.00	0.04	0.06
健康险	Health Insurance	23 048.83	2.69	2.59
意外险	Accident Insurance	453 448.09	10.62	2.48
其他险	Others	105.62	0.51	0.38
财产险公司合计	Total Property Insurance	627 452.77	227.86	109.60

12-10 保险公司主要业务指标（二）（2015年）
MAIN BUSINESS OF INSURANCE COMPANIES（2015）

单位：亿元 （100 million yuan）

指标名称	Indicators	累计新增保险金额 Accumulative total Insurance Amount	原保险保费收入 Original Premium Income	赔付支出 Indemnity Expenditure and payment
人寿保险	Life Insurance	5 304.49	216.87	43.53
健康险	Health Insurance	17 373.77	73.73	12.10
人身意外伤害险	Accident Insurance	363 133.15	14.80	1.57

主要统计指标解释

存款 指企业、机关、团体或居民根据必须收回的原则，把货币资金存入银行或其他信用机构保管并取得一定利息的一种信用活动形式。根据存款对象的不同可划分为企业存款、财政存款、机关团体存款、基本建设存款、城镇居民储蓄、农村存款等科目。它是银行信贷资金的主要来源。

贷款 指银行或其他信用机构根据资金必须归还的原则，按一定利率，为企业、个人等提供资金的一种信用活动形式。我国银行贷款分流动资金贷款、固定资产贷款、城乡个体工商户贷款以及农业贷款等科目。

城乡居民储蓄存款余额 指某一时点城乡居民存入银行及农村信用社的储蓄金额，包括城镇居民储蓄存款和农民个人储蓄存款，不包括居民的手存现金和工矿企业、部队、机关、团体等单位存款。

保险金额 指保险人承担赔偿或者给付保险金责任的最高限额。

保费 指投保人为取得保险人在约定范围内所承担赔偿责任而支付给保险人的费用。

赔款 指保险人根据保险合同的规定，向被保险人支付的赔偿保险责任损失的金额。

给付 包括死伤医疗给付和满期给付。死伤医疗给付是指保险人根据人寿保险及长期健康保险合同的规定，因被保险人在保险期内发生保险责任范围内的保险事故支付给被保险人（或受益人）的金额。满期给付是指被保险人生存期满，保险人按人寿保险合同规定支付给被保险人的满期保险金额。

Explanatory Notes on Main Statistical Indicators

Deposit is a form of credit by which enterprises, institutions, organizations or residents can put money into banks and other credit institutions for safekeeping and interest earning under the principle of free withdrawal. According to the different depositors, deposits are divided into enterprise deposits, treasury deposits, deposits of government agencies and organizations, capital construction deposits, urban savings deposits, rural deposits and other deposits. Deposits are major sources of the credit funds of banks.

Loan is a form of credit by which banks and other credit institutions provide funds at certain interest rates to enterprises and individuals in the light of the principle of unconditional repayment. Loans from Chinese banks include circulating capital loans, fixed assets loans, loans to urban and rural individuals engaged in industrial and commercial business and agricultural loans.

Savings Deposits by Urban and Rural Residents refer to the total value of savings deposits of urban and rural households in banks and rural credit cooperatives at a given point of time, including the savings deposit of urban residents and the savings deposit of rural residents. The cash in hand by residents and the deposits of organizations such as enterprises, military units, government agencies, institutions and others are not included.

Amount Insured refers to the maximum that the insurant will get for the claim of the case insured.

Premium is the fee paid by the insurant to the insurer to obtain the obligation of compensation from the insurance within the agreed terms. is the compensation paid by the insurer to the insurant in accordance with the insurance contract.

Settled Claim is the compensation paid by the insurer to the insurant in accordance with the insurance contract.

Payment includes payment for death, injury or medical treatment and payment at maturity. Payment for death, injury or medical treatment refers to the money paid to the insurant (or the beneficiary) in accordance with the life or health insurance contract when the insurant encounters accidents within the insured period covered in the contract. Payment at maturity refers to the payment to the insurant in accordance with the life insurance contract at the end of the insured period.

13 第十三部分

对外经济贸易和旅游

FOREIGN TRADE AND TOURISM

CHAPTER

13-1 利用外资签订协议（合同）项目

NUMBER OF THE SIGNED AGREEMENTS AND CONTRACTS FOR UTILIZATION OF FOREIGN CAPITAL

单位：项　　(unit)

年份 Year	总计 Total	一、按投资方式分 Grouped by Investment Mode					
		对外借款 Foreign Loans	外商直接投资 Direct Foreign Investments	#合资经营 Joint Ventures	#合作经营 Cooperative Operation	#外商独资 Soly-Funded Foreign Enterprises	外商其他投资 Other Foreign Investments
1979	169		37	7	30		132
1980	303		33	4	24	5	270
1981	578		70	13	39	18	508
1982	577		66	11	47	8	511
1983	878		253	92	149	12	625
1984	988	5	334	188	134	12	649
1985	1 203	40	282	192	73	17	881
1986	454	31	224	152	64	8	199
1987	334	13	310	231	62	17	11
1988	694	4	591	443	93	55	99
1989	711	5	647	473	94	80	59
1990	796	6	757	434	100	223	33
1991	986	6	951	534	122	295	29
1992	1 561	1	1 553	822	227	504	7
1993	3 257	2	3 255	1 735	358	1 162	
1994	2 223	2	2 221	1 049	208	964	
1995	1 638	5	1 633	764	109	760	
1996	999		999	491	38	470	
1997	1 786		957	454	30	471	829
1998	1 915		1 391	513	31	844	524
1999	1 558		797	321	15	461	761
2000	1 835		1 130	339	24	766	705
2001	1 860		1 501	396	18	1 087	359
2002	2 191		1 917	361	8	1 544	274
2003	2 573		2 254	333	6	1 913	319
2004			2 718	356	9	2 352	2 36
2005			2 797	308	12	2 469	141
2006			3 105	269	7	2 827	62
2007			4 200	215	8	3 975	25
2008			3 046	139	11	2 896	6
2009			1 498	114	1	1 382	11
2010			1 929	124	1	1 800	
2011			2 513	149	2	2 360	
2012			2 428	134		2 289	
2013			2 056	180	5	1 870	
2014			2 490	266		2 222	
2015			3 359	488	2	2 861	8

注：1.根据《商务部、国家统计局关于印发〈外商投资统计制度〉的通知》从2004年开始外商投资统计制度发生变化：一是不再包括"对外借款"，且外商直接投资的统计口径缩小；二是对外公布的数据为经商务部核准的外商直接投资数据。

Note: There are two changes among the newly statistical system of foreign investment in 2004:1.The index was not include Foreign Loans and statistical scope of Direct Foreign Investments was reduced.2.The released data of Direct Foreign Investments have been verified by State Commercial Department.

2.本表数据来源为深圳市经济贸易和信息化委员会。

Data in this table are provided by Economy,Trade and Information Commission of Shenzhen Municipality.

年 份 Year	二、按国民经济行业分 Grouped by Sector					
	农、林、牧、渔业 Agriculture, Forestry, Animal Husbandry and Fishery	工 业 Industry	建筑业 Construction	交通运输、仓储和邮政业 Transportation,Storage,Postal and Telecommunications Services	商业、住宿和餐饮业 Commerce,Accommodation and Catering Services	房地产业 Real Estate
1979	6	112		3	5	3
1980	8	243		4	10	14
1981	9	321		5	5	28
1982	3	457		1	25	8
1983	19	714		15	87	21
1984	14	148		15	117	31
1985	10	164		8	84	15
1986	6	172	3	1	20	14
1987	7	303			1	10
1988	5	646	4	5	12	11
1989	5	666		3	12	10
1990	3	766	2	3	6	3
1991	5	908	3	6	22	30
1992	6	1 464	2	8	20	51
1993	10	2 836	18	23	115	205
1994	6	1 815	20	16	168	135
1995	5	1 377	10	15	104	59
1996	10	858	7	8	53	30
1997	8	1 526	4	13	89	138
1998	5	1 401	3	12	65	286
1999	3	1 351	3	7	28	157
2000	4	1 450	1	23	34	307
2001	3	1 397	1	22	43	315
2002	3	1 616	4	33	103	394
2003		1 660	2	48	100	439
2004	2	1 513	6	53	188	57
2005	1	1 344	9	38	357	77
2006	1	896	11	55	1 238	101
2007	2	860	4	127	1 828	49
2008		350	5	83	1 187	4
2009	1	388	3	28	737	15
2010	1	434	7	29	1 000	11
2011		1 030	6	23	924	19
2012	1	1 027	6	26	865	8
2013	1	335	6	27	971	14
2014		181	7	28	1 089	18
2015	7	163	16	43	1 406	25

注：　从2008年起，此表按“国民经济行业分类”（GB/T4754-2002）分类。
Note: This table is grouped by National Economy Classification (GB/T4754-2002)from 2008.

年 份 Year	二、按国民经济行业分 Grouped by Sector						
	卫生、社保和社会福利业 Health Care,Social Security and Welfare	教育、文化、体育和娱乐业 Education,Culture Sports and Entertainment	科研和综合技术服务业和地质勘查业 Scientific Research and Polytechnical Services,Geological Exploration	金融、保险业 Financial Intermediation and Insurance	信息传输、计算机服务和软件业 Information Transmission,Computer Services and Software	租赁和服务业 Rental and Services	其他行业 Others
1979							40
1980							24
1981							210
1982							83
1983							22
1984							663
1985							922
1986	1	2	1	1			233
1987				7			6
1988				4			7
1989		4	4				7
1990	1		5				7
1991		2	2	6			2
1992		4	4	1			1
1993	6	1	5	1			33
1994	5	8	33	1			15
1995	19	4	31	1			13
1996	8	3	11	2			9
1997	1		7				
1998	1	1	138				3
1999			9				
2000	1	2	13				
2001		1	77				1
2002	1		26	5			5
2003	1	2	298	6			17
2004		4	178	2			715
2005	1	2	348	6			614
2006		7	373	5			418
2007	1	8	947	2			372
2008		3	1 134	2	62	215	1
2009		6	95	3	30	191	1
2010		2	142	4	35	264	
2011			138	6	54	313	
2012	3	3	105	13	37	334	
2013		9	114	73	43	463	
2014		8	165	222	81	687	4
2015	2	20	209	405	253	808	2

单位：项 13-1 续表 3 continued (unit)

年 份 Year	三、按国别(地区)分 Grouped by Country (Territory)							
	中国香港、澳门 HongKong China, Macao China	中国台湾 Taiwan China	新加坡 Singapore	韩 国 Korea Rep	日 本 Japan	泰 国 Thailand	澳大利亚 Australia	马来西亚 Malaysia
1988	610	8	10		24			3
1989	630	25	2		16	1	2	
1990	699	45	5		12	2	2	1
1991	885	36	8	3	17	3	1	
1992	1 330	88	20	5	16	8	6	3
1993	2 834	154	24	8	27	15	14	5
1994	1 885	124	29	8	25	8	7	3
1995	1 288	100	26	14	36	11	9	6
1996	760	85	15	11	15	4	6	6
1997	1 576	85	14	9	13	3	5	5
1998	1 614	119	19	7	12	1	4	2
1999	1 355	45	14	7	8		2	
2000	1 474	67	19	12	9	1	7	2
2001	1 288	179	28	22	25	3	10	6
2002	1 498	239	34	25	35	3	13	11
2003	1 852	260	25	35	33	3	14	6
2004	1 959	122	44	42	51		14	10
2005	1 974	144	51	43	45	3	9	6
2006	2 233	152	48	42	38	2	28	17
2007	3 427	165	48	50	46	6	19	10
2008	2 582	82	27	34	41	2	10	15
2009	1 142	85	17	25	24	4	9	11
2010	1 472	112	23	24	34	3	5	15
2011	1 985	125	29	37	27	2	10	12
2012	1 988	76	25	40	25	3	10	12
2013	1 611	110	29	38	22	2	12	11
2014	2 011	119	41	55	21	2	9	12
2015	2 673	164	48	91	16	2	17	26

单位：项 13-1 续表 4 continued (unit)

年 份 Year	三、按国别(地区)分 Grouped by Country (Territory)							
	美 国 The United States	加拿大 Canada	德 国 Germany	法 国 France	英 国 The United Kingdom	瑞 士 Switzerland	荷 兰 Netherlands	其 他 Others
1988	31	1	2	1	2			2
1989	16	2	1	9			1	6
1990	16	2		1	2	3		6
1991	18	2	2	3	2	1	1	4
1992	57	8	1	2	5		1	11
1993	104	22	2	4	16	2	3	23
1994	74	10	5	3	19		1	22
1995	71	9	3	1	18	2	4	40
1996	42	7	3	4	14	1	2	24
1997	35	8	2	3	5	3		20
1998	58	4	5	1	4	1	3	61
1999	37	12	3		4		1	70
2000	52	17	4	1	3		2	165
2001	72	14	2	2	2	2	2	203
2002	77	12	4	3	9	1	7	220
2003	72	23	2	3	7		4	234
2004	84	22	12	5	15	1	6	331
2005	100	16	14	4	24	7	9	348
2006	110	19	11	5	21	5	7	367
2007	78	15	12	3	15	2	5	299
2008	62	13	4	3	9	6	3	153
2009	49	10	7	7	5	1		102
2010	46	7	7	9	6	2	3	161
2011	51	8	15	9	7	1	2	193
2012	30	11	7	5	6	3	1	186
2013	36	12	8	9	10	4	5	137
2014	38	13	5	3	14	2	6	139
2015	65	22	10	4	14	1	6	200

13-2 协议利用外资额

AMOUNT OF FOREIGN CAPITAL TO BE UTILIZED IN THE SIGNED AGREEMENTS AND CONTRACTS

单位：万美元 (USD 10 000)

年 份 Year	总 计 Total	一、按投资方式分 Grouped by Investment Mode					
		1、对外借款 Foreign Loans	2、外商直接投资 Direct Foreign Investments	# 合资经营 Joint Ventures	# 合作经营 Cooperative Operation	# 外商独资 Soly-Funded Foreign Enterprises	3、外商其他投资 Other Foreign Investments
1979	2 984		1 790	851	939		1 194
1980	27 122		23 966	1 021	13 966	8 979	3 156
1981	86 360		86 360	442	72 636	13 282	
1982	18 028		17 546	643	14 498	2 405	482
1983	33 451		29 355	8 052	17 605	3 698	4 096
1984	64 564	1 962	53 342	21 240	31 704	398	9 260
1985	102 647	19 320	79 323	18 544	58 046	2 733	4 004
1986	51 360	22 474	24 396	9 776	13 189	1 431	4 490
1987	64 893	7 812	56 675	10 993	7 370	38 312	406
1988	48 739	4 500	43 021	25 163	9 310	8 548	1 218
1989	48 904	576	46 945	25 120	11 501	10 324	1 383
1990	69 344	1 062	67 899	18 869	16 099	32 931	383
1991	115 158	5 038	108 611	35 419	23 072	50 120	1 509
1992	251 774	1 188	249 496	75 010	65 597	108 889	1 090
1993	497 737	800	496 937	211 828	71 588	213 521	
1994	298 649	15 521	283 128	92 731	47 632	142 765	
1995	359 654	13 347	346 307	125 589	63 561	157 157	
1996	168 000		168 000	99 879	26 192	41 929	
1997	176 896		135 387	63 177	10 224	59 657	41 509
1998	274 571	42 093	203 475	78 016	8 484	115 293	29 003
1999	223 018	64 077	121 017	16 345	7 242	96 585	37 924
2000	263 996	43 671	173 813	28 374	11 926	128 739	46 512
2001	400 393	50 527	272 318	43 530	82 902	145 184	77 548
2002	518 626	38 735	354 400	61 955	5 952	202 075	125 491
2003	582 896	55 570	484 687	124 831	11 157	335 571	42 639
2004			412 131	103 316	13 546	281 272	71 913
2005			525 097	68 065	2 375	437 181	43 755
2006			526 410	93 298	6 117	412 952	107 288
2007			857 155	63 948	−3 985	787 701	15 570
2008			728 283	97 963	2 007	608 434	4 914
2009			355 805	81 851	−1 622	257 953	−4 195
2010			565 197	44 503	271	508 625	−6 219
2011			763 307	121 168	11 803	616 702	−14 417
2012			626 184	83 049	1 284	519 688	177
2013			670 003	122 240	911	541 041	
2014			1 089 537	123 337	840	950 075	
2015			2 559 531	323 952	−697	2 189 932	46 344

注：本表数据来源为深圳市经济贸易和信息化委员会。

Note: Data in this table are provided by Economy,Trade and Information Commission of Shenzhen Municipality.

年 份 Year	二、按国民经济行业分 Grouped by Sector					
	农、林、牧、渔业 Agriculture, Forestry, Animal Husbandry and Fishery	工 业 Industry	建筑业 Construction	交通运输、仓储和邮政业 Transportation, Storage, Postal and Telecommunications Services	商业、住宿和餐饮业 Commerce, Accommodation and Catering Services	房地产业 Real Estate
1979	119	1 163		537	179	538
1980	1 085	10 577		4 883	1 628	4 883
1981	3 454	33 680		15 545	5 182	15 675
1982	213	6 269		3 245	1 082	3 245
1983	1 345	13 145		5 978	2 085	6 042
1984	214	16 936		1 933	27 152	6 349
1985	439	56 558		3 935	13 510	4 928
1986	187	12 197	3 849	102	3 773	4 075
1987	359	54 644			13	2 065
1988	273	36 686	149	899	2 403	3 568
1989	120	37 885		643	3 499	4 939
1990	99	55 931	138	378	5 197	3 802
1991	888	77 756	3 839	1 665	5 742	17 197
1992	2 878	176 536	1 180	8 321	4 724	51 153
1993	378	292 842	3 646	37 086	48 641	77 660
1994	263	177 967	1 264	1 585	37 774	59 615
1995	438	243 725	4 468	21 376	21 903	51 630
1996	763	123 973	11 905	1 827	12 443	9 200
1997	481	129 826	2 671	4 864	7 977	29 839
1998	1 417	184 011	3 678	16 008	11 323	44 075
1999	89	207 778	225	−2 439	2 359	16 108
2000	94	216 845	−913	2 990	7 795	36 672
2001	−202	343 834	445	6 299	5 936	38 853
2002	98	357 927	650	29 752	15 303	43 677
2003	699	362 144	466	40 517	18 346	89 112
2004	1 040	246 824	525	8 923	12 230	29 502
2005	184	227 994	20 041	41 960	42 019	61 235
2006	84	215 287	490	39 107	78 194	80 598
2007	−561	250 677	−24	16 890	197 432	109 325
2008	−95	230 858	3 928	13 374	192 763	70 910
2009	52	90 645	682	51 452	64 715	56 192
2010	314	105 151	1 162	17 878	155 857	130 934
2011		262 143	1 222	20 028	144 719	95 492
2012		243 452	1 183	28 754	89 786	47 192
2013	524	122 170	594	2 490	141 389	34 874
2014	393	98 963	396	16 413	185 828	17 278
2015	1 627	112 971	6 149	36 982	292 058	286 294

单位：万美元　　　　13-2 续表 2 continued （USD 10 000）

年份 Year	二、按国民经济行业分 Grouped by Sector						
	卫生、社保和社会福利业 Health Care, Social Security and Welfare	教育、文化、体育和娱乐业 Education, Culture Sports and Entertainment	科研和综合技术服务业和地质勘查业 Scientific Research and Polytechnical Services, Geological Exploration	金融、保险业 Financial Intermediation and Insurance	信息传输、计算机服务和软件业 Information Transmission, Computer Services and Software	租赁和服务业 Rental and Services	其他行业 Others
1979							448
1980							4 066
1981							12 824
1982							3 974
1983							4 856
1984							11 980
1985							23 277
1986	19	16	4	129			27 009
1987				6 000			1 812
1988				4 500			261
1989		300	108				1 410
1990	2 574		123				1 102
1991		669	240	5 038			2 124
1992		3 239	97	1 188			2 458
1993	991	2 900	94	2 100			31 106
1994	628	6 552	1 393	29			11 572
1995	625	1 250	1 103	2 170			2 966
1996	2 664	1 750	487	2 301			687
1997	161		426				651
1998	1 584	36	8 043	4 911			−515
1999	−5 037		579				3 356
2000	−460	158	486	27			302
2001	120	793	5 886	1 000			−2 571
2002	707	38	2 396	60 980			7 098
2003	779	2 071	21 947	13 654			28 054
2004		1 563	13 697	144			97 683
2005	993	1 371	36 825	8 813			83 662
2006	−132	4 288	38 188	3 085			67 221
2007	2 190	371	115 229	1 250			164 376
2008		1 351	135 320	594	32 517	45 135	1 628
2009		783	17 549	38 750	2 367	32 584	34
2010		2 902	52 828	4 004	17 687	76 480	
2011		1 866	52 673	−22 595	16 848	190 892	19
2012	665	17 005	29 983	30 563	17 235	120 366	
2013		3 235	28 016	160 495	8 517	167 699	
2014	−20	185	59 796	505 875	45 131	157 885	1 414
2015	−187	−3 589	66 585	1 171 149	189 865	398 707	920

单位：万美元　　　　13-2 续表 3 continued （USD 10 000）

年 份 Year	三、按国别(地区)分 Grouped by Country (Territory)							
	中国香港、澳门 HongKong China, Macao China	中国台湾 Taiwan China	新加坡 Singapore	韩 国 Korea Rep.	日 本 Japan	泰 国 Thailand	澳大利亚 Australia	马来西亚 Malaysia
1989	40 214	986	328		1 131	2 585	48	
1990	54 729	4 839	3 134		1 058	1 092	550	17
1991	98 476	2 652	693	264	7 987	67	480	
1992	206 231	10 814	2 151	1 174	5 843	416	3 198	1 679
1993	411 673	21 908	2 132	665	7 491	5 284	7 934	392
1994	260 535	12 075	6 996	384	2 692	1 421	184	114
1995	274 815	7 344	7 940	1 926	20 914	978	227	2 024
1996	80 115	3 376	1 847	50 895	1 120	347	340	210
1997	98 839	4 951	1 874		2 517	59		293
1998	153 002	6 375	10 002	343	15 184	1 030		
1999	111 587	2 965	6 569	7	15 842		32	−154
2000	141 259	3 976	5 359	628	1 677	7	511	300
2001	180 030	19 328	6 371	888	8 379	115	920	56
2002	205 225	26 226	5 879	1 543	1 998	−939	2 381	1 570
2003	340 288	18 290	9 916	2 608	10 027	1 165	340	96
2004	198 695	9 276	6 479	4 506	6 025	400	745	3 838
2005	265 109	1 802	13 508	861	8 802	171	−139	−237
2006	362 411	3 883	8 107	486	8 866	26	1 822	3 568
2007	667 020	4 837	5 989	2 407	4 110	242	−1 190	133
2008	618 340	−1 030	1 618	804	4 138	17	−585	678
2009	323 420	245	4 974	239	−3 251	198	−283	672
2010	449 569	980	8 180	316	3 730	61	24	517
2011	536 353	9 961	22 437	23 771	15 026	8	−67	−771
2012	508 831	6 997	2 666	939	23 173	164	−308	1 001
2013	497 375	771	24 819	3 763	7 022	179	194	−2 534
2014	961 581	4 044	9 940	1 016	11 468	28	2 741	1 757
2015	2 287 102	26 580	5 846	3 320	6 322	84	710	850

单位：万美元　　　　13-2 续表 4 continued （USD 10 000）

年 份 Year	三、按国别(地区)分 Grouped by Country (Territory)							
	美 国 The United States	加拿大 Canada	德 国 Germany	法 国 France	英 国 The United Kingdom	瑞 士 Switzerland	荷 兰 Netherlands	其 他 Others
1989	2 290	63	48	249			562	400
1990	1 253	115		8	772	809		968
1991	981	34	210	392	1 700	83	819	320
1992	4 764	4 067	31	111	5 373		5	5 917
1993	18 289	7 245	368	534	7 352	500	175	5 795
1994	8 010	921	222	78	2 421		25	2 571
1995	17 020	426	1 995	3 900	3 641	6	6 315	10 183
1996	3 876	368	357	227	2 493	15	2 659	19 755
1997	2 177	553	1 365	182		128	1 061	62 897
1998	10 759	215	3 077	21 270	7 489		4 142	41 683
1999	22 954	144	2 367	23 561	8 543	−17	2 853	25 765
2000	11 611	987	3 214	26 698	11 894		1 388	54 487
2001	5 239	997	1 224	33 920	5 987	683	−1 383	137 639
2002	79 346	−32	492	24 533	65 794	1 565	−199	103 244
2003	17 082	907	399	3 753	10 540	83	7 219	160 183
2004	14 007	434	2 379	2 317	11 263	140	7 154	144 473
2005	5 532	121	1 857	177	3 710	537	3 264	220 022
2006	4 974	196	911	482	1 748	299	7 136	121 495
2007	7 946	572	612	751	2 267	439	3 772	157 248
2008	11 773	2 385	1 357	4 445	636	922	756	82 029
2009	4 223	198	152	−946	2 398	381	401	22 784
2010	12 622	−2 011	−262	2 040	−1 162	−35	−1 158	91 786
2011	34 899	204	782	31 436		−9	−70	89 347
2012	1 600	−120	−355	−86	69	451	−5 078	86 240
2013	3 849	−185	317	77	1 830	84	1 843	130 599
2014	9 196	199	85	−1 121	1 143	−7	390	87 077
2015	−803	6 820	1 055	79	2 664	227	1 745	216 930

13-3 实际利用外资额

AMOUNT OF FOREIGN CAPITAL ACTUALLY USED

单位：万美元 (USD 10 000)

年 份 Year	总 计 Total	一、按投资方式分 Grouped by Investment Mode					
		对外借款 Foreign Loans	外商直接投资 Direct Foreign Investments	# 合资经营 Joint Ventures	# 合作经营 Cooperative Operation	# 外商独资 Soly-Funded Foreign Enterprises	外商其他投资 Other Foreign Investments
1979	1 537		548	192	356		989
1980	3 264		2 755	252	1 891	612	509
1981	11 282		8 618	1 073	5 427	2 118	2 664
1982	7 379		5 771	1 114	3 823	834	1 608
1983	14 394		11 316	1 906	6 077	3 333	3 078
1984	23 013	1 962	18 640	8 008	5 990	4 642	2 411
1985	32 925	13 585	17 989	6 993	10 316	680	1 351
1986	48 933	10 860	36 450	5 124	30 241	1 085	1 623
1987	40 449	12 436	27 379	8 489	17 826	1 064	634
1988	44 429	14 430	28 716	9 644	10 085	8 987	1 283
1989	45 809	15 563	29 252	16 852	7 182	5 218	994
1990	51 857	12 360	38 994	26 849	4 917	7 228	503
1991	57 988	17 184	39 875	27 330	5 185	7 360	929
1992	71 539	25 808	44 879	20 554	8 716	15 609	852
1993	143 217	43 762	98 900	48 165	15 097	35 638	555
1994	172 959	47 367	125 046	49 312	21 388	54 346	546
1995	173 545	42 556	130 989	33 120	28 003	69 866	
1996	242 242	37 177	205 065	89 228	26 776	89 061	
1997	287 168	57 095	166 112	53 271	20 771	92 070	63 961
1998	255 222	55 717	166 357	73 762	22 354	67 561	33 148
1999	275 422	64 077	177 839	74 848	18 954	82 556	33 506
2000	296 839	43 671	196 145	71 789	19 102	103 061	57 023
2001	360 277	44 527	259 080	59 076	56 621	139 157	56 670
2002	490 220	49 511	319 101	79 480	39 550	149 642	121 608
2003	504 213	57 928	362 344	115 245	20 850	193 915	83 941
2004			234 994	48 868	6 281	169 650	126 232
2005			296 872	50 807	8 299	230 996	104 841
2006			326 852	56 623	2 609	252 313	158 419
2007			366 220	64 843	1 334	295 550	99 277
2008			403 018	43 441	2 038	354 971	75 827
2009			416 001	54 993	551	342 234	12 242
2010			429 724	63 281	1 292	341 964	17 218
2011			459 921	48 409	1 367	397 391	23 696
2012			522 944	81 675	3 949	418 054	2 768
2013			546 789	79 900	1 340	461 585	403
2014			580 469	80 834	163	484 416	
2015			649 733	57 037	1 719	581 450	9 527

注：本表数据来源为深圳市经济贸易和信息化委员会。

Note: Data in this table are provided by Economy,Trade and Information Commission of Shenzhen Municipality.

年 份 Year	二、按国民经济行业分 Grouped by Sector					
	农、林、牧、渔业 Agriculture, Forestry, Animal Husbandry and Fishery	工 业 Industry	建筑业 Construction	交通运输、仓储和邮政业 Transportation, Storage,Postal and Telecommunications Services	商业、住宿和餐饮业 Commerce, Accommodation and Catering Services	房地产业 Real Estate
1979	30	645		31	200	553
1980	65	1 371		65	424	1 175
1981	226	4 738		226	1 467	4 061
1982	148	3 099		148	959	2 656
1983	216	6 013		273	1 809	5 124
1984	57	8 235		881	5 251	4 412
1985	73	6 549		1 457	1 221	7 976
1986	138	31 874	13	416	974	2 965
1987	232	25 216	239	432	387	454
1988	383	28 645	45	917	1 069	4 652
1989	200	27 406	53	1 071	1 530	4 744
1990	28	32 306	6	440	858	5 576
1991	143	34 869	12	894	831	10 835
1992	55	44 056	122	300	807	9 503
1993	94	74 851	54	18 514	3 216	31 664
1994	626	113 192		18 900	6 798	14 220
1995	433	121 125		17 195	2 305	15 982
1996		193 141	30	6 944	11 852	16 970
1997	64	222 822	3 195	26 095	3 318	14 372
1998	428	156 925	7 906	35 333	7 715	31 208
1999	1 049	195 450	412	10 182	8 794	48 992
2000	145	222 702	5 384	12 129	5 587	40 473
2001	294	293 765	776	9 476	9 283	44 137
2002	27	336 943	657	18 696	13 115	51 018
2003	824	315 730	1 102	45 608	29 410	64 587
2004	169	145 123	2 223	12 313	11 407	18 694
2005	146	181 804	134	21 139	14 497	19 457
2006	146	189 097	12 690	23 308	15 423	21 097
2007	113	181 439	7 073	19 723	53 884	32 405
2008	207	152 987	27	30 071	80 362	42 717
2009	111	158 939	427	8 567	127 000	25 249
2010		164 623	2	5 947	89 554	56 872
2011	172	164 480	469	30 673	90 304	45 815
2012	150	181 153	810	32 239	121 492	55 414
2013	65	187 485	3 224	14 732	66 716	71 830
2014	392	124 187	494	6 233	104 299	80 317
2015		82 354	159	10 398	65 391	225 873

单位：万美元

13-3 续表 2 continued （USD 10 000）

年　份 Year	二、按国民经济行业分 Grouped by Sector						
	卫生、社保和社会福利业 Health Care,Social Security and Welfare	教育、文化、体育和娱乐业 Education,Culture Sports and Entertainment	科研和综合技术服务业和地质勘查业 Scientific Research and Polytechnical Services,Geological Exploration	金融、保险业 Financial Intermediation and Insurance	信息传输、计算机服务和软件业 Information Transmission,Computer Services and Software	租赁和服务业 Rental and Services	其他行业 Others
1979							78
1980							164
1981							564
1982							369
1983							959
1984							4 177
1985							15 649
1986		6		8 948			3 599
1987	6	39		10 247			3 197
1988	161	30	20	4 168			4 339
1989		33		10 666			106
1990		34		5 913			6 696
1991	35			9 837			532
1992	13	17		14 008			2 658
1993	500			254			14 070
1994	234	1 445	132	5 751			11 661
1995	10 921	625		4 327			632
1996	1 236	68	550	9 339			2 112
1997	1 750	470	17	6 638			8 427
1998	831	548	234	12 021			2 073
1999	4 659	441	3 383				2 060
2000	1 600	377	379	1 579			6 484
2001	758	18	501	1 000			269
2002	1 514	63	2 846	58 734			6 607
2003	220	626	2 809	18 587			19 586
2004	100		6 384	1 285			37 196
2005	120	346	9 366	20			49 843
2006		597	12 841	7 266			44 387
2007	439	334	22 843	1 566			46 401
2008	372	675	27 852		15 161	52 587	
2009		2 005	57 935		9 134	26 634	
2010		373	37 460	1 591	23 705	49 597	
2011		1 678	39 164	7 072	25 697	54 331	66
2012	186	8 758	39 668	1 338	5 135	76 601	
2013		5 867	39 518	19 972	7 258	130 122	
2014	556	928	34 870	67 505	22 184	138 504	
2015		2 395	25 079	71 649	30 007	136 267	161

单位：万美元　　　　13-3 续表 3 continued (USD 10 000)

年　份 Year	三、按国别(地区)分 Grouped by Country (Territory)							
	中国香港、澳门 HongKong China, Macao China	中国台湾 Taiwan China	新加坡 Singapore	韩　国 Korea Rep.	日　本 Japan	泰　国 Thailand	澳大利亚 Australia	马来西亚 Malaysia
1989	28 729	1 006	1 177		10 004		166	
1990	26 291	371	897		17 257		723	
1991	32 375	216	339	125	14 265		700	
1992	46 134	475	475		15 806	914	323	117
1993	92 455	4 532	1 197	170	20 822	1 577	155	
1994	125 890	10 671	1 270		18 740	102	645	
1995	105 172	6 954	845		32 067		520	
1996	150 126	13 665	7 525	7 094	29 860	3 381	340	2 024
1997	203 035	6 732	2 502	309	17 616	1 133	19	750
1998	182 956	3 479	1 089	352	8 959	257	56	45
1999	144 214	3 842	9 855	11 133	18 666	1 047	145	64
2000	184 531	3 940	6 023	8 136	5 113		219	1 724
2001	194 212	12 518	7 521	162	8 183	6	365	263
2002	216 516	28 876	8 449	541	10 498	1 307	687	245
2003	318 337	28 479	10 471	4 489	12 154	69	172	348
2004	125 379	4 002	4 576	411	3 215	200	345	1 394
2005	157 487	5 328	5 368	1 507	6 590	148	848	888
2006	167 338	3 044	11 352	484	4 660	31	422	587
2007	223 877	3 278	7 348	322	4 319	261	1 643	253
2008	256 893	4 565	4 280	1 339	2 887	35	264	540
2009	275 819	2 186	6 297	489	3 942	13	54	1 127
2010	310 221	1 737	9 393	472	2 774	136	148	398
2011	326 079	1 852	11 395	4 674	10 745	65	180	94
2012	379 918	4 484	6 112	19 729	5 235	51	46	1 320
2013	418 654	3 541	9 285	451	7 167	88	17	28
2014	438 748	5 635	7 143	3 708	7 027	43	25	123
2015	561 412	797	8 304	496	4 330	10	167	88

单位：万美元　　　　13-3 续表 4 continued (USD 10 000)

年　份 Year	三、按国别(地区)分 Grouped by Country (Territory)							
	美　国 The United States	加拿大 Canada	德　国 Germany	法　国 France	英　国 The United Kingdom	瑞　士 Switzerland	荷　兰 Netherlands	其　他 Others
1989	1 143	16		3 399	112			57
1990	4 011		35	1 112	235	500	337	88
1991	6 963	5		1 668	457		819	56
1992	2 029			3 225	1 109	84	633	155
1993	14 531	450		3 153	64	510	3 511	90
1994	3 371	628	130	2 206	6 662		2 520	124
1995	14 145	194	250	8 963	1 099	2 623		713
1996	10 576	162	911	2 985	1 820	794	125	10 854
1997	24 306	215	1 365	182	3 888	6		25 110
1998	4 326	364	505	24 610	9 002	188	1 601	17 433
1999	688	22 111	650	23 933	9 291	170	5 721	23 892
2000	11 498	739	3 477	26 613	11 498	1 080	3 677	28 571
2001	5 929	668	1 339	27 912	8 238	1 551	497	90 913
2002	63 310	632	1 811	24 814	49 112	1 142	2 783	79 506
2003	10 540	907	289	3 759	9 417	1 006	1 686	102 090
2004	8 189	436	517	23	3 014	200	2 266	80 827
2005	9 066	594	347	1 449	8 517	21	3 251	95 463
2006	7 129	189	2 274	186	1 536	253	2 164	125 203
2007	4 052	181	1 437	931	1 555	137	6 227	110 399
2008	7 613	244	142	870	923	30	3 037	119 356
2009	5 071	263	626	1 721	1 328	202	1 282	115 581
2010	8 960	91	381	4	1 065	558	1 805	91 581
2011	8 188	196	890	1 109	116	133	12	94 193
2012	28 437	145	395	550	84	16	669	75 753
2013	4 705	70	842	22 026	995		1 077	77 843
2014	2 875	82	168	9 365	44	440	1 462	103 581
2015	1 108	21	34		213	3	12	72 738

13-4 实际外商直接投资

DIRECT FOREIGN INVESTMENTS ACTUALLY USED

单位：亿美元　　　　(USD 100 million)

年份 Year	实际利用外资金额 Direct Foreign Investments Actually Used	指数（%）Indices(%) 以1979年为100 1979=100	指数（%）Indices(%) 以上年为100 Preceding Year=100
1979	0.05	100.0	
1980	0.28	502.7	502.7
1981	0.86	1 572.6	312.8
1982	0.58	1 053.1	67.0
1983	1.13	2 065.0	196.1
1984	1.86	3 401.5	164.7
1985	1.80	3 282.7	96.5
1986	3.65	6 651.5	202.6
1987	2.74	4 996.2	75.1
1988	2.87	5 240.1	104.9
1989	2.93	5 338.0	101.9
1990	3.90	7 115.7	133.3
1991	3.99	7 276.5	102.3
1992	4.49	8 189.6	112.5
1993	9.89	18 047.4	220.4
1994	12.50	22 818.6	126.4
1995	13.10	23 903.1	104.8
1996	20.51	37 420.6	156.6
1997	16.61	30 312.4	81.0
1998	16.64	30 357.1	100.1
1999	17.78	32 452.4	106.9
2000	19.61	35 792.9	110.3
2001	25.91	47 277.4	132.1
2002	31.91	58 230.1	123.2
2003	36.23	66 121.2	113.6
2004	23.50	72 997.8	110.4
2005	29.69	92 196.2	126.3
2006	32.69	101 508.0	110.1
2007	36.62	113 689.0	112.0
2008	40.30	125 171.6	110.1
2009	41.60	129 177.1	103.2
2010	42.97	133 439.9	103.3
2011	45.99	142 780.7	107.0
2012	52.29	162 341.7	113.7
2013	54.68	169 809.4	104.6
2014	58.05	180 337.6	106.2
2015	64.97	201 797.8	111.9
年平均增长率 **Average Annual Growth Rate**		**23.5**	

注：1.本表指数按可比口径计算。
Note: Data in this table are calculated at comparable scope.
2.本表数据来源为深圳市经济贸易和信息化委员会。
Data in this table are provided by Economy,Trade and Information Commission of Shenzhen Municipality.

13-5 外商投资企业工商登记情况（按企业类别分）（2015年末）

BUSINESS REGISTRATION OF FOREIGN INVESTED ENTERPRISES AT YEAR-END (GROUPED BY REGISTRATION STATUS) (2015)

单位：万美元　　　　(USD 10 000)

项目	Item	期末实有 Final Actual Amount			
		户数（户） Enterprises (Unit)	投资总额 Total Investment	注册资本（认缴出资金额） (Subscribed Capital Contribution)	
				小计 Subtotal	#外方 Foreign Side
合计	**Total**	**37 529**	**16 949 163**	**11 072 548**	**7 762 934**
中外合资	Sino-foreign Joint Ventures	2 470	4 992 627	2 794 943	211 892
中外合作（法人）	Sino-foreign Cooperative Enterprises (Juridical Person)	237	629 798	248 461	120 014
中外合作（非法人）	Sino-foreign Cooperative Enterprises (Unincorporated)	260			
外资企业	Foreign-funded Enterprises	25 200	10 697 373	7 307 729	7 307 729
外商投资股份有限公司	Companies Limited by Shares with Foreign Investment	137	629 365	595 209	123 299
其他外商投资企业	Other Foreign-invested Enterprises				
合伙企业	Partnership Enterprises	76		126 206	
普通合伙	General Partnership Enterprises	15		317	
#特殊的普通合伙	Special General Partnership Enterprises	4			
有限合伙	Limited Partership Enterprises	61		125 889	
其他企业	Other Enterprises				
外商投资企业分支机构	Foregin-invested Enterprises Branches	9 149			

注：　本表数据来源为深圳市市场和质量监督管理委员会信息中心。
Note: Data in this table are provided by Market and Quality Supervision Commission of Shenzhen Municipality.

单位：万美元 13-5 续表1 continued(USD 10 000)

项目 Item		本期登记 Registration of the Current Period			
		户数（户） Enterprises (Unit)	投资总额 Total Investment	注册资本（认缴出资金额） (Subscribed Capital Contribution)	
				小计 Subtotal	#外方 Foreign Side
合计	**Total**	**4 343**	**2 491 548**	**2 225 055**	**1 467 913**
中外合资	Sino-foreign Joint Ventures	413	682 365	645 496	
中外合作（法人）	Sino-foreign Cooperative Enterprises (Juridical Person)	18	20 329	20 329	
中外合作（非法人）	Sino-foreign Cooperative Enterprises (Unincorporated)	5			
外资企业	Foreign-funded Enterprises	2 936	1 768 414	1 467 913	1 467 913
外商投资股份有限公司	Companies Limited by Shares with Foreign Investment	3	20 440	19 446	
其他外商投资企业	Other Foreign-invested Enterprises				
合伙企业	Partnership Enterprises	38		71 871	
普通合伙	General Partnership Enterprises	4		216	
#特殊的普通合伙	Special General Partnership Enterprises				
有限合伙	Limited Partership Enterprises	34		71 655	
其他企业	Other Enterprises				
外商投资企业分支机构	Foregin-invested Enterprises Branches	930			

项目 Item		注销（户） Logouted Enterprises(unit)		吊销（户） Revoked Enterprises(unit)	
		本期注销 Logouted Enterprises of the current period	累计注销 Total Number of Logouted Enterprises	本期吊销 Revoked Enterprises of the current period	累计吊销 Total Number of Revoked Enterprises
合计	**Total**	**982**	**10 285**	**25**	**24 067**
中外合资	Sino-foreign Joint Ventures	39	852	3	1 269
中外合作（法人）	Sino-foreign Cooperative Enterprises (Juridical Person)	6	162		1 161
中外合作（非法人）	Sino-foreign Cooperative Enterprises (Unincorporated)	8	269		249
外资企业	Foreign-funded Enterprises	491	3 973	22	18 688
外商投资股份有限公司	Companies Limited by Shares with Foreign Investment	1	5		29
其他外商投资企业	Other Foreign-invested Enterprises				
合伙企业	Partnership Enterprises	2	5		
普通合伙	General Partnership Enterprises		2		
#特殊的普通合伙	Special General Partnership Enterprises				
有限合伙	Limited Partership Enterprises	2	3		
其他企业	Other Enterprises				
外商投资企业分支机构	Foregin-invested Enterprises Branches	435	5 019		2 671

13-6 外商投资企业工商登记情况（按行业类别分）（2015年末）

BUSINESS REGISTRATION OF FOREIGN INVESTED ENTERPRISES AT YEAR-END (GROUPED BY SECTOR)(2015)

单位：万美元　　　　(USD 10 000)

项目	Item	期末实有 Final Actual Amount			
		户数（户） Enterprises (Unit)	投资总额 Total Investment	注册资本（认缴出资金额） (Subscribed Capital Contribution)	
				小计 Subtotal	#外方 Foreign Side
合计	**Total**	**37 529**	**16 949 163**	**11 072 548**	**7 762 934**
农、林、牧、渔业	Agriculture,Forestry,Animal Husbandry and Fishery	37	13 948	12 391	2 599
农、林、牧、渔服务业	Agriculture,Forestry,Animal Husbandry and Fishery Services	11	9 864	8 870	43
采矿业	Mining	5	16 743	5 854	2 104
开采辅助活动	Mining Auxiliary Activities	2	1 950	854	854
制造业	Manufacturing	11 909	5 408 152	3 259 616	2 507 692
金属制品、机械和设备修理业	Metal Products Machinery And Equipmet Repair Services	67	7 535	4 717	4 558
电力、热力、燃气及水生产和供应业	Production and Supply of Electric Power,Gas and Water	171	1 073 495	343 404	200 851
建筑业	Construction	191	225 358	115 431	82 460
批发和零售业	Wholesale and Retail Trade	10 673	1 915 707	1 376 349	1 051 292
交通运输、仓储和邮政业	Transport,Storage and Postal Services	1 046	620 895	316 751	162 779
住宿和餐饮业	Hotels and Catering Services	1 618	131 988	83 706	60 340
信息传输、软件和信息技术服务业	Information Transmission,Computer Services and Software	3 462	1 406 150	965 833	685 979
金融业	Financial Intermediation	957	1 966 404	1 908 328	1 228 323
房地产业	Real Estate	1 578	1 286 873	736 205	569 069
租赁和商务服务业	Leasing and Business Services	3 567	1 573 619	1 206 026	786 888
科学研究和技术服务业	Scientific Research and Technical Services	1 581	1 025 775	526 616	245 185
水利、环境和公共设施管理业	Management of Water Conservancy, Environment and Public facilities	32	11 060	9 785	7 888
居民服务、修理和其他服务业	Resident Services,Repair and Other Servies	500	230 927	176 573	145 114
教育	Education	37	4 405	2 546	1 949
卫生和社会工作	Health Care and Social Work	8	3 519	2 009	1 900
文化、体育和娱乐业	Culture,Sports and Recreation	151	34 065	25 069	20 466
其他	Others	6	80	56	56

注：　本表数据来源为深圳市市场和质量监督管理委员会信息中心。
Note: Data in this table are provided by Market and Quality Supervision Commission of Shenzhen Municipality.

项目	Item	本期登记 Registration of the Current Period 户数（户） Enterprises (Unit)	投资总额 Total Investment	注册资本（认缴出资金额）(Subscribed Capital Contribution) 小计 Subtotal	#外方 Foreign Side
合计	**Total**	**4 343**	**2 491 548**	**2 225 055**	**1 467 913**
农、林、牧、渔业	Agriculture,Forestry,Animal Husbandry and Fishery	14	9 997	9 003	226
农、林、牧、渔服务业	Agriculture,Forestry,Animal Husbandry and Fishery Services	7	9 724	8 730	23
采矿业	Mining	1			
开采辅助活动	Mining Auxiliary Activities				
制造业	Manufacturing	165	31 750	18 919	18 012
金属制品、机械和设备修理业	Metal Products Machinery And Equipmet Repair Services				
电力、热力、燃气及水生产和供应业	Production and Supply of Electric Power,Gas and Water	51	67 202	67 202	67 202
建筑业	Construction	28	5 723	5 723	4 316
批发和零售业	Wholesale and Retail Trade	1 605	225 850	194 938	141 498
交通运输、仓储和邮政业	Transport,Storage and Postal Services	99	10 465	9 662	8 892
住宿和餐饮业	Hotels and Catering Services	232	3 432	3 416	2 525
信息传输、软件和信息技术服务业	Information Transmission,Computer Services and Software	757	237 507	198 975	156 771
金融业	Financial Intermediation	472	1 330 513	1 301 059	738 464
房地产业	Real Estate	118	136 933	75 053	68 722
租赁和商务服务业	Leasing and Business Services	363	190 948	189 510	126 643
科学研究和技术服务业	Scientific Research and Technical Services	219	71 285	48 026	39 401
水利、环境和公共设施管理业	Management of Water Consercancy, Environment and Public facilities	5	276	270	270
居民服务、修理和其他服务业	Resident Services,Repair and Other Servies	171	166 460	100 444	92 494
教育	Education	5	1 322	1 022	1 022
卫生和社会工作	Health Care and Social Work				
文化、体育和娱乐业	Culture,Sports and Recreation	38	1 885	1 833	1 455
其他	Others				

13-6 续表2 continued

项目 Item		注销（户） Logouted Enterprises(unit)		吊销（户） Revoked Enterprises(unit)	
		本期注销 Logouted Enterprises of the current period	累计注销 Total Number of Logouted Enterprises	本期吊销 Revoked Enterprises of the current period	累计吊销 Total Number of Revoked Enterprises
合计	**Total**	**982**	**10 285**	**25**	**24 067**
农、林、牧、渔业	Agriculture,Forestry,Animal Husbandry and Fishery	2	13		95
农、林、牧、渔服务业	Agriculture,Forestry,Animal Husbandry and Fishery Services	1	1		9
采矿业	Mining		7		56
开采辅助活动	Mining Auxiliary Activities				3
制造业	Manufacturing	249	3 589	9	16 972
金属制品、机械和设备修理业	Metal Products Machinery And Equipmet Repair Services	1	3		
电力、热力、燃气及水生产和供应业	Production and Supply of Electric Power,Gas and Water		12		9
建筑业	Construction	5	59		95
批发和零售业	Wholesale and Retail Trade	338	2 127	3	1 846
交通运输、仓储和邮政业	Transport,Storage and Postal Services	21	241	2	240
住宿和餐饮业	Hotels and Catering Services	72	370	1	345
信息传输、软件和信息技术服务业	Information Transmission,Computer Services and Software	81	906	4	809
金融业	Financial Intermediation	7	30	1	8
房地产业	Real Estate	58	608	2	294
租赁和商务服务业	Leasing and Business Services	94	1 003	1	1 037
科学研究和技术服务业	Scientific Research and Technical Services	41	302	1	678
水利、环境和公共设施管理业	Management of Water Conservancy, Environment and Public facilities		12		29
居民服务、修理和其他服务业	Resident Services,Repair and Other Servies	10	107	1	170
教育	Education		2		8
卫生和社会工作	Health Care and Social Work		3		13
文化、体育和娱乐业	Culture,Sports and Recreation	4	27		85
其他	Others		867		1 278

13-7 外商投资企业工商登记情况(按国别、地区分)（2015年末）

BUSINESS REGISTRATION OF FOREIGN INVESTED ENTERPRISES AT YEAR-END (GROUPEDBY COUNTRIES AND REGIONS)（2015）

单位：万美元

项目	Item	期末实有 Final Actual Amount			
		户数（户） Enterprises (Unit)	投资总额 Total Investment	注册资本（认缴出资金额） (Subscribed Capital Contribution)	
				小计 Subtotal	#外方 Foreign Side
合　计	**Total**	**28 044**	**16 949 163**	**10 946 342**	**7 762 934**
一、亚洲	**Asia**	**24 882**	**13 542 303**	**9 157 887**	**6 332 482**
日本	Japan	368	233 933	119 603	99 432
韩国	Korea	366	605 982	244 443	13 185
中国香港	Hongkong China	20 359	9 743 045	6 550 840	4 872 082
中国澳门	Macao China	141	29 038	18 909	16 065
中国台湾	Taiwan China	1 202	130 844	104 915	92 646
亚洲其他国家（地区）	Other Asian Countries(Regions)	2 446	2 799 461	2 119 177	1 239 072
二、非洲	**Africa**	**250**	**103 670**	**65 885**	**42 552**
埃及	Egypt	7	124	124	117
南非	South Africa	2	28	24	24
毛里求斯	Mauritius	93	92 292	56 946	34 362
塞舌尔	Seychelles	123	10 732	8 390	7 748
非洲其他国家（地区）	Other African Countries(Regions)	25	494	401	301
三、欧洲	**Europe**	**556**	**498 445**	**207 908**	**108 897**
英国	Britain	106	139 275	50 059	10 451
德国	Germany	97	63 820	29 865	12 165
法国	France	55	104 582	37 802	16 153
俄罗斯联邦	Russian Federation	29	1 021	736	613
欧洲其他国家（地区）	Other European Countries(Regions)	269	189 747	89 446	69 515
四、拉丁美洲	**Latin America**	**1 086**	**2 213 362**	**1 154 618**	**989 983**
巴西	Brazil	10	59	59	49
开曼群岛	Cayman Islands	90	641 442	302 516	302 454
英属维尔京群岛	British Virgin Islands	939	1 525 970	829 359	673 849
拉丁美洲其他国家（地区）	Other Latin American Countries(Regions)	47	45 891	22 684	13 631
五、北美洲	**North America**	**708**	**244 980**	**198 721**	**137 730**
加拿大	Canda	126	26 883	21 550	7 601
美国	America	572	180 098	145 192	101 238
百慕大群岛	Bermuda	10	37 999	31 979	28 891
北美洲其他国家（地区）	Other North American Countries(Regions)				
六、大洋洲	**Oceania**	**562**	**346 403**	**161 323**	**151 290**
澳大利亚	Australia	108	19 849	12 903	7 429
新西兰	Newzealand	14	1 058	693	193
萨摩亚	Samoa	409	312 894	140 377	136 483
大洋洲其他国家（地区）	Other Oceanian Countries(Regions)	31	12 602	7 350	7 185
七、其他	**Others**				

注：　本表数据来源为深圳市市场和质量监督管理委员会信息中心。
Note: Data in this table are provided by Market and Quality Supervision Commission of Shenzhen Municipality.

单位：万美元 13-7 续表1 continued (USD 10 000)

项目 Item		本期登记 Registration of the Current Period			
		户数（户） Enterprises (Unit)	投资总额 Total Investment	注册资本（认缴出资金额） (Subscribed Capital Contribution)	
				小计 Subtotal	#外方 Foreign Side
合 计	**Total**	**3 370**	**2 491 548**	**2 153 184**	**1 467 913**
一、亚洲	**Asia**	**3 103**	**2 430 972**	**2 095 647**	**1 429 577**
日本	Japan	22	1 198	922	772
韩国	Korea	88	2 136	2 064	1 750
中国香港	Hongkong China	1 927	1 307 060	1 065 288	796 216
中国澳门	Macao China	12	583	583	583
中国台湾	Taiwan China	151	30 331	25 943	21 237
亚洲其他国家（地区）	Other Asian Countries(Regions)	903	1 089 664	1 000 847	609 019
二、非洲	**Africa**	**28**	**921**	**851**	**844**
埃及	Egypt	2	80	80	80
南非	South Africa				
毛里求斯	Mauritius	1	2	2	2
塞舌尔	Seychelles	17	793	723	716
非洲其他国家（地区）	Other African Countries(Regions)	8	46	46	46
三、欧洲	**Europe**	**82**	**7 134**	**6 909**	**2 896**
英国	Britain	17	1 576	1 542	1 542
德国	Germany	9	380	295	183
法国	France	6	260	251	251
俄罗斯联邦	Russian Federation	8	265	263	263
欧洲其他国家（地区）	Other European Countries(Regions)	42	4 653	4 558	657
四、拉丁美洲	**Latin America**	**25**	**27 717**	**27 641**	**21 141**
巴西	Brazil	2	8	8	8
开曼群岛	Cayman Islands	2	220	220	220
英属维尔京群岛	British Virgin Islands	15	27 465	27 390	20 890
拉丁美洲其他国家（地区）	Other Latin American Countries(Regions)	6	24	23	23
五、北美洲	**North America**	**88**	**16 871**	**15 622**	**7 740**
加拿大	Canda	26	10 122	9 253	2 253
美国	America	62	6 749	6 369	5 487
百慕大群岛	Bermuda				
北美洲其他国家（地区）	Other North American Countries(Regions)				
六、大洋洲	**Oceania**	**44**	**7 933**	**6 514**	**5 715**
澳大利亚	Australia	17	1 635	1 611	1 232
新西兰	Newzealand	3	7	7	7
萨摩亚	Samoa	23	6 277	4 882	4 462
大洋洲其他国家（地区）	Other Oceanian Countries(Regions)	1	14	14	14
七、其他	**Others**				

13-7 续表2 continued

项目	Item	注销（户） Logouted Enterprises(unit)		吊销（户） Revoked Enterprises(unit)	
		本期注销 Logouted Enterprises of the current period	累计注销 Total Number of Logouted Enterprises	本期吊销 Revoked Enterprises of the current period	累计吊销 Total Number of Revoked Enterprises
合　计	**Total**	**537**	**4 992**	**25**	**21 147**
一、亚洲	**Asia**	**463**	**4 219**	**24**	**19 461**
日本	Japan	10	74		174
韩国	Korea	6	41		209
中国香港	Hongkong China	369	3 641	24	17 366
中国澳门	Macao China	2	7		108
中国台湾	Taiwan China	33	240		1 128
亚洲其他国家（地区）	Other Asian Countries(Regions)	43	216		476
二、非洲	**Africa**	**9**	**47**		**41**
埃及	Egypt				5
南非	South Africa				3
毛里求斯	Mauritius	5	28		17
塞舌尔	Seychelles	3	17		4
非洲其他国家（地区）	Other African Countries(Regions)	1	2		12
三、欧洲	**Europe**	**7**	**91**		**208**
英国	Britain	1	24		61
德国	Germany	1	15		33
法国	France	1	8		21
俄罗斯联邦	Russian Federation		2		12
欧洲其他国家（地区）	Other European Countries(Regions)	4	42		81
四、拉丁美洲	**Latin America**	**22**	**297**	**1**	**452**
巴西	Brazil	1	1		2
开曼群岛	Cayman Islands	1	33	1	30
英属维尔京群岛	British Virgin Islands	17	249		382
拉丁美洲其他国家（地区）	Other Latin American Countries(Regions)	3	14		38
五、北美洲	**North America**	**17**	**186**		**785**
加拿大	Canda		21		113
美国	America	17	162		670
百慕大群岛	Bermuda		3		2
北美洲其他国家（地区）	Other North American Countries(Regions)				
六、大洋洲	**Oceania**	**19**	**152**		**200**
澳大利亚	Australia	2	15		96
新西兰	Newzealand	1	3		8
萨摩亚	Samoa	15	112		73
大洋洲其他国家（地区）	Other Oceanian Countries(Regions)	1	22		23
七、其他	**Others**				

13-8 进出口总额

TOTAL IMPORTS AND EXPORTS

单位：万美元 （USD 10 000）

年　份 Year	进出口总额 Total Imports and Exports	出口总额 Total Exports	进口总额 Total Imports	进出口差额 Balance
1979	1 676	930	746	184
1980	1 751	1 124	627	497
1981	2 807	1 745	1 062	683
1982	2 534	1 597	937	660
1983	78 642	6 230	72 412	−66 182
1984	107 247	26 539	80 708	−54 169
1985	130 632	56 340	74 292	−17 952
1986	184 696	72 552	112 144	−39 592
1987	255 784	141 354	114 430	26 924
1988	344 277	184 949	159 328	25 621
1989	375 259	217 428	157 831	59 597
1990	1 570 136	815 165	754 971	60 194
1991	1 947 635	986 240	961 395	24 845
1992	2 357 562	1 200 019	1 157 543	42 476
1993	2 820 392	1 421 776	1 398 616	23 160
1994	3 498 281	1 830 921	1 667 360	163 561
1995	3 876 960	2 052 736	1 824 224	228 512
1996	3 905 342	2 120 781	1 784 561	336 220
1997	4 500 921	2 561 844	1 939 077	622 767
1998	4 527 417	2 639 611	1 887 806	751 805
1999	5 042 750	2 820 811	2 221 939	598 872
2000	6 393 982	3 456 333	2 937 649	518 684
2001	6 861 055	3 747 955	3 113 100	634 855
2002	8 723 148	4 655 704	4 067 444	588 260
2003	11 739 941	6 296 208	5 443 733	852 475
2004	14 728 302	7 784 632	6 943 670	840 962
2005	18 281 689	10 151 829	8 129 860	2 021 969
2006	23 738 573	13 609 556	10 129 017	3 480 539
2007	28 753 345	16 849 299	11 904 046	4 945 253
2008	29 995 499	17 971 995	12 023 504	5 948 491
2009	27 016 306	16 197 825	10 818 481	5 379 344
2010	34 674 930	20 418 355	14 256 575	6 161 780
2011	41 409 312	24 551 760	16 857 552	7 694 208
2012	46 683 020	27 136 163	19 546 857	7 589 306
2013	53 747 437	30 570 191	23 177 246	7 392 945
2014	48 774 049	28 436 157	20 337 892	8 098 265
2015	44 245 863	26 403 895	17 841 968	8 561 927

注：　本表1992年以前为深圳市贸工局口径数；1993年以后为深圳海关口径数，按现行统计方法计算。

Note: The figures adopted from Shenzhen Bureau of Trade and Industry before 1992 and calculated from Shenzhen CIQ after 1993 by current statistical method.

13-9 进出口总额指数

INDICES OF TOTAL IMPORTS AND EXPORTS

单位：%　　　　(%)

年 份 Year	以上年为100 Preceding Year=100			以1979年为100 1979=100		
	进出口总额 Total Imports and Exports	出口总额 Total Exports	进口总额 Total Imports	进出口总额 Total Imports and Exports	出口总额 Total Exports	进口总额 Total Imports
1980	104.5	120.9	84.0	104.5	120.9	84.0
1981	160.3	155.2	169.4	167.5	187.6	142.4
1982	90.3	91.5	88.2	151.2	171.7	125.6
1983	3 103.5	390.1	7 728.1	4 692.2	669.9	9 706.7
1984	136.4	426.0	111.5	6 399.0	2 853.7	10 818.8
1985	121.8	212.3	92.1	7 794.3	6 058.1	9 958.7
1986	141.4	128.8	151.0	11 020.0	7 801.3	15 032.7
1987	138.5	194.8	102.0	15 261.6	15 199.4	15 339.1
1988	134.6	130.8	139.2	20 541.6	19 887.0	21 357.6
1989	109.0	117.6	99.1	22 390.2	23 379.4	21 157.0
1990	145.8	137.8	156.8	32 643.8	32 213.0	33 180.8
1991	124.0	121.0	127.3	40 478.3	38 977.7	42 239.2
1992	121.0	121.7	120.4	48 978.8	47 435.9	50 856.0
1993	119.6	118.5	120.8	58 578.6	56 211.5	61 434.0
1994	124.0	128.8	119.2	72 637.5	72 400.5	73 229.3
1995	110.8	112.1	109.4	80 482.3	81 160.9	80 112.9
1996	100.7	103.3	97.8	81 045.7	83 839.2	78 350.4
1997	115.3	120.8	108.7	93 445.7	101 277.8	85 166.9
1998	100.6	103.0	97.4	94 006.4	104 316.1	82 952.6
1999	111.4	106.9	117.7	104 706.7	111 477.0	97 634.8
2000	126.8	122.5	132.2	132 763.4	136 592.5	129 084.0
2001	107.3	108.4	106.0	142 455.1	148 066.3	136 829.0
2002	127.1	124.2	130.7	181 060.4	183 898.3	178 835.5
2003	134.6	135.2	133.8	243 707.3	248 630.5	239 281.9
2004	125.5	123.6	127.6	305 852.7	307 307.3	305 323.7
2005	124.1	130.4	117.1	379 563.2	400 728.7	357 534.1
2006	129.8	134.1	124.6	493 052.6	537 377.2	445 487.5
2007	121.1	123.8	117.5	597 086.7	665 273.0	523 447.8
2008	104.3	106.6	101.0	622 761.4	709 181.0	528 682.3
2009	89.6	89.4	89.9	557 994.2	634 007.8	475 285.4
2010	128.4	126.1	131.8	716 464.6	799 483.8	626 426.2
2011	119.4	120.2	118.2	855 458.7	960 979.5	740 435.8
2012	112.7	110.5	115.9	964 102.0	1 061 882.3	858 165.1
2013	115.1	112.7	118.5	1 109 681.4	1 196 741.4	1 016 925.6
2014	90.7	93.0	87.7	1 006 480.9	1 112 969.5	891 843.8
2015	90.7	92.9	87.7	912 878.2	1 033 948.7	782 147.0
年平均增长率 Average Annual Growth Rate	**28.8**	**29.3**	**28.3**			

13-10 进出口总额分类
TOTAL IMPORTS AND EXPORTS

单位：万美元 (USD 10 000)

项 目	Item	2011	2012	2013	2014	2015
进出口总额	**Total Imports and Exports**	**41 409 312**	**46 683 020**	**53 747 437**	**48 774 049**	**44 245 863**
一、出口总额	**Total Exports**	**24 551 760**	**27 136 163**	**30 570 191**	**28 436 157**	**26 403 895**
按隶属关系分类:	Grouped by Administrative Relationship					
1、国有企业	State-owned Enterprises	3 020 629	2 846 813	2 652 352	2 616 552	2 608 362
2、民营、集体企业	Collective-owned	7 685 402	10 273 390	13 333 696	11 678 654	10 881 274
3、"三资"企业	Foreign Investment Enterprises	13 845 729	14 015 960	14 584 143	14 140 951	12 914 259
按贸易方式分类:	Grouped by Form of Trade					
1、一般贸易	Original Trade	7 796 741	7 593 265	8 095 275	9 885 448	10 551 181
2、补偿贸易	Compensation Trade					
3、来料加工贸易	Processing and Assembly Trade	1 601 144	1 251 732	755 030	468 194	233 592
4、进料加工贸易	Processing Trade for Imported Material	12 268 030	13 143 247	12 846 772	12 630 380	10 262 573
5、出料加工贸易	Processing Trade for Exported Material					
6、易货贸易	Barter Trade					
7、其他	Others	2 885 845	5 147 919	8 873 114	5 452 135	5 356 549
二、进口总额	**Total Imports**	**16 857 552**	**19 546 857**	**23 177 246**	**20 337 892**	**17 841 968**
按隶属关系分类:	Grouped by Administrative Relationship					
1、国有企业	State-owned Enterprises	1 685 169	1 393 136	1 183 452	1 019 885	932 560
2、民营、集体企业	Collective-owned	5 559 070	8 701 398	12 553 756	9 758 673	8 138 504
3、"三资"企业	Foreign Investment Enterprises	9 613 313	9 452 323	9 440 038	9 559 334	8 770 904
按贸易方式分类:	Grouped by Form of Trade					
1、一般贸易	Original Trade	5 201 936	5 543 338	6 639 333	7 626 027	7 826 137
2、补偿贸易	Compensation Trade					
3、来料加工贸易	Processing and Assembly Trade	718 794	552 190	281 265	255 778	255 449
4、进料加工贸易	Processing Trade for Imported Material	8 245 833	8 994 315	8 662 863	8 680 131	5 915 696
5、以工缴费补偿期进口的设备	Imported Equipment by Processing Fee during Compensation Period					
6、租赁贸易	Leasing Trade	30 490	40 211	31 340	31 992	30 508
7、外商投资企业作为投资进口的设备	Imported Equipment and Materials as Investment of Foreign Investment Enterprises	61 988	40 214	23 173	26 064	9 403
8、外商投资企业进口供加工内销产品的料、件	Imported Materials and Parts of Foreign Investment Enterprises for Processing and Selling on Domestic Market					
9、易货贸易	Barter Trade					
10、其 他	Others	2 598 511	4 376 589	7 539 272	3 717 900	3 804 775

13-11 深圳市与主要国家（地区）进出口总额

SHENZHEN’S FOREIGN TRADE WITH MAIN RELATED COUNTRIES AND TERRITORIES

单位：万美元 （USD 10 000）

国家（地区）Country（territory）		2013			2014			2015		
		合 计 Total Imports and Exports	出口总额 Exports	进口总额 Imports	合 计 Total Imports and Exports	出口总额 Exports	进口总额 Imports	合 计 Total Imports and Exports	出口总额 Exports	进口总额 Imports
中国香港	Hongkong China	18 352 873	18 092 608	260 265	14 495 727	14 325 162	170 565	12 424 675	12 282 854	141 822
日 本	Japan	2 361 241	854 920	1 506 321	2 365 379	827 959	1 537 420	2 262 826	787 149	1 475 678
美 国	The United States	4 130 676	2 963 239	1 167 437	4 012 894	3 248 045	764 849	4 017 346	3 333 653	683 694
法 国	France	386 071	267 133	118 938	400 448	277 897	122 551	416 357	271 882	144 475
德 国	Germany	818 714	477 464	341 250	816 585	527 254	289 331	801 539	544 027	257 512
泰 国	Thailand	973 732	285 203	688 529	1 009 029	285 201	723 828	895 121	320 726	574 395
新加坡	Singapore	928 903	455 571	473 332	921 771	528 456	393 315	914 699	589 409	325 289
韩 国	Korea Rep.	2 139 570	250 232	1 889 338	2 438 202	328 727	2 109 475	1 998 638	329 105	1 669 534
中国台湾	Taiwan China	4 488 511	281 205	4 207 306	3 230 354	243 612	2 986 742	3 250 475	212 001	3 038 474
澳大利亚	Australia	526 354	276 084	250 270	530 005	300 170	229 835	528 935	301 835	227 100
印度尼西亚	Indonesia	296 709	189 385	107 324	316 862	200 723	116 139	287 707	206 313	81 394
马来西亚	Malaysia	1 230 435	256 375	974 060	1 096 616	239 703	856 913	1 238 491	264 365	974 126
英 国	The United Kingdom	517 632	461 263	56 369	576 245	512 367	63 878	641 608	580 973	60 635
意大利	Italy	239 292	163 877	75 415	270 537	191 761	78 776	278 215	202 079	76 135
巴 西	Brazil	282 954	248 969	33 985	302 180	242 877	59 303	236 816	189 158	47 658
加拿大	Canada	324 472	216 333	108 139	341 606	242 612	98 994	334 802	245 261	89 541
其 它	Others	15 749 298	4 830 330	10 918 968	15 649 609	5 913 631	9 735 978	13 717 611	5 743 105	7 974 506

13-12 进口主要商品金额
TOTAL VALUE OF FOREIGN IMPORTS OF MAJOR COMMODITIES

单位：万美元 (USD 10 000)

项 目	Item	2012	2013	2014	2015
集成电路	Semiconductor Integrated Circuit	5 058 198	7 286 169	4 973 433	5 616 764
自动数据处理设备及其部件	Automatic Data Processing Equipment and Parts	1 128 159	987 301	1 015 632	830 050
液晶显示板	LCD Monitor	1 009 585	1 248 349	858 559	713 869
农产品	Farm Produce	421 409	487 988	560 683	644 619
钢材	Steel	107 571	103 965	98 443	67 250
纺织纱线、织物及制品	Spinning, Textile and Related Products	108 099	112 806	108 139	101 873
电视、收音机及无线电讯设备的零附件	TV, Radio and Telecommunication Equipments	128 925	143 754	171 327	121 149
成品油	Oil	128 270	115 758	79 194	43 946
电线和电缆	Wire and Cable	95 839	143 255	100 732	96 801
粮食	Food	81 903	68 260	70 474	82 051

13-13 出口主要商品金额
TOTAL VALUE OF FOREIGN EXPORTS OF MAJOR COMMODITIES

单位：万美元 (USD 10 000)

项 目	Item	2012	2013	2014	2015
自动数据处理设备及其部件	Automatic Data Processing Equipment and Parts	3 669 256	3 370 599	3 205 094	2 905 194
电话机	Telephone Sets	2 334 517	2 421 536	2 824 149	3 016 768
服装及衣着附件	Clothing and Dresses	877 041	821 207	801 419	807 558
打印机(包括多功能一体机)	Printer(include MFP)	586 531	448 787	432 142	375 634
录、放像机	Radio Cassette Players	282 070	222 366	187 614	234 474
鞋类	Shoes	419 318	424 435	432 052	372 902
家具及其零件	Furniture and Dresses	384 107	451 469	487 953	434 917
纺织纱线、织物及制品	Spinning, Textile and Related Products	319 154	331 745	307 584	312 662
塑料制品	Plastic Products	279 240	308 530	383 481	344 483
液晶显示板	LCD Monitor	694 074	785 507	510 463	484 821

13-14 旅游业基本情况

BASIC CONDITIONS OF TOURISM

年 份 Year	过夜入境游客 (万人) Overnight International Tourists (10 000 persons)	外国人 Foreigners	华 侨 Overseas Chinese	港澳同胞 Compatriots from Hongkong and Macao	台 胞 Compatriots Form Taiwan
1992	214.37	16.98	1.29	183.14	12.96
1993	180.87	20.41	2.73	144.42	13.31
1994	186.39	31.07	2.58	139.75	12.99
1995	185.37	35.32	1.10	131.41	17.54
1996	151.47	30.91	1.37	101.48	17.71
1997	140.41	32.00	0.75	89.49	18.17
1998	148.47	30.83	0.72	97.52	19.41
1999	158.08	35.49	1.45	101.03	20.11
2000	397.34	61.09		287.62	48.63
2001	423.87	67.95		307.33	48.59
2002	449.35	80.59		319.87	48.89
2003	435.13	69.89		331.45	33.79
2004	559.79	105.19		406.99	47.61
2005	616.45	120.24		445.31	50.90
2006	712.74	139.16		520.40	53.18
2007	831.30	161.64		615.24	54.42
2008	869.57	151.42		671.98	46.17
2009	896.36	146.38		706.15	43.83
2010	1 020.61	167.58		806.57	46.45
2011	1 104.55	171.20		886.87	46.48
2012	1 206.43	169.10		991.81	45.52
2013	1 214.89	166.82		1 004.88	43.19
2014	1 182.18	161.12		979.37	41.69
2015	1 218.70	164.65		1 011.74	42.31

注： 1. 1990-1999年过夜国际游客为宾馆、酒店部分，2000年后为旅游全口径，包括：宾馆、酒店、饭店、招待所、居民家住等各种住宿设施所接待的国际游客。
Note: The figures of overnight international tourists from 1990 to 1999 have been collected from hotels and guesthouses, and from 2000, it include hotels,guesthouses, public houses and residential houses.
2. 本表数据来源为深圳市文体旅游局。
Data in this table are provided by Shenzhen Municipal Bureau of Culture Sport and Tourism.

13-14 续表 continued

年 份 Year	过夜国内游客 (万人) Overnight Domestic Tourists (10 000 persons)	旅游外汇收入 (万美元) Total Foreign Exchange Earnings from International Tourism (USD 10 000)	商品性收入 Commody Income	劳务性收入 Service Income	宾馆、酒店、度假村开房率(%) Room Occupancy Rate of Hotels and Holiday Countries (%)
1992	497.77	39 100	14 774	24 326	79.6
1993	435.79	39 128	15 068	24 060	68.0
1994	373.32	48 821	17 483	31 338	63.0
1995	357.27	63 633	20 574	43 059	58.9
1996	360.55	58 384	21 489	36 895	56.3
1997	341.11	53 225	17 176	36 049	57.6
1998	340.33	59 025	18 413	40 612	55.5
1999	346.81	62 186	19 743	42 443	57.9
2000	927.71	141 100			62.5
2001	1 031.70	151 054	95 037	56 017	64.3
2002	1 073.54	172 342	98 904	73 438	64.1
2003	1 013.69	130 097	77 703	52 394	55.2
2004	1 383.14	178 723	111 496	67 227	60.6
2005	1 526.38	200 900	129 334	71 519	61.9
2006	1 604.54	226 515	147 496	79 019	62.5
2007	1 728.98	262 330	172 187	90 143	62.7
2008	1 789.73	270 865	174 835	96 030	61.5
2009	1 943.95	276 029	179 629	96 400	59.3
2010	2 264.71	317 976	204 895	113 081	62.4
2011	2 627.98	374 563	241 845	132 718	64.9
2012	2 941.29	432 879	288 947	143 932	63.0
2013	3 351.91	453 114	289 833	163 281	64.1
2014	3 808.88	456 568	309 473	147 095	67.2
2015	4 156.50	496 830	331 928	164 902	68.2

注：1990-1999年过夜国内游客为宾馆、酒店部分，2000年后为旅游全口径，包括：宾馆、酒店、饭店、招待所、居民家住等各种住宿设施所接待的国内游客。
Note: The figures of overnight domestic tourists before from 1990 to 1999 have been collected from hotels and guesthouses,and from 2000 it include hotels ,guesthouses ,public houses and residential houses.

13-15 按国别分的外国旅游者人数（过夜）

NUMBER OF FOREIGN TOURISTS BY COUNTRY（Over night）

单位：人 (person)

国别	Country	1994	1995	1996	1997	1998	1999	2000	2001	2002	2003	2004
合　计	**Total**	**310 751**	**353 152**	**309 126**	**320 076**	**308 279**	**354 911**	**610 900**	**679 464**	**805 937**	**698 867**	**1 051 896**
日　本	Japan	80 336	89 555	83 203	78 264	74 275	93 172	150 479	197 853	245 265	221 780	319 817
菲律宾	Philippines	3 661	3 167	3 134	3 338	4 266	5 042	9 158	12 461	15 204	7 161	7 913
新加坡	Singapore	20 891	17 151	19 024	19 266	24 264	29 337	42 264	53 788	59 668	37 391	66 303
泰　国	Thailand	5 711	6 901	8 550	6 176	4 536	4 613	6 531	18 344	29 367	24 451	66 857
印度尼西亚	Indonesia	9 439	8 467	12 688	14 329	5 779	6 217	29 010	33 909	40 714	33 322	49 781
英　国	The United Kingdom	13 772	13 361	10 820	9 043	10 007	12 242	17 728	20 916	23 925	23 915	32 959
法　国	France	4 241	3 439	4 265	4 826	6 524	6 765	10 529	15 722	15 331	13 316	19 333
德　国	Germany	3 504	3 026	5 234	4 720	6 549	7 842	9 015	11 337	13 848	14 859	21 495
意大利	Italy	3 312	2 390	2 163	2 399	3 043	3 636	3 627	4 108	6 722	7 133	12 264
美　国	The United States	46 760	47 217	39 173	32 771	39 490	49 130	64 083	75 328	104 130	92 608	131 996
加拿大	Canada	7 000	6 297	6 939	6 208	8 476	9 217	11 431	14 092	16 356	14 183	21 293
澳大利亚	Australia	5 906	5 242	6 205	5 441	6 851	10 124	10 985	12 796	15 219	14 413	19 783
新西兰	New Zealand	1 274	750	993	804	1 397	1 642	1 702	2 292	2 937	2 888	4 342
俄罗斯	Russia	814	432	656	2 084	874	893	2 102	4 018	3 514	3 539	4 090
韩　国	Korea Rep.	7 078	10 899	32 015	30 885	18 696	20 133	27 612	45 172	65 443	69 068	90 640
马来西亚	Malaysia	11 909	19 081	24 430	23 269	43 931	50 554	50 537	42 186	50 516	32 075	46 536
其他	Others	851	115 777	49 634	76 253	49 321	44 352	164 107	115 142	97 778	86 765	136 494

注：本表数据来源为深圳市文体旅游局。
Note:Data in this table are provided by Shenzhen Municipal Bureau of Culture Sport and Tourism.

单位：人 13-15 续表 continued (person)

国别	Country	2005	2006	2007	2008	2009	2010	2011	2012	2013	2014	2015
合　计	**Total**	**1 202 373**	**1 391 612**	**1 616 415**	**1 514 186**	**1 463 809**	**1 675 798**	**1 712016**	**1 691 045**	**1 668 230**	**1 611 200**	**1 646 515**
日　本	Japan	315 128	355 401	393 176	352 516	345 864	372 023	366 266	371 557	316 669	302 349	296 431
菲律宾	Philippines	10 640	12 272	12 783	10 422	15 455	13 447	15 741	15 570	21 063	25 515	12 662
新加坡	Singapore	76 569	81 658	90 997	79 829	83 411	89 400	95 785	92 840	87 256	80 735	86 402
泰　国	Thailand	87 239	99 970	93 170	65 665	45 988	40 338	35 623	37 507	38 065	24 843	30 361
印度尼西亚	Indonesia	53 026	72 637	79 389	68 286	58 338	70 727	94 257	89 292	70 707	39 286	31 369
英　国	The United Kingdom	33 137	40 595	49 637	47 898	45 590	47 749	44 486	45 172	44 752	45 530	43 303
法　国	France	23 542	27 305	36 301	37 191	39 099	40 338	40 607	38 493	43 265	43 150	42 039
德　国	Germany	26 092	30 658	35 706	33 822	34 714	41 430	41 993	40 197	40 401	42 133	41 775
意大利	Italy	16 411	18 359	22 968	21 010	22 512	22 298	23 238	20 958	21 269	21 357	22 994
美　国	The United States	146 959	176 378	226 468	212 532	197 168	246 880	242 128	252 622	248 450	261 736	305 909
加拿大	Canada	26 325	30 440	36 893	36 391	34 547	39 184	38 306	36 651	35 841	35 398	39 517
澳大利亚	Australia	25 534	29 249	40 326	41 853	40 949	46 871	46 667	42 795	41 405	36 606	38 117
新西兰	New Zealand	4 682	4 445	5 743	6 066	6 425	6 291	6 128	6 271	6 864	6 198	6 934
俄罗斯	Russia	6 911	8 051	10 358	11 048	13 585	17 449	20 772	19 379	20 168	17 558	14 426
韩　国	Korea Rep.	108 688	116 976	152 234	134 340	108 389	142 505	141 365	141 952	173 537	160 301	169 690
马来西亚	Malaysia	61 256	68 624	81 513	88 265	84 052	105 664	112 675	106 889	95 042	78 475	73 094
其他	Others	180 234	218 594	248 753	267 052	287 723	333 204	345 979	332 900	363 476	390 030	391 492

13-16 旅游部门主要财务指标（2015年）
MAIN FINANCIAL INDICATORS OF TOURISM（2015）

单位：万元　　　　（10 000 yuan）

指 标	Item	合 计 Total	宾馆、酒店 Hotels	旅行社 Travel Agencies	景 点 Scenic Spots
营业收入	Business Revenue	3 873 205	1 121 749	2 350 510	400 945
营业成本	Business Cost	2 777 508	384 580	2 215 508	177 420
营业费用	Business Expenses	398 443	306 011	58 631	33 801
营业税金及附加	Business Taxes and Extra Charges	94 516	64 341	7 250	22 925
经营利润	Operating Profits	1 001 180	672 828	127 752	200 600
管理费用	Management Expenses	432 670	278 771	67 970	85 929
财务费用	Financial Expenses	64 930	47 115	227	17 588
营业利润	Business Profits	105 136	40 931	923	63 282
投资收益	Earnings of Investment	8 190	1 949	383	5 858
营业外收支差	Non-operating Net Revenue or Expenditure	7 067	4 151	611	2 305
利润总额	Total Profits	120 393	47 031	1 917	71 445
年末固定资产原值	Original Value of Fixed Assets(year-end)	3 540 012	1 882 710	21 184	1 636 118
年末固定资产净值	Net Value of Fixed Assets (year-end)	1 764 912	928 249	12 015	824 648
年末职工人数(人)	Number of Staff and Workers (year-end)(person)	76 406	46 730	14 880	14 796

13-17 星级酒店基本情况（2015年末）

STATISTICS ON STAR-RATED HOTELS AT YEAR-END（2015）

单位：家 (unit)

项 目 Item		合 计 Total	五 星 Five-star	四 星 Four-star	三 星 Three-star	二 星 Two-star	一 星 One-star	出租率（%） Room Occupancy Rate	平均房价（元/间天） Average Price (yuan/pre room)
合计	**Total**	**136**	**25**	**27**	**63**	**21**		**66.61**	**483.2**
福田区	Futian	29	6	3	12	8		76.08	607.8
罗湖区	luofu	47	5	4	27	11		64.98	404.5
南山区	Nanshan	12	3	6	2	1		75.62	611.3
盐田区	Yantian	6	1	3	2	0		57.15	709.1
新宝安区	New Baoan	16	2	6	8	0		63.92	356.1
新龙岗区	New Longgang	16	6	3	7	0		55.16	385.5
光明新区	Guangming	1		1				81.34	317.7
坪山新区	Pingshan	1		1				67.68	299.72
龙华新区	Longhua	6	2		3	1		64.95	466.1
大鹏新区	Dapeng	2			2			37.35	476.7

注：本表数据来源为深圳市文体旅游局。
Note:Data in this table are provided by Shenzhen Municipal Bureau of Culture Sport and Tourism.

13-18 星级酒店客房基本情况（2015年末）
STATISTICS OF STAR-RATED HOTELS AT YEAR-END（2015）

单位：间　　(Unit)

项 目	Item	合 计 Total	五 星 Five-star	四 星 Four-star	三 星 Three-star	二 星 Two-star	一 星 One-star
合计	**Total**	**25 986**	**8 841**	**6 862**	**8 826**	**1 457**	
福田区	Futian	4 944	2 204	711	1 298	731	
罗湖区	luofu	8 864	2 218	1 115	4 842	689	
南山区	Nanshan	2 958	907	1 759	255	37	
盐田区	Yantian	1 552	386	994	172		
新宝安区	New Baoan	3 321	768	1 303	1 250		
新龙岗区	New Longgang	2 953	1 905	564	484		
光明新区	Guangming	135		135			
坪山新区	Pingshan	281		281			
龙华新区	Longhua	851	453		398		
大鹏新区	Dapeng	127			127		

注：本表数据来源为深圳市文体旅游局。
Note: Data in this table are provided by Shenzhen Municipal Bureau of Culture Sport and Tourism.

13-19 星级酒店床位基本情况（2015年末）
FACILITIES OF STAR-RATED HOTELS AT YEAR-END（2015）

单位：张　　(Unit)

项 目	Item	合 计 Total	五 星 Five-star	四 星 Four-star	三 星 Three-star	二 星 Two-star	一 星 One-star
合计	**Total**	**37 882**	**12 231**	**10 217**	**13 029**	**2 405**	
福田区	Futian	7 219	3 002	1 026	1 956	1 235	
罗湖区	luofu	13 192	3 007	1 688	7 407	1 090	
南山区	Nanshan	4 269	1 252	2 497	440	80	
盐田区	Yantian	2 738	602	1 799	337		
新宝安区	New Baoan	4 191	1 015	1 682	1 494		
新龙岗区	New Longgang	4 230	2 707	844	679		
光明新区	Guangming	280		280			
坪山新区	Pingshan	401		401			
龙华新区	Longhua	1 123	646		477		
大鹏新区	Dapeng	239			239		

注：本表数据来源为深圳市文体旅游局。
Note: Data in this table are provided by Shenzhen Municipal Bureau of Culture Sport and Tourism.

主要统计指标解释

进出口总额 指实际进出我国国境的货物（包括贸易和非贸易）的价值总和。主要包括对外贸易实际进出口货物，来料加工装配、补偿贸易、进料加工进出口货物，国家间及国际组织无偿援助物资和赠送品，华侨、港澳台同胞和外籍华人捐赠品，租赁期满归承租人所有的租赁货物，边境地方贸易及边境地区小额贸易进出口货物（边民互市贸易除外），中外合资、合作经营企业、外商独资经营企业进出口货物和公用物品，到、离岸价格在规定限额以上的进出口货样和广告品（无商业价值、无使用价值和免费提供出口的除外），从保税仓库提取在中国境内销售的进出口货物，以及其他进出口货物。进出口总额反映一个国家在对外经济贸易方面实际进出口货物的总规模。

利用外资 指我国政府、部门、企业和其他经济组织通过对外借款、吸收外商直接投资以及向境外发行债券、股票等方式筹借的境外资金。

外资的形式可以是现汇、实物、工业产权或专有技术等有形资本和无形资本。

我国自有外汇和中国银行自有外汇资金发放的外汇贷款购置国外设备和材料，华侨、港澳同胞的捐赠，联合国或其他国际组织的无偿赠送资金、无偿援建的项目均不属于外资范围 。

利用外资的方式有：对外借款，外国（或港澳地区）企业和经济组织或个人在我国境内开办独资企业、与我国境内的企业或组织共同开办合资企业、合作经营(企业)项目或合作开发资源，以及补偿贸易、国际租赁等。

对外借款 指我国政府、部门、企业和中国银行等单位向国际金融组织 、外国政府、企业等借用的长期、短期资本，到期需还本付息。借款按不同渠道划分为：①外国政府贷款； ②国际金融组织贷款；③外国银行贷款；④出口信贷；⑤发行债券。

外商直接投资 指外国企业和经济组织或个人（包括华侨、港澳同胞以及我在境外注册的企业）按我国有关政策、法规，在我国境内开办外商独资企业，与我国境内的企业或经济组织共同举办中外合资企业、合作经营企业或合作开发资源的投资，以及外商从企业得到收益的再投资。2002年起“外商直接投资”统计口径调整，“企业投资总额内的境外借款”只包括“企业投资总额内直接投资者对企业的贷款,即外方股东贷款”，不包括“直接投资者提供担保的第三方对企业的贷款即外方股东担保贷款”和“其他方式的企业境外借款即其他境外借款。

旅游人数 (1)入境旅游人数：指报告期内来我国观光、度假、探亲访友、就医疗养、购物、参加会议或从事经济、文化、体育、宗教活动的外国人、港澳台同胞等入境游客。统计时，外国人、港澳台同胞每入境一次统计1人次。

(2)出境人数：指中国（大陆）居民因公或因私出境前往其他国家、中国香港特别行政区、澳门特别行政区和台湾省观光、度假、探亲访友、就医疗养、购物、参加会议或从事经济、文化、体育、宗教活动的人数，即出境游客。统计时，按每出境一次统计1人次。

(3)国内旅游人数：指在报告期内在中国（大陆）观光游览、度假、探亲访友、就医疗养、购物、参加会议或从事经济、文化、体育、宗教活动的中国（大陆）居民人数，其出游的目的不是通过所从事的活动谋取报酬。统计时，国内游客按每出游一次统计1人次。

国际旅游(外汇)收入 指入境游客在中国（大陆）境内旅行、游览过程中用于交通、参观游览、住宿、餐饮、购物、娱乐等全部花费。

国内旅游收入 又称旅游总花费，指国内游客在国内旅行、游览过程中用于交通、参观游览、住宿、餐饮、购物、娱乐等全部花费。

国际旅行社 指经营业务范围包括入境旅游业务、出境旅游业务和国内旅游业务的旅行社。

国内旅行社 指经营范围仅限于国内旅游业务的旅行社。

星级饭店 指设备、设施、服务符合《旅游饭店星级的划分与评定》（GB/T14308-2003），通过相关旅游管理部门评定，并取得星级饭店称号的饭店（含预备星级饭店）。

Explanatory Notes on Main Statistical Indicators

Total Imports and Exports refer to the real value of commodities (both trade and non–trade) imported and exported across the border of China. They mainly include actual imports and exports through foreign trade, imported and exported goods in the categories of processing and assembling of customer's materials, compensation trade, and processing of import materials, supplies and gifts as aid given gratis between governments and by international organizations, donations by overseas Chinese, compatriots in Hong Kong, Macao and Taiwan and Chinese with foreign citizenship, leasing commodities owned by tenants at the expiration of leasing period, local trade and Small–amount trade in border areas (excluding exchange trade between border residents), imported and exported commodities and articles for public use of Sino–foreign joint ventures, cooperative enterprises and ventures with sole foreign investment. Also included are import or export of samples and advertising articles above designated CIF or FOB prices (excluding goods of no trading or use value and free commodities for export), import and export goods sold in China from bonded warehouse and other import and export goods. Total imports and exports is an indicator of the total size of actual imported and exported goods of a country in foreign trade and economic cooperation.

Utilization of Foreign Capital refers to funds financed from abroad by means of loans, foreign direct investment, and issuing bonds and shares undertaken by the Chinese governments at all levels, various departments, enterprises and other economic units.

The types of foreign capital include tangible capital and intangible capital, such as remittance, goods, industrial property rights and know–how.

Those excluded are the purchases of foreign equipment and materials with loans from state–owned foreign exchange and foreign exchange owned by the Bank of China, donations by overseas Chinese, compatriots in Hong Kong and Macao, and funds and projects as aid given gratis by the United Nations and other international organizations.

Utilization of foreign capital takes the forms of loans from abroad, sole investment in enterprises in the boundary of China by foreign (or Hong Kong and Macao) enterprises, economic organizations or individuals, investment in Sino–foreign joint ventures, cooperative projects (enterprises), cooperative exploitation of natural resources with enterprises or organizations in China, compensation trade and international lease, etc.

Foreign Loans refer to long–term capital and short–term capital borrowed from international financial organizations, foreign governments and enterprises by the Chinese governments at all levels, by various departments, enterprises and the Bank of China, etc, and repaid with interest at maturity. Foreign loans can be divided according to channels into: ①loans from foreign governments; ②loans from international financial organizations; ③loans from foreign banks; ④export credit; ⑤bonds and shares issued abroad.

Foreign Direct Investment refers to investment inside China by foreign enterprises and economic organizations or individuals (including overseas Chinese, compatriots from Hong Kong and Macao, and Chinese enterprises registered abroad), following the relevant policies and laws of China, for the establishment of foreign sole investment enterprises, Sino–foreign joint ventures and cooperative enterprises or for cooperative exploitation of resources with enterprises or economic organizations in China, and re–investment of foreign entrepreneurs with the profits gained from such enterprises and corporations. Starting from 2002, the foreign direct investment statistic has been adjusted such that the overseas borrowings in total investment of enterprises only include loans to the enterprises by direct investors or, in other terms, loans by foreign shareholders, but exclude loans from the third party guaranteed by the direct investors or, in other terms, loans guaranteed by the foreign shareholders, and overseas borrowings by enterprises in other manners or, in other terms, other overseas borrowings.

Number of Tourists (1) Visitor arrivals refer to the number of foreigners, Chinese compatriots from Hong Kong, Macao and Taiwan Chinese (mainland) who come to China (mainland) for sight-seeing, vacation, visiting relatives, medical treatment, shopping, attending conference, or to engage in economic, cultural, sports and religious activities. In compiling statistics, each time of entering China is counted as one person-time.

(2) Number of Chinese residents going abroad refer to the number of Chinese (mainland) residents going to other countries, Hong Kong Special Administrative region, Macao Special Administrative region and Taiwan for on official or private purposes, for sight-seeing, vacation, visiting relatives, medical treatment, shopping, attending conference, or to engage in economic, cultural, sports and religious activities. In compiling statistics, each time of leaving is counted as one person-time.

(3) Number of domestic tourists refers to the number of Chinese (mainland) residents who travel within China (mainland) for sight-seeing, vacation, visiting relatives, medical treatment, shopping, attending conference, or to engage in economic, cultural, sports and religious activities. In compiling statistics, each time of travelling is counted as one person-time.

Foreign Exchange Earnings from International Tourism refer to the total expenditure of foreigners, overseas Chinese, Chinese compatriots from Hong Kong, Macao and Taiwan during their stay in the mainland of China on transportation, sighting, accommodation, food, shopping and entertainment.

Income from Domestic Tourism refer to expenditure of domestic tourists on transportation, sighting, accommodation, food, shopping and entertainment while they travel.

International Travel Agencies refer to travel agencies engaged in tourism entering China, Chinese residents going abroad and domestic tourism.

Domestic Travel Agencies refer to travel agencies only engaged in domestic tourism.

Star-rated Hotels refer to hotels rated with stars as assessed by the relevant tourism authorities according to GB/T14308-2003 standard with reference to their infrastructure, facilities and service levels.

14 第十四部分

劳动工资

LABOR FORCE AND WAGE

CHAPTER

14-1 职工人数、工资总额及平均工资

NUMBER, TOTAL WAGES AND AVERAGE WAGE OF STAFF AND WORKERS

年 份 Year	年末职工人数 (万人) Number of Staff and Workers Year-end (10 000 persons)	# 国有单位 State-owned Units	工资总额 (万元) Total Wages (10 000 yuan)	# 国有单位 State-owned Units	年平均工资 (元) Average Yearly Wages (yuan)	# 国有单位 State-owned Units
1980	4.86	4.05	4 366	3 691	979	990
1981	5.31	4.51	5 930	5 046	1 132	1 119
1982	8.28	7.00	10 000	8 477	1 366	1 358
1983	12.57	10.10	16 142	12 976	1 545	1 571
1984	18.33	14.14	35 306	28 642	2 179	2 257
1985	22.66	16.84	51 912	38 465	2 418	2 427
1986	25.88	18.97	59 773	44 324	2 452	2 476
1987	32.29	22.04	80 013	54 333	2 677	2 637
1988	41.74	28.04	134 218	87 607	3 388	3 269
1989	48.24	30.34	179 042	114 650	3 858	3 917
1990	55.41	33.85	227 392	140 935	4 304	4 339
1991	64.89	38.77	307 950	175 169	5 016	4 908
1992	71.10	38.85	403 790	226 079	5 931	6 026
1993	78.11	41.45	619 647	356 949	8 145	8 854
1994	82.29	38.71	852 332	445 286	10 572	11 632
1995	88.75	40.17	1 076 083	545 013	12 276	13 709
1996	89.13	41.07	1 284 558	679 349	14 507	16 625
1997	91.18	40.92	1 479 515	744 781	16 531	18 515
1998	91.93	33.75	1 674 771	707 004	18 381	21 161
1999	92.52	32.94	1 890 338	775 020	20 714	23 602
2000	93.36	31.00	2 113 366	805 421	23 039	26 193
2001	94.88	31.31	2 441 713	968 330	25 941	31 187
2002	101.76	29.62	2 832 799	1 035 092	28 218	35 501
2003	108.20	30.10	3 259 896	1 213 966	30 611	40 893
2004	135.88	31 94	4 192 834	1 422 271	31 928	45 212
2005	165.38	35.85	5 167 453	1 640 306	32 476	47 762
2006	184.25	39.85	6 296 568	1 919 979	35 107	49 312
2007	193.04	40.03	7 335 805	2 293 671	38 798	58 347
2008	198.35	41.31	8 674 142	2 663 083	43 454	65 431
2009	220.16	42.89	10 029 764	3 051 566	46 723	72 278
2010	251.09	46.86	12 338 778	3 603 655	50 456	79 734
2011	261.43	48.92	14 384 948	4 117 941	55 143	85 218
2012	277.90	49.58	16 421 777	4 453 377	59 010	90 492
2013	445.84	48.60	28 135 080	4 310 481	62 619	90 393
2014	448.93	42.91	32 879 754	4 602 261	72 651	108 192
2015	447.41	43.18	36 627 244	5 003 862	81 034	117 432

注：根据国家劳动统计报表制度的统一规定，从2013年年报起，原属于乡镇企业且符合城镇非私营单位条件的“四上”企业纳入城镇非私营单位从业人员及工资统计范围。后同。

Note: According to the provision of national labor statistics reporting form system, since the year reporting of 2013, the scope of statistics on employed persons in urban corporate unit excluding private units and labor wage covers four above designated size enterprises (refers to industrial enterprises above designated size, construction enterprises by qualification criteria, enterprises above designated size of wholesale trade, retail trade, hotels and catering services), which originally has been included township enterprises and in accordance with the condition of urban corporate unit excluding private units. The same applies to the following tables.

14-2 职工工资总额指数和平均工资指数

RELATED INDICES OF TOTAL WAGES AND AVERAGE WAGE OF STAFF AND WORKERS

以上年为100 (preceding year=100)

年 份 Year	工资总额指数 Related Indices of Total Wages	# 国有单位 State-owned Units	职工平均货币工资指数 Related Indices of Average Money Wage	# 国有单位 State-owned Units	职工平均实际工资指数 Related Indices of Average Real Wage	# 国有单位 State-owned Units
1980	147.9	147.3	127.3	126.1	121.2	120.1
1981	135.8	136.7	115.6	113.0	104.4	102.1
1982	168.6	168.0	120.8	121.4	112.1	112.6
1983	161.4	153.1	113.1	115.7	110.9	113.4
1984	218.7	220.7	141.0	143.7	132.0	134.6
1985	147.0	134.3	111.0	107.5	90.6	87.8
1986	115.1	115.2	101.4	102.0	95.6	96.1
1987	133.9	122.6	109.2	106.5	95.5	93.1
1988	167.7	161.2	126.6	124.0	98.8	96.8
1989	133.4	130.9	113.9	119.8	90.8	95.5
1990	127.0	122.9	111.6	110.8	109.8	109.1
1991	135.4	124.3	116.5	113.1	113.1	109.8
1992	131.1	129.1	118.2	122.8	110.2	114.4
1993	153.5	157.9	137.3	146.9	114.3	122.3
1994	137.6	124.7	129.8	131.4	109.8	111.2
1995	126.3	122.4	116.1	117.9	103.3	104.9
1996	119.4	124.6	118.2	121.3	109.7	112.6
1997	115.2	109.6	114.0	111.4	110.3	107.8
1998	113.8	95.7	110.2	112.3	111.0	113.1
1999	112.9	109.6	112.7	111.5	113.5	112.3
2000	111.8	103.9	111.2	111.0	108.2	108.0
2001	115.5	120.2	112.6	119.1	115.1	121.8
2002	116.0	106.9	108.8	113.8	107.5	112.5
2003	115.1	117.3	108.5	115.2	107.7	114.4
2004	120.7	114.1	105.6	110.6	104.2	109.1
2005	123.2	115.3	101.7	105.6	100.1	104.0
2006	121.9	117.1	108.1	103.2	105.8	101.0
2007	116.5	119.5	110.5	118.3	106.2	113.6
2008	118.2	116.1	112.0	112.1	105.8	105.9
2009	115.6	114.6	107.5	110.5	108.9	111.9
2010	123.0	118.1	108.0	110.3	104.3	106.6
2011	116.6	114.3	109.3	106.9	103.7	101.4
2012	114.2	108.1	107.0	106.2	104.1	103.3
2013	171.3	96.8	106.1	99.9	103.3	97.3
2014	116.9	106.8	116.0	119.7	113.7	117.4
2015	111.4	108.7	111.5	108.5	109.1	106.2

14-3 职工工资总额指数和平均工资指数

RELATED INDICES OF TOTAL WAGES AND AVERAGE WAGE OF STAFF AND WORKERS

以1979年为100 (1979=100)

年 份 Year	工资总额指数 Related Indices of Total Wages	# 国有单位 State-owned Units	职工平均货币工资指数 Related Indices of Average Money Wage	# 国有单位 State-owned Units	职工平均实际工资指数 Related Indices of Average Real Wage	# 国有单位 State-owned Units
1980	147.9	147.3	127.3	126.1	121.2	120.1
1981	200.9	201.4	147.2	142.5	126.5	122.6
1982	338.8	338.4	177.6	173.0	141.8	138.0
1983	546.8	518.0	200.9	200.1	157.3	156.5
1984	1 196.0	1 143.4	283.4	287.5	207.6	210.6
1985	1 758.5	1 535.5	314.4	309.2	188.1	184.9
1986	2 024.8	1 769.4	318.9	315.4	179.8	177.7
1987	2 710.5	2 169.0	348.1	335.9	171.7	165.4
1988	4 546.7	3 497.3	440.6	416.4	169.6	160.1
1989	6 065.1	4 576.8	501.7	499.0	154.0	152.9
1990	7 703.0	5 626.1	559.7	552.7	169.1	166.8
1991	10 431.9	6 992.8	652.3	625.2	191.3	183.1
1992	13 678.5	9 025.1	771.3	767.6	210.8	209.5
1993	20 990.8	14 249.5	1 059.2	1 127.9	240.9	256.2
1994	28 873.0	17 775.9	1 374.8	1 481.8	264.5	284.9
1995	36 452.7	21 757.0	1 596.4	1 746.4	273.2	298.9
1996	43 514.8	27 119.7	1 886.5	2 117.8	299.7	336.6
1997	50 119.1	29 731.8	2 149.7	2 358.6	330.6	362.9
1998	57 035.5	28 453.3	2 369.0	2 648.7	367.0	410.4
1999	64 393.1	31 184.8	2 669.9	2 953.3	416.5	460.9
2000	71 991.5	32 401.0	2 968.9	3 278.2	450.7	497.8
2001	83 150.2	38 946.0	3 343.0	3 904.3	518.8	606.3
2002	96 454.2	41 633.3	3 637.2	4 443.1	557.7	682.1
2003	111 018.8	48 835.9	3 946.4	5 118.5	600.6	780.3
2004	133 999.7	55 721.8	4 167.4	5 661.1	625.8	851.3
2005	165 087.6	64 247.2	4 238.2	5 978.1	626.4	885.4
2006	201 241.8	75 233.5	4 581.5	6 169.4	662.7	894.3
2007	234 446.7	89 904.0	5 062.6	7 298.4	703.8	1 015.9
2008	277 116.0	104 378.5	5 670.1	8 181.5	743.9	1 075.8
2009	320 346.1	119 617.8	6 095.4	9 040.6	810.1	1 203.8
2010	394 025.7	141 268.6	6 583.0	9 971.8	844.9	1 283.3
2011	459 039.9	161 470.0	7 195.2	10 659.9	876.2	1 301.3
2012	524 223.6	174 549.1	7 698.9	11 320.8	912.1	1 344.2
2013	897 995.0	168 963.5	8 168.5	11 309.5	942.2	1 307.9
2014	1 049 756.2	180 453.0	9 475.5	13 537.5	1 071.3	1 535.5
2015	1 169 428.4	196 152.4	10 565.2	14 688.2	1 168.8	1 630.7
年平均增长率(%) Average Annual Growth Rate(%)	**29.7**	**23.4**	**13.8**	**14.9**	**7.1**	**8.1**

14-4 城镇单位在岗职工工资总额与平均工资

TOTAL WAGES BILL AND AVERAGE WAGE OF STAFF AND WORKERS IN URBAN UNITS

年份 Year	工资总额(亿元) Total Wages Bill (100 million yuan)				平均工资(元) Average Wage (yuan)			
	合计 Total	国有单位 State-owned Units	城镇集体单位 Urban Collective-owned Units	其他单位 Other Types of Ownership	合计 Total	国有单位 State-owned Units	城镇集体单位 Urban Collective-owned Units	其他单位 Other Types of Ownership
1998	167.48	70.70	4.72	92.05	18 381	21 161	11 260	17 204
1999	189.03	77.50	5.38	106.15	20 714	23 602	13 228	19 530
2000	211.34	80.54	4.85	125.94	23 039	26 193	13 234	21 974
2001	244.17	96.83	5.00	142.34	25 941	31 187	13 427	23 981
2002	283.28	103.51	4.32	175.45	28 218	35 501	16 969	25 544
2003	325.99	121.40	4.02	200.58	30 611	40 893	17 061	26 940
2004	419.28	142.23	3.29	273.77	31 928	45 212	20 256	27 868
2005	516.75	164.03	4.72	348.00	32 476	47 762	17 112	28 521
2006	629.66	192.00	3.20	434.46	35 107	49 312	20 591	31 286
2007	733.58	229.37	3.26	500.95	38 798	58 347	21 793	33 787
2008	867.41	266.31	3.43	597.68	43 454	65 431	25 291	37 933
2009	1 002.98	305.16	3.11	694.71	46 723	72 278	24 715	40 582
2010	1 233.88	360.37	4.15	869.36	50 456	79 734	27 801	43 939
2011	1 438.49	411.79	4.78	1 021.92	55 143	85 218	31 830	48 422
2012	1 642.18	445.34	5.59	1 191.25	59 010	90 492	34 444	52 374
2013	2 813.51	431.05	12.60	2 369.86	62 619	90 393	30 207	59 627
2014	3 287.96	460.23	14.64	2 813.11	72 651	108 192	39 993	69 224
2015	3 662.72	500.39	11.14	3 151.20	81 034	117 432	45 546	77 436

注：　从2000年起统计口径为在岗职工。
Note: Since 2000, statistical coverage refers to the fully employed staff and workers.

14-5 城镇单位从业人员和在岗职工人数（2015年末）

NUMBER OF STAFF AND WORKERS IN URBAN UNITS AT YEAR-END（2015）

项　目	Item	单位从业人员年末人数（人）Number of Staff Year-end (Person)	#女性 Female	#在岗职工年末人数 Number of Staff and Workers Year-end
总　计	**Total**	**4 599 649**	**1 835 483**	**4 474 077**
一、按登记注册类型分	Grouped by Registration			
1. 内资单位	Domestic Funded Units	2 357 065	767 859	2 264 501
①国有单位	State-owned Units	435 178	167 238	431 753
②集体单位	Collective-owned Units	24 634	6 890	24 596
③股份合作单位	Cooperative Units	27 454	8 407	26 435
④联营单位	Joint ownership Units	8 848	2 404	8 784
⑤有限责任公司	Limited Liability Corporations	1 232 596	373 300	1 166 281
⑥股份有限公司	Share-holding Corporations Ltd.	589 525	187 631	568 781
⑦其他内资单位	Others	38 830	21 989	37 871
2. 港澳台投资单位	Units with Funded from Hongkong,Macao and Taiwan	1 356 727	671 606	1 342 314
3. 外商投资单位	Foreign Funded Units	885 857	396 018	867 262
二、按企业、事业、机关分	Grouped by Enterprises, Institutions and Agencies			
1. 企业	Enterprises	4 315 288	1 712 472	4 191 832
2. 事业	Institutions	153 322	81 588	151 605
3. 机关	Agencies & Organizations	125 101	37 355	124 758
4.民间非盈利组织	Private non-protit organization	2 614	1 905	2 575
5.其他	Others	3 324	2 163	3 307
三、按国民经济行业分	Grouped by Sector			
1. 农、林、牧、渔业	Agriculture, Forestry, Animal Husbandry and Fishery	686	235	686
①农业	Agriculture	371	105	371
②林业	Forestry	64	20	64
③畜牧业	Animal Husbandry	206	100	206
④渔业	Fishery	17	3	17
⑤农、林、牧、渔服务业	Services of Agriculture, Forestry,Animal Husbandry and Fishery	28	7	28
2. 采矿业	Mining	4 092	557	4 067
3. 制造业	Manufacturing	2 477 456	1 101 048	2 456 775
4. 电力、热力、燃气及水的生产和供应业	Production and Distribution of Electricity,Heat,Gas and Water	17 851	4 063	17 812
5. 建筑业	Construction	306 485	30 603	263 787
①房屋建筑业	Building	117 148	7 824	107 843
②土木工程建筑业	Civil Engineering	30 515	2 813	18 498
③建筑安装业	Construction installation	32 868	5 097	29 215
④建筑装饰和其他建筑业	Construction Decoration and Other Construction	125 954	14 869	108 231
6. 批发和零售业	Wholesale and Retail Trades	268 054	136 448	256 654
①批发业	Wholesale	131 354	58 637	129 333
②零售业	Retail Sales	136 700	77 811	127 321
7. 交通运输、仓储和邮政业	Transportation, Storage and Post Services	260 093	84 934	240 387
①铁路运输业	Railway Transportation	44 516	15 053	34 603
②道路运输业	Road Transportation	97 713	24 891	96 578
③水上运输业	Water Transportation	8 861	1 111	8 839
④航空运输业	Air Transportation	32 111	10 394	31 880
⑤管道运输业	Petroleum and Gas Pipelines Transportation	19	4	18
⑥装卸搬运和运输代理业	Loading Unloading and Other Transport Services	20 610	9 037	20 501
⑦仓储业	Storage	14 333	5 219	14 130
⑧邮政业	Post Services	41 930	19 225	33 838
8. 住宿和餐饮业	Hotels and Catering Services	105 604	51 403	95 272
①住宿业	Hotels	34 962	16 666	34 301

项 目	Item	单位从业人员年末人数（人）Number of Staff Year-end (Person)	# 女 性 Female	# 在岗职工年末人数 Number of Staff and Workers Year-end
②餐饮业	Catering Services	70 642	34 737	60 971
9. 信息传输、软件和信息技术服务业	Information Transmission, Computer Services and Software	134 808	44 967	129 742
①电信、广播电视和卫星传输服务	Tele communications,broadcast and satellite transmission services	35 662	15 595	31 314
②互联网和相关服务	Internet and related services	17 823	5 024	17 823
③软件和信息技术服务业	Software and IT Services	81 323	24 348	80 605
10. 金融业	Financial Intermediation	99 129	50 136	95 899
①货币金融服务业	Monetary and Financial Services	54 292	30 241	54 151
②资本市场服务业	Capital market Services	26 356	10 946	24 627
③保险业	Insurance	14 768	7 323	13 416
④其他金融业	Other Financial Actioities	3 713	1 626	3 705
11. 房地产业	Real Estate	194 350	57 641	193 290
①房地产开发经营	Real Estate Development and Operation	20 253	7 414	20 150
②物业管理	Real Estate Management	140 190	39 456	139 499
③房地产中介服务	Real Estate Services	23 542	7 275	23 457
12. 租赁和商务服务业	Leasing and Business Services	289 945	88 618	283 233
①租赁业	Leasing	1 622	294	1 266
②商务服务业	Business Services	288 323	88 324	281 967
13. 科学研究、技术服务业	Scientific Research and Technical Services	87 034	25 481	85 535
①研究和试验发展	Research and Experiment Development	10 945	4 128	10 544
②专业技术服务业	Professional Technology Services	67 418	19 588	66 355
③科技推广和应用服务业	Services of Science and Technology Exchanges and Promotion	8 671	1 765	8 636
14. 水利、环境和公共设施管理业	Management of Water Consercancy,Environment and Public Facilities	13 365	3 929	13 081
①水利管理业	Water Conservancy Administration	1 275	277	1 275
②生态保护和环境治理业	Ecological Protection and Environmental management	2 410	531	2 402
③公共设施管理业	Management of Public Facilities	9 680	3 121	9 404
15. 居民服务、修理和其他服务业	Services to Households and Other Services	20 815	7 765	20 722
①居民服务业	Services to Households	3 409	1 834	3 389
②机动车、电子产品和日用产品修理业	Repair Industry of motor Vehicles,Electronics and Household Goods.	4 624	1 192	4 617
③其他服务业	Other Services	12 782	4 739	12 716
16. 教育	Education	96 007	53 116	94 522
①初等教育	Primary Schools	30 780	16 963	30 478
②中等教育	Regular Secondary Schools	35 204	17 742	34 800
③高等教育	Regular Institution of Higher Education	9 332	4 090	8 887
17. 卫生和社会工作	Health and Social Work	59 847	40 543	59 370
①卫生	Health Care	57 829	39 249	57 352
②社会工作	Social Work	2 018	1 294	2 018
18. 文化、体育和娱乐业	Culture,sports and Entertainment	24 612	11 345	24 244
①新闻和出版业	Journalism and Publishing Activities	5 876	2 031	5 836
②广播、电视、电影和影视录音制作业	Culture, Sports and Entertainment	4 637	2 288	4 573
③文化艺术业	Cultural and Art Activies	2 720	1 246	2 701
④体育	Sports	5 555	3 067	5 546
⑤娱乐业	Entertainment	5 824	2 713	5 588
19. 公共管理、社会保障和社会组织	Publich Management,Securities and Social Organization	139 416	42 651	138 999
①中国共产党机关	Organs of Communist Party of China	2 683	686	2 676
②国家机构	Government Agencies	131 871	39 962	131 503
③人民政协、民主党派	People's Political Consultative Conference and Democratic Parties	199	59	199
④社会保障	Social Securities			
⑤群众社团、社会团体和其他成员组织	Non-Government Institutions, Social Organizations and Other member Organizations	4 663	1 944	4 621

14-6 分经济类型和行业单位从业人员工资总额、平均人数和平均工资（2015年）

TOTAL WAGES,AVERAGE NUMBER AND AVERAGE WAGE OF STAFF BY OWNERSHIP AND SECTOR（2015）

项 目	Item	单位从业人员工资总额（万元） Total Yearly Wages of Staff (10 000 yuan)	单位从业人员年平均人数（人） Average Number of Staff(Person)	年平均工资（元） Average Yearly Wages (yuan)
总 计	**Total**	**37 514 099**	**4 640 567**	**80 839**
一、按登记注册类型分	Grouped by Registration			
1. 内资单位	Domestic Funded Units			
①国有单位	State-owned Units	5 039 627	430 133	117 164
②集体单位	Collective-owned Units	111 832	24 510	45 627
③股份合作单位	Cooperative Units	130 627	27 372	47 723
④联营单位	Joint ownership Units	95 340	9 855	96 743
⑤有限责任公司	Limited Liability Corporations	10 466 989	1 217 396	85 979
⑥股份有限公司	Share-holding Corporations Ltd.	5 982 471	588 236	101 702
⑦其他内资单位	Others	295 148	38 081	77 505
2. 港澳台投资单位	Units with Funded from Hongkong,Macao and Taiwan	8 896 832	1 402 061	63 455
3. 外商投资单位	Foreign Funded Units	6 495 233	902 923	71 936
二、按企业、事业、机关分	Grouped by Enterprises, Institutions and Agencies			
1. 企业	Enterprises	34 042 570	4 358 024	78 115
2. 事业	Institutions	1 981 426	151 426	130 851
3. 机关	Agencies & Organizations	1 458 502	125 255	116 443
4.民间非盈利组织	Private non-protit organization	12 344	2 567	48 087
5.其他	Others	19 257	3 295	58 443
三、按国民经济行业分	Grouped by Sector			
1. 农、林、牧、渔业	Agriculture, Forestry, Animal Husbandry and Fishery	4 208	690	60 986
①农业	Agriculture	2 619	375	69 829
②林业	Forestry	630	64	98 375
③畜牧业	Animal Husbandry	659	206	31 981
④渔业	Fishery	88	17	51 765
⑤农、林、牧、渔服务业	Services of Agriculture, Forestry,Animal Husbandry and Fishery	213	28	76 071
2. 采矿业	Mining	75 849	4 076	186 086
3. 制造业	Manufacturing	17 676 761	2 530 812	69 846
4. 电力、热力、燃气及水的生产和供应业	Production and Distribution of Electricity,Heat,Gas and Water	310 211	18 407	168 529
5. 建筑业	Construction	1 879 278	309 881	60 645
①房屋建筑业	Building	714 850	123 871	57 709
②土木工程建筑业	Civil Engineering	187 156	29 165	64 172
③建筑安装业	Construction installation	212 232	32 362	65 581
④建筑装饰和其他建筑业	Construction Decoration and Other Construction	765 039	124 483	61 457
6. 批发和零售业	Wholesale and Retail Trades	2 050 322	274 748	74 626
①批发业	Wholesale	1 238 071	136 014	91 025
②零售业	Retail Sales	812 252	138 734	58 547
7. 交通运输、仓储和邮政业	Transportation, Storage and Post Services	2 305 091	256 929	89 717
①铁路运输业	Railway Transportation	374 502	39 150	95 658
②道路运输业	Road Transportation	691 644	97 106	71 226
③水上运输业	Water Transportation	140 159	9 010	155 559
④航空运输业	Air Transportation	431 461	30 956	139 379
⑤管道运输业	Petroleum and Gas Pipelines Transportation	1 123	19	591 158
⑥装卸搬运和运输代理业	Loading Unloading and Other Transport Services	175 525	19 867	88 350
⑦仓储业	Storage	114 161	14 908	76 577
⑧邮政业	Post Services	376 516	45 913	82 006
8. 住宿和餐饮业	Hotels and Catering Services	501 547	105 292	47 634
①住宿业	Hotels	212 609	35 095	60 581

项 目	Item	单位从业人员工资总额（万元）Total Yearly Wages of Staff (10 000 yuan)	单位从业人员年平均人数（人）Average Number of Staff(Person)	年平均工资（元）Average Yearly Wages (yuan)
②餐饮业	Catering Services	288 938	70 197	41 161
9. 信息传输、软件和信息技术服务业	Information Transmission, Computer Services and Software	2 176 181	134 787	161 453
①电信、广播电视和卫星传输服务	Tele communications,broadcast and satellite transmission services	413 237	35 095	117 748
②互联网和相关服务	Internet and related services	555 538	17 707	313 739
③软件和信息技术服务业	Software and IT Services	1 207 405	81 985	147 271
10. 金融业	Financial Intermediation	2 233 961	95 929	232 876
①货币金融服务业	Monetary and Financial Services	1 029 974	53 605	192 141
②资本市场服务业	Capital market Services	790 150	24 529	322 129
③保险业	Insurance	262 754	14 415	182 278
④其他金融业	Other Financial Actioities	151 082	3 380	446 987
11. 房地产业	Real Estate	1 297 480	191 571	67 728
①房地产开发经营	Real Estate Development and Operation	310 119	20 101	154 280
②物业管理	Real Estate Management	739 008	136 254	54 238
③房地产中介服务	Real Estate Services	163 302	24 784	65 890
12. 租赁和商务服务业	Leasing and Business Services	1 963 488	279 084	70 355
①租赁业	Leasing	9 427	1 666	56 582
②商务服务业	Business Services	1 954 061	277 418	70 437
13. 科学研究、技术服务业	Scientific Research and Technical Services	1 130 760	87 094	129 832
①研究和试验发展	Research and Experiment Development	155 114	10 994	141 090
②专业技术服务业	Professional Technology Services	903 267	67 495	133 827
③科技推广和应用服务业	Services of Science and Technology Exchanges and Promotion	72 380	8 605	84 113
14. 水利、环境和公共设施管理业	Management of Water Conservancy,Environment and Public Facilities	114 371	13 646	83 813
①水利管理业	Water Conservancy Administration	15 129	1 273	118 845
②生态保护和环境治理业	Ecological Protection and Environmental management	23 681	2 410	98 260
③公共设施管理业	Management of Public Facilities	75 562	9 963	75 842
15. 居民服务、修理和其他服务业	Services to Households and Other Services	100 173	19 854	50 455
①居民服务业	Services to Households	21 110	3 375	62 547
②机动车、电子产品和日用产品修理业	Repair Industry of motor Vehicles,Electronics and Household Goods.	27 942	4 142	67 459
③其他服务业	Other Services	51 122	12 337	41 438
16. 教育	Education	1 070 135	94 605	113 116
①初等教育	Primary Schools	320 524	30 405	105 418
②中等教育	Regular Secondary Schools	428 768	34 825	123 121
③高等教育	Regular Institution of Higher Education	168 783	8 854	190 629
17. 卫生和社会工作	Health and Social Work	750 077	59 188	126 728
①卫生	Health Care	736 756	57 179	128 851
②社会工作	Social Work	13 321	2 009	66 308
18. 文化、体育和娱乐业	Culture,sports and Entertainment	263 524	24 641	106 945
①新闻和出版业	Journalism and Publishing Activities	93 595	5 863	159 637
②广播、电视、电影和影视录音制作业	Culture, Sports and Entertainment	59 689	4 618	129 253
③文化艺术业	Cultural and Art Activies	35 812	2 718	131 758
④体育	Sports	39 609	5 612	70 580
⑤娱乐业	Entertainment	34 819	5 830	59 723
19. 公共管理、社会保障和社会组织	Publich Management,Securities and Social Organization	1 610 684	139 333	115 600
①中国共产党机关	Organs of Communist Party of China	34 478	2 735	126 064
②国家机构	Government Agencies	1 532 311	131 752	116 303
③人民政协、民主党派	People's Political Consultative Conference and Democratic Parties	3 088	200	154 385
④社会保障	Social Securities			
⑤群众社团、社会团体和其他成员组织	Non-Government Institutions, Social Organizations and Other member Organizations	40 807	4 646	87 833

14-7 分经济类型和行业职工工资总额、平均人数和平均工资（2015年）
TOTAL WAGES，AVERAGE NUMBER AND AVERAGE WAGE OF STAFF AND WORKERS BY OWNERSHIP AND SECTOR（2015）

项 目	Item	在岗职工工资总额(万元) Total Wages (10 000 yuan)	在岗职工年平均人数(人) Average Number(person)	年平均工资(元) Average Yearly Wages (yuan)
总 计	**Total**	**36 627 244**	**4 519 993**	**81 034**
一、按登记注册类型分	Grouped by Registration			
1. 内资单位	Domestic Funded Units			
①国有单位	State-owned Units	5 003 862	426 108	117 432
②集体单位	Collective-owned Units	111 414	24 462	45 546
③股份合作单位	Cooperative Units	126 220	26 220	48 139
④联营单位	Joint ownership Units	95 140	9 790	97 180
⑤有限责任公司	Limited Liability Corporations	10 082 585	1 154 511	87 332
⑥股份有限公司	Share-holding Corporations Ltd.	5 816 014	568 365	102 329
⑦其他内资单位	Others	284 493	36 979	76 934
2. 港澳台投资单位	Units with Funded from Hongkong,Macao and Taiwan	8 762 246	1 386 902	63 179
3. 外商投资单位	Foreign Funded Units	6 345 271	886 656	71 564
二、按企业、事业、机关分	Grouped by Enterprises, Institutions and Agencies			
1. 企业	Enterprises	33 174 420	4 239 531	78 250
2. 事业	Institutions	1 965 262	149 749	131 237
3. 机关	Agencies & Organizations	1 456 511	124 907	116 608
4.民间非盈利组织	Private non-protit organization	11 926	2 528	47 174
5.其他	Others	19 125	3 278	58 343
三、按国民经济行业分	Grouped by Sector			
1. 农、林、牧、渔业	Agriculture, Forestry, Animal Husbandry and Fishery	4 208	690	60 986
①农业	Agriculture	2 619	375	69 829
②林业	Forestry	630	64	98 375
③畜牧业	Animal Husbandry	659	206	31 981
④渔业	Fishery	88	17	51 765
⑤农、林、牧、渔服务业	Services of Agriculture, Forestry,Animal Husbandry and Fishery	213	28	76 071
2. 采矿业	Mining	75 284	4 053	185 750
3. 制造业	Manufacturing	17 474 000	2 512 059	69 560
4. 电力、热力、燃气及水的生产和供应业	Production and Distribution of Electricity,Heat,Gas and Water	309 697	18 369	168 597
5. 建筑业	Construction	1 634 104	267 170	61 163
①房屋建筑业	Building	677 464	114 635	59 097
②土木工程建筑业	Civil Engineering	118 689	18 275	64 946
③建筑安装业	Construction installation	190 403	29 607	64 310
④建筑装饰和其他建筑业	Construction Decoration and Other Construction	647 549	104 653	61 876
6. 批发和零售业	Wholesale and Retail Trades	1 997 796	263 134	75 923
①批发业	Wholesale	1 207 017	133 670	90 298
②零售业	Retail Sales	790 780	129 464	61 081
7. 交通运输、仓储和邮政业	Transportation, Storage and Post Services	2 183 354	238 731	91 457
①铁路运输业	Railway Transportation	324 053	31 293	103 554
②道路运输业	Road Transportation	687 044	95 666	71 817
③水上运输业	Water Transportation	139 167	8 978	155 009
④航空运输业	Air Transportation	419 948	30 715	136 724
⑤管道运输业	Petroleum and Gas Pipelines Transportation	1 115	18	619 556
⑥装卸搬运和运输代理业	Loading Unloading and Other Transport Services	173 427	19 740	87 856
⑦仓储业	Storage	112 477	14 700	76 515
⑧邮政业	Post Services	326 122	37 621	86 686
8. 住宿和餐饮业	Hotels and Catering Services	473 453	94 795	49 945
①住宿业	Hotels	208 471	34 455	60 505

项 目	Item	在岗职工工资总额(万元) Total Wages (10 000 yuan)	在岗职工年平均人数(人) Average Number(person)	年平均工资(元) Average Yearly Wages (yuan)
②餐饮业	Catering Services	264 983	60 340	43 915
9. 信息传输、软件和信息技术服务业	Information Transmission, Computer Services and Software	2 137 322	130 070	164 321
①电信、广播电视和卫星传输服务	Tele communications,broadcast and satellite transmission services	386 106	31 191	123 787
②互联网和相关服务	Internet and related services	555 538	17 707	313 739
③软件和信息技术服务业	Software and IT Services	1 195 678	81 172	147 302
10. 金融业	Financial Intermediation	2 153 284	93 082	231 332
①货币金融服务业	Monetary and Financial Services	1 017 140	53 456	190 276
②资本市场服务业	Capital market Services	746 544	23 043	323 979
③保险业	Insurance	240 998	13 212	182 408
④其他金融业	Other Financial Actioities	148 603	3 371	440 827
11. 房地产业	Real Estate	1 289 600	190 395	67 733
①房地产开发经营	Real Estate Development and Operation	308 702	19 972	154 567
②物业管理	Real Estate Management	735 286	135 538	54 249
③房地产中介服务	Real Estate Services	162 319	24 700	65 716
12. 租赁和商务服务业	Leasing and Business Services	1 902 830	273 632	69 540
①租赁业	Leasing	8 523	1 310	65 059
②商务服务业	Business Services	1 894 307	272 322	69 561
13. 科学研究、技术服务业	Scientific Research and Technical Services	1 113 388	85 790	129 781
①研究和试验发展	Research and Experiment Development	152 095	10 612	143 324
②专业技术服务业	Professional Technology Services	889 523	66 629	133 504
③科技推广和应用服务业	Services of Science and Technology Exchanges and Promotion	71 769	8 549	83 951
14. 水利、环境和公共设施管理业	Management of Water Consercancy,Environment and Public Facilities	113 559	13 383	84 853
①水利管理业	Water Conservancy Administration	15 129	1 273	118 845
②生态保护和环境治理业	Ecological Protection and Environmental management	23 636	2 402	98 403
③公共设施管理业	Management of Public Facilities	74 794	9 708	77 044
15. 居民服务、修理和其他服务业	Services to Households and Other Services	98 723	19 665	50 202
①居民服务业	Services to Households	20 857	3 351	62 240
②机动车、电子产品和日用产品修理业	Repair Industry of motor Vehicles,Electronics and Household Goods.	27 559	4 135	66 649
③其他服务业	Other Services	50 307	12 179	41 306
16. 教育	Education	1 054 006	93 163	113 136
①初等教育	Primary Schools	318 229	30 113	105 678
②中等教育	Regular Secondary Schools	423 280	34 431	122 936
③高等教育	Regular Institution of Higher Education	164 563	8 415	195 559
17. 卫生和社会工作	Health and Social Work	742 847	58 599	126 768
①卫生	Health Care	729 554	56 594	128 910
②社会工作	Social Work	13 293	2 005	66 298
18. 文化、体育和娱乐业	Culture,sports and Entertainment	261 706	24 312	107 645
①新闻和出版业	Journalism and Publishing Activities	93 133	5 821	159 994
②广播、电视、电影和影视录音制作业	Culture, Sports and Entertainment	59 491	4 548	130 807
③文化艺术业	Cultural and Art Activies	35 715	2 697	132 425
④体育	Sports	39 575	5 602	70 644
⑤娱乐业	Entertainment	33 793	5 644	59 873
19. 公共管理、社会保障和社会组织	Publich Management,Securities and Social Organization	1 608 083	138 901	115 772
①中国共产党机关	Organs of Communist Party of China	34 431	2 728	126 212
②国家机构	Government Agencies	1 530 003	131 369	116 466
③人民政协、民主党派	People's Political Consultative Conference and Democratic Parties	3 088	200	154 385
④社会保障	Social Securities			
⑤群众社团、社会团体和其他成员组织	Non-Government Institutions, Social Organizations and Other member Organizations	40 562	4 604	88 102

14-8 工业、建筑业企业在岗职工人数和工资（2015年）

NUMBER AND WAGE OF STAFF AND WORKERS IN INDUSTRY AND CONSTRUCTION ENTERPRISES（2015）

项　目	Item	年末人数(人) Year-end Figure (person)	工资总额(万元) Total Wages (10 000 yuan)	年平均工资(元) Average Yearly Wages (yuan)
总　计	**Total**	**2 742 441**	**19 493 085**	**69 577**
一、工　业	**Industry**	**2 478 654**	**17 858 981**	**70 464**
(一)按登记注册类型分	Grouped by Registration			
1. 国有单位	State-owned Units	2 907	22 185	77 734
2. 城镇集体单位	Urban Collective Owned Units	6 099	26 384	43 783
3. 其他类型单位	Units of Other Types of Ownership	2 469 648	17 810 412	70 519
(二)按行业分	Grouped by Sector			
1. 采矿业	Mining	4 067	75 284	185 750
煤炭开采和洗选业	Mining and Washing of Coal			
石油和天然气开采业	Extraction of Petroleum and Natural Gas	3 130	60 133	192 425
黑色金属矿采选业	Mining and Processing of Ferrous Metal Ores			
有色金属矿采选业	Mining and Processing of Nonferrous Metal Ores			
非金属矿采选业	Mining and Processing of Nonmetal Ores	105	583	54 439
开采辅助活动	Support Activities for Mining	832	14 569	177 456
其他采矿业	Mining and Processing of Other Ores			
2.制 造 业	Manufacturing	2 456 775	17 474 000	69 560
农副食品加工业	Processing of Food from Agricultural Products	7 950	63 936	81 885
食品制造业	Manufacture of Foods	10 866	61 804	56 696
酒、饮料和精制茶制造业	Manufacture of Wine, Beverages and Refined tea	14 472	84 232	59 048
烟草制品业	Manufacturc of Tobacco	670	13 996	211 423
纺织业	Manufacture of Textile	10 248	57 006	54 945
纺织服装、服饰业	Manufacture of Textile Wearing Apparec	81 298	430 056	53 066
皮革、毛皮、羽毛及其制品和制鞋业	Manufacture of Leather, Fur, Feather and Related Products	41 654	206 230	47 266
木材加工和木、竹、藤棕、草制品业	Processing of Timber, Manufacture of Wood, Bamboo, Rattan, Palm Fiber & Straw Products	1 377	6 746	50 757
家具制造业	Manufacture of Furniture	22 537	117 193	50 519
造纸和纸制品业	Manufacture of Paper and Paper Products	23 309	119 020	48 215
印刷和记录媒介复制业	Printing and Record Medium Reproduction	35 921	227 293	61 127
文教、工美、体育和娱乐用品制造业	Manufactuer of Articles for Culture, Education and Sport Activities	105 320	527 186	45 576

项　目 Item		年末人数 (人) Year-end Figure (person)	工资总额 (万元) Total Wages (10 000 yuan)	年平均工资 (元) Average Yearly Wages (yuan)
石油加工、炼焦和核燃料加工业	Processing of Petroleum, Coking and Nuclear Fuel Processing	576	18 491	319 354
化学原料和化学制品制造业	Manufacture of Raw Chemical Materials and Chemical Products	18 189	163 519	86 208
医药制造业	Manufacture of Medicines	15 076	149 171	99 084
化学纤维制造业	Manufacture of Chemical Fibers	408	2 041	47 799
橡胶和塑料制品业	Manufacture of Rubber and Plastics	147 472	804 223	53 203
非金属矿物制品业	Manufacture of Non-metallic Mineral Products	51 698	314 503	57 807
黑色金属冶炼和压延加工业	Smelting and Pressing of Ferrous Metals	1 898	19 121	91 052
有色金属冶炼和压延加工业	Smelting and Pressing of Nonferrous Metals	6 141	34 283	56 667
金属制品业	Manufacture of Metal Products	84 962	524 353	60 008
通用设备制造业	Manufacture of General-purpose Machinery	80 427	509 849	62 169
专用设备制造业	Manufacture of Special-purpose Machinery	110 928	882 012	79 269
汽车制造业	Manufactuer of Automobiles	68 048	427 763	66 914
铁路、船舶航空航天和其他运输设备制造业	Manufacture of Railways,Ships, Aerospace and Other Transport Equipment	20 818	140 884	66 496
电气机械和器材制造业	Manufacture of Electrical Machinery and Equipment	300 747	1 761 377	55 763
计算机、通信和其他电子设备制造业	Manufacture of Communication Equipment, Computers and Other Electronic Equipment	1 102 214	9 290 843	83 122
仪器仪表制造业	Manufacture of Measuring Instruments	78 607	441 221	55 179
其他制造业	Other Manufacturing	11 074	55 825	48 935
废弃资源综合利用业	Recycling and Disposal of Waste			
金属制品、机械和设备修理业	Manufacture of Metal Products,Machinery and Equipment Repair	1 870	19 822	109 513
3.电力、热力、燃气及水生产和供应业	Production and Distribution of Electricity,Heat,Gas and Water	17 812	309 697	168 597
电力、热力生产和供应业	Production and Supply of Electric Power and Heat Power	8 223	196 947	224 134
燃气生产和供应业	Production and Supply of Gas	767	12 270	158 737
水的生产和供应业	Production and Supply of Water	8 822	100 480	114 065
二、建筑业	**Construction**	**263 787**	**1 634 104**	**61 163**
按登记注册类型分	Grouped by Registration			
1.国有单位	State-owned Units	14 046	88 685	63 628
2.城镇集体单位	Urban Collective Owned Units	130	1 737	104 663
3.其他单位	Units of Other Types of Ownership	249 611	1 543 682	60 999

主要统计指标解释

社会劳动者 指从事一定社会劳动并取得劳动报酬或经营收入的人员。包括：

(1)在岗职工；

(2)私营和个体从业人员；

(3)乡镇企业从业人员；

(4)其他从业人员；

这一指标反映了一定时期内全部劳动力资源的实际利用情况，是研究我国基本国情国力的重要指标。

单位从业人员 指在各级国家机关、政党机关、社会团体及企业、事业单位中工作，并取得劳动报酬的全部人员。包括在岗职工和其他从业人员。各单位的从业人员反映了各单位实际参加生产或工作的全部劳动力。包括：在岗职工和其他从业人员两部分。

单位从业人员=在岗职工+其他从业人员

其他从业人员 指各级国家机关、政党机关、社会团体及企业、事业单位中再就业的离退休人员、民办教师以及在各单位中工作的外方人员和港、澳、台方人员、兼职人员、借用的外单位人员和第二职业者。

在岗职工 指在调查时期(点)在国有经济、城镇集体经济、联营经济、股份制经济、外商和港、澳、台投资经济、其他经济单位及其附属机构中有工作岗位，并参加实际工作和在本单位领取工资的各类人员。

城镇私营和个体从业人员 城镇私营从业人员指在工商管理部门注册登记，其经营地址设在县城关镇（含城关镇）以上的私营企业从业人员。包括：私营企业投资者和雇工。城镇个体从业人员指在工商管理部门注册登记，并持有城镇户口或在城镇长期居住，经批准从事个体工商经营的从业人员。包括：个体经营者和在个体工商户劳动的家庭帮工和雇工。

单位从业人员工资总额 指各单位在一定时期内直接支付给本单位全部从业人员的工资总额。包括在岗职工的工资总额和其他从业人员的工资总额两部分。

在岗职工工资总额 指各单位在一定时期内直接支付给本单位在岗职工的工资总额。

平均工资 指单位就业人员在一定时期内平均每人所得的工资额。它表明一定时期工资收入的高低程度，是反映就业人员工资水平的主要指标。计算公式为：

$$平均工资=\frac{报告期就业人员工资总额}{报告期就业人员平均人数}$$

平均工资指数 指报告期就业人员平均工资与基期就业人员平均工资的比率。是反映不同时期就业人员货币工资水平变动情况的相对数。计算公式为：

$$平均工资指数=\frac{报告期就业人员平均工资}{基期就业人员平均工资}\times 100\%$$

Explanatory Notes on Main Statistical Indicators

Social Laborers refer to persons who are engaged in social labor and receive remuneration payment or earn business income, including:

1. fully employed staff and workers,

2. employed persons in private enterprises and individual economy,

3. employed persons in township enterprises,

4. other employed persons .

This indicator reflects the actual utilization of total labor force during a certain period of time and is often used for the research on China' s economic situation and national strength.

Persons Employed in Various Units refer to all persons working with payment in government agencies of various levels, political and party organizations, social organizations, enterprises and institutions, including fully employed staff and workers and other employed persons. This indicator reflects the total number of laborers actually engaged in production or other operations in various units,including fully employed staff and workers and other employed persons.

Persons Employed in Various Units =Fully Employed Staff and Workers + Other Employed Persons

Other Employed Persons refer to re-employed retirees working in government agencies of various levels, political and party organizations, enterprises and institutions, and teachers working in schools run by the local people, as well as foreigners and Chinese compatriots from Hong Kong, Macao and Taiwan working in various units,part-time emplogees,employees of other units working temporarily at current posts,and employees holding the second job.

Fully Employed Staff and Workers refer to persons who have work posts, work in and receive payment from units of state ownership, collective ownership, joint ownership, share holding ownership, foreign ownership, and ownership by entrepreneurs from Hong Kong, Macao and Taiwan, and other types of ownership and their affiliated units at the reference period (point).

Persons Employed in Private Enterprises and Self-employed Individuals in Urban Areas Persons employed in private enterprises refer to persons employed in private enterprises which are registered at the department of industrial and commercial administration and are situated at a county town (i.e. a town where the county government is located) for business operation or at urban areas with the level higher than a county town, including investors and employees of private enterprises. Self-employed individuals in urban areas refer to persons who hold the certificates of residence in urban areas or have resided in the urban areas for a long time and have been registered at the department of industrial and commercial administration and approved to be engaged in individual industrial or commercial business, including self-employed persons as well as helpers and hired laborers who work in the individual households engaged in industrial or commercial business.

Total Wage Bill of Persons Employed in Units refer to the total wages directly paid to all the employed persons during a certain period of time,including wages to fully employed persons in working units and wages to other employed persons.

Total Wages refer to total wages directly paid to fully employed persons in working units during a certain period of time.

Average Wage refers to the average per capita wage during a certain period of time for employed persons.Is shows the general level of wage income during a certain period of time,one major indictaor to reflect the wage level. It is calculated as follows:

$$\text{Average Wage} = \frac{\text{Total Wage Bill of Employed Persons at Reference Time}}{\text{Average Number of Persons Employed at Reference Time}}$$

Average Wage Indices refers to the ratio of average wage of employed persons the reporting period to that at the base period,which reflects the change of wage of employed persons at the different period.It is calculated as follows:

$$\text{Average Wage Indices} = \left(\frac{\text{Average Wage of Employed Persons at Reference Time}}{\text{Average Number of Persons Employed at Base Period}}\right) \times 100\%$$

15 第十五部分

科学技术

SCIENCE AND TECHNOLOGY

CHAPTER

15-1 高新技术产品进出口情况

TOTAL IMPORTS AND EXPORTS OF HIGH TECHNOLOGY INDUSTRY

单位：万美元 (USD 10 000)

年 份 Year	高新技术产品进出口总额 Total Imports and Exports of High Technology Industry	进 口 Imports	出 口 Exports
2001	2 335 757	1 198 796	1 136 961
2002	3 344 119	1 775 195	1 568 924
2003	5 158 146	2 643 846	2 514 300
2004	6 928 262	3 422 565	3 505 697
2005	8 868 653	4 159 435	4 709 218
2006	11 536 580	5 401 421	6 135 159
2007	13 463 800	6 209 300	7 254 500
2008	14 099 495	6 162 273	7 937 222
2009	15 345 520	6 843 409	8 502 111
2010	19 770 075	8 897 407	10 872 668
2011	22 416 000	9 936 000	12 480 000
2012	25 206 532	11 084 532	14 122 000
2013	30 784 842	13 884 285	16 900 557
2014	24 762 288	11 088 208	13 674 080
2015	25 424 844	11 391 071	14 033 773

15-2 专利申请授权概况

PATENT APPLICATIONS EXAMINED AND GRANTED

单位：件 （piece）

年 份 Year	申请总量 Number of Patent Applications	发明专利 Invention Patent	授权总量 Number of Patents Certified	发明专利 Invention Patent	PCT国际专利申请量 Number of PCT International Patent Applications
1991	261	49	160	1	
1992	507	73	174	5	
1993	696	82	427	10	
1994	1 009	160	414	9	
1995	1 104	124	721	7	
1996	1 405	116	923	18	
1997	1 440	165	1 260	13	
1998	2 093	233	1 364	16	
1999	3 314	490	2 116	31	
2000	4 431	669	2 401	1	
2001	6 033	1 033	3 506	7	
2002	7 917	1 846	4 486	91	
2003	12 361	3 526	4 937	276	
2004	14 918	4 751	7 737	864	331
2005	20 940	8 327	8 983	917	789
2006	29 728	14 576	11 494	1 361	1 661
2007	35 808	19 198	15 552	2 257	2 170
2008	36 249	18 757	18 805	5 409	2 709
2009	42 279	20 520	25 894	8 132	3 800
2010	49 430	23 956	34 951	9 615	5 584
2011	63 522	28 823	39 363	11 826	7 933
2012	73 130	31 075	48 662	13 068	8 024
2013	80 657	32 208	49 756	10 987	10 049
2014	82 254	31 077	53 687	12 040	11 639
2015	105 481	40 028	72 120	16 957	13 308

15-3　R&D经费支出和人员情况

EXPENDITURES ON R&D AND　R&D PERSONNEL

项目	Item	2009
一、R&D经费支出（万元）	**Expenditures on R&D(10 000 yuan)**	**2 797 112**
按活动类型分	Grouped by Type of Activity	
基础研究	Basic Research	6 833
应用研究	Applied Research	29 436
试验发展	Experimental Development	2 760 843
按单位类型分	Grouped by Type of Unit	
科研院所	Scientific Research and Technological Development Institutions	15 772
高等院校	Institutions Of Higher Education	18 321
规模以上工业企业	Industrial Enterprises above Designated Size	2 590 000
规模以上服务业企业	Service Enterprises above Designated Size	
其他	Others	173 019
按资金来源分	Grouped by Sources of Funds	
政府资金	Government Appropriation Funds	130 380
企业资金	Self-raise Funds by Enterprise	2 633 795
境外资金	Overseas Funds	20 449
其他资金	Other Funds	12 488
二、R&D经费支出占GDP比重（%）	**Ratio of Expenditure on R&D to GDP(%)**	**3.41**
三、R&D人员（人）	**R&D Personnel(person)**	**145 923**
#全时人员	Full-time Personnel	125 053
#研究人员	Researcher	83 212
四、R&D人员折合全时当量（人年）	**Full-time Equivalent of R&D Personnel(man-year)**	**123 651**
#研究人员	Researcher	74 599
基础研究	Basic Research	590
应用研究	Applied Research	2 788
试验发展	Experimental Development	120 273

注：　R&D的中文名称是科学研究与试验发展。
Note：R&D refers to research and development.

2010	2011	2012	2013	2014	2015
3 333 102	**4 161 363**	**4 883 738**	**5 846 115**	**6 400 662**	**7 323 851**
6 734	24 755	23 336	51 776	57 558	67 298
42 681	103 163	429 697	552 821	733 254	925 129
3 283 687	4 033 445	4 430 705	5 241 518	5 609 850	6 331 424
7 982	85 967	74 479	172 207	150 428	203 780
14 224	13 460	17 585	24 518	27 566	81 659
3 137 877	3 888 917	4 618 655	5 329 401	5 883 496	6 726 494
			298 085	298 085	298 085
173 019	173 019	173 019	21 904	41 087	13 833
130 272	177 131	214 841	298 889	295 235	355 635
3 050 485	3 819 046	4 626 628	5 487 436	6 011 693	6 890 041
139 449	141 387	22 009	19 731	17 929	16 476
12 895	23 799	20 260	40 059	75 805	61 699
3.48	**3.61**	**3.77**	**4.03**	**4.00**	**4.18**
177 756	**176 107**	**218 090**	**213 641**	**192 600**	**206 327**
160 139	155 511	189 832	186 056	164 103	172 608
86 093	98 734	109 581	105 769	98 978	86 351
157 429	**158 023**	**192 584**	**181 321**	**163 689**	**173 764**
79 481	93 180	101 760	94 181	89 256	77 869
553	1 345	1 747	1 766	1 750	2 335
3 442	5 884	16 950	15 189	18 378	20 926
153 434	150 794	173 887	164 366	143 561	150 503

15-4 规模以上工业企业科技活动情况

SCIENTIFIC AND TECHNOLOGICAL ACTIVITIES OF INDUSTRIAL ENTERPRISES ABOVE DESIGNATED SIZE

项目	Item	2009
一、企业单位数（个）	**Number of Enterprises(unit)**	**8 412**
#有R&D活动	Number of Enterprises Having R&D Activities	1 018
#有研发机构	Number of Enterprises Having R&D Institutions	630
二、科技经费支出（万元）	**Expenditure on Science and Technology Funds (10 000 yuan)**	**4 046 336**
#R&D经费支出	Expenditure on R&D	2 590 000
基础研究	Basic Research	
应用研究	Applied Research	
试验发展	Experimental Development	2 590 000
三、R&D经费支出占主营业务收入的比重（%）	**Percentage of Expenditure on R&D to Sales Revenue(%)**	**1.77**
四、科技活动人员（人）	**Scientists ans Engineers(person)**	**186 607**
#R&D人员	R&D Personnel(person)	128 208
#全时人员	Full-time Personnel	113 665
#研究人员	Researcher	76 638
#R&D人员折合全时当量（人年）	Full-time Equivalent of R&D Personnel(man-year)	110 944
基础研究	Basic Research	
应用研究	Applied Research	
试验发展	Experimental Development	110 944
五、科技项目情况	**Situation on Science and Technology Project**	
参加项目人员（人）	Participants (person)	148 619
#R&D项目人员（人）	R&D Project Personnel (person)	106 655
科技项目经费支出（万元）	Expenditure on Science and Technology Project(10 000 yuan)	3 356 235
#R&D项目经费支出（万元）	Expenditure on R&D Project (10 000 yuan)	2 458 682
六、新产品开发经费支出（万元）	**Expenditure on New Products Development(10 000 yuan)**	**2 936 794**
七、新产品产值（万元）	**New Product Output Value(10 000 yuan)**	**27 946 838**

2010	2011	2012	2013	2014	2015
8 248	**5 692**	**5 835**	**6 523**	**6 355**	**6 539**
798	841	928	1 009	1 181	1 304
586	673	482	457	542	830
4 849 681	**6 228 277**	**6 892 046**	**7 854 503**	**9 940 538**	**11 707 641**
3 137 877	3 888 917	4 618 655	5 329 402	5 883 496	6 726 494
	2 695	90	5 268	10 246	4 998
18 127	39 357	361 002	475 848	647 365	820 614
3 119 750	3 846 865	4 257 563	4 848 286	5 225 885	5 900 882
1.70	**1.93**	**2.20**	**2.39**	**2.45**	**2.69**
246 797	**239 929**	**283 887**	**267 527**	**293 258**	**293 416**
160 148	155 912	196 202	187 045	176 345	174 953
148 550	141 577	175 321	168 063	154 456	150 739
79 876	90 605	99 979	90 736	89 349	70 759
144 588	142 605	176 354	162 497	150 803	149 748
	91	17	250	180	83
622	1 379	12 312	10 393	12 336	13 797
143 966	141 135	164 025	151 854	138 287	135 868
206 997	197 260	235 832	223 942	244 154	242 848
146 905	141 089	178 556	171 028	159 782	160 300
4 197 838	4 905 302	5 646 650	6 484 263	8 432 529	9 823 032
3 113 550	3 768 019	4 463 613	5 108 052	5 657 289	6 566 820
2 104 077	**4 780 146**	**5 082 580**	**5 849 360**	**7 329 189**	**8 722 544**
52 649 725	**57 555 275**	**62 226 474**	**65 858 037**	**69 415 715**	**88 719 507**

15-5 创新载体情况

INNOVATION CARRIER

单位：个

项目	Item	2010
总计	**Total**	**419**
国家级	**National Level**	**41**
国家级重点实验室	National Key Laboratory	8
国家工程实验室	National Engineering Laboratory	5
国家工程（技术）研究中心	National Engineering(technology） Research Center	2
国家认定企业技术中心	National Enterprise Technology Center	13
国家地方联合工程研究中心（工程实验室）	National and Local Union Engineering Research Cente(Engineering Laboratory)	
国家基因库	National Gene Bank	
深圳超级计算中心	Super Computing Center in Shenzhen	1
国家级孵化器	National incubator	10
国家级平台	National platform	2
省级	**Provincial Level**	**20**
省级重点实验室	Provincial Key Laboratory	7
省级工程实验室	Provincial Engineering Laboratory	
省级工程（技术）研究中心	Provincial Engineering（ technology） Research Center	13
省级企业技术中心	Provincial Enterprise Technology Center	
市级	**Municipal Level**	**358**
市级重点实验室	Municipal Key Laboratory	88
市级工程实验室	Municipal Engineering Laboratory	34
市级工程（技术）研究中心	Municipal Engineering（ technology） Research Center	102
市级企业技术中心	Municipal Enterprise Technology Center	74
市级公共技术服务平台	Municipal Public Technical Service Platform	52
市级孵化器	Municipal incubator	8

注：　数据为累计数。
Note: Data in this table is Cumulative data.

（unit）

2011	2012	2013	2014	2015
563	**760**	**966**	**1107**	**1283**
57	**61**	**72**	**73**	**80**
11	11	12	12	14
5	5	7	7	7
5	5	7	7	7
16	17	19	20	20
5	8	11	11	16
1	1	1	1	1
1	1	1	1	1
11	11	12	12	12
2	2	2	2	2
32	**45**	**73**	**76**	**129**
13	17	17	18	22
2	5	5	7	10
17	23	51	51	96
				1
474	**654**	**821**	**958**	**1074**
112	142	164	191	206
75	153	212	247	298
111	135	154	166	183
96	119	143	172	193
71	96	112	124	136
9	9	36	58	58

主要统计指标解释

科技活动 是指在所有科学技术领域内，即自然科学、农业科学、医学科学、工程与技术科学、人文科学与社会科学中，与科技知识的产生、发展、传播和应用密切相关的全部的、有组织的、系统的科技活动。所谓有组织的、系统的科技活动，是指在一个机构的范围之内，并列入这一机构的工作计划，由这一机构的人员有计划地进行的科技活动。科技活动包括三类：(1)研究与试验发展活动（简称R&D,包括基础研究、应用研究和实验发展）；(2)科学研究与试验发展成果应用活动；(3)科技服务活动。我们的统计调查只包括前两类活动。

科技活动统计单位 指制度调查范围内的调查单位个数，对于自然科学领域、社会与人文科学领域的科学研究与技术开发机构（含县属研究与开发机构）、科学技术情报与文献机构是以一个机构为一个调查单位；对于高等学校，是以一个学校为一个调查单位；对于企业是以一个企业为一个调查单位。

科技活动人员 指直接从事科技活动、以及专门从事科技活动管理和为科技活动提供直接服务累计从事科技活动的实际工作时间占全年制度工作时间10%及以上的人员。（1）直接从事科技活动的人员包括：在独立核算的科学研究与技术开发机构、高等学校、各类企业及其他事业单位内设的研究室、实验室、技术开发中心及中试车间（基地）等机构中从事科技活动的研究人员、工程技术人员、技术工人及其它人员；虽不在上述机构工作，但编入科技活动项目（课题）组的人员；科技信息与文献机构中的专业技术人员；从事论文设计的研究生等。（2）专门从事科技活动管理和为科技活动提供直接服务的人员包括：独立核算的科学研究与技术开发机构、科技信息与文献机构、高等学校、各类企业及其他事业单位主管科技工作的负责人，专门从事科技活动的计划、行政、人事、财务、物资供应、设备维护、图书资料管理等工作的各类人员，但不包括保卫、医疗保健人员、司机、食堂人员、茶炉工、水暖工、清洁工等为科技活动提供间接服务的人员。

科技项目经费内部支出 指统计单位内部在报告期进行科技项目研究和试制等的实际支出。包括劳务费、原材料费、设备购置费、其他日常支出、外协加工费等；不包括委托或与外单位合作进行项目研究而拨付给对方使用的经费、企业科技活动管理部门的费用、用于科技活动目的的基建支出以及为科技活动提供间接服务人员的费用等。

科技机构内课题(项目)个数 指调查单位列入科研计划或已为本单位科研管理部门认可，可作为本单位科研工作任务，并在当年开展活动的研究与发展、研究与发展成果应用、科技服务课题（项目）数。包括当年新开课题和上年尚未完成，在统计年度内继续进行的课题。

研究与试验发展（R&D） 是指在科学技术领域，为增加知识总量、以及运用这些知识去创造新的应用进行的系统的创造性的活动，包括基础研究、应用研究、试验发展三类活动。

基础研究 是指为了获得关于现象和可观察事实的基本原理的新知识（揭示客观事物的本质、运动规律，获得新发现、新学说）而进行的实验性或理论性研究，它不以任何专门或特定的应用或使用为日的。其成果以科学论文和科学著作为主要形式。

应用研究 是指为获得新知识而进行的创造性研究，主要针对某一特定的目的或目标。应用研究是为了确定基础研究成果可能的用途，或是为达到预定的目标探索应采取的新方法（原理性）或新途径。其成果形式以科学论文、专著、原理性模型或发明专利为主。

试验发展 是指利用从基础研究、应用研究和实际经验所获得的现有知识，为产生新的产品、材料和装置，建立新的工艺、系统和服务，以及对已产生和建立的上述各项作实质性的改进而进行的系统性工作。其成果形式主要是专利、专有技术、具有新产品基本特征的产品原型或具有新装置基本特征的原始样机等。在社会科学领域，试验发展是指把通过基础研究、应用研究获得的知识转变成可以实施的计划（包括为进行检验和评估实施示范项目）的过程。人文科学领域没有对应的试验发展活动。

研究与试验发展人员 指参与研究与试验发展项目研究、管理和辅助工作的人员，包括项目（课题）组人员，企业科技行政管理人员和直接为项目（课题）活动提供服务的辅助人员。

全时人员 指报告年内从事R&D活动的时间占全年工作时间90%及以上的人员。

全时当量 指全时人员数加非全时人员按工作量折算为全时人员数的总和。例如：有两个全时人员和三个非全时人员（工作时间分别为20%、30%和70%，则全时当量为2+0.2+0.3+0.7=3.2人年。

政府资金 指从各级政府部门获得的计划用于科技活动的经费，包括科学事业费、科技三项费、科研基建费、科学基金、教育等部门事业费中计划用于科技活动的经费以及政府部门预算外资金中计划用于科技活动的经费等。

企业资金 指从自有资金中提取或接受其他企业委托的、科研院所和高校等事业单位接受企业委托获得的，计划用于科研和技术开发的经费。不包括来自政府、金融机构及国外的计划用于科技活动的资金。

新产品 指采用新技术原理、新设计构思研制、生产的全新产品，或在结构、材质、工艺等某一方面比原有产品有明显改进，从而显著提高了产品性能或扩大了使用功能的产品。既包括政府有关部门认定并在有效期内的新产品，也包括企业自行研制开发，未经政府有关部门认定，从投产之日起一年之内的新产品。

Explanatory Notes on Main Statistical Indicators

Scientific and Technological Activities refer to all those organized and systematic activities of science and technology which are closely connected with the emergence, development, diffusion and application of scientific and technological knowledge in all scientific and technological fields, such as natural sciences, agricultural science, medical science, engineering and technical science, humanities and social sciences. Organized and systematic activities refer to activities within the range of an institution, regarded as regular work of the institution and organized in a planned way by the personnel of the institution. Scientific and technological activities classified into three categories: (1) activities of research and development (R&D, it includes basic research, applied research and experiments and development); (2) applied activities of research and development; (3) service activities of science and technology. Our survey only included the first two activities.

Surveyed Units of Scientific and Technological Activities refer to the number of survey units within the survey coverage. As for research and development institutions (including those under county administration) and scientific and technological information and literature institutions in natural sciences, social sciences and humanities, one institution constitutes a survey unit; as for institutions of higher education, one university or college accounts for a survey unit; as for enterprises, one enterprise is a survey unit.

Personnel Engaged in S&T Activities refer to personnel directly engaged in S&T activities, in the management of S&T activities, and in providing direct service to S&T activities, who spend over 10% of the total working hours in a year in S&T activities. (1) Personnel directly engaged in S&T activities include researchers, engineers, technicians and other related personnel engaged in S&T activities in independent–accounting R&D institutions, institutions of higher learning, and in research institutes, laboratories, technology development centers and central experiment workshops under enterprises and institutions. Also included people are working in S&T research project teams, professional and technical personnel working in S&T information archiving institutes, and graduate students working on the design of their thesis. (2) Personnel engaged in the management of S&T activities and in providing direct service to S&T activities include senior management people responsible for S&T activities in independent–accounting R&D institutions, S&T information archiving institutes, institutions of higher learning, and in enterprises and institutions where S&T activities are undertaken. Also included are people responsible for the planning, administration, personnel management, financial management, logistics supply, equipment maintenance, information and library management that are related with S&T activities. People providing indirect services are excluded, such as security, medical service, drivers, plumbers, cleaners and those providing catering and related service.

Internal Expenditure of Funds on Science and Technology Projects refers to actual expenditure of internal funds of the surveyed units on research and test of R&D projects at the reference period, including service fee, material expenditure, equipment purchase cost, other daily expenditure, cost of external process; excluding expenditure of funds transferred to other cooperated and entrusted units of the projects, expenditure of management department for enterprise science and technology activities, capital construction expenditure for science and technology activities, cost of indirect service for science and technology activities and etc.

Number of Research Tasks (Projects) of Scientific and Technological Institutions refers to the number of research tasks (projects) on R&D, application of R&D and scientific and technological services, which are listed in the plans of scientific research or approved by administrative departments of the survey units and launched in the current year. It includes those newly started and those uncompleted in the preceding year but continued into the current statistical year.

Research and Development (R&D) refers to systematic and creative activities in the field of science and technology aiming at increasing the knowledge and using the knowledge for new application. R&D includes 3 categories of activities: basic research, applied research and experiments and development.

Basic Research refers to empirical or theoretical research aiming at obtaining new knowledge on the fundamental principles of phenomena of observable facts to reveal the nature and law of movement of objects and to acquire new discoveries or new theories. Basic research takes no specific or designated application as the aim of the research. Results of basic research are mainly released or disseminated in the form of scientific papers or monographs.

Applied Research refers to creative research aiming at obtaining new knowledge on a specific objective or target. Purpose of the applied research is to identify the possible use of results from basic research, or to explore new (fundamental) methods or new approaches. Results of applied research are expressed in the form of scientific papers, monographs, fundamental models or invention patents.

Experimental Development refers to systematic activities aiming at using the knowledge from basic and applied researches or from practical experience to develop new products, materials and equipment, to establish new production process, systems and services, or to make substantial improvement on the existing products, process or services. Results of experiment and development activities are embodied in patents, exclusive technology, and monotype of new products or equipment. In social sciences, experiment and development activities refer to the process of converting the knowledge from basic or applied researches into feasible programs (including conduct of demonstration projects for assessment and evaluation). There are no experiment and development activities in the science of humanities.

R&D Personnel refer to persons engaged in research, management and supporting activities of R&D, including persons in the project teams, persons engaged in the management of S&T activities of enterprises and supporting staff providing direct service to the research projects.

Full-time Personnel refer to the persons who spend over 90% of the total working hours in a year on R&D activities.

Full-time Equivalent of R&D Personnel refers to the sum of the full−time persons and the full−time equivalent of part−time persons converted by workload. For instance, if there are 2 full−time persons and 3 part−time workers (20%, 30% and 70% of working hours respectively on R&D activities), the full−time equivalent is 2+0.2+0.3+0.7=3.2 person−year.

Government Funds refer to funds obtained from government agencies at all levels to be used for S&T activities, including funds for scientific undertakings, 3 kinds of funds for S&T activities, funds for capital construction for scientific researches, science funds, funds from education expenditures by education departments for S&T activities, and extra−budget funds from government agencies for S&T activities.

Enterprise Funds refer to funds raised by enterprises from their own expenditures or from other enterprises and funds received by universities or research institutions from enterprises for scientific research or technical development projects. Excluded in this category are funds from government agencies, financial institutions or from foreign institutions.

New Products refer to products produced with new technology and new design, or products that represent noticeable improvement in terms of structure, material, or production process so as to improve significantly the character or function of the older versions. They include new products certified by relevant government agencies within the period of certification, as well as new products designed and produced by enterprises within a year without certification by government agencies.

16 第十六部分

文化和教育

CULTURE AND EDUCATION

CHAPTER

16-1 各级各类学校数

NUMBER OF SCHOOL BY LEVEL AND TYPE

单位：所 (unit)

年 份 Year	普通高等学校 Institutions of Higher Education	中等职业教育 Vocational Secondary Education	普通中学 Regular Secondary Schools	小 学 Primary Schools	幼儿园 Kindergartens
1979			24	226	90
1980			24	238	52
1981			26	244	32
1982			28	246	50
1983	1		30	248	69
1984	2		35	260	87
1985	2		38	258	79
1986	2		40	257	273
1987	2		43	255	187
1988	2		47	257	195
1989	2		47	264	207
1990	2		49	263	228
1991	2		51	260	257
1992	2		53	261	282
1993	3		51	267	281
1994	3		56	269	333
1995	2		62	274	349
1996	2		71	274	380
1997	2		73	275	446
1998	2		78	286	488
1999	2		83	325	560
2000	2		94	353	562
2001	3		107	377	588
2002	9		132	395	634
2003	9	25	179	376	656
2004	9	16	216	378	699
2005	9	16	245	358	744
2006	9	13	260	357	758
2007	8	13	273	347	819
2008	8	13	277	342	865
2009	8	13	285	346	974
2010	8	13	295	340	1 040
2011	9	13	299	334	1093
2012	10	15	302	333	1 186
2013	10	15	314	335	1 313
2014	10	16	325	331	1 402
2015	12	15	335	334	1 489

注： 根据教育部的统一要求及深圳实际，将普通中专、成人中专和职业高中合并统称为中等职业教育。该指标由于深圳市布局调整的原因产生了波动。
Note: According to unified requirements of the Ministry of Education and the actual situation of Shenzhen, the index, vocational secondary educa-tion was mergered by technical secondary school, specialized secondary schools for adults and vocational senior secondary schools. This index was fluctuated by layout adjusting in shenzhen.

16-2 各级各类学校教职工数

STAFF AND WORKERS BY LEVEL AND TYPE OF SCHOOL

单位：人 (person)

年份 Year	普通高等学校 Institutions of Higher Education	中等职业教育 Vocational Secondary Education	普通中学 Regular Secondary Schools	小学 Primary Schools	幼儿园 Kindergartens
1986	816		2 871	3 632	
1987	972		3 182	3 959	1 616
1988	1 034		3 455	4 302	1 558
1989	1 393		3 758	4 596	1 969
1990	1 348		3 920	5 061	2 267
1991	1 381		4 308	5 388	2 716
1992	1 405		4 650	5 768	3 113
1993	1 536		5 106	6 337	4 154
1994	2 753		5 589	7 129	5 294
1995	1 187		6 063	7 666	5 929
1996	1 331		6 669	8 702	6 817
1997	1 430		7 079	9 148	8 328
1998	1 649		7 369	9 786	9 761
1999	1 819		7 886	11 449	11 605
2000	1 902		8 739	14 697	12 787
2001	2 165		9 763	17 370	14 515
2002	3 369		11 662	20 621	16 483
2003	3 820	2 029	13 379	23 382	17 778
2004	4 421	1 758	15 401	25 460	19 345
2005	5 025	1 733	18 713	30 194	21 376
2006	4 995	1 712	20 500	31 748	23 167
2007	5 458	1 711	23 191	33 985	25 711
2008	5 796	1 791	26 044	35 816	28 483
2009	6 149	1 868	27 577	36 203	33 156
2010	6 042	2 077	28 874	37 167	38 693
2011	6 260	2 184	45 293	23 624	42 837
2012	6 823	2 739	47 733	24 805	46 617
2013	7 603	2 790	50 332	25 476	52 400
2014	8 057	3 023	53 254	26 792	57 021
2015	9 061	3 136	57 146	28 157	62 813

注：根据全国教育事业统计口径，2014年九年一贯制学校教职工纳入初中阶段学校统计；十二年一贯制学校、完全中学学校教职工纳入普通高中阶段学校统计。
Note:According to the statistical scope of national education, in 2014, the numbers of 9-Year Schools' educational personnel is included in senior secondary education; the numbers of 12-Year Schools and their educational personnel are included in senior secondary education.

16-3 各级各类学校专任教师数

FULL-TIME TEACHERS BY LEVEL AND TYPE OF SCHOOL

单位：人　　　　(person)

年 份 Year	普通高等学校 Institutions of Higher Education	中等职业教育 Vocational Secondary Education	普通中学 Regular Secondary Schools	小 学 Primary Schools	幼儿园 Kindergartens
1979			752	1 588	
1980			625	1 763	159
1981			676	1 948	141
1982			860	1 954	259
1983	80		1 044	2 025	365
1984	162		1 372	2 282	575
1985	288		1 902	2 749	483
1986	406		2 138	2 977	573
1987	468		2 376	3 265	1 005
1988	524		2 603	3 571	937
1989	533		2 771	3 810	1 193
1990	484		2 915	4 221	1 317
1991	533		3 255	4 514	1 451
1992	493		3 533	4 832	1 698
1993	535		3 892	5 342	2 288
1994	978		4 290	6 015	2 745
1995	629		4 675	6 429	3 202
1996	747		5 004	7 046	3 665
1997	793		5 276	7 567	4 613
1998	865		5 502	7 940	5 257
1999	1 049		5 935	8 914	6 092
2000	1 114		6 596	11 550	7 234
2001	1 295		7 224	13 254	7 690
2002	2 080		8 643	15 763	8 893
2003	2 341	1 392	9 989	17 920	9 539
2004	2 572	1 215	11 625	19 660	10 670
2005	2 796	1 216	14 196	23 866	11 973
2006	2 905	1 234	15 678	25 203	12 815
2007	3 139	1 251	17 846	27 209	14 381
2008	3 293	1 282	20 091	28 540	15 761
2009	3 592	1 330	21 335	28 906	18 133
2010	3 550	1 534	22 417	29 769	20 786
2011	3 528	1 638	23 897	31 186	21 627
2012	3 889	1 948	25 807	33 496	24 154
2013	4 184	2 070	27 048	35 546	26 803
2014	4 462	2 279	28 320	39 115	28 782
2015	4 826	2 395	29 252	42 630	31 704

注：根据全国教育事业统计口径，2013年开始小学专任教师含九年一贯制学校、十二年一贯制学校小学部的专任教师；初中专任教师含九年一贯制学校、十二年一贯制学校初中部专任教师；高中专任教师含十二年一贯制学校、完全中学学校高中部专任教师。

Note: According to the statistical scope of national education, from 2013, the numbers of fulltime teachers from primary department of 9-Year Schools and 12-Year Schools is included in the number of Primary Schools ' fulltime teachers; the numbers of fulltime teachers from junior secondary department of 9-Year Schools and 12-Year Schools is included in the number of Junior Secondary schools' fulltime teachers; the numbers of fulltime teachers from senior secondary department of 12-Year Schools and Secondary Schools(FromGrade7-12) is included in the number of Senior Secondary schools ' fulltime teachers.

16-4 各级各类学校在校学生数

STUDENTS ENROLLMENT BY LEVEL AND TYPE OF SCHOOL

单位：人 （person）

年 份 Year	普通高等学校 Institutions of Higher Education	中等职业教育 Vocational Secondary Education	普通中学 Regular Secondary Schools	小 学 Primary Schools	幼儿园 Kindergartens
1979			13 686	47 022	4 587
1980			12 296	49 168	3 377
1981			13 088	51 560	5 074
1982			17 080	54 538	7 723
1983	216		20 982	56 319	9 252
1984	1 236		27 636	62 021	12 140
1985	3 206		35 334	70 277	14 338
1986	3 478		40 208	77 884	22 703
1987	4 330		44 910	84 601	26 072
1988	4 710		43 267	96 474	27 106
1989	4 419		45 056	104 041	34 781
1990	3 964		46 473	111 711	36 041
1991	3 779		50 625	118 460	43 877
1992	3 653		55 857	127 978	49 985
1993	3 680		60 337	139 272	56 024
1994	4 227		66 073	147 186	63 316
1995	5 291		71 540	157 210	62 571
1996	6 493		76 949	170 983	68 769
1997	7 601		82 155	190 192	71 378
1998	8 497		86 009	215 652	77 623
1999	10 568		91 260	256 060	88 322
2000	14 123		106 996	313 852	93 164
2001	18 556		126 190	363 657	103 083
2002	26 778		150 654	415 097	110 390
2003	32 106	17 010	179 628	469 684	123 856
2004	41 251	18 833	211 224	526 419	135 019
2005	45 314	21 598	240 508	566 278	147 672
2006	51 220	24 779	256 630	564 891	152 330
2007	58 910	25 978	279 180	575 160	169 496
2008	65 632	27 706	298 939	585 852	191 222
2009	66 952	28 604	316 024	589 481	221 182
2010	67 324	29 731	334 752	618 459	260 873
2011	70 004	29 336	346 942	651 307	285 146
2012	75 570	32 067	359 643	683 058	316 929
2013	82 401	33 618	371 735	730 232	368 937
2014	87 674	36 870	378 690	793 178	399 014
2015	90 112	38 145	385 221	864 841	438 498

16-5 各级各类学校招生数

NEW STUDENTS ENROLLMENT BY LEVEL AND TYPE OF SCHOOL

单位：人 （person）

年 份 Year	普通高等学校 Vocational Secondary Education	中等职业教育 Vocational Secondry Education	普通中学 Regular Secondary Schools	小 学 Primary Schools	幼儿园 Kindergartens
1979			5 612	8 978	
1980			5 344	9 064	
1981			5 046	9 978	
1982			7 401	9 561	
1983	216		8 142	8 936	
1984	473		10 053	9 700	8 734
1985	1 482		12 954	11 876	10 148
1986	1 173		12 826	14 269	10 932
1987	1 573		15 121	15 191	9 344
1988	1 378		12 583	17 235	8 369
1989	1 228		16 654	18 525	15 273
1990	1 041		17 034	19 122	17 494
1991	1 126		17 956	19 634	28 493
1992	1 070		21 242	22 129	32 847
1993	1 309		22 417	26 333	37 035
1994	1 664		24 286	27 860	26 213
1995	2 134		26 463	31 198	35 630
1996	2 470		27 752	33 692	37 869
1997	2 580		29 773	37 306	33 906
1998	3 078		31 286	41 824	32 822
1999	4 211		34 380	55 876	39 019
2000	6 522		41 980	64 265	39 392
2001	7 239		48 533	72 220	50 354
2002	10 210		58 847	81 107	40 523
2003	11 915	6 108	69 711	88 203	51 989
2004	14 455	7 430	79 359	96 554	54 735
2005	15 044	8 913	92 305	101 274	58 658
2006	17 916	9 071	94 866	95 359	57 007
2007	19 396	8 439	102 093	98 106	63 442
2008	20 578	10 198	111 454	98 525	71 062
2009	20 488	10 051	113 516	103 166	87 747
2010	20 330	9 610	120 335	118 028	110 977
2011	22 914	10 223	123 382	128 091	118 843
2012	25 794	12 233	127 983	137 276	122 138
2013	27 613	12 076	131 160	147 097	143 792
2014	28 062	13 628	130 769	162 498	174 195
2015	27 653	13 691	135 326	172 097	159 728

16-6 各级各类学校毕业生数

GRADUATES BY LEVEL AND TYPE OF SCHOOL

单位：人 (person)

年 份 Year	普通高等学校 Institutions of Higher Education	中等职业教育 Vocational Secondary Education	普通中学 Regular Secondary Schools	小 学 Primary Schools	幼儿园 Kindergartens
1984			4 677	8 505	6 710
1985			7 468	10 669	7 824
1986			9 169	11 481	9 892
1987	1 028		11 401	14 411	7 529
1988	828		14 305	8 821	7 741
1989	1 491		13 388	12 947	13 090
1990	1 334		13 914	13 363	13 848
1991	1 191		11 885	14 428	23 140
1992	1 187		14 035	16 555	27 126
1993	1 203		14 739	17 685	30 000
1994	1 064		15 345	19 010	17 749
1995	1 143		17 617	20 876	33 187
1996	1 210		18 891	21 030	25 889
1997	1 474		20 215	22 095	32 459
1998	2 126		23 651	23 871	26 560
1999	2 146		23 179	27 040	35 545
2000	2 382		24 874	33 219	39 917
2001	2 779		28 424	38 987	44 157
2002	3 927		32 503	47 025	43 912
2003	4 740	5 141	40 200	55 017	48 797
2004	6 282	5 680	48 061	62 032	49 575
2005	9 007	5 429	58 363	75 517	54 204
2006	12 413	5 325	66 047	81 554	58 421
2007	13 568	6 836	71 162	84 734	59 134
2008	13 635	8 227	80 616	88 805	65 231
2009	17 230	8 659	85 599	91 176	72 451
2010	18 003	8 083	92 053	91 909	76 909
2011	18 311	9 075	100 845	92 979	78 547
2012	18 327	9 519	105 384	99 359	100 648
2013	18 618	8 937	109 616	98 650	118 688
2014	21 187	9 593	112 233	97 928	131 220
2015	23 397	11 413	118 481	100 181	149 862

16-7 文化事业

CULTURAL INSTITUTIONS

项 目	Item	2007	2008	2009	2010	2011	2012	2013	2014	2015
电影放映企业数(个)	Film Projection Units (unit)			44	56	68	88	104	130	160
电影观众人数(万人次)	Spectators (10 000 person-times)	542	1 132	1 302	1 820	2 175	2 347	2 926	3 528	4 903
群众艺术、文化馆(座)	Art and Cultural Centers(unit)	7	7	7	7	7	8	8	8	8
公共图书馆(座)	Public Libraries (unit)					643	641	633	625	620
公共图书馆总藏量 (万册件)	Collection of Public Libraries (10 000 books)	1 211	1 345	2 006	2 297	2 492	2 696	2 854	3 063	3 282
博物馆、纪念馆(座)	Museums (unit)	19	20	25	25	25	28	37	41	41
广播电台(座)	Broadcasting Stations (unit)	1	1	1	1	1	1	1	1	1
电视台(座)	Television Stations (unit)	2	2	2	2	2	2	2	2	2
广播人口覆盖率(%)	Listener Rating(%)	100	100	100	100	100	100	100	100	100
电视人口覆盖率(%)	Viewer Rating(%)	100	100	100	100	100	100	100	100	100
图书出版数(万册)	Books Published(10 000 copies)	461	356	1 490	1076	1 086	1 150	1 072	1 027	1 015
杂志出版数(万册)	Magazines Published(10 000 copies)	2 167	2 100	2 400	2 230	2 453	2 562	2 619	2 103	1 578
报纸出版数(万份)	Newspapers Published(10 000 copies)	69 104	42 700	75 274	72 338	75 232	76 170	72 707	68 036	46 726

注： 1、从2008年开始，电影观众人数指标从往年的公益电影人数改为公益加商业电影人数。

Note: From 2008, the number of film audience is not only refers to the number of public movies, which stands for the indicies for past years, but also refers to the number of commercial films.

2、从2009年开始，公共图书馆总藏量、图书出版数和报纸出版数统计口径有调整。

From 2009, the statistical range of collection of public libraries, books published and newspapers published have been adjusted.

主要统计指标解释

普通高等学校 指按照国家规定的设置标准和审批程序批准举办，通过国家统一招生考试，收高中毕业生为主要培养对象，实施高等教育的全日制大学、独立设置的学院和高等专科学校，高等职业学校和其他机构。

电影放映单位 指具有放映机器设备、固定或不固定的放映场所与专职或兼职的放映技术人员，经有关部门登记批准，经常为一定的观众对象放映电影的机构。包括经批准对外开放进行营业，并与电影发行放映管理机构分帐的专用放映单位和军委系统租片单位。

艺术表演观众人数(人次) 指公开售票、包场等商业性艺术演出、公益性演出的观众人次数。不包括彩排审查和内部观摩演出的观看人次数。

Explanatory Notes on Main Statistical Indicators

Regular Institutions of Higher Education refer to educational establishments set up according to government standards and evaluation and approval procedures, mainly enrolling graduates from senior secondary schools through uniform national matriculation examinations and providing higher education. Such institutions include full–time universities, independent colleges, technical colleges, professional colleges, and other institutions.

Film Projection Units refer to units with film projection equipment, full or part–time projectionists, permanent or non–permanent cinemas, approved by and registered with related administrative departments to show films regularly for certain groups of audience, including film projection units which have been approved to give commercial shows and share profits with administrative agencies of film circulation and projection, as well as film renting units of the military system.

Number of Spectators at Art Performance (person-time) refers to the number of attendants at commercial shows, completely booked shows or free shows given in public areas as public service, excluding the number of spectators at rehearsals for examination and internal shows for study.

17 第十七部分

卫生、社会保障和社会福利业

PUBLIC HEALTH,SOCIAL SECURITY AND SOCIAL WELFARE

CHAPTER

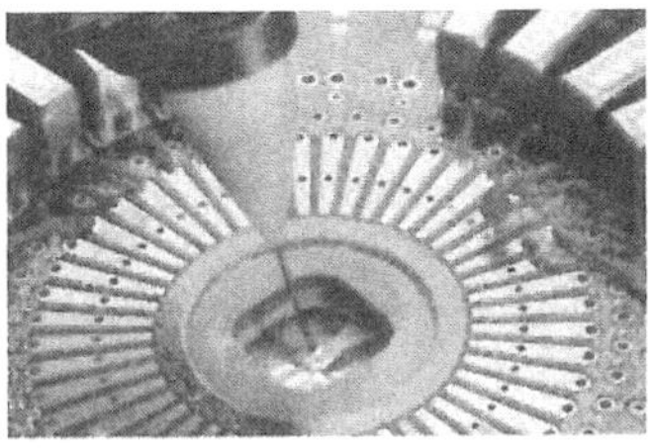

17-1 卫生事业（一）

PUBLIC HEALTH（Ⅰ）

年 份 Year	一、医疗卫生机构数合计（个）Health Care Institutions (unit)	1. 医院合计 Total Hospitals	# 综合医院 General Hospitals	# 街道医院 Community Hospitals	2. 疗养院 Sanatoriums	3. 门诊部、卫生室、诊所 Outpatient Departments Clinics	4. 专科疾病防治院 Specialized Prevention & Treatment Stations	5. 疾病预防控制中心（卫生防疫站）Disease Prevention and Control Centers (Antiepidemic Stations)
1979	62	25	25	24		31	1	1
1980	74	24	24	23		44	1	1
1981	77	24	24	23		47	1	1
1982	121	26	26	23		87	1	2
1983	128	30	28	23		91	1	2
1984	150	29	26	18		109	2	6
1985	215	31	27	17		169	2	6
1986	297	32	28	18	1	243	2	7
1987	311	34	30	19	1	253	2	7
1988	308	35	30	19	1	249	4	6
1989	332	35	29	17	1	271	5	6
1990	354	38	32	18	1	291	4	6
1991	360	41	35	22	1	293	4	6
1992	397	45	37	23	1	326	4	6
1993	400	45	37	23	1	324	3	8
1994	496	48	38	25	1	416	3	8
1995	506	63	53	40	1	407	6	8
1996	1 422	65	54	31	1	1 314	7	8
1997	1 126	72	59	28	1	1 011	7	8
1998	899	72	59	28	1	784	7	8
1999	687	71	58	26	1	574	7	7
2000	683	72	59	28	1	568	4	7
2001	723	75	62	28	1	600	4	7
2002	761	77	62	26	1	638	5	7
2003	893	85	68	24	1	759	5	7
2004	856	87	71	24	1	706	6	7
2005	1 063	97	78	23	1	902	7	7
2006	1 692	99	80	23	1	1 529	7	7
2007	1 781	101	81	24	1	1 615	7	7
2008	1 806	100	79	24	1	1 638	7	7
2009	1 963	101	79	24	1	1 794	7	7
2010	1 827	107	79	24	1	1 651	7	7
2011	1 854	110	78	24	1	1 676	7	8
2012	2 008	115	80	24	1	1 823	7	9
2013	2 228	117	79	22	1	2 038	8	10
2014	2 532	122	80	21	1	2 338	8	11
2015	2 946	123	77	21	1	2 751	8	11

注：自2002年开始计划生育指导中心、药检所等不记入卫生事业机构中；医生仅统计执业医师与执业助理医师，护士仅统计注册护士，未取得执业证的医师和未注册的护士计入其他卫生技术人员，不得从事医护工作。

Note: The number of health care institutions since 2002 does not include the number of birth-control centers and medicines and chemical reagent test labs. The numder of doctors just include licensed doctors and licensed assistant doctors, the number of nurses include registered nurses only.

17-1（一） 续表 1 continued

年 份 Year	6. 妇幼保健院 Women and Children Care Agencies	7. 医学科学研究机构 Institutions of Medical Science	8. 其他卫生机构 Other Health Care Institutions	二、床位数(张) Beds (bed)	1. 医院病床 Hospital Beds	(1) 综合医院 General Hospitals	# 街道医院 Community Hospitals
1979	1		3	597	597	597	428
1980	1		3	643	643	643	474
1981	1		3	790	790	790	529
1982	1		4	717	717	717	367
1983	1		3	1 023	1 023	965	435
1984	1		3	1 634	1 634	1 455	671
1985	1	1	5	1 885	1 885	1 600	482
1986	5	1	6	2 112	2 028	1 749	507
1987	6	2	6	2 309	2 225	1 941	543
1988	5	2	6	2 580	2 496	2 086	528
1989	5	2	7	2 922	2 838	2 305	475
1990	5	2	7	3 192	3 108	2 560	567
1991	6	2	7	3 582	3 498	2 847	643
1992	6	2	7	4 550	4 466	3 483	981
1993	7	4	8	5 252	5 168	4 146	1 374
1994	7	4	9	6 124	6 040	4 844	1 702
1995	7	4	10	6 724	6 640	5 351	2 079
1996	7	4	16	7 455	7 105	5 777	1 936
1997	7	4	16	8 288	7 813	6 224	2 013
1998	7	4	16	8 899	8 353	6 760	2 118
1999	7	4	16	9 332	8 720	7 120	2 343
2000	7	4	20	10 294	9 616	7 983	2 623
2001	7	4	25	11 159	10 542	8 919	2 962
2002	7	3	23	12 404	11 808	10 019	3 238
2003	7	3	26	13 588	12 607	10 818	3 589
2004	7	3	39	15 069	14 186	12 125	3 978
2005	7	3	39	16 824	15 577	13 332	4 344
2006	7	3	39	17 553	16 193	13 946	4 612
2007	7	3	40	18 086	16 766	14 325	4 716
2008	7	3	43	19 913	18 435	15 482	5 286
2009	7	3	43	21 399	19 872	16 517	5 681
2010	7	3	44	22 842	21 166	17 474	6 015
2011	7	3	42	24 079	22 322	18 202	6 020
2012	7	3	43	27 984	26 124	21 294	6 471
2013	9	3	42	29 261	27 079	22 096	6 453
2014	10	3	39	31 042	28 853	23 061	6 791
2015	10	3	39	33 771	31 425	24 361	6 925

年 份 Year	(2) 专科医院 Specialized Hospitals	2.其他医疗卫生机构 Other Health Care Institutions	三、卫生工作人员数（人） Medical Personnel (person)	1. 卫生技术人 员 Medical Technical Personnel	(1)执业医师 Licensed Doctors
1979			1 214	988	364
1980			1 335	1 088	438
1981			1 514	1 270	518
1982			1 967	1 609	708
1983	58		2 910	2 343	1 073
1984	179		3 869	3 064	1 484
1985	285		4 861	3 857	1 862
1986	279	84	5 800	4 657	2 217
1987	284	84	6 354	5 117	2 408
1988	410	84	7 115	5 715	2 754
1989	533	84	7 923	6 451	3 103
1990	548	84	8 619	6 996	3 426
1991	651	84	9 405	7 618	3 737
1992	983	84	10 643	8 571	4 247
1993	1 022	84	12 261	9 888	4 798
1994	1 196	84	13 853	11 034	5 347
1995	1 289	84	15 591	12 449	6 050
1996	1 328	350	17 925	14 652	7 266
1997	1 589	475	18 553	14 932	7 400
1998	1 593	546	18 707	14 975	7 191
1999	1 600	612	18 841	15 143	7 062
2000	1 633	678	19 691	15 720	7 418
2001	1 623	617	21 362	17 135	8 097
2002	1 789	596	23 100	18 615	7 853
2003	1 789	981	26 178	21 234	8 909
2004	2 061	883	28 593	22 895	9 846
2005	2 245	1 247	31 577	25 681	10 961
2006	2 247	1 360	53 441	43 266	16 238
2007	2 441	1 320	59 170	46 877	17 450
2008	2 953	1 478	63 488	50 608	18 807
2009	3 355	1 527	67 028	53 778	19 963
2010	3 692	1 676	67 678	54 081	20 122
2011	4 120	1 757	71 969	58 059	21 517
2012	4 830	1 860	76 684	61 961	22 831
2013	4 983	2 182	82 105	65 782	24 221
2014	5 792	2 189	86 535	69 936	25 728
2015	7 064	2 346	92 682	74 884	27 834

注： 由于卫生工作人员统计口径的变化，而使该类人数指标产生了较大的增幅。
Note: Because of changing of statistics range, the data of medical personnel increased substantially.

年 份 Year	执业中医师 Licensed Doctors of Chinese Medicine	（2）执业助理医师 Licensed Assistant Doctors	中医执业助理医师 Licensed Assistant Doctors of Traditional Chinese Medicine	（3）注册护士 Registered Nurses	（4）药剂人员 Pharmacists	（5）检验人员 Laboratory Technicians	（6）其它 Others	2.其他技术人员 Other Technical Personnel
1979	96			138	22	32	432	
1980	88			186	31	41	392	13
1981	98			237	46	48	421	15
1982	116			323	76	60	442	5
1983	141			551	121	91	507	21
1984	171			716	173	125	566	41
1985	243			997	222	158	618	29
1986	304			1 246	260	211	723	44
1987	341			1 450	292	257	710	48
1988	374			1 734	409	283	535	86
1989	433			1 971	431	321	625	85
1990	463			2 145	475	355	595	118
1991	503			2 372	539	365	605	156
1992	579			2 705	630	375	614	183
1993	650			3 225	744	464	657	169
1994	739			3 625	823	538	701	318
1995	823			4 034	906	612	847	386
1996	1 292			4 654	1 005	664	1 063	427
1997	1 122			4 828	1 063	708	933	519
1998	928			5 025	1 111	760	888	502
1999	879			5 230	1 108	812	931	614
2000	919			5 425	1 130	847	900	689
2001	958			5 945	1 194	871	1 028	605
2002	865	407	28	6 635	1 292	965	1 463	800
2003	939	530	41	7 321	1 499	1 085	1 890	1 056
2004	1 015	521	42	7 975	1 569	1 219	1 765	1 243
2005	1 134	658	45	8 981	1 710	1 362	2 009	1 191
2006	1 548	1 347	110	16 583	2 796	2 340	3 962	2 117
2007	1 625	1 335	121	17 869	2 876	2 190	5 157	1 974
2008	1 873	1 366	93	19 339	2 979	2 382	5 735	2 072
2009	2 017	1 425	155	21 008	3 046	2 578	5 758	2 171
2010	2 151	1 109	85	21 866	2 896	2 486	5 602	2 213
2011	2 230	1 140	89	23 987	3 021	2 615	5 779	2 232
2012	2 649	1 111	124	25 931	3 143	2 652	6 293	2 192
2013	2 911	1 137	284	28 035	3 343	3 022	6 024	2 592
2014	3 069	1 130	103	29 723	3 469	3 086	6 800	2 779
2015	3 452	1 173	119	31 717	3 607	3 216	7 337	2 933

年 份 Year	3.管理人员 Managerial Personnel	4.工勤人员 Logistics Workers	四、医疗机构总诊疗人次 (万人次) Total Patients Treated	五、入院总人数 (万人) Total Inpatients (10 000 persons)	六、病床使用率(%) Utilization Rate of Beds (%)	七、病床周转次数 (次) Turnover of Beds(time)
1979	123	103				
1980	112	122				
1981	120	109	148	1.41		
1982	168	185	169	1.97		
1983	193	353	212	3.44		
1984	221	543	280	4.11		
1985	354	621	345	4.88		
1986	394	705	389	4.68	66.2	24.4
1987	411	778	461	5.84	73.6	22.2
1988	465	849	563	6.97	75.6	28.8
1989	517	870	607	7.87	78.4	29.0
1990	463	1 042	729	8.73	81.4	29.0
1991	514	1 117	840	10.08	85.2	30.3
1992	645	1 244	976	11.40	81.9	28.0
1993	965	1 239	1 050	12.59	80.3	26.6
1994	1 108	1 393	1 057	12.81	70.8	23.2
1995	1 195	1 561	1 202	13.07	65.0	20.8
1996	1 252	1 594	1 168	14.63	64.3	21.5
1997	1 426	1 676	1 231	16.15	67.4	21.9
1998	1 381	1 849	1 386	19.05	68.6	24.1
1999	1 386	1 698	1 520	21.12	69.3	24.5
2000	1 479	1 803	1 699	26.61	75.4	28.3
2001	1 729	1 893	1 912	30.23	77.3	29.4
2002	1 753	1 932	2 062	35.74	80.0	30.6
2003	1 807	2 081	3 052	41.57	84.0	33.5
2004	2 100	2 355	3 514	49.00	82.4	34.9
2005	2 367	2 338	4 055	54.68	79.9	34.6
2006	3 058	5 000	5 170	59.24	81.6	35.6
2007	3 450	6 869	5 954	68.09	87.5	38.6
2008	3 867	6 941	6 842	75.34	89.1	37.9
2009	3 925	7 154	7 549	79.70	86.1	38.4
2010	4 060	7 324	8 127	89.1	89.2	40.1
2011	3 638	8 040	8 878	96.2	90.5	41.4
2012	3 557	8 974	8 638	105.4	85.8	40.1
2013	3 620	10 111	9 112	109.4	84.2	38.4
2014	3 590	10 230	8 853	119.4	85.5	39.4
2015	4 092	10 773	8 901	124.1	84.0	38.1

注： 根据最新国家卫生统计调查制度，从2012年开始总诊疗人次变更统计口径，不包括健康体检和计划免疫人次。
Note: According to the latest national health system, from 2012, the statistics range of Total Patients Treated has changed,not including health examination and planned immunization personnel.

17-1 卫生事业（二）
PUBLIC HEALTH（Ⅱ）

项目 Item		2009	2010	2011	2012	2013	2014	2015
总诊疗人次（万人次）	Total Patients Treated	7 549.4	8 127.4	8 878.0	8 638.0	9 112.1	8 852.6	8 900.6
#门诊人次（万人次）	#Outpatient Visits	6 031.6	6 496.0	7 034.8	7 326.1	7 629.3	7 685.6	7 834.3
急诊人次（万人次）	Emergency Visits	572.4	616.2	683.5	686.8	747.3	724.5	708.2
出院人数（人）	Number of Discharged Patients(person)	793 280	890 542	960 190	1 050 687	1 092 137	1 193 257	1 238 808
出院病人平均住院日（日）	Average Stay Days in Hospital(day)	8.1	8.0	7.9	7.8	7.9	7.7	7.9
门诊病人次均医疗费用（元）	The Average Medical Expenses Of Outpatient Every Time(yuan)	123.1	131.8	142.3	157.4	170.1	201.7	218.4
出院病人次均医疗费用（元）	The Average Medical Expenses Of Discharged Patients Every Time(yuan)	5 734.9	6 241.0	6 650.6	6 979.7	7 745.4	8 243.3	9 117.2

注：2013年起，“急诊人次”口径有调整。
Note: From 2013, the statistical coverage of “Emergency Visits” has been adjusted.

17-2 体育事业

BASIC STATISTICS ON SPORTS

项目	Item	2009	2010	2011	2012	2013	2014	2015
二级运动员发展人数（人）	New Number of Athletes of Grade II(person)	537	400	138	378	250	541	499
二级裁判员发展人数（人）	New Number of Referees of Grade II(person)	342	257	0	266	320	652	543
举办单项比赛次数（次）	Number of Individual Sports Activities(times)	203	108	106	112	111	119	167
全民健身活动情况	Nationwide Body-building Activities							
#举办1000人以上的群体健身活动次数（次）	Number of Nationwide Body-building Activities more than 1000 persons(times)	154	240	300	186	190	200	200
参加活动人数（万人）	Number of Persons Taking Part in(10 000 persons)	228	320	360	360	370	380	375
国民体质测试（受测人数）（人）	National Physical Fitness Test (number of subjects) (person)	74 693	69 126	65 077	86 741	91 441	91 268	62 507
国民体质合格以上率（%）	Pass Rate of National Physical Fitness Test(%)	88.8	91.8	91.0	89.9	90.2	89.8	88.5

注：1.由于2011年为大运年，同时2011年开始对发展运动员、教练员、开展群体活动等都有新的规定，因此2011、2012年数据与之前相比有波动。
Note: Because of University Games in 2011 and new regulations, the data of New Number of Athletes of Grade Ⅱ, New Number of Referees of Grade Ⅱ and Number of Individual Sports Activities have adjusted.
2.2011年以后，运动员等级标准调整次数较多，数据有波动。
After 2011, there are many times to adjust the grade standard of athletes, so the data of "New Number of Athletes of Grade Ⅱ" fluctuated.

17-3 建立最低生活保障制度以来历年低保情况

LIST OF MINIMUM STANDARD OF LIVING SECURITY

年 份 Year	户 数（户） Households (Household)	人 数（人） Persons (Person)	金 额（万元） Total Funds (10 000 yuan)
1997	965	1 667	122
1998	771	2 014	212
1999	1 150	3 145	375
2000	1 372	3 783	559
2001	1 796	4 978	730
2002	2 783	8 478	1 288
2003	3 718	11 203	1 972
2004	4 467	13 364	2 427
2005	4 887	14 602	3 523
2006	5 103	15 026	3 700
2007	5 105	14 833	4 049
2008	4 962	14 214	4 513
2009	4 885	13 601	5 522
2010	4 470	12 220	4 122
2011	4 009	10 716	4 752
2012	3 320	8 598	5 358
2013	2 866	7 095	3 658
2014	2 787	6 729	3 688
2015	2 654	6 312	4 674

17-4 最低生活保障标准调整表

ADJUSTMENT DATA OF MINIMUM STANDARD OF LIVING SECURITY

单位：元/ 人 .月　　　　(yuan/person . month)

年 份 Year	特区居民 Residents in Special Region	宝安、龙岗城镇居民 Residents in Baoan and Longgang	农村居民 Rural Residents
1997年3月	205	170	120
1998年1月	245	210	150
1999年7月	319	273	195
2002年1月	344	290	205
2005年1月	344	344	344
2006年10月	361	361	361
2007年10月	361	361	
2008年7月	415	415	
2010年7月	450	450	
2011年8月	510	510	
2012	560	560	
2013	560	560	
2014	620	620	
2015	800	800	

17-5 社会养老机构、救助管理站基本情况

BASIC STATISTICS ON SOCIAL PENSION INSTITUTIONS AND RELIEF MANAGEMENT STATIONS

年 份 Year	社会养老机构 Social Pension Institutions			救助管理站 Relief Management Stations		
	单位（个） Units（unit）	床位数（张） Beds（bed）	年末收养人数（人） Year-end Population Housed（person）	单位（个） Units（unit）	床位数（张） Beds（bed）	人数（人次） Population Housed（person）
2003	26	2 919		3	700	1 322
2004	26	2 919		3	700	12 075
2005	26	2 919	2 340	3	700	15 948
2006	27	3 419	2 457	3	700	19 440
2007	27	2 288	1 316	3	700	26 980
2008	29	2 797	1 530	3	700	38 976
2009	30	3 597	1 760	3	740	35 292
2010	30	3 597	1 742	3	810	51 375
2011	30	4 597	1 869	3	830	21 721
2012	31	5 194	2 063	3	830	23 815
2013	31	4 908	2 554	3	820	25 109
2014	31	5 996	2 448	3	820	23 024
2015	31	6 662	2 745	3	820	22 871

注：　救助管理站2003年人数为2003年8月至2003年12月。
Note: Number of relief management stations in 2003 is from Aug 2003 to Dec 2003.

主要统计指标解释

卫生技术人员 指卫生事业机构支付工资的全部固定职工和合同制职工，现任职务为卫生技术工作的专业人员。包括中医师、西医师、中西医结合高级医师、护师、中药师、西药师、检验师、其他技师、中医士、西医士、护士、助产士、中药剂士、西药剂士、检验士、其他技士、其他中医、护理员、中药剂员、西药剂员、检验员，其他初级卫生技术人员。

医生 指经卫生部门审查合格，具有执业资格的医疗专业人员。

执业医师 指具有《医师执业证》及其“级别”为“执业医师”且实际从事医疗、预防保健工作的人员，不包括实际从事管理工作的执业医师。执业医师类别分为临床、中医、口腔和公共卫生。

执业助理医师 指具有《医师执业证》及其“级别”为“执业助理医师”且实际从事医疗、预防保健工作的人员，不包括实际从事管理工作的执业助理医师。执业助理医师类别同样分为临床、中医、口腔和公共卫生四类。

Explanatory Notes on Main Statistical Indicators

Medical Technical Personnel refer to all permanent and contract medical staff and workers employed by medical institutions, including doctors of Chinese and Western medicine, senior doctors who integrate traditional Chinese therapeutics with Western therapeutics in practice, senior nurses, pharmacists of Chinese and Western medicine, laboratory specialists, other specialists, paramedics of Chinese and Western medicine, nurses, midwives, druggists in Chinese and Western medicine, laboratory technicians, other technicians, other practitioners of Chinese medicine, nursing attendants, pharmacological workers of Chinese and Western medicine, laboratory workers, and other primary medical personnel.

Doctors refer to qualified medical professionals approved to practice by public health departments.

Licensed Doctors refer to the medical workers who have obtained the licenses of qualified doctors and are employed in medical treatment, disease prevention or healthcare institutions, excluding the licensed doctors engaged in management job. The classification of licensed doctors is clinician, Chinese medicine, dentist and public health.

Licensed Assistant Doctors refer to the medical workers who have obtained the licenses of qualified assistant doctors and are employed in medical treatment, disease prevention or healthcare institutions, excluding the licensed assistant doctors engaged in management job. The classification of licensed assistant doctors is clinician, Chinese medicine, dentist and public health.

18 第十八部分

城市建设和环境保护

URBAN CONSTRUCTION AND ENVIRONMENTAL PROTECTION

CHAPTER

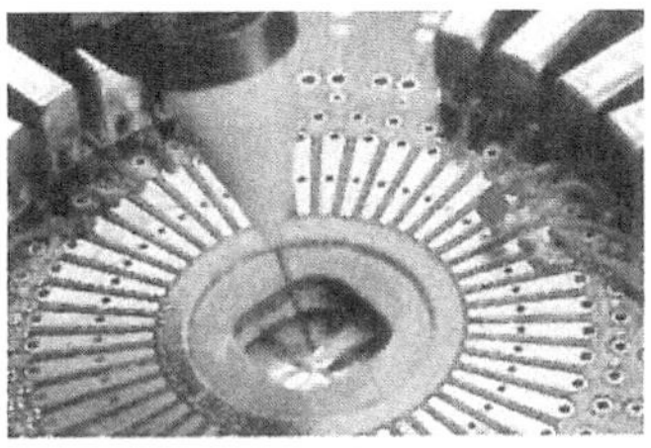

18-1 城市建设及公用设施

URBAN CONSTRUCTIONS AND PUBLIC UTILITY

指标名称	Indicators	2010	2011	2012	2013	2014	2015
一、城市园林绿化	**Parks,Gardens and Green Areas in UrbanDistricts**						
绿化覆盖面积（公顷）	Coverage Area of Afforestation (hectare)	97 592	97 575	97 670	98 635	98 805	99 841
其中：建成区（公顷）	Developed Areas(hectare)	37 384	37 918	38 906	39 267	40 123	40 590
建成区绿化覆盖率（%）	Green Coverage Rate in Developed Areas(%)	45	45	45	45	45	45
园林绿地面积（公顷）	Area of Gardens and Green Areas(hectare)	96 368	96 352	96 382	96 697	97 442	97 850
其中：建成区（公顷）	Developed Areas(hectare)	32 495	32 960	33 820	34 136	34 881	35 289
建成区绿地率（%）	Rate of Green Areas in Developed Areas(%)	39.2	39.2	39.2	39.2	39.2	39.2
公园绿地面积（公顷）	Public Green Areas(hectare)	16 987	17 271	17 508	17 750	18 152	19 241
人均公园绿地面积（按常住人口计算）（平方米）	Per Capita Public Green Areas(sq.m)	16.4	16.5	16.6	16.7	16.8	16.9
公园数（个）	Number of Parks(unit)	683	824	841	869	889	911
公园面积（公顷）	Area of Parks(hectare)	20 541	21 907	21 948	21 950	21 953	21 955
二、市政及环卫设施	**Public Facilities and Environmental Sanitation in urban Districts**						
道路长度（公里）	Length of Roads(1000 m)	6 184	5 977	6 015	6 364	6 375	6 447
道路面积（万平方米）	Area of Roads(10 000 sq.m)	8 941	10 616	10 629	11 496	11 633	11 838
人均道路面积（平方米）	Per Capita Area of Roads(sq.m)	8.6	10.1	10.1	10.8	10.8	10.4
城市排水管道总长度（公里）★	Total Length of Sewer Pipelines(1000 m)	12 844	10 420	11 472	10 420	11 634	12 331
污水处理厂设计规模（万吨/日）	Design Scale of Sewage Disposal(10 000 tons/day)	266.5	390.0	421	445	480	480
道路照明灯（盏）	Number of Street Lights(unit)	305 629	320 915	240 718	250 771	275 768	305 062
生活垃圾转运站座数（座）	Waste Transfer Stations(set)	610	618	733	733	853	895
工业废水治理设施数（套）	Industrial Wastewater Treatment Facility(set)	1 530	1 503	1 540	1 436	1 411	1 393
工业废气治理设施数（套）	Industrial Wastegas Treatment Facility(set)	769	1 045	1 083	1 226	1 979	3 061

注： 1.道路长度、道路面识、市政城市排水管道总长度自2011年开始统计口径有变化。
Note: From 2011, the statistical scope of Length of Roads, Area of Roads, Toads and total Length of Sewer Pipelines have been adjusted.
2.路灯数统计口径自2012年开始有变化。
From 2012, the statistical Scope of Number of Street Lights has been adjusted.

18-2 城市环境

URBAN ENVIRONMENT

单位：%　　　　(%)

年份 Year	水资源总量（亿立方米） Water Resources (100 million m^3)	森林面积（公顷） Area of Woods (hectare)	森林覆盖率 Forest coverage	空气中二氧化硫日均值（微克/立方米） Daily Average Concentration of SO_2 in the Air (ug/m^3)	空气中二氧化氮日均值（微克/立方米） Daily Average Concentration of NO_2 in the Air (ug/m^3)	空气中可吸入颗粒物日均值（微克/立方米） Daily Average Concentration of PM^{10} in the Air (ug/m^3)	空气质量优良（二级）天数（天） Days of Air Quality Equal to or Above Grade II (day)
2001	25.5			27	58	63	364
2002	15.68			18	50	61	363
2003	16.29			20	57	70	349
2004	13.84			24	72	76	344
2005	19.93	72 619	38.9	21	39	64	360
2006	20.34	72 053	38.9	30	53	64	359
2007	17.57	72 224	39.0	23	54	64	361
2008	27.09	72 263	39.2	16	47	63	364
2009	18.86	73 202	39.7	13	42	57	364
2010	18.70	73 200	39.7	11	45	57	356
2011	14.48	80 227	41.1	11	48	57	362
2012	19.56	80 968	41.5	10	40	54	365
2013	25.20	82 866	41.5	11	40	62	324
2014	21.51	82 868	41.5	9	35	53	348
2015	18.49	82 915	41.5	8	33	49	340

单位：%　　　　　　　　　　　　　　　　　　　　18-2 续表 1 continued（%）

年　份 Year	灰霾日（天）Days of Haze（day）	城市饮用水源水质达标率 Rate of Urban Drinking Water Quality Reaching Standard	城市生活污水处理率 Rate of Treatment of City Living Waste Water	生活垃圾清运量（万吨）Consumption Wastes Collected and Transported (10 000 tons)	生活垃圾无害化处理量（万吨）Consumption Wastes Harmless Disposal (10 000 tons)	生活垃圾无害化处理率 Treatment Rate of Consumption Wastes	工业废气排放量（亿标立方米）Volume of Industrial Waste Gas Emission(100 million standard cubic meters)
2001	95	93.45	20.2	122	122	100	4 683.98
2002	104	96.11	27.8	129	129	100	7 313.37
2003	147	97.13	31.7	325	225	69.2	820.64
2004	187	96.71	38.1	325	263	81.0	1 082.42
2005	161	98.11	38.7	333	300	90.0	1 389.74
2006	147	98.07	38.9	360	337	93.7	1 264.02
2007	153	98.86	65.9	407	383	94.1	1 917.96
2008	154	99.87	70.8	441	415	94.2	1 631.61
2009	115	100	80.0	476	449	94.3	1 740.67
2010	115	100	81.3	479	453	94.6	1 683.53
2011	112	100	90.1	482	458	95.0	1 871.46
2012	77	100	95.6	490	466	95.1	2 136.96
2013	98	100	96.2	522	513	98.4	2 181.63
2014	68	100	96.5	541	541	100	2 214.89
2015	35	100	96.6	575	575	100	2312.25

单位：%　　　　　　　　　　　　　　　　　　18-2 续表 2 continued（%）

年　份 Year	工业二氧化硫排放总量（万吨）Volume of Indusrial Sulphur Dioxide Emission (10 000 tons)	工业氮氧化物排放总量（万吨）Volume of Indusrial Nitrogen Oxide Emission (10 000 tons)	工业烟粉尘排放量（万吨）Volume of Indusrial Soot Emission (10 000 tons)	工业固体废物产生量（万吨）Industrial Solid Wastes Produced (10 000 tons)	工业固体废物处置利用率 Percentage of Wastes Utilized in Industrial Solid Wastes Treatment	城市区域环境噪声均值（分贝）Average Noise Value of Urban Environment(dB)	城市道路交通噪声均值（分贝）Average Noise Value of Urban Road Traffic(dB)
2001	3.93		0.35	49.97	99.82	56.1	68.3
2002	4.09		0.43	49.64	99.88	56.0	68.2
2003	4.55		0.51	68.67	88.79	56.0	68.5
2004	4.36		0.61	95.49	98.93	56.1	69.2
2005	4.35		0.64	104.07	98.65	56.2	69.4
2006	4.24	3.60	0.4	132.02	97.98	56.5	69.6
2007	3.83	7.23	0.33	193.55	98.96	56.5	69.4
2008	3.42	5.01	0.41	175.42	99.14	56.5	69.2
2009	3.23	4.28	0.36	173.11	99.89	56.8	69.5
2010	3.3	2.57	0.17	184.82	99.82	56.7	69.2
2011	0.95	3.30	0.13	169.52	99.81	56.7	69.0
2012	0.98	2.99	0.08	152.82	99.16	56.9	68.9
2013	0.57	1.84	0.07	123.84	98.94	56.8	68.9
2014	0.53	1.43	0.07	141.42	99.81	56.8	68.8
2015	0.41	1.07	0.11	120.13	99.86	56.8	69.3

18-3 用电量、供水量

ELECTRICITY CONSUMPTION AND TAP WATER SUPPLY

年份 Year	用电总量(万千瓦小时) Total Electricity Consumption (10 000 kwh)	农、林、牧、渔业 Farming, Forestry Animal Husbandry and Fishery	工业 Industry	建筑业 Construction	交通运输、仓储、邮政业 Transportation, Storage and Post Services	信息传输、计算机服务和软件业 Information Transmission, Computer Services and Software
1993	746 795	9 650	444 328	23 472	11 183	
1994	879 100	11 609	503 780	26 502	14 229	
1995	913 600	11 258	499 757	27 081	15 877	
1996	1 014 427	13 041	547 085	26 138	22 364	
1997	1 125 781	14 558	617 016	23 974	20 571	
1998	1 294 332	16 225	644 973	25 805	21 982	
1999	1 498 759	22 045	749 834	36 735	28 215	
2000	1 903 494	34 659	1 018 794	42 482	24 329	
2001	2 122 871	48 247	1 168 146	50 425	28 584	
2002	2 599 161	114 324	1 472 361	60 653	36 477	
2003	3 234 299	172 253	1 793 262	57 644	37 904	
2004	3 903 060	228 808	2 234 774	62 493	41 722	
2005	4 402 089	252 793	2 462 690	81 148		
2006	4 872 038	245 405	2 790 275	85 968	41 541	91 925
2007	5 678 193	241 447	3 331 541	94 212	54 364	94 400
2008	5 837 586	225 570	3 462 946	96 540	58 013	102 807
2009	5 856 808	113 898	3 237 528	75 192	84 721	114 674
2010	6 635 475	29 049	4 161 345	63 880	108 383	59 286
2011	6 960 198	24 658	4 186 359	62 642	151 177	70 315
2012	7 221 044	22 116	4 232 405	62 331	176 093	83 141
2013	7 297 680	22 003	4 393 588	72 041	182 803	84 425
2014	7 886 841	24 325	4 731 235	90 222	208 186	87 900
2015	8 155 442	24 601	4 795 635	96 380	226 320	103 032

18-3 续表 continued

年份 Year	商业、住宿和饮食业 Business, Accom-Modation and Catering Trade	金融、房地产、商务及居民服务业 Banking, Real Estate Trade, Business and Residential Services	公共事业及管理组织 Public Service and Management Organizations	城乡居民生活用电 Residential Electricity Consumption	自来水生产能力(万吨/日) Tap Water Production Capacity (10 000 tons/day)	自来水供水总量(万吨) Volume of Tap Water Supply (10 000 tons)
1993	82 664		110 819	64 467		
1994	102 166		125 292	95 447	244	52 308
1995	105 512		128 134	125 834	268	57 408
1996	121 650		132 108	151 795	328	64 743
1997	150 755		124 155	174 576	328	70 194
1998	168 155		150 517	266 520	339	79 596
1999	176 589		195 198	289 927	364	86 560
2000	218 196		231 113	333 585	380	92 068
2001	226 547		248 025	352 722	390	97 334
2002	347 290		245 553	322 334	412	108 070
2003	374 271		389 140	409 616	442	122 795
2004	428 738		445 363	460 985	508	135 026
2005	380 550		687 479	537 429	534	139 487
2006	400 936	472 581	149 949	583 485	591	145 227
2007	430 487	529 424	182 882	717 521	638	154 230
2008	431 764	558 283	197 898	702 181	670	156 956
2009	466 208	717 667	254 082	791 322	670	150 094
2010	475 271	706 670	263 752	766 538	692	156 470
2011	501 705	774 252	293 417	894 161	692	161 480
2012	526 599	758 050	315 756	1 043 007	692	160 360
2013	588 761	680 041	317 648	1 039 391	674	159 139
2014	521 487	682 603	335 878	1 203 653	675	164 132
2015	559 474	755 442	368 900	1 248 873	674	169 698

注： 2006年及以后各行业分类用电量按国民经济行业分类标准（GB/T4757-2002）分类。

Note: Since 2006, electricity consumption of all sectors are grouped by National Economy Classification(GB/T4757-2002).

18-4 公共交通

PUBLIC TRANSPORTATION

年 份 Year	年末实有公共汽车(辆) Number of Buses (year-end)	年末公共汽车营运线路条数(条) Number of Operating Bus Lines (year-end)	公共汽车客运总人数（万人次） Number of Passengers Carried of Bus Lines (10 000 person-times)	的士(辆) Taxi（unit）	轨道交通线路长度（公里） Length of Operation Lines(km)	轨道交通客运总量（万人次） Volume of Pussenger Traffic of Operation Lines(10 000 person-times)	轨道交通线路条数(条) Number of Operation Lines(line)
1979	12	2		10			
1980	38	3		160			
1981	44	6		199			
1982	52	7		233			
1983	88	9	1 399	860			
1984	132	19	2 974	1 226			
1985	153	27	5 184	1 700			
1986	171	29	5 827	1 794			
1987	205	32	9 068	1 896			
1988	248	37	16 399	2 305			
1989	305	38	16 747	2 365			
1990	403	42	21 947	2 394			
1991	501	51	19 821	3 152			
1992	507	55	27 248	6 083			
1993	851	61	30 600	6 212			
1994	1 144	68	31 020	7 400			
1995	1 468	80	35 390	8 255			
1996	1 784	89	35 495	8 505			
1997	2 128	125	36 202	8 505			
1998	2 461	137	37 250	8 505			
1999	2 772	145	40 600	8 505			
2000	2 920	131	42 800	8 505			
2001	3 495	138	47 072	8 505			
2002	3 495	138	51 714	9 705			
2003	4 885	185	50 719	10 255			
2004	5 376	208	100 820	10 305			
2005	6 091	227	101 621	10 305	22	5 766	2
2006	7 305	277	123 084	10 305	23	8 990	2
2007	8 188	316	135 668	11 205	24	11 765	2
2008	8 396	340	145 701	12 991	25	13 550	2
2009	11 928	578	213 603	13 411	25	13 823	2
2010	12 456	758	228 058	14 340	64	16 271	4
2011	15 365	825	223 735	14 735	177	45 985	5
2012	14 546	854	228 305	15 300	177	78 129	5
2013	14 617	881	220 178	15 973	177	91 715	5
2014	15 074	886	225 739	16 275	177	103 675	5
2015	15 120	903	206 892	16 596	177	112 188	5

注： 由于指标调整，本表中指标口径2009年以前为“公共大巴”口径，2009年及以后为“公共汽车”口径，包括原大巴、中巴、小巴。

Note: After the adjustment in 2009, the statistical scope of Buses include Large-sized buses, medium-sized buses and small-sized buses, while it just refters to large-sized buses before.

18-5 气象情况

CLIMATE

年 份 Year	平均气温(摄氏度) Mean Air Temperature (℃)	降雨量(毫米) Precipitation (mm)	日照时数(小时) Sunshine Duration (hour)	平均相对湿度(%) Mean Relative Humidity (%)
1990	23.0	1 396.9	1 842.1	76.0
1995	22.5	2 309.8	1 858.2	74.0
2000	23.4	2 533.6	1 939.5	74.9
2001	23.6	2 747.3	1 811.3	73.7
2002	23.7	1 608.1	1 975.0	72.3
2003	23.9	1 833.4	1 655.3	73.9
2004	23.6	1 299.4	1 921.5	70.9
2005	23.2	2 143.6	1 574.3	70.0
2006	23.4	1 936.5	1 624.3	73.0
2007	23.5	1 581.5	1 937.1	70.0
2008	22.8	2 710.0	1 907.6	69.0
2009	23.2	1 611.0	1 987.3	70.0
2010	23.0	1 634.0	1 775.6	73.0
2011	22.6	1 269.7	2 054.4	71.0
2012	23.1	1 554.8	1 781.5	79.0
2013	23.1	2 203.6	1 906.6	75.0
2014	23.2	1 725.5	2 034.6	73.0
2015	23.9	1 500.8	1 964.3	72.0

主要统计指标解释

废水排放总量 包括生产废水和生活污水。生产废水指企、事业单位在生产、科研过程中所有排放口向外环境排放的废水量总和。生活污水指城镇居民区和企、事业单位职工集中居住区排放的污水量。

工业废水排放总量 指经过工业企业厂区所有排放口排到企业外部的工业废水量。包括外排的直接冷却水、超标排放的矿井地下水和与工业废水混排的厂区生活污水，不包括外排的间接冷却水（清污不分流的间接冷却水应计算在内）。

工业粉尘排放量 指工业企业在生产工艺过程中排入的固体微粒总重量。如钢铁企业的耐火材料粉尘、焦化企业的筛焦系统粉尘、烧结机的粉尘、石灰窑的粉尘、建材企业的水泥粉尘等。不包括电厂排入大气的烟尘。

工业固体废物产生量 指工业企业在生产过程中产生的固体状、半固体状和高浓度液体状废弃物的总量，包括冶炼废渣、粉煤灰、炉渣、煤矸石、化工废渣、尾矿、放射性废渣和其它废渣等；不包括矿山开采的剥离废石和掘进废石（煤矸石和呈酸性或碱性的废石除外）。酸性或碱性废石是指采掘的废石其流经水、雨淋水PH值小于4或PH值大于10.5者。

工业固体废物综合利用量 指已用作农业肥料、造田、生产建筑材料、筑路以及其它方式综合利用的固体废物量（包括当年利用往年的工业固体废物堆存量）。综合利用量由原产固体废物的单位统计。

Explanatory Notes on Main Statistical Indicators

Total Volume of Waste Water Discharged includes the volume of production waste water and domestic sewage. Production waste water refers to the total waste water discharged in the process of production and scientific research by enterprises and institutions, through all outlets to the outside environment.Domestic sewage refers to the sewage volume discharged in the urban residential areas and the residential areas of staff and workers of enterprises and institutions.

Total Volume of Industrial Waste Water Discharged refers to the volume of industrial waste water discharged, through all outlets to the outside of industrial enterprises, including direct cooling water, underground water from mines that does not meet the discharge standards, and domestic sewage mixed up with industrial waste water when discharged, but excluding indirect cooling water discharged (except unclassified discharge of indirect cooling water).

Industrial Dust Discharged refers to the total weight of solid dust discharged by industrial enterprises in the production process, such as dust of refractory materials from iron plants, dust from coke screening system or from sintering machines of coking plants, dust from lime kilns, cement dust from building material enterprises, etc, but excluding smoke and dust discharged by power plants.

Volume of Industrial Solid Wastes Produced refers to the total volume of solid, semi solid or high concentration liquid residues produced by industrial enterprises in their production process, including residues from melting, slag, powdered coal ash, gangue, chemical residues, tailings, radioactive residues and other residues, but excluding stripped or dug stones in mining (except gangue and acid or alkali waste stones, which are waste stones washed or soaked by water with a PH value smaller than 4 or larger than 10.5).

Volume of Industrial Solid Wastes Utilized in a Comprehensive Way refers to the volume of solid wastes utilized in a comprehensive way, such as the solid wastes utilized as fertilizers, building materials, for building up fields and making roads or for other purposes (including the volume of industrial solid wastes stored up in previous years and utilized in the current year). Statistical data on utilization of industrial solid wastes are collected by solid wastes producing units.

19 第十九部分 人民生活

PEOPLE'S LIVELIHOOD

CHAPTER

19-1 职工年平均工资
AVERAGE ANNUAL WAGES

年 份 Year	职工年平均工资(元) Average Annual Wages of Staff and Workers (yuan)	国有单位 State-owned Units	集体单位 Collective-owned Units	其他单位 Other Ownership Units
1979	769	785	688	
1980	979	990	922	687
1981	1 132	1 119	1 211	1 156
1982	1 366	1 358	1 410	1 363
1983	1 545	1 571	1 470	1 528
1984	2 179	2 257	1 805	2 023
1985	2 418	2 427	1 932	2 753
1986	2 452	2 476	2 048	2 637
1987	2 677	2 637	3 223	3 021
1988	3 388	3 267	2 737	3 615
1989	3 858	3 917	2 855	3 733
1990	4 304	4 339	3 348	4 203
1991	5 016	4 908	3 984	5 240
1992	5 931	6 026	4 435	6 270
1993	8 145	8 854	5 681	7 633
1994	10 572	11 632	7 076	10 208
1995	12 276	13 709	7 229	12 184
1996	14 507	16 625	8 668	13 685
1997	16 531	18 515	10 320	15 872
1998	18 381	21 161	11 260	17 204
1999	20 714	23 602	13 228	19 530
2000	23 039	26 193	13 234	21 974
2001	25 941	31 187	13 427	23 981
2002	28 218	35 501	16 969	25 544
2003	30 611	40 893	17 061	26 940
2004	31 928	45 212	20 256	27 868
2005	32 476	47 762	17 112	28 521
2006	35 107	49 312	20 591	31 286
2007	38 798	58 347	21 793	33 787
2008	43 454	65 431	25 291	37 933
2009	46 723	72 278	24 715	40 582
2010	50 456	79 734	27 801	43 939
2011	55 143	85 218	31 830	48 422
2012	59 010	90 492	34 444	52 374
2013	62 619	90 393	30 207	59 627
2014	72 651	108 192	39 993	69 224
2015	81 034	117 432	45 546	77 436

19-2 居民家庭生活基本情况

BASIC CONDITIONS OF PERMANENT HOUSEHOLDS

年 份 Year	平均每户家庭人口 (人) Average Persons per Household (person)	平均每户就业人口 (人) Average Employees per Household (person)	平均每一就业者负担人口 (人) Persons Supported by Each Employee (person)
1988	3.90	2.17	1.80
1989	3.92	2.16	1.82
1990	3.81	2.16	1.76
1991	3.78	2.21	1.71
1992	3.73	2.23	1.67
1993	3.59	2.14	1.68
1994	3.60	2.10	1.72
1995	3.61	2.06	1.75
1996	3.50	2.06	1.70
1997	3.46	2.03	1.70
1998	3.48	1.96	1.78
1999	3.41	1.89	1.80
2000	3.42	1.86	1.84
2001	3.43	1.82	1.88
2002	3.32	1.86	1.79
2003	3.38	1.80	1.88
2004	3.34	1.68	1.99
2005	3.35	1.73	1.94
2006	3.33	1.80	1.85
2007	3.29	1.83	1.80
2008	3.25	1.59	2.04
2009	3.24	1.66	1.95
2010	3.22	1.68	1.92
2011	3.15	1.67	1.89
2012	3.21	1.70	1.89
2013	3.19	1.68	1.90
2014	2.20	1.40	1.57
2015	2.24	1.39	1.61

19-2 续表 continued

年 份 Year	平均每人每月可支配收入(元) Per Capita Monthly Disposable Income(yuan)	平均每人每月消费性支出(元) Per Capita Monthly Consumption Expenditures(yuan)
1988	214.10	195.45
1989	304.71	256.59
1990	343.95	305.92
1991	380.31	347.98
1992	481.94	419.54
1993	644.72	515.97
1994	875.27	789.43
1995	1 064.22	919.86
1996	1 357.97	1 087.00
1997	1 548.23	1 217.53
1998	1 601.16	1 230.35
1999	1 626.70	1 169.48
2000	1 742.14	1 358.89
2001	1 896.66	1 418.73
2002	2 078.39	1 577.16
2003	2 161.32	1 663.36
2004	2 299.70	1 630.80
2005	1 791.20	1 325.99
2006	1 880.59	1 385.68
2007	2 025.12	1 539.54
2008	2 227.44	1 648.26
2009	2 437.04	1 793.84
2010	2 698.41	1 900.55
2011	3 042.09	2 006.67
2012	3 395.16	2 227.31
2013	3 721.09	2 401.04
2014	3 412.33	2 404.40
2015	3 719.44	2 696.60

注：从2014年起，国家统计局开展了城乡一体化住户收支与生活状况调查，19-2至19-6表数据来源于此调查样本，与2013年及之前住户调查的调查范围、调查方法、指标口径有所不同。

Note: The NBS started an integrated household income and expenditure survey in 2014, including both urban and rural households. The data shown in Tables 19-2 to 19-6 are compiled on the basis of the survey. The coverage, methodology and definitions used in the survey are different from those used for the separate urban and rural household surveys prior to 2014.

19-3 一体化住户调查样本调查户基本情况（2015年）
ASIC CONDITIONS OF INTEGRATED HOUSEHOLD AND EXPENDITURE SURVEY（2015）

单位：人 （person）

指标名称	Item	2015
样本量（宅）	Sample Size（household）	1 338
户均常住成员	Average Resident per Household	2.24
户均常住从业人数	Employed Resident Persons per Household	1.39
每一从业人员负担人口	Average Number of Dependents per Employed Person	1.61
人均住房建筑面积（平方米/人）	Per Capita Floor Space of Residential Building（sq.m/person）	20.6

19-4 居民人均可支配收入（2015年）
PER CAPITA DISPOSABLE INCOME OF PERMANENT HOUSEHOLDS（2015）

单位：元 （yuan）

指标名称	Item	2015
可支配收入	**Per Capita Disposable Income**	**44 633.30**
一、工资性收入	**Income from Wages and Salaries**	**37 670.40**
(一)工资	Wages	35 402.57
(二)实物福利	Welfare	787.54
(三)其他	Others	1 480.28
二、经营净收入	**Net Business Income**	**5 213.92**
(一)第一产业净收入	Net Income of Primary Industry	
(二)第二产业净收入	Net Income of Secondary Industry	861.02
(三)第三产业净收入	Net Income of Tertiary Industry	4 352.90
三、财产净收入	**Net Income from Properties**	**4 163.95**
其中：出租房屋净收入	Net Income from Rent	1 716.59
四、转移净收入	**Net Income from Transfer**	**-2 414.97**
(一)转移性收入	Income from Transfer	2 709.04
#养老金或离退休金	Old-age Pension or Retired Pay	2 291.43
(二)转移性支出	Expenses on Transfer	5 124.01
#外来从业人员寄给家人的支出	Expenture for Sending to Their Families	970.04
赡养支出	Expenditure for Support	663.44

19-5 居民人均消费支出（2015年）

PER CAPITA CONSUMPTION EXPENDITURE OF PERMANENT HOUSEHOLDS（2015）

单位：元 (yuan)

指标名称	Item	2015
居民生活消费支出	**Daily Consumption Expenditure**	**32 359.20**
一、食品烟酒	**Food,Tobacco and Liquor**	**10 354.94**
(一)食品	Food	6 384.76
(二)烟酒	Tobacco and Liquor	654.05
(三)饮料	Drink	230.17
(四)饮食服务	Catering	3 085.96
二、衣着	**Clothing**	**2 024.91**
(一)衣类	Clothes	1 623.21
(二)鞋类	Shoes	401.69
三、居住	**Residence**	**8 702.11**
其中：租赁房房租	Rent	2 713.20
四、生活用品及服务	**Household Facilities, Articles and Services**	**1 912.60**
(一)家具及室内装饰品	Furniture and Interior Decoration	216.63
(二)家用器具	Household Appliances	350.17
(三)家用纺织品	Home Textiles	149.43
(四)家庭日用杂品	Family Daily Groceries	562.55
(五)个人用品	personal Belongings	412.49
(六)家庭服务	Domestic Service	221.32
五、交通通信	**Transport and Communications**	**4 594.29**
(一)交通	Transport	3 050.88
(二)通信	Communications	1 543.41
六、教育文化娱乐	**Education, Cultural and Recreation**	**2 678.62**
(一)教育	Education	1 221.83
(二)文化娱乐	Cultural and Recreation	1 456.79
七、医疗保健	**Health Care and Medical Services**	**1 100.53**
(一)医疗器具及药品	Medical Apparatus and Medicine	465.87
(二)医疗服务	Medical Services	634.65
八、其他用品及服务	**Miscellaneous Goods and Services**	**991.20**
(一)其他用品	Miscellaneous Goods	511.59
(二)其他服务	Miscellaneous Services	479.62

19-6 居民物质文化生活提高情况

IMPROVEMENT IN RESIDENTS' MATRIAL AND CULTURAL LIFE

项目	Item	2009	2010	2011	2012	2013	2014	2015
就业	**Employment**							
城镇登记失业率(%)	Urban Unemployment Rate(%)	2.55	2.45	2.20	2.42	2.4	2.3	2.3
收入	**Income**							
可支配收入(元/人)	Per Capita Disposable Income (yuan)	29 245	32 381	36 505	40 742	44 653	40 948	44 633
支出	**Expenditure**							
消费性支出(元/人)	Per Capita Consumption Expenditure (yuan)	21 526	22 807	24 080	26 728	28 812	28 853	32 359
居住	**Residence**							
人均住房建筑面积（平方米）	Per Capita Building Space (sq.m)	26.62	27.03	27.94	27.91	27.58	21.1	20.6
通讯	**Telecommunication**							
每百人拥有电话(部)	Number of Telephone Sets per 100 Persons	234	243	274	296	286	362	296
城市公用业	**Public Utilities in Urban Areas**							
人均生活用电量(度)	Per Capita Residential Electicity Consumption(kwh)	812	814	858	993	982	1 124	1 127
自来水普及率(%)	Rate of Access to Tap Water(%)	100	100	100	100	100	100	100
全市生活用水量(万吨）	Tap Water for Residential Consumption of Total Areas(10000ton)	84 660	87 986	91 691	91 964	91 204	95 274	100 724
教育娱乐	**Education and Recreation**							
教育文化娱乐支出(元)	Expenditures of education, Recreation and Cultural Service (yuan)	2 661.77	2 653.23	2 890.26	2 960.13	3 015.14	2 559.83	2 678.62
#文化娱乐	Cultural Recreational Articles and	594.93	671.91	752.93	546.78		1 394.09	1 456.79
教育	Education	1 272.32	1 064.65	1 225.94	1 406.47		1 165.74	1 221.83
卫生	**Public Health**							
每万人拥有医生数(人)	Number of Doctors per 10 000 Persons (person)	21	21	22	23	24	25	25
每万人拥有医院病床(张)	Number of Hospital Beds per 10 000 Persons(bed)	20	20	21	25	25	27	28

主要统计指标解释

可支配收入 指调查户在调查期内获得的、可用于最终消费支出和储蓄的总和，即调查户可以用来自由支配的收入。可支配收入既包括现金，也包括实物收入。按照收入的来源，可支配收入包含四项，分别为：工资性收入、经营净收入、财产净收入和转移净收入。计算公式为：

可支配收入 = 工资性收入 + 经营净收入 + 财产净收入 + 转移净收入

其中：经营净收入 = 经营收入 – 经营费用 – 生产性固定资产折旧 – 生产税

财产净收入 = 财产性收入 – 财产性支出

转移净收入 = 转移性收入 – 转移性支出

消费支出 指住户用于满足家庭日常生活消费需要的全部支出，包括用于消费品的支出和用于服务性消费的支出。根据用途不同，消费支出可划分为食品烟酒、衣着、居住、生活用品及服务、交通通信、教育文化娱乐、医疗保健、其他用品及服务八大类。根据来源不同，消费支出可划分为现金消费支出、实物消费支出（含自产自用、来自单位、来自政府和其他社会组织）。

Explanatory Notes on Main Statistical Indicators

Disposable Income of Households Disposable Income of Households refers to the income of households for purpose of final expenditure and savings. It includes income both in cash and in kind. By sources of income, disposable income includes four categories: income from wages and salaries, net business income, net income from properties and net income from transfer.

Consumption Expenditure of Households Consumption Expenditure of Households refers to all expenditure of households for living expenditure to satisfy family daily living. It includes expenditure in cash and in kind. It includes eight categories: food, tobacco and liquor; clothing; residence; household facilities, articles and services; transport and communications; education, cultural and recreational activities; health care and medical services, and miscellaneous goods and services.

中国统计出版社最新图书简目

（仅供参考,以实际出版为准）

统计资料

中国统计年鉴
中国经济普查年鉴2013
中国-东盟国家统计手册
中国城市统计年鉴
中国贸易外经统计年鉴
大中型批发零售和住宿餐饮企业统计年鉴
中国价格统计年鉴
中国环境统计年鉴
中国工业统计年鉴
中国城市建设统计年鉴
中国证券期货统计年鉴
工业企业科技活动资料
中国人才资源统计报告
文化及相关产业统计概览
中国残疾人事业统计年鉴
中国基本单位统计年鉴
中国统计摘要
国际统计年鉴
中国农村统计年鉴
中国对外直接投资统计公报
中国零售和餐饮连锁企业统计年鉴
中国农产品价格调查年鉴
中国能源统计年鉴
中国建筑业统计年鉴
中国城乡建设统计年鉴
中国科技统计年鉴
中国劳动统计年鉴
中国社会统计年鉴
中国教育经费统计年鉴
中国民政统计年鉴
中国妇女儿童状况统计资料（英）
中国发展报告
金砖国家联合统计手册
中国县域统计年鉴
中国地区经济监测报告
中国商品交易市场统计年鉴
中国住户调查年鉴
全国农产品成本收益资料汇编
国外资源、能源和环境统计资料汇编
中国房地产统计年鉴
中国第三产业统计年鉴
中国高技术产业统计年鉴
中国人口和就业统计年鉴
中国文化及相关产业统计年鉴
中国民族统计年鉴
中国乡镇街道行政区域简册

省级综合统计年鉴系列

北京　天津　河北　山西　内蒙古　辽宁　吉林　黑龙江　上海　江苏　浙江　安徽　福建　江西　山东
河南　湖北　湖南　广东　广西　海南　重庆　四川　贵州　云南　西藏　陕西　甘肃　青海　宁夏
新疆　新疆生产建设兵团

市(县)级综合统计年鉴系列

天津滨海新区　石家庄　唐山　邯郸　保定　沧州　邢台　廊坊　承德　衡水　秦皇岛　张家口　太原　大同
阳泉　长治　晋城　朔州　晋中　运城　忻州　临汾　呼和浩特　呼和浩特新城区　鄂尔多斯　包头　沈阳　大连
长春　延吉　四平　通化　哈尔滨　齐齐哈尔　黑龙江垦区　上海浦东新区　南京　无锡　徐州　常州　苏州
南通　连云港　淮安　盐城　扬州　镇江　泰州　宿迁　江阴　丹阳　杭州　宁波　温州　嘉兴　湖州
绍兴　金华　衢州　舟山　台州　丽水　合肥　安庆　马鞍山　福州　厦门　宁德　漳州　南昌　九江
上饶　新余　抚州　萍乡　赣州　吉安　景德镇　济南　青岛　潍坊　枣庄　日照　滕州　郑州　洛阳
平顶山　三门峡　商丘　信阳　济源　武汉　十堰　荆州　宜昌　荆门　咸宁　长沙　广州　深圳　惠州
东莞　南宁　柳州　桂林　来宾　海口　三亚　成都　贵阳　昆明　西安　安康　兰州　庆阳　银川
乌鲁木齐　兵团一师　兵团十师

调查年鉴系列

天津　山西　内蒙古　辽宁　吉林　福建　江西　河南　湖北　湖南　广西　重庆　四川　云南　甘肃
宁夏　新疆

统计方法应用/实用手册

实用SAS统计分析教程
乡镇统计人员岗位知识培训系列教材：
县级统计人员岗位知识培训系列教材：
EXCEL在基层统计工作中的应用
马克威统计分析与数据挖掘应用案例
辅助调查员岗位基础知识
Excel在统计工作中的应用
统计公文知识问答
乡镇统计人员岗位基础知识
简明统计分析

统计通俗读物/统计科普图书

漫话诺贝尔经济学大师与数学情缘
统计使人更聪明
新中国统计工作历史流变1949-1999
魅力统计
漫游数据王国
无处不在的统计
漫话信息时代的统计学
探访随机世界

重点图书

新编英汉汉英统计大词典
中华医学统计百科全书
挑大学选专业2016—考研择校指南
挑大学选专业2016—高考志愿填报指南

图书在版编目（CIP）数据

深圳统计年鉴. 2016 / 深圳市统计局, 国家统计局深圳调查队编. -- 北京 : 中国统计出版社, 2016.10

ISBN 978-7-5037-7912-1

Ⅰ. ①深… Ⅱ. ①深… ②国… Ⅲ. ①统计资料－深圳市－2016－年鉴 Ⅳ. ①C832.653-54

中国版本图书馆CIP数据核字(2016)第198484号

深圳统计年鉴-2016

作　　者/ 深圳市统计局　国家统计局深圳调查队
责任编辑/ 陈越月
执行编辑/李立红
出版发行/ 中国统计出版社
地　　址/ 北京市丰台区西三环南路甲6号
邮　　编/ 100073
电　　话/ 邮购（010）63376909　书店（010）68783171
网　　址/ http://csp.stats.gov.cn
印　　刷/ 深圳市美嘉美印刷有限公司
经　　销/ 新华书店
开　　本/ 890×1240毫米 1/16
字　　数/ 750千字
印　　张/ 25印张
版　　别/ 2016 年 11 月第 1 版
版　　次/ 2016 年 11 月第 1 次印刷
定　　价/ 320.00元

如有印装错误，本社发行部负责调换。